U0573949

国家社科基金
GUOJIA SHEKE JIJIN HOUQI ZIZHU XIANGMU
后期资助项目

罗汝芳哲学思想研究

The Philosophy of Luo Rufang

李丕洋 著

北京师范大学出版集团
BEIJING NORMAL UNIVERSITY PUBLISHING GROUP
北京师范大学出版社

图书在版编目(CIP)数据

　　罗汝芳哲学思想研究／李丕洋著.—北京：北京师范大学
出版社，2014.3
　　（国家社科基金后期资助项目）
　　ISBN 978-7-303-17414-0

　　Ⅰ.①罗… Ⅱ.①李… Ⅲ.①罗汝芳(1515～1588)-
哲学思想-研究 Ⅳ.① B248.99

中国版本图书馆 CIP 数据核字(2014)第 001462 号

营 销 中 心 电 话　010-58802181 58805532
北师大出版社高等教育分社网　http://gaojiao.bnup.com
电 子 信 箱　gaojiao@bnupg.com

LUORUFANG ZHEXUE SIXIANG YANJIU
出版发行：北京师范大学出版社 www.bnup.com
　　　　　北京新街口外大街 19 号
　　　　　邮政编码：100875
印　　刷：北京京师印务有限公司
经　　销：全国新华书店
开　　本：165 mm × 238 mm
印　　张：24.5
字　　数：385 千字
版　　次：2014 年 3 月第 1 版
印　　次：2014 年 3 月第 1 次印刷
定　　价：75.00 元

策划编辑：刘松弢　　责任编辑：刘松弢　谭徐锋
美术编辑：纪　潇　　装帧设计：纪　潇
责任校对：李　菌　　责任印制：孙文凯

国家社科基金后期资助项目
出 版 说 明

  后期资助项目是国家社科基金设立的一类重要项目，旨在鼓励广大社科研究者潜心治学，支持基础研究多出优秀成果。它是经过严格评审，从接近完成的科研成果中遴选立项的。为扩大后期资助项目的影响，更好地推动学术发展，促进成果转化，全国哲学社会科学规划办公室按照"统一设计、统一标识、统一版式、形成系列"的总体要求，组织出版国家社科基金后期资助项目成果。

全国哲学社会科学规划办公室

目　　录

第一章　罗汝芳的生平

罗汝芳，字惟德，号近溪，明代江西布政司建昌府南城县人，生于正德十年(1515)五月二日，卒于万历十六年(1588)九月二日，赐同进士出身，仕至云南布政司参知政事。他是明代中后期著名的理学思想家和教育家，以其高卓的行谊、深邃的思想而闻名一时。不过，一个人的思想和品德的形成，离不开一定的时代背景、家庭环境的熏陶，因此，我们在研究罗汝芳哲学思想的形成时，不能不认真考察一下他所处的时代背景和家庭情况。

第一节　家世概略

一、罗汝芳的祖父与父亲

今天的江西省抚州市南城县，在明朝时称为江西布政司建昌府南城县。在南城县有一家姓罗的望族大姓，据其家谱记载：从唐朝晚期开始，御史中丞罗袍(字德称)为避朝廷奸小之祸，即携家归隐于南城之磁圭。他有十四子，第六子罗珏(字近通)，迁居于南城之泗石溪①，成为罗氏家族在泗石溪的初祖，传至明代中期罗汝芳这一世，已经二十二代了。

按常理说，到了罗汝芳的祖父罗廷璹(字大鉴，号两岗)在世时，罗家的家境本来应该与一般的农夫百姓没有什么两样了。不过，"魁岸好义"的罗廷璹，却很有能力改变自己的生存处境。他"游燕赵齐楚间十余年，挟万金与归，叔间分之，毫无私橐"。② 在明代，由于市面通行的白银数量比后来的清朝少得多，因此，"挟万金与归"是一笔相当大的财富。没有史料确切记载罗廷璹究竟是靠什么发家的，或许他曾像许多出身民间的豪杰之士一样，通过冒险贩运朝廷专权的某些商品(如盐、铁、茶、马等)而致富。当然，这并没有什么稀奇或可指责的，明朝时期的某些官

---

① 在《罗汝芳集》中，有时作"四石溪"，两种写法都经常出现，未详孰是。

② 罗伽禄：《罗汝芳家世述略》，见方祖猷等编校：《罗汝芳集·附录》，南京，凤凰出版社，2007，第881页。以下版本同。按：此书乃是罗汝芳各种讲学及生平资料的汇编，没有统一的卷数，因此，本著无法注明确定的卷数，只注明准确页码。

府专权制度本来就不太合理，给民间带来了许多不便，因此自然有胆大之人敢于冒险去求取财富。明代著名思想家、泰州学派的创始人王艮，出身于极其贫苦的盐丁家庭，19岁时即"（奉父命）商游四方"，当代学者大多认为，王艮就是贩运私盐，结果是"经理财用，人多异其措置得宜，人莫能及，自是家道日裕"。①这也是王艮后来能够大胆地弃商从学的经济基础。无论罗廷瓘究竟是靠什么而发家致富的，反正他给自己和儿女们带来了较好的生活条件，罗家从此颇有田产，并有多名仆人侍候，而他的孙子罗汝芳，就出生在这样一个殷实而有文化氛围的地主阶级家庭之中。

金钱可以换来富裕的生活，但是不一定能造就浓郁的家庭文化氛围。难能可贵的是，罗廷瓘不仅是一个"魁梧特达"、胆识超群的人，而且很懂得教育后代子孙。罗廷瓘有三个儿子，其中，第三子（即罗汝芳之父）名叫罗锦（1490—1565年，字崇绸，号前峰），罗汝芳在《先府君前峰公行状》中回顾：

> （罗廷瓘）课先君（指罗崇绸），首以择师为重。时闻临川饶行斋先生得良知心传于东越，乃命先君负笈走百里相从。行斋悦其笃实，因就敝乡龙池山中馆居年余，日以德谊训迪。②

饶行斋③是明代中期心学宗祖王阳明在南京为官时所教授的弟子，行谊高洁，但《明儒学案》中并未为其立传。其实这不难理解，王阳明弟子太多，有的人做了官或出了名，有文集传世，后儒方可为其立传；有的人一生不求闻达，隐居乡野，后儒不知此人之行实，也就无法为其立传。饶行斋大概就是这样一位有德有才而不太出名的王门儒者。罗崇绸奉父命，先去百里之外向饶行斋问学，后来精诚所至，把饶行斋请到了家乡龙池馆中住了一年多，向他虚心求学，因此成就了自己的学问与人品。聘请一位先生到自己家中坐馆，需要很多花费，由是可见，罗廷瓘为培养儿子成才，十分舍得花钱。从这个意义上讲，罗崇绸属于江右王门的第二代弟子，他对于王阳明和饶行斋是相当尊崇的。浙中的王龙溪应邀为罗汝芳之父写寿辞时曾记载：

---

① 陈祝生主编：《王心斋全集》，南京，江苏教育出版社，2001，第67页。
② 《罗汝芳集》，第657页。
③ 饶文璧，号行斋，生卒年不详，江西临川人，正德八年（1513年）举人出身。《江西通志》卷54仅述其姓名、籍贯，其余未提及。

阳明先生开讲鸿胪，时公之乡先生饶文璧者从之游。归，以所学训其乡之后进。公（指罗崇纲）得闻所未闻，师友渊源，有自来矣。①

罗汝芳回忆自己年轻时与父为伴时的情景说：

"父子怡然于从姑、玉冷之间，绝无外慕。每春和秋清，携芳侍榻观空岩下。中夜披衣起坐，商订经书疑义，必述阳明、行斋二先生之说以未归约。"②

罗崇纲向饶行斋求学之时，汝芳年龄尚幼，但是能够在一边旁听，据载："壬午，饶行斋与父谈阳明功业学脉，公敬听不倦。饶试云：'小子须勤经学。'公应声：'大人能格君心。'识者预知为不凡儿矣。"③壬午年是嘉靖元年，即公元1522年，当时罗汝芳年仅八岁，④ 由是可见，罗汝芳对其父向饶行斋问学之经历的记载，是自己亲眼目睹，因而是十分可靠的。

在饶行斋的教诲和熏陶之下，罗崇纲变成了一名重德有才的儒生，遗憾的是，罗崇纲科场不利，仅仅补了一名郡庠生员的名额（相当于秀才），之后三试秋闱不中，自己索性放弃了通过科举谋取前途的想法。但是，罗崇纲对儒学的信奉是发自内心的，虽然科场不利，他依旧是一位笃实践履和积极弘扬圣人之道的民间儒者。

首先，罗崇纲侍奉父母，至为孝顺。罗汝芳回忆说：

芳儿时见祖父两岗公身膺瘫疾，手足动艰，先君晨代栉沐，餐代馔饮，睡代衣被，历年七周，未始一委童仆。至祖妣江（氏）以重阳日卒后，家人或随俗具酒馔，先君临案举箸，哽咽废饮，虽终其身犹然也。⑤

① 王畿：《赠前峰罗公寿言》，见吴震编校：《王畿集》卷14，南京，凤凰出版社，2007，第400页。
② 《罗汝芳集》，657页。
③ 罗怀智：《罗明德公本传》，见《罗汝芳集》，第829页。
④ 本著记述罗汝芳及其他人的年龄，按中国传统的虚岁算法，其实当时他才七周岁。
⑤ 《先府君前峰公行状》，见《罗汝芳集》，第657页。

据此可见，罗廷瑑晚年身患瘫疾长达 7 年之久，全靠儿子罗崇绸精心照料。以罗家的家境，可以让仆人来做这些事情，但是罗崇绸完全是自己亲手来照料父亲，其孝顺之情可谓诚笃之至。民间俗语说："久病无孝子"，但是，罗崇绸7年如一日地侍奉瘫痪的父亲，足见其对儒家孝悌之道的真诚信奉。其次，罗母江氏在重阳节这天病故，家中其他兄弟按当地习俗摆下一些酒宴①，罗崇绸"临案举箸，哽咽废饮"，此后终生不再饮酒，这种思母至孝之心，实在令人心有恻然。

除了侍奉父母至孝之外，罗崇绸还在安抚族人、兴办慈善、推广儒学等方面做了许多有益的事情。罗汝芳回顾说：

> 推而至于族众数百，自视又咸若原未分异。创祠堂以祀先，置义仓、义馆以恤乏。补修宋、元列祖墓田，醮祭费约千金，期垂永久。②

单是"补修宋、元列祖墓田，醮祭"即"费约千金"，这对于一个普通的乡村地主家庭而言，已然是一笔不小的支出，可以想见，罗崇绸在做其他善事义举方面，施与的钱财也绝对少不了。

罗崇绸不仅有着古道热肠，而且个人修养也非常好，罗汝芳回忆时说他"生平无疾言遽色"。不必说在社会上与人交往，就是在家庭生活中，罗崇绸对家人能够"无疾言遽色"，这在一个父权家长制占统治地位的时代已经是十分难能可贵了。不仅如此，罗崇绸终身好学，并未因自己科场不利就放弃了钻研学问的兴趣。在他的积极影响下，罗家成为了一个儒化的学习型家庭，父子之间可以平等地探讨学问、交流心得。罗汝芳十八至二十岁前后，因为"宗习诸儒各样工夫"不得法，"遂成重病"。后来他回忆道："时年已弱冠，先君极为忧苦。"③"赖先君旧领阳明先生之教，觉儿用功致疾，乃示以《传习录》一编，不肖手而读之，其病顿愈，而文理亦复英发"。④ 这一次，是通过父亲的指点和帮助，解决了儿子的心病和身病。罗汝芳 30 岁会试得第之后，不就延试而归，在家乡一心一意地研究、探讨学问。他们父子俩对于先儒们一直争论不休的"格物"的

---

① 逢丧事也办酒宴，这是江西民间的风俗，至今犹然，只要在酒宴上不劝酒、斗酒即可。
② 《罗汝芳集》，第 657 页。
③ 《罗汝芳集》，第 52 页。
④ 《罗汝芳集》，第 231 页。其实，罗汝芳自己也承认，读了《传习录》等书，"病虽小愈，终沉滞不安"（《罗汝芳集》，第 52 页），直至遇到颜钧之后才真正解决了问题。

内涵共同进行了思考和探讨，直至 33 岁时罗汝芳率先悟出"格物"的确切含义为止。罗汝芳回忆说：

> 比联第归家，苦格物莫晓，乃错综前闻，互相参订，说殆千百不同。每有所见，则以请正先君，先君亦多首肯，然终是不为释然。三年之后，一夕忽悟今说，觉心甚痛快，中宵直趋卧内，闻于先君，先君亦跃然起舞曰："得之矣！得之矣！"迄今追想一段光景，诚为平生大幸也。①

在宋明理学盛行的时代，朱子学和阳明学对于"格物"的不同诠释，确实困扰了很多儒家学人。罗崇绸和罗汝芳父子对此也进行了数年的深入思考，并经常交换意见。最后，当罗汝芳将自己悟得的结论告知父亲时，他竟然高兴地跃然起舞，连连叫道："得之矣！得之矣！"这哪像父子？简直是一对同专业、同寝室的研究生！罗氏父子对学问的共同爱好和钻研，实在是古今罕有其比的。同时我们也不难发现，历来说儒学是官方哲学，其实只是一种粗糙的判断。儒学自从西汉武帝时期"定于一尊"之后，内部也在出现悄然的分化，即有官方儒学和民间儒学②的微妙差别。官方儒学是一种官方意识形态，唐宋以后以科举制度为标志，凡是科场顺达的读书人，以儒家经典为敲门砖，从此登上仕途，进入统治阶级的行列，至于他是否真的相信或践履圣人之道，那完全是另一码事。例如，元代之后程朱理学被列为科举考试的标准教科书，因此，专门攻读程朱理学的典籍，以通过科举考试为目标的人，就属于官方儒学的范畴。民间儒学是一批真诚信奉儒家思想的知识分子，他们把修身、齐家、治国和平天下一以贯之，自觉自愿地体悟和弘扬儒家的"道"的精神。他们的努力，使得儒学深深地扎根于民间和人心之中，获得了长久不衰的生命力。例如，明代中期兴起的阳明心学，就是一种典型的民间儒学，这批士人对儒家思想的探讨和研究，和科举考试没有必然的联系，完全是一种志向和兴趣使然。从这个意义上讲，罗崇绸就是一位民间儒学的信奉者，虽然他科场不利，但这并不影响他深入钻研儒家思想的真谛，也不影响他在民间传播和弘扬孔孟之道的热情。这种对圣人之学的真诚信仰和笃实践履的精神，自然影响到了其子罗汝芳人格的形成。

---

① 《罗汝芳集》，第 232 页。关于"格物"一词的内涵，在下一章有详细阐释。

② 如果再细分，民间儒学还可分为士人儒学和民间儒教，其本质并无不同。

在罗崇绸身上，最难能可贵的品格，恐怕莫过于他对于功名利禄的淡泊态度了，这同样给予了罗汝芳很大的生命自由度。罗汝芳回忆说：

> 至于进取，（前峰公）尤戒勿急。比癸卯乡捷，即面命："若获春第，宜就儒官以保弱体。"芳体至意，遂不廷试而归。①

在当时的社会环境中，读书人中举登科，是一个人人期盼的梦想。可是，看透了世间名利的罗崇绸，却一反常态地告诫自己的儿子不要急功近利。癸卯年（1543 年）秋闱，罗汝芳乡试中举，在这人人道贺、锦上添花的时刻，罗崇绸却对儿子说："如果你明年春闱会试得中，应该申请一个儒官以保护自己的弱体。"这里隐含了一个典制：在明代，如果一个举人会试不中，可以回乡申请担任县学教谕之类的教育官员（如李贽 30 岁时以举人身份被选拔担任河南辉县教谕），那么，一个举人会试高中之后，不参加殿试，直接回乡，更有资格获得教谕这样的儒官之职了。其实罗父根本无所谓罗汝芳当不当官，他真正关心的只是儿子的身体和德业。果然，第二年罗汝芳会试得中，以"因父罗锦患病，告归侍养"②为由，没有参加随后举行的殿试（这种考试由皇帝主考，不设淘汰比例，纯属形式，目的是使新科进士都成为天子门生），直接返乡，继续求师访友，深造学问。直至 9 年之后，公元 1553 年，在各方面因素的催促之下，罗崇绸"见芳体稍强，乃遣北上，成进士"③。（其实，这也是托辞，这 9 年间罗汝芳为了求师问道，走南闯北，劳碌奔波，如果身体不好根本走不了这么多地方）一个读书人，不催促儿子求取功名利禄，在那个时代是十分罕见的。然而，正是因为有了这样一位开明通达、淡泊名利的父亲，才给予了罗汝芳自主的抉择和充足的时间，使得他能够超越于一般官方儒学的水平，去深入研习古代先哲的生命智慧，形成自己独到的哲学思想体系。

二、罗汝芳的母亲

在封建宗法社会里，妇女往往是没有地位可言的。仅从一点即可证明，绝大多数妇女，在史籍中连自己正式的名字都没有，只能称为某门某氏。罗汝芳的母亲宁氏也不例外。事实上，宁氏是一位看似默默无闻，

---

① 《罗汝芳集》，第 657 页。
② 《罗汝芳集》，第 828 页。
③ 《罗汝芳集》，第 657 页。

实则道行高深、"德纯且备"①的颇有文化修养的妇女。

　　据罗汝芳在《先母宁太安人墓志铭》中记载：其母出生于弘治辛亥年(1491)，卒于隆庆三年(1569)，享寿 79 岁。虽然史籍并无记载，不难推想，宁氏应该出生在一个有文化氛围的家庭之中。罗汝芳回顾道："母故天聪凤启，幼未经师传，于《小学》、《列女传》诸书，悉能通其大义。"出嫁之后，帮助丈夫照料久病的公婆，"俱以孝闻，且为堂叔抚孤成立"。此外，罗崇纲"联族党、新宗祠、积社仓、开义塾，凿凿可方范诸先哲者，皆母相助之力也"。在妻子的帮助下，"旰人知讲学明道，实自先君始之"。可见，罗母宁氏是一位贤惠知理的妇人，是丈夫的贤内助。特别值得一提的是，宁氏和丈夫一样淡泊名利，"比先君游郡庠试，稍弗利，即劝引退"，丝毫没有像别的妇人一样对丈夫抱怨不休。具备这样的妇德，宁氏之贤淑就可想而知了。

　　宁氏对儿子罗汝芳的影响同样巨大而深远。罗汝芳回忆小的时候，"晨夕经史，多母口授。遇有卓绝行谊，辄呼而问之：'若辈可能是耶？'"如此重视儿子的人格养成，颇有几分当年孟母教子的风范。而且，宁氏像丈夫罗崇纲一样淡泊名利，并因此而给予罗汝芳很多自由。当罗汝芳成年之后，"举进士，十年不仕，母恬如也"。这在当时一般的家庭妇女中，是绝难想象的。后来，罗汝芳终于赴京殿试，从此走上仕途，"令太湖、守宁国、迎养而归，行李萧然，（母）不少介意。及先君殁，遂令汝芳勿复仕"。罗汝芳为官 20 余年，两袖清风，几次回乡省亲，都是"行李萧然"，乡党邻里难免有讥笑嘲讽者，但是，罗母丝毫不介意，因为她的价值观念中根本没有让儿子去做刮地皮的贪官的想法。而且，宁氏似乎对明朝中后期的政治时局并不陌生，知道在相互倾轧、贪墨成风的官场中，自己的儿子很难得以施展抱负。因此，当 1565 年夏季罗崇纲病故之后，她索性令儿子"勿复仕"。果然，罗汝芳在家一待就是 8 年（至 1573年奉诏起用，方才离家进京），远远超出了官员守制丁忧的期限。

　　除了品德贤淑之外，罗母最让人惊讶的恐怕就是她对于佛教的修行和造诣了。首先，宁氏像一般真诚的佛教徒一样，"罄所赍以乐施与，造桥济渡，悉解簪珥。尝语人曰：'吾须箧无尺帛铢金之余，方觉洒然无累。'"然而，罗母不止是一般的佛教信徒而已，她有着多年坐禅修行，并且达到了很高的境界。据罗汝芳回忆：到了晚年，"母是时久已玩心太

---

　　① 《先母宁太安人墓志铭》，见《罗汝芳集》，第 638 页。按：本节第二部分引文除注明者
　　　外，均出自此页。

虚，性地融彻，日惟瞑目静坐。汝芳侍之，移时不接一语。间叩焉，则曰：'此际此心，空空洞洞已尔。'"如是三载，某一天，罗母暗示了家人和婢女自己将离世之后，夜半端坐而化。宁氏在历史上虽然名不见经传，但是，她实际的佛法修行，已然达到了炉火纯青的境界。有这样一位道行高深、德纯且备的母亲，无论是从先天遗传还是从后天教养来讲，孕育培养出罗汝芳这样一位大儒，都是在情理之中的事情。成年之后，罗汝芳从不讳言自己受母亲的影响之深，并且母子之间还有着一种息息相通似的心灵感应。会试得第后，罗汝芳放弃廷试，回家孝养父母、修学访友，史载："（罗）子事宁安人，曲致承顺，或周流在外，安人有疾，辄心动，亟归，果然。"①

不仅如此，罗母宁氏对罗家后人的熏陶，甚至影响到了第三代。罗汝芳的妻子吴氏生了两个儿子罗轩和罗辂，"（吴）宜人每谓二子从孕及生，从生及长，动止性灵，温醇淡泊，无一事或逆于心，亦无一物足动其意"②。小时候，"（二子）居常独恋恋祖妣，食顷未或少离。盖余母尝茹素，与儿性为相适云。"③后来，罗轩、罗辂兄弟虽然都中了秀才，并且完婚有后，但是二人同时皈依教门（佛道兼修），成了修行卓有成就的居士。

三、罗家的人文环境对罗汝芳思想形成的影响

通观罗汝芳的父母及家世，罗家是一个亲情笃厚、关系和睦、文明教养，而且氛围宽松的儒者家庭，可以说是儒学民间化的一个成功典型。在这样的家庭氛围中，罗汝芳自然对于先秦孔孟所提倡的伦理道德观念笃信不疑，并且由此出发，他希望把先圣所提倡的孝、弟、慈等道德理念推之于天下，使天下人皆能从中得到无尽的益处。罗汝芳曾经回忆说：

> 芳至不才，然幸生儒家。方就口食，先妣即自授《孝经》、小学、《论》、《孟》诸书。后同先君遇有端绪，反覆开导，故寻常于父祖、伯叔之前，嬉游于兄弟姊妹之间，更无人不相爱厚。④

---

① 《罗汝芳集》，第421页。
② 《二子小传》，见《罗汝芳集》，第614页。
③ 《罗汝芳集》，第614页。
④ 《罗汝芳集》，第231页。

又说：

> 幸自幼蒙父母怜爱过甚，而自心于父母及弟妹，亦互相怜爱，真比世人十分切至，因此每读《论》、《孟》孝悌之言，则必感动，或长要涕泪……却翻然悟得只此就是做好人的路径。[①]

罗汝芳的描述是真实可信的，因为儒学自汉代取代诸子百家成为官方哲学之后，并没有丧失它在民间的社会基础。相反，儒家所崇尚的仁义忠信和孝悌之道等伦理观念，确实有助于社会文明的提升（特别是在农耕自然经济环境中），经过一代又一代民间儒者（罗父崇纲就是其中普通的一位）的亲身践履和努力推广，儒学曾经在中国民间社会扎下了深厚的根基，以至于影响到今天，成为几乎每个中国人的不自觉的"文化无意识。"

但是，我们也不必过分推崇儒学在中国古代的实践效果。历史唯物主义认为，"存在决定意识"，这一原理同样也适用于罗汝芳及其家庭环境。如果罗汝芳出生在类似于《红楼梦》所描述的另一种封建大家族之中，如贾探春所说："咱们倒是一家子亲骨肉呢，一个个不像乌眼鸡似的？恨不得你吃了我，我吃了你！"（第七十五回）或者如柳湘莲所说："你们东府里除了那两个石头狮子干净，只怕连猫儿狗儿都不干净。"（六十六回）那么，很难想象罗汝芳还会成为一位醇儒，真诚而不遗余力地去推广儒家的仁义之说和孝悌之道。

无论儒家思想在中国历史上实践的整体成效如何，罗汝芳自己却坦承"幸生儒家"，罗父罗母的言传身教，和睦宽松的家庭氛围，深深地感染了罗汝芳的思想和性格，对于他的人生观念的形成，起到了奠基的作用。这一切，为他一生从事学问之道、传播圣人之学，烙下了一个清晰的起点。

第二节　罗汝芳的科举之路与从政生涯

关于罗汝芳生平行迹的记载，目前存世的史籍材料可以说相当丰富。以内容翔实而闻名的，当数罗汝芳的门人曹胤儒的《罗近溪师行实》；以条理清晰、时间准确而见称的，当数今人方祖猷的《罗汝芳年谱》。此外，

---

① 《罗汝芳集》，第 52 页。

像罗汝芳生前的同道王时槐（号塘南）所著《近溪罗先生传》、门人杨起元（号复所）所著《明德夫子罗近溪先生墓志铭》等，均从不同角度对罗汝芳的一生行迹和思想成就作出了简明的记述和精辟的评价。

此外，由于罗汝芳生前名闻天下，其他如李贽、周汝登等名士亦为其作传，连清廷所修《明史》亦将罗汝芳列入《儒林二》（卷283）中，但均不如杨起元、曹胤儒等亲炙门下的学生所作的传记更加可靠翔实。然而，即使曹、杨等人所作传记，仍是将罗汝芳的生平所有重要情况不加分类，一概而论的，这使初读者未免觉得线索复杂、含混不清。有鉴于此，笔者在此谨将罗汝芳的仕宦生涯与修道历程分而言之，以使其线索更加清晰，尽管这两方面在一位真正儒者的生平实践和心路历程中其实是难分彼此的。

一、求学与科举之路

罗汝芳，出生在一个家境殷实的儒者家庭之中，父母均有较高的文化修养，因此，罗汝芳从小便有条件接受良好的封建文化教育。虚龄五岁时，即"从母授《孝经》"①，"七岁，入乡学"②，八岁，当王门儒者饶行斋与其父罗崇绸在家中谈论阳明功业学脉时，他便在一边旁听。嘉靖八年（1529）乙丑，罗汝芳时年十五岁，"出就举业，所遇之师，却是新城张洵水先生"。张洵水"为人英爽高迈，且事母克孝，每谓人须力追古先，于是（芳）一意思以道学自任。"③从此，罗汝芳与一般儒生有了一个微妙的区别，那就是他从张洵水的身上看到了一种人格的感召力，从此"毅然以兴起斯文为己任"，④而不仅仅是读书科考以谋求出人头地、光宗耀祖为唯一目的。

嘉靖十年（1531）辛卯，罗汝芳十七岁，迎娶了本县新丰的吴氏（1518—1589）为妻。夫妻相伴多年的历程证明，吴氏也是一位十分贤淑的妇女，勤俭持家，乐善好施，有时候还能为罗汝芳政治生涯的进退提供有益的建议，成为罗汝芳一生的贤内助，其行实可见于罗氏家谱。⑤吴氏一共生育了二子二女。长子名叫罗轩（1536—1579），次子名叫罗辂（1543—1579），二子成年后，读书已中秀才，但不久弃学从佛，罗轩法

---

① ［明］罗怀智：《罗明德公本传》，见《罗汝芳集》，第829页。
② ［明］曹胤儒：《罗近溪师行实》，见《罗汝芳集》，第833页。
③ 《罗汝芳集》，第231页。
④ ［明］曹胤儒：《罗明德公本传》，见《罗汝芳集》，第829页。
⑤ 罗伽禄：《罗汝芳家世述略》，见《罗汝芳集》，第883页。

号称一复，字复初，罗辂法号称贯玄，字玄易。事实上，罗氏二子并不是纯粹学佛的居士，他们学识渊博、佛道兼修，二人所拜的师傅胡宗正（字中洲，号清虚），就是一位诣行高深莫测的道士。[①] 在罗家宽松和谐的氛围中，罗轩和罗辂有时候在佛法的认识等问题上积极影响了其父的思想。

嘉靖十五年(1536)，罗汝芳二十二岁时，通过考试入县庠，通俗地讲，他中了秀才。这一次的考官是担任江西提学金事的徐阶（1503—1583），徐阶是松江府华亭县人，曾经师从王阳明的弟子聂双江，算是王门的再传弟子。后来，徐阶累官至内阁首辅大学士，是明代中期赫赫有名的政治人物。由于这段因缘，徐阶成为罗汝芳的座主，罗汝芳面对徐阶有时直接称"老师"。徐阶其人在官场比较隐忍圆滑，曾经与奸相严嵩共事多年而不忤其意，但是，徐阶又是一个开明豁达的人，善于发现人才，张居正、罗汝芳都是他为官时发现的俊逸之才，这一点是应该充分肯定的。而且，徐阶身居高位而好学不辍，因此，他与王龙溪、罗汝芳等人的交谊持续终生。

嘉靖十九年(1540)秋，罗汝芳二十六岁，前往省城南昌参加乡试，遗憾的是，这一次他落第了。适逢省城缙绅大举讲会，永新人颜钧[②]贴出《急救心火榜文》，并主讲于豫章同仁祠中。罗汝芳前去旁听，并与颜钧恳谈，颜钧告诉他"制欲非体仁"的道理，罗汝芳一听，如"大梦忽醒"，解决了数年来"病于心火"的夙疾，"乃知古今天下，道有真脉，学有真传，遂师事之"。[③] 这是他这次乡试落第之余的意外收获。

嘉靖二十二年(1543)癸卯，罗汝芳二十九岁，再度参加乡试，这一次他高中举人，从此身份明显抬高，进入了统治阶级的行列。第二年，罗汝芳前往北京参加会试，金榜题名，成为贡士[④]，他以"因父罗锦患病，告归侍养"。就罗汝芳本人而言，他不就廷试的真实动机是"吾学未信，不可以仕。"[⑤]作为一个真诚信奉和践履儒家思想的读书人，罗汝芳认为自己只不过是考场中的幸运儿而已，实际上还远远没有将圣人之道体悟透彻，因此贸然走上仕途，将会害人妨己。罗汝芳的这种举措，在当时固然惊世骇俗，但是也并非空前绝后。在此之前，王阳明的弟子王

①　《二子小传》，见《罗汝芳集》，第614～619页。
②　颜钧(1504—1596年)，号山农，江西永新人，曾师从泰州王艮及其弟子徐樾，有狂者风范。
③　《罗汝芳集》，第232页。
④　按照时人习惯的说法，也常常称为进士。实际上只有参加殿试之后才正式成为进士。
⑤　《罗明德公本传》，见《罗汝芳集》，第829页。

龙溪和钱德洪，曾经两次放弃殿试的机会，第一次在嘉靖五年（1526），因当朝者"不悦学"，二人会试得第后，情愿回乡帮助王阳明从事教育工作；第二次在嘉靖八年（1529），二人已经踏上前往北京参加殿试的路途，听闻乃师阳明病逝的消息，半途改道，前往江西上饶迎接乃师之灵柩，然后执弟子心丧，并经纪阳明家事，保护其冲龄幼子。直至嘉靖十一年（1532），二人才参加殿试，取得了本该早就属于他们的进士资格。另外，王阳明生前的另一弟子欧阳德（1497—1554），江西泰和人，"甫弱冠，举乡试，从学于王文成于虔台，不赴春宫二科"①，到了嘉靖二年（1523），欧阳德终于前往北京应试，他一举夺第，步入仕途，后来成为明代中期很有影响的一个政治人物。但不管怎么说，罗汝芳放弃廷试，回家就学的举动，在当时士林中是引起了轰动的，因为人们又看到了一个真诚信奉和践履儒家圣人之道的读书人，看到了一个在学界士林中冉冉升起的"新星"。

罗汝芳归家之后，一方面"建从姑山房以待四方游学之士"；另一方面四处求师访友，虚心向学，赴廷试之事真的被他忘在了脑后。直至壬子年（1552），"江西抚台梦山夏公按建昌，游从姑（山），讯庵僧曰：'谁尝处此？'僧以师对。夏遣官请见，师野服萧然，夏曰：'盛养壮年，安得遽为此也？'命有司备路费，促师北上。"②

第二年（嘉靖三十二年，癸丑，1553年），三十九岁的罗汝芳终于到了北京，参加殿试。由于殿试纯粹是走个过场，不设淘汰比例，罗汝芳当然高中无疑。不过，也许是由于他三次放弃殿试机会的缘故，考官不想给一个藐视朝廷科举功名的人太高的名次，只给了他"三甲"同进士的出身。按照规定，同进士是不可能留在北京的部院衙门当京官的，只能外放当县令，于是，罗汝芳便被分配到了南直隶的太湖县（在今安徽省西南部）担任知县一职。这一年，距罗汝芳首次参加会试连头带尾算是十年了（实足九年），这便是许多史籍中所说罗汝芳"十年不赴廷试"的根据所在。

二、仕宦与从政生涯

1553年夏，罗汝芳受命前往太湖县任职。当时太湖一带多湖盗，已为患多年，罗汝芳到任后，以巧计将湖盗首领拘捕，清除了这股湖盗，

---

① ［清］黄宗羲著，沈芝盈点校：《明儒学案》卷17《江右王门学案二》，北京，中华书局，1985，第359页。虔台，指赣州；春宫，指会试。

② 《罗近溪师行实》，见《罗汝芳集》，第836页。

"积年之寇，俄顷平焉，人以为神"①，显示了极强的治事才能。于是百姓对他开始信任有加，他便以自己心目中的圣人之道（主要是立乡约、兴文教）治理这百里之邑。不过一年左右，"赋日完，讼日简，闾阎颂声，台司荐疏籍籍也"。②

嘉靖三十五年（1556），罗汝芳已经四十二岁，在太湖的任期已满，按照三年一入觐的惯例，罗汝芳前往北京吏部述职，准备接受新的工作分配。这个时候，当朝者是著名的奸相严嵩，严氏父子把持朝纲，把政事和吏治搞得乌烟瘴气。要想获得一个新的满意的职位，必须向严氏父子行贿，而罗汝芳"弊例悉罢，行李萧然，识者刮目"③，就是一钱银子的贿赂也不肯奉上，严嵩是江西分宜人，罗汝芳是江西南城人，好歹算是大同乡，"严虽不悦，然以荐剡籍籍也，乃托其婿袁工部者邀师一见，则台省可得。师曰'有命'，竟不往。久之，擢刑部主事"。④ 由是可见，严嵩出于扩充党羽的目的，派女婿袁某主动去邀罗汝芳相见，并许以台省显要之职。罗汝芳清楚地认识到严嵩的目的所在，只以"有命"二字推托不往，拒绝加入严氏一党，保持了一个士大夫的清高气节。严嵩对此的气恼是可想而知的，因此，过了很久，罗汝芳才被授予刑部主事一职（正六品），或许是严嵩看在罗汝芳毕竟是大同乡的面上，加上罗在知县任上政绩卓著，才没有陷害他，否则，以严嵩之奸佞狡诈，官职卑微的罗汝芳在朝廷的处境可就危险了。在候职期间，罗汝芳目睹了朝廷中种种邪恶风气，准备上书乞求离职为民，被座主徐阶"力止之"。这期间他很可能回过家乡，赋闲候职，第二年，他接到了刑部的通知，才进京赴任。

1557 年，罗汝芳在刑部就职，虽然只是一个小小的山东司主事，但是，刑部尚书淡泉郑公十分器重他，"部事无大大小就师质之，一时人称明允，师力居多焉。"⑤几年间，罗汝芳竟然也从主事渐次升为员外郎、福建司郎中（正五品）⑥。由于有了尚书大人的充分信任，罗汝芳在刑部任上也能稍展手脚，在职权范围内按照儒家理念给予囚犯一些"人道主义"的关照，史载："前狱中每遇寒，无日不报囚死。夫子命具汤药、热饮

---

① 《罗近溪师行实》，见《罗汝芳集》，第 837 页，关于罗汝芳平定湖盗等事功，将在第六章中详述。
② 《罗近溪师行实》，见《罗汝芳集》，第 836 页。
③ 《罗近溪师行实》，见《罗汝芳集》，第 836 页。
④ 《罗近溪师行实》，见《罗汝芳集》，第 837 页。
⑤ 《罗近溪师行实》，见《罗汝芳集》，第 836 页。
⑥ 《罗汝芳履历》（建昌府吏部回文），见《罗汝芳集》，第 828 页。

食、时收放，囚乃不病。"①这种恻隐之心，在当时的封建官僚中，无疑是十分罕见的。

不过，这时的罗汝芳，仍然像从前一样"不识时务"，一些得罪了严嵩父子的忠直官员，被下刑部大狱后，他竟然利用"职务之便"，跑到狱中"同寝处者四五日"，"众皆以为昏曚弗识忌讳为诮，而不知师德义之勇类如此也"。② 其实，罗汝芳之所以敢于这么做，是因为他道行已深，心性淡定，他的心中根本无所谓什么乌纱帽，大不了罢官回乡，继续修道讲学罢了，"无挂碍故无有恐怖"，什么都放下了，反而什么都不怕了。在刑部期间，罗汝芳所做的最忤逆严党的一件事是审理沈炼案之同案余犯了。沈炼是会稽人，进士出身，曾任锦衣卫经历一职，曾上书弹劾严嵩，被严嵩父子处以谪戍之罚，后又杀害，时在嘉靖三十六年(1557)九月，其事迹可见于《明史》卷209。嘉靖三十九年(1560)，罗汝芳出审宣府、大同等地，据门人曹胤儒记载：

> 时分宜憾青霞沈公。沈虽死，余犯尚多，当道嘱曰："是狱最为紧要，速尽决之。"师审实，多从轻论，闻者咋舌。后分宜败，言官发沈之冤，余犯皆释，问官反坐，独师与按台陈公获免，后陈见师每举此相谢也。③

罗汝芳不从严党之意，从轻审理沈案之余犯，可见其"迂直"之甚了，这样下去，罗汝芳迟早会成为严党所陷害的下一个目标。然而，仅仅两年之后，即嘉靖四十一年五月，严嵩倒台，徐阶代为首辅，朝纲为之一变，所有严党余孽悉数清除，而罗汝芳的政治命运也就转危为安了。不仅如此，由于罗汝芳深为徐阶赏识，因此，他的步步擢升本该是意料之中的事情，孰料，此时发生了一件令人啼笑皆非的事情。徐阶本意是想让罗汝芳先就任南京吏部考功司郎中一职，过渡一段时间后再调到北京予以重任，他也向吏部官员暗示了这个意思，可是，吏部错会其意，把罗汝芳升任了南直隶所属的宁国府知府(正四品)。罗汝芳接到任命后，前往徐阶府上辞行，徐阶恼得一语不发，罗汝芳不知其故。出来后，遇见吏部文选司郎中陆光祖(大概他就是经办人)，陆告诉了罗前后缘由，本意是要安慰一下罗汝芳，岂料罗汝芳笑着说："公且休矣！宁国不足以

---

① [明]杨起元：《明德夫子罗汝芳先生墓志铭》，见《罗汝芳集》，第921页。
② 《罗近溪师行实》，见《罗汝芳集》，第838页。
③ 《罗近溪师行实》，见《罗汝芳集》，第838页。憾，犹恨。

取公卿，独不足以取圣贤耶?"陆光祖很佩服地说："壮哉! 罗兄志也。岂人所易及哉?"①持重老成的徐阶为相一共六年，包括嘉靖朝的最后四年和隆庆朝的前二年，他提拔过包括张居正在内的许多人才，但是，由于许多意料之外的客观原因，他特别赏识的罗汝芳却始终没有被提拔到朝廷的重要职位上来，这不能不说是一种历史的"极不巧合"。

嘉靖四十一年(1562)，四十八岁的罗汝芳来到宁国担任知府。在所辖六县之地，他按照自己理解的圣人之道来施政，除了革除一些扰民的弊政以外，主要就是"以讲会、乡约治郡"②，结果大见成效。"民亦潜乎，且日迁善。郡堂经月鞭朴不闻"，③ 清初史学家万斯同记载:

> 出为宁国知府，治如太湖。民有兄弟争产者，汝芳引咎自责，对之泣下。其兄弟悔悟，亦相对泣，叩头息讼而去。创开元会，集士民诲以孝弟忠信，罪囚亦令听讲，一郡翕然。④

治理宁国的政绩也给罗汝芳带来了巨大的声誉，"台司无弗注上考者，师之治行为天下第一矣"⑤。嘉靖四十四年(1565)，罗汝芳已经五十一岁，按例进京入觐。首辅徐阶向他询问时务，他说:"此时人才为急。欲成就人才，其必由讲学乎?"徐阶是之，遂令各部院台省及觐会的官员们，在北京的灵济宫举行盛大的讲会，由罗汝芳主讲北宋程颢《定性书》中"学者须先识仁"的思想，一时听者跃然。⑥

在朝觐期间，罗汝芳曾经对徐阶说过:"公诚能使诸大阉知向学，即启沃上心一大机括也，公奈何仅循内阁故事以塞其责耶?"⑦

这段话还隐含了一层意思，除了教导宦官之外，应该劝导皇帝本人认真学习儒家的圣人之道，倘若"得君相同心学道，寰宇受其福矣"。⑧听了这话，徐口头上"大以为然"，实际上却是有苦说不出，因为嘉靖帝身边的宦官们属于内廷，内阁及部院大臣根本管不着他们，况且刚愎自用的嘉靖皇帝更不会让内阁儒臣们来教训自己，因此，罗汝芳的美好愿

---

① 《罗汝芳集》，第 406、838 页。
② [明]杨起元:《明德夫子罗汝芳先生墓志铭》，见《罗汝芳集》，922 页。
③ 《罗近溪师行实》，见《罗汝芳集》，第 838 页。
④ [清]万斯同:《罗汝芳传》，见《罗汝芳集》，第 874 页。
⑤ 《罗汝芳集》，第 839 页。
⑥ 《罗汝芳集》，第 839 页。
⑦ [明]王时槐:《近溪罗先生传》，见《罗汝芳集》，第 857 页。
⑧ [明]王时槐:《近溪罗先生传》，见《罗汝芳集》，第 857 页。

望只能落空。或许就在此时，徐阶发现罗汝芳性格过于耿介，不善圆通，不适合在关系复杂的朝廷高层中任职，因此，没有给予他实际的升迁（按政绩考评是完全够的），只是口头鼓励一番，便让罗汝芳回去继续担任宁国府知府。

在朝觐期间，罗汝芳还会晤了张居正这样一位特殊的人物（并非是两人初识）。这时的张居正担任裕邸讲读一职（裕王，即后来的明穆宗），罗汝芳语之曰："君进讲时，果有必欲尧舜其君之意否？"张沉吟久之，曰："此亦甚难。"师叹曰："公所居乃何等责任？乃无一段真精神以感格君上，而第为此言，不为上负天子，下负所学哉？"有从旁解之者曰："此亦无可奈何。"罗汝芳责之曰："吾与张君言至此，欲为滴泪，而君犹为谀言以相宽，是无人心也者。"①张居正听罢，黯然无语，从此，他心中对罗汝芳埋下了忌恨的情绪，这也使得罗汝芳后来难以施展自己的政治抱负。公允地讲，张居正是明代杰出的政治家，是一位成功的改革者，但是，久居官场的他深谙为官之道，他也学得像徐阶一样隐忍圆滑，不肯去冒犯现在的皇帝或未来的储君，只是在等待自己的机会。而罗汝芳则首先是一位以圣贤人格要求自己的理学家，他相信"枉己者，未有能直人者也"②的圣训，主张不计个人名位与得失，忘我地劝导帝王（或储君）遵循先圣之道，以化作苍生社稷之福。在专制主义政体中，只有张居正可以从芸芸百官中脱颖而出，而罗汝芳则不可能充分实现自己的理想和抱负。

1565 年，罗汝芳回到宁国继续担任知府，这年夏天，罗父崇纲病故，罗汝芳立即回家奔丧，并按制丁忧三年（实际时间为二十七个月）。"士民缙绅送逾百里，无不泣别……亦有追随不舍至家者，如梅井郭君及胥吏辈数十人"③，足见罗汝芳在宁国的善政感人至深。丁忧结束之后，罗汝芳遵照母亲宁氏"勿复仕"之命，没有及时返京销假。其实，这时候已经是隆庆皇帝在位，朝廷政务乱糟糟的。座主徐阶因为劝谏宫禁之事过多（真的像罗汝芳说的那样去做了），于隆庆二年七月被皇帝"准许"致仕返乡。朝廷中真正了解和赏识罗汝芳的人走了，继任者根本想不起罗汝芳这样一位普通的四品官员来，因此没有人来催促他返京担任什么新的职务。好在罗汝芳心中丝毫不介意什么官职不官职，他在家乡赋闲了八年之久（其间母亲宁氏病故，继续守孝），利用这段时间，他周游天下，

---

① 《罗近溪师行实》，见《罗汝芳集》，第 840 页。
② 语出《孟子·滕文公下》，因"四书"广为人知，所以本著引述此书之语，只注篇名，不注页码。
③ 《罗近溪师行实》，见《罗汝芳集》，第 840 页。

遍访同志，相互探讨学问，过得充实而快乐。直至隆庆六年，明穆宗殡天，当道者引哀诏促其起复。

万历元年(1573)，已是张居正任首辅之时，已是五十九岁的罗汝芳回到北京，当然必须谒见这位新任首辅一面。门人熊侯在《近溪罗先生一贯编》中记载了这次会面：

> 师会江陵张公，江陵问师山中功课。师曰："读《论语》、《大学》，视昔稍有味耳。"江陵默然。翌日，招师，且约义河李公陪师，坐定。江陵顾李，曰："近溪意气，视旧无异。"师曰："不免感伤太多耳。"江陵问："何故？"师曰："间阎疾苦，不能一一上达。"江陵曰："即韩、范、欧、富，亦不能俱达也。"师笑谓李大夫曰："某辈连宵欢呼庆幸，皆以老先生(指张居正)受知主上，大用明时，即皋、夔、稷、契，将不多让矣。"江陵曰："然则尧舜独不病博济耶？"师曰："此自人言尧舜者耳。自鄙见论之，唐虞君臣，刻刻时时，必求博济也。"江陵举酒不言，久之曰："胡庐山安在？"师曰："在广西按察，昨得书，言归矣。"(江陵)盖憾师如胡之不顺己也，遂补师东昌。麟阳赵公忿然曰："奈何促贤者一出，而仅以郡符劳之耶？"[1]

看得出，这是一次不投机的谈话。张居正的本意是只要罗汝芳肯依附于自己，便会给他一个重要的位置去任职，而罗汝芳却直诉"间阎疾苦，不能一一上达"。张居正很世故地说："尧舜独不病博济耶？"罗汝芳则说："此自人言尧舜者耳。自鄙见论之，唐虞君臣，刻刻时时，必求博济也。"作为一个刚刚返京的官员，便给始任首辅的张居正提出了很高的要求，张当然不悦。他感到罗汝芳必然像胡直(号庐山)[2]一样不肯依附于自己，因此，仍以平级调动，任命罗汝芳为东昌知府。显然这个任命是极不公道的，罗汝芳已经赋闲在家八年，本身不想回朝任职。适逢万历新政，百废待兴，朝廷左一道旨意、右一道旨意地催促近溪起复来京，本说是选拔声望、资历都够格的人才担当大任，孰料只给人家一个知府的职务，这不是折腾人吗？所以兵部尚书赵麟阳看不下去了，忿然地说："奈何促贤者一出，而仅以郡符劳之耶？"无奈一入朝廷，便身不由己，罗

---

[1] 《罗汝芳集》，第382页。

[2] 胡直(1517—1585年)，字正甫，号庐山，江西泰和人，仕致福建按察使，江右王门再传弟子。

汝芳只能服从这一任命，前往山东东昌府(今聊城)任职。

同年，罗汝芳到达东昌府。治理一个府，对于他来讲已经是驾轻就熟的事情。史载："(师)治之如宁国，三月而士民孚之。"①可是，才过了三四个月的时间，朝廷又下了一道旨意，升任他为云南屯田副使兼按察副使②，这是一个从三品的官位。从表面上看，罗汝芳还升了一级，实际上，这是张居正等人猜忌罗汝芳而使下的绊子。因为罗汝芳此时已是公认的士林翘楚，有一点清流领袖的味道，而东昌府距离北京太近，张居正一伙有什么不当的举措，距离京畿不远的罗汝芳完全可以上书议政或予以弹劾。因此，张居正索性以升一级为幌子，把罗汝芳贬得远远的(云南是明朝版图内距离北京最远的一个省份)。

这时的罗汝芳已年近花甲，当然不太愿意跑到几千里外的云南去为官，因此，"具疏乞休"。但是，"当道强止弗上"③，把罗汝芳的奏章压了下来，而且吏部行文一再催促其前往赴任。以罗汝芳的性格，此时挂冠而去都是敢作敢当的。但是，他的妻子吴氏却对罗汝芳说了一番个人的意见，她说："云南远居偏域，未有以圣学诲者，盍往造就？他日人才辈出，皆公力也。"④这番独到的见解让罗汝芳改变了主意，天下无不可居之地，"圣人所居则化，何陋之有？"⑤他决定前往云南，再一次发挥自己的才干做一点有意义的事情。

万历二年(1574)十一月，已经六十岁的罗汝芳终于到达了云南这个偏僻的省份。当时云南巡抚⑥名叫王凝，字道甫，号毅庵，湖广宜城人，担任过裕府讲读，不仅是张居正的同乡，也是张居正的一党。由于政见不同的缘故，王凝开始对罗汝芳抱有很深的成见，"动以迂儒目之"⑦，并时不时地给罗汝芳出点难题。但是，既来之，则安之，罗汝芳在云南任上，踏踏实实地履行了自己的职责，而且所做之事，远远超出了一个"农垦水利厅厅长"的范围。首先，他治理了滇池，修筑昆明堤，并且修复了元朝时开凿、业已废弃的金汁、银汁二沟，"乘暇遍历郡县，凡水之

---

① 《罗汝芳集》，第842页。
② 《罗汝芳集》，第723页，署名："云南按察司副使"；856页，亦作"升云南按察副使"。
③ 《罗汝芳集》，第842页。
④ 《罗汝芳集》，第883页。
⑤ 朱熹：《四书集注》，长沙，岳麓书社，1987，第162页。
⑥ 明代一省管理民政的最高长官是布政使，巡抚不是常设职位，事毕之后可以裁撤，所辖之地大小不一。
⑦ 《罗汝芳集》，第1001页。

利害无不平治"①。最为难得的是，他在治理滇池时，因巡抚王凝嫌其多事，"废格不行，予百方求之，竟不动一文发一力也。"②于是，罗汝芳只有和当地缙绅父老们商量，或者捐出俸银，或者劝导百姓出人丁，实地勘测，精打细算，工程完毕之后，所费银两不及原先官方预算的十分之一。其效果是：第一，解决了农业用水问题，过去民间"年年告打人命不了"③的争水纠纷化于无形。第二，水旱灾害得到了解决，换来了农业大丰收："秋后，征收屯米，大有余羡，至多露贮。抚院笑以问师何术至此？师正对曰：'只举斯心加诸彼而已。'抚院改容称服。"④

罗汝芳勘察水利、遍历郡县期间，到达了滇西腾越州（今云南腾冲）。这时，他意外地碰上了一场战事。有一名缅甸酋长名叫瑞体，号称莽哒喇（汉语作"公道主"），率大军数万入侵迤西（地名），归附于明帝国的土官抚司思个（人名）向明政府求援。"时值金、腾缺兵备，（巡抚）则檄芳代署，意其军旅之事必不能也"。⑤ 于是，文士出身的罗汝芳又变成了临时警备司令。他临危不乱，整兵备战，并授土司以克敌方略（主要是靠火药破其象阵、峡谷设伏困其部众、邀众土司共击莽人），结果，大败莽哒喇，"谍报莽兵实五万，数日内死伤者十之九，瑞体谓其下曰：'吾自用兵以来，未有此困。'"⑥这一场战事的经过，《明史》卷 315 有专门的记载。这样一来，朝堂上很多人都大跌眼镜，没想到罗汝芳竟然熟悉军事、能够得心应手地指挥作战！真可谓"夫子圣者与？何其多能也"⑦。

在云南期间，罗汝芳一边治理水患，一边讲学不辍。凡足迹所到之处，皆聚众会讲，并且不限于士子缙绅，"暇日辄临乡约，其父老子弟聚听讲者动以千计"（有时候则是"以万计"，甚至"远近奔趋，遍塞场中，不下四五万众"）。⑧ 其中有很多是刚刚开化的少数民族，今本《罗汝芳集》中有一篇《腾越州乡约训语》就记载了他讲学的盛况和内容。随着罗汝芳在云南任职时间的延续，他干练的才能和无私的精神，也使巡抚王凝对他的态度有所转变。由于罗汝芳对于教育事业的熟悉，巡抚王凝索性以

---

① 《罗汝芳集》，第 844 页。
② 《罗汝芳集》，第 414 页。
③ 《罗汝芳集》，第 413 页。
④ 《罗汝芳集》，第 847 页。
⑤ 《罗汝芳集》，第 1001 页。
⑥ 《罗汝芳集》，第 845 页。又见罗汝芳自述："莽人初来，众以十万，而归舟不及五千"，见第 617 页。
⑦ 《论语·子罕》。
⑧ 《罗汝芳集》，第 180、759、847 页。

"学道符印送掌",他又成了兼职的"教育厅长"。随后,又交给他代管提刑按察司的大印(因为他在刑部任过职,熟悉司法事务),在掌印期间,罗汝芳没有屈从张居正的"多决重囚"的意旨,尽量减少死刑案的判决,并给予囚徒应有的人道主义待遇,以至惹恼了张居正。张居正下令云南提刑按察各官员一律罚俸。为此,罗汝芳"语共事诸公曰:'罚俸自是不佞分内,独以累诸公,心不安耳。'诸公咸曰:'吾辈甚安。'师曰:'诸公安,不佞安矣。'"①可见,罗汝芳此时已经赢得了大批同僚和下属的真心拥戴。万历五年(1577)二月,已经六十三岁的罗汝芳被正式任命为云南布政司左参知政事一职,并"总理两司"(布政司及按察司),仍是从三品。不过,因为有了相当于"代理省长"的头衔,他办起各项政务来更加名正言顺了。除了照样整顿屯田水利事务外,还利用云南铜矿丰富的特点,开局铸造铜钱,促进商品流通。关于铸钱一事,罗汝芳著有《大明通宝义》一文,收录于今本《罗汝芳集》中,体现了一个长期从事治国理民实践的封建官吏的经济思想。

同年,罗汝芳捧贺入京,参加皇帝的万寿节庆典。参加完庆典之后,罗汝芳上表请辞归乡,并在京听候答复。此时,多年未见的老朋友们又凑到了一起,"同志毕集,日为会"②,许多士大夫又饶有兴趣地来听罗汝芳讲学,其中,包括新科进士杨起元③,后来成为他非常欣赏的弟子。在京期间,首辅张居正派了他的三个儿子"礼谒师寓",还特意另派官员向罗汝芳表示"必复借重一行,其如远劳何",目的就是要让罗汝芳依附自己,然后给予高官厚禄。罗汝芳不为所动,对于张的三个儿子,仅仅"以通家子侄待之",并无巴结奉承之色,而对于前来拉拢他的官员,则说:"深荷垂念,但早已具告吏部,今不复入矣。"④张居正听了这番转述,"益复怏怏",知道罗近溪是不可能为自己所用了。此时,由于罗汝芳在城外广慧寺暂住讲学,"朝士多从之者",张居正唆使亲信给事中周良寅上书弹劾,说罗汝芳等人"事毕不行,潜住京师"。⑤于是,吏部下文,令罗汝芳致仕还乡,就这样,六十三岁的罗汝芳结束了自己的仕宦生涯。

罗汝芳回乡之后,专心从事讲学活动,并且游历过许多地方。至其

① 《罗汝芳集》,第847页。
② 《罗汝芳集》,第847页。
③ 杨起元(1547—1599年),字贞复,号复所,广东归善人,万历五年进士,《明儒学案》有传。
④ 《罗汝芳集》,第847页,本段引言皆出于此页。
⑤ [清]黄宗羲:《明儒学案》卷34《参政罗近溪先生汝芳》,第760页。

七十四岁去世之前，有过不少大臣继续向朝廷举荐他，例如，万历九年（1581），曾经问学于罗汝芳的邹元标向朝廷"举荐理学名臣，其荐师语曰：'惟道是学，而得失不入于心；逢人必诲，而贤愚不分其类。'"①万历十年（1582），按院韩国桢举荐地方人才，他对罗汝芳的评价是："兴味超然物表，志趣迥出尘埃。雅谈性命之宗，日起清修之誉。"②为此，吏部还下文查访，建昌府回吏部公文，称罗汝芳"服食俭约，精神不减壮年；业产凉薄，居守浑如寒士"。③但是，这些荐疏都没有结果，所谓吏部查访，也成了例行公事的官样文章。

公元 1588 年农历九月初二，罗汝芳逝世于家乡南城之从姑山。门人云集，相向而哭。"服心丧者遍郡，一时孝巾称贵。"④杨起元等门人共议而私谥之，曰"明德先生。"

综观罗汝芳的一生，他有治国平天下的理想，但是却并不得志。由于种种原因，他三十九岁才踏入仕途，历任知县、知府、参知政事等地方官员，并且在朝廷的刑部担任过主事、郎中等中下级职务。其间丁忧赋闲在家达八年之久，到六十三岁致仕时，实际从政时间不过十六年左右。对于一向以经世济民、安邦定国为己任的儒家学人而言，罗汝芳的政治事业虽然内容丰富，但是并不辉煌。从这个角度来讲，罗汝芳顶多只能列入循吏或清官的范畴，在五千年的中华文明长河中，恐怕连给历史做注脚的资格都不够。然而，罗汝芳当时却是盛名闻于天下，以至于首辅张居正都要忌惮他三分。这是因为，儒家实现社会理想的途径有二：一是得君行道，二是觉民行道。前者是政治事业，而后者则是教育和思想文化事业。罗汝芳之所以在明朝历史上颇为著名，其实正是因为他孜孜不倦地从事着"化民成俗、觉民行道"的事业，无论出处进退，他一直无私而热忱地进行着这项事业。正因为如此，他无意中自觉承担起传承中华民族的民族精神和文化慧命的历史重任。肩负起这样一份重任，正是他的人生意义不亚于任何明代著名的政治家或达官显贵的原因所在。因此，我们很有必要专门探讨一下贯穿了罗汝芳一生的修道实践和讲学历程。

---

① 《罗汝芳集》，第 849 页。
② 《罗汝芳集》，第 849 页。
③ 《罗汝芳集》，第 828 页。
④ 《罗汝芳集》，第 306 页。

第三节 修道实践与讲学历程

概括而言，儒家所崇尚的圣人之学，存在一个"明体达用"的完整思想体系。所谓明体，就是觉悟自家心中先天即有的明德。在宋明理学中，明德、良知与天命之性所指，其实都是一码事，当然还可以有别的称谓。《中庸》开篇即说："天命之谓性，率性之谓道，修道之谓教。"而觉悟、遵循这个天命性，就是儒家所说的修道，与佛、道二教所讲的修道有所不同。而且，儒家所说的自家修道，还处于"明体"的层次，儒家崇尚的理想是"明明德于天下"，这样一来，就离不开从政、讲学等社会实践活动，这是"达用"的范畴。事实上，早在先秦时期的儒家思想中，政与学本身就是一而二、二而一的事情。因此，讲学是体道之后的弘道行为，其实都是修道之教的组成部分。此外，由于中国古代语言的含糊性，有时，这种修道实践又被称为学问或工夫，甚至并称"学问工夫"。我们在研读相关古籍时，慢慢会品出这些名言所指的实际含义。搞清楚了这两个范畴的内涵，有助于我们理解罗汝芳一生的修道实践与讲学历程。

一、求学与体道的早年行迹

史载罗汝芳"十有五岁从新城洵水张先生受学。张事母孝，每教人力追古先。师读《论语》诸书有省，毅然以兴起斯道为己任。"[①]在罗汝芳少年定志的过程中，家人、亲戚的影响是少不了的。父母的影响兹不重述，十五岁的罗汝芳已经有足够的理性思维能力，从亲戚的言谈话语那里受到启发，开始思考自己的人生之路应该如何去走了。据他自己回忆：

> 某幼时与族兄访一亲长。此亲长颇饶富，凡事如意。时疾已亟，数向某兄弟叹气。归途谓族兄曰："此翁无不如意者，而数叹气，何也？兄试谓，我兄弟读书而及第，仕宦而作相，临终是有气叹否？"族兄曰："诚恐不免。"某曰："如此，我等须寻不叹气事为之。"某于时便已定志。[②]

尚处于青少年阶段的罗汝芳，从一位家境富有、生平顺达的亲戚临

① 《罗汝芳集》，第 833 页。

② 《罗汝芳集》，第 294 页。

终前的叹气发现，原来人生并不是以"读书而及第，仕宦而作相"为根本目的的，那样临终仍然免不了留下许多遗憾。因此，年少的他便立志"寻不叹气事为之"，天赋之异于常人，于斯已见端倪。就在这一时期，他还和其他本族兄弟探讨过这方面的问题，史载：

> 偶同弟汝顺、汝初、汝贞夜坐，问曰："有一心事试语汝辈。今予世事方动倪端，设命缘辐辏，中个状、会，进升宰辅，昼锦归闲。如是寿考告终，汝兄可泰然以盖棺否？恐不能矣。"①

十五岁的年纪，在别的青少年那里，可能正是感性意识和叛逆性格最彰显的时候，而罗汝芳却思考着自己一生的前途和归宿，实在是禀性异于凡庸。以至于其从弟罗汝贞多年后想起仍会"竦然，且曰：'迄今不忘也。'"

在当时的儒家思想体系中，能够达到完美人生境界的，只有像孔子一样的圣人。其实，早在宋代周敦颐、二程开始，就已经提倡"圣人可学而至"②，读书人的根本目标就是要"学为圣人"，宋明时代的理学家都将这一思想传承了下来。因此，罗汝芳自然也以"求学作圣"为根本目标，无疑，这是一种志存高远、超尘拔俗的理想境界，正因为有此理想扎根于心中，所以罗汝芳后来才能对自己的官位高低、穷通利达视若浮云一般。同理，他后来也特别强调学者立志的重要性，例如，他对学生们说：

> 汝辈为学，须要立个必为圣人之志，时时刻刻用功，后日方有成就。若只茫茫荡荡度日，岂不惜哉？"

> "学是学为孔子，则汝辈当以孔子为法。孔子十五志学，今日便当向半夜五更默默静静考问自己心肠，果如孔子一心一意去做圣贤耶？③

定志之后，罗汝芳便开始修习前辈儒者们传下的各种工夫。十七岁

---

① 《罗汝芳集》，第833页。
② ［宋］程颢、程颐著，王孝鱼点校：《二程集》，《颜子所好何学论》，北京，中华书局，2004，第577页。周敦颐则说："圣可学乎？曰：可。"引自：［宋］周敦颐：《周子通书·圣学第二十》，上海，上海古籍出版社，2000，第38页。
③ 《劝明德堂诸生四条》，见《罗汝芳集》，第713页。

时(1531)，罗汝芳偶然读到了明代前期的名儒薛瑄的一段语录："万起万灭之私，乱吾心久矣，今当一切决去，以全吾澄然湛然之体。"①他如获至宝，焚香叩首，发誓必为圣贤。然后"立簿日纪功过，寸阴必惜。屏私息念，如是数月，而澄湛之体未复"。第二年(1532)，他又到本地的临田寺中读书静修，"乃闭户临田寺中，独居密室。几上置水一盂，镜一面，对坐逾时，俟此中与水镜无异，方展书读之，顷或念虑不专，即掩卷复坐，习以为常。遂成重病。"

这时的罗汝芳，颇有几分少年王阳明"格竹"的味道，而且劲头有过之而无不及。王阳明格竹才七天，而罗汝芳却懵里懵懂地做了一年多，结果以患重病而不得不结束。罗汝芳的遭遇，说明了修道之事须循正法，诚如王龙溪所说："此非一时意兴所能承当，气魄所能支撑，知解所能凑泊。"②

罗汝芳修习不当而"遂成重病"，是突然发作的。对此，他的孙子罗怀智记载了一段异事：

> 一日，恍见一僧，问曰："先生入山惟恐不深，岂欲行静功乎？居室屡迁，岂静犹未得乎？"祖曰："静固未能得，睡魔则却去尽矣。"僧曰："静功出自禅门，习静自有方便。窃视先生初未遇人，命宝岂宜轻弄？愿先生就枕。"祖曰："用功一载，仅仅得此。"僧曰："此岂足为效验，乃(妄)动也，先生不悟，死期至矣。"祖起谢不见。比夜就枕，果惊悸而难寐，身体壮热，成重病矣。③

罗汝芳患病之后，父亲罗崇绷十分焦急，知道儿子是因修习工夫不当而致病的，他根据自己"旧领阳明先生之教"的心得，"乃示以《传习录》一编"，罗汝芳"手而读之，其病顿愈"。④ 事实上，罗汝芳的病一直未能彻底痊愈，即使是读了阳明、象山、慈湖等人的著作，罗汝芳仍然心存怀疑，他后来回忆说："然于三先生所为工夫，每有窒碍，病虽小愈，终沉滞不安。时年已弱冠，先君极为忧苦。"⑤罗汝芳长期患病的原因何在？

---

① 《罗汝芳集》，第 834 页。本段引言下同。
② 《王畿集》卷 15《册付应吉儿收受》，第 436 页。
③ 《近溪罗先生庭训记言行遗录》，见《罗汝芳集》，第 405 页。
④ 《罗汝芳集》，第 231 页。
⑤ 《罗汝芳集》，第 52 页。

说到底，是因为他怀有一颗执着心，修学成圣的愿望太过强烈，总是强制自己去做什么或不做什么，因此，他的心灵始终处于一种绷紧的状态，对此他丝毫不觉，反而以为这是一种"得失不动心"的工夫。罗汝芳的病情就这样时好时坏地持续了好几年，直到二十六岁那年，他的修道历程才发生了重大的转折。

1540 年，罗汝芳前往南昌参加乡试，不幸落第。适逢缙绅士友在豫章同仁祠中大举学会，主讲者为颜山农，听众多达 1500 多人。当时，颜山农正好从泰州王艮门下归来，张贴《急救心火榜文》，以造声势。罗汝芳前往听讲，抱着试试看的态度讲了修习体会，期望能得到指点。史载：

> 祖（指罗汝芳）曰："某至不肖，无所知识，第昨遘重病，而生死能不动心；今失科举，而得失能不撄念，用功良亦切矣。但语以至道，则茫然全无着落，奈何？"
>
> 公（指颜山农）曰："君知制欲，而未知体仁也。"
>
> 祖曰："先儒云：'人欲净尽，天理流行。'欲之不制，仁其可徒体耶？"
>
> 公曰："吾侪谈学，须以孔孟为宗。志仁无恶，非孔氏之训乎？知扩四端，若火燃泉达，非孟氏之训乎？循是体仁，仁将不可胜用，何以制欲为哉？"
>
> 祖闻言顿觉心神活泼，浑合元和，直际乾坤，了无畔岸。乃知道自有真脉，学原有的旨也，遂师事之。①

值得一提的是，在贺贻孙②所撰的《颜山农先生传》中，对于这一场对话，还有更为详细的记载：

> 罗公曰："弟子习澄湛数年，每日取明镜止水，相对无二，今于死生得失不复动念矣。"先生（指颜山农）复斥曰："是乃子之所以大病也。子所为者，乃制欲，非体仁也。欲之病在肢体，制欲之病乃在心矣。心病不治，死矣。子不闻放心之说乎？……孔子曰：'朝闻道，夕死可矣。'放心之谓也。孟子曰：'学问之道无他，求其放心而已矣。'但放心则萧然若无事人矣。

---

① 《罗汝芳集》，第 405 页。

② 贺贻孙，晚明人士，生卒年不详，字子翼，号水田居士，有文集五卷传世，其名见于《四库全书》。

> 观子之心，其有不自信者耶！其有不得放者耶！子如放心，则
> 火燃而泉达矣。体仁之妙，即在放心。初未尝有病子者，又安
> 得以死子者耶？"罗公跃然，如脱缰锁，病遂愈。迎归，师事之
> 甚谨。①

在此，颜山农为了打消罗汝芳的执著之病，故意曲解了孟子的"放心"之说，把名词"放心"（迷失的本心）改换为动词"放下心来"，但是解得很妙，恰恰治对了罗汝芳的执著之病。"体仁之妙，即在放心"的说法，体现了颜山农出身民间，从不死板恪守经典的思维方式。因此，罗汝芳"如脱缰锁，病遂愈"，这一次，罗汝芳的病是真的好了（但是好执著的毛病并未全消，直至四十六岁）。罗汝芳和颜山农之间，也结成了一段持续终生的师生之缘。

从此，罗汝芳放开了手脚，"朝夕专以孔子求仁、孟子性善质正之，于四书口诵而心惟之，一切时说讲章置之不观。间作时艺，随笔挥成，见者惊服，私相语曰：'乃知学问之大益举业也。'"②作为那个时代的读书人，当然不可能摒弃科举，但是，罗汝芳的思想已经从科举考试的狭小圈子中跳了出来，专心于孔孟的思想原旨。偶尔需要作八股文的时候，一挥而就，直抒胸臆，文章反而写得更加精彩，以至于旁观者惊讶万分，感叹道："乃知学问之大益举业也。"果如其然，到了下一次乡试，他轻轻松松地考中了举人。第二年（1544 年），三十岁的罗汝芳又蟾宫折桂，会试得第。如前所述，他自以为"吾学未信，不可以仕"，③ 假托父亲患病需要奉养，放弃廷试，回到家乡继续问学修道。

回到家乡后，罗汝芳先于当年秋季随颜钧到泰州去拜谒王艮祠，然后在如皋、扬州等地讲学，第二年才返家。凭借自家的经济实力，"建从姑山房以待四方游学之士，矢心天日，接引来学。日与诸友论驳明道、象山、阳明、心斋义旨，足不入城市。"④嘉靖二十六（1547），他又前往吉安府永新县拜谒老师颜山农，然后遍访江西名儒，商榷学问，包括江右王门的聂双江（永丰人）、罗洪先（吉水人）、邹守益（安福人）、刘邦采（安福人）等。这些人都是大儒王阳明的弟子，此时皆为一方宗师，学问造诣极深。罗汝芳的这种游学活动，一方面可以开拓眼界；另一方面旨

---

① 黄宣民点校：《颜钧集》卷 9《附录一》，北京，中国社会科学出版社，1996，第 82 页。
② 《罗汝芳集》，第 834 页。
③ 《罗汝芳集》，第 829 页。
④ 《罗汝芳集》，第 835 页。

在印证和深造所学。当然，由于交通、通信等条件的限制，罗汝芳的这种游学是十分辛苦的，他后来回忆说：

> 予会试告归，实志四方。初年游行，携仆三四人，徐而一二人，久之自负笈，不随一价（价，仆役）。凡海内衿簪之彦、山薮之硕、玄释之有望者，无弗访之。及门惟以折简通姓名，或以为星相士，或以为形家，或通或拒，咸不为意。其相晤者，必与之尽谈乃已。①

需要指出，罗汝芳此时与人"商榷学问"，并不限于儒家的范围。诚如时人总结道："先生早岁于释典、玄宗，无不探讨；缁流、羽客，延纳弗拒，人所共知……"②后来，便有人据此以为，罗汝芳之学"大而无统，博而未纯"。③ 其实，这是一种固陋狭隘的门户之见。一个真正好学修道之人，面对各家之学，本身就应该博采众长。况且，心学宗师王阳明就认为：圣人之学"简易广大"，"尽性至命，何物不具"？"圣人与天地民物同体，儒、佛、老、庄皆吾之用，是之谓大道"。④ 过去，俗儒把很多关乎心性之学的深奥哲理弃而不论，本身就是对包含"明体达用"、"内圣外王"之道的儒家思想的狭隘化，显示其对儒家思想理解的肤浅。因此，王阳明之后，许多儒家学者都对佛、道思想采取了开放的心态，虚心学习，取长补短，最终还是为了发掘和彰显儒家固有的思想资源。在这一方面，罗汝芳可以说是当时思想最为开放的学者之一了。

罗汝芳的虚心向学，可以说古今罕见的，史载："罗子见人有片善寸能，不难以身下之，常曰：'圣人无常师，况吾辈耶？'"⑤其中，对他影响最大的，莫过于拜自己的举业弟子胡宗正为师学习《易经》的事情了。胡宗正，字中洲，浙江义乌人，后入山为道士，号清虚。据记载："戊申（1548），师遣人以厚币聘楚中胡子宗正。宗正旧常以举业束脩师。师知其于《易》有得也，兹欲受之。比至，则托疾杜门，寝食不相临。及有所扣，漫不为应。师曰：'我知之矣。'遂执贽愿为弟子。"就这样，本是胡宗

---

① 《罗汝芳集》，第 835 页。
② ［明］王时槐：《近溪罗先生传》，见《罗汝芳集》，第 858 页。
③ ［明］邹元标：《近溪罗先生墓碑》，见《罗汝芳集》，第 931 页。按：这是邹元标的引语，并非其观点。
④ 吴光等编校：《王阳明全集》卷 35《年谱三》，上海，上海古籍出版社，1992，第 1289 页。
⑤ 《罗汝芳集》，第 379 页。

正举业之师的罗汝芳，在三十四岁那年，把胡宗正请到家中，拜为老师，跟他学习《易》理。胡宗正教他"宜屏书册，潜居静虑"，罗汝芳老老实实地照着去做，"如是坐至三月，而师之《易》学，恍进于未画之前，且通之于《学》、《庸》、《论》、《孟》诸书，沛如也"。① 《易经》作为儒家的"五经"之一，罗汝芳此前不可能没有读过，但是觉得与孔孟所说的宗旨和工夫"贯串不来"，因得知当年的举业弟子胡宗正"得异传，不敢轻授"，便不惜反身拜其为师，果然大悟其旨，"不外前时孝弟之良，究极本源而已"。② 从此，罗汝芳对于儒家经典的理解已经是触处逢源、横穿直贯的程度。非常有意思的是，胡宗正道行高深，不仅点化了罗汝芳，而且还成为他的两个儿子罗轩和罗辂的修道师傅。

还值得一提的是，在此前后，罗汝芳与父亲共同探讨"格物"问题，父子二人讨论了多次。最后，在罗汝芳三十三岁时，一夕大悟，他回忆说：

> 比联第归家，苦格物莫晓，乃错综前闻，互相参订，说殆千百不同。每有所见，则以请正先君，先君亦多首肯，然终是不为释然。三年之后，一夕忽悟今说，觉心甚痛快，中宵直趋卧内，闻于先君，先君亦跃然起舞曰："得之矣！得之矣！"迄今追想一段光景，诚为平生大幸也。③

在其孙罗怀智所著的《罗明德公本传》中，所记述为："己酉，请证格物于父，父不为然。三年后忽悟，直趋父榻前陈之，父跃然起曰：'得之矣。'"④按照这个记述，己酉（1549）之时罗汝芳已经三十五岁，三年后悟"格物"之时已经三十八岁，与罗汝芳自己的叙述不同，当以近溪本人的叙述为准。况且，"格物"是宋明理学中争议最大的问题之一，罗汝芳应该一直纠结于心，不可能会试（1544）之后回到家里，过了五年才去"请证格物于父"，未免太慢性子了。无论其时间归属如何，罗汝芳解决了"格物"内涵问题，的确是他一生中奠定思想和学问趋向的一件大事情。

罗汝芳多年不赴廷试，引来一些旁人好心地对其父母施加压力，终

---

① 《罗汝芳集》，第 835 页。
② 《罗汝芳集》，第 53 页。
③ 《罗汝芳集》，第 232 页。关于"格物"一词的内涵，在下一章有详细阐释。
④ 《罗汝芳集》，第 829 页。

于，罗母开口："今当勉从雅意"，"遂治装促师北上"。① 这时候，已经是嘉靖二十九（1550），距罗汝芳首次参加会试过去了整整六年。孰料，罗汝芳路过扬州时，邀约浙中王门的王龙溪和钱德洪等人大会于南京之天坛道观，在南京大开讲会之后，竟然又把考期给耽误了。总之，在这十年之中，"师遍游海内，归则多处姑山，决策尼圣，凝神《易》理，方便接引来学，若将终身焉"。② 如果不是三年后江西巡抚夏梦山催逼着他去应考，恐怕他这一辈子都会把殿试之事忘于脑后。这就引起了人们的怀疑，为什么罗汝芳如此不在意科举，难道他不想做官从政吗？他还是一个儒生吗？

这个问题涉及如何认识儒家思想的"简易广大"③之事。其实，多年以来，知识界对儒家思想常有误解，特别是将完整而博大的儒家思想肤浅化、狭隘化了。在一般人心目中，儒家所提倡和向往的，无非就是从政为官、经世济民，或者"致君尧舜上，再使风俗淳"④而已，这是一种道德理想主义的政治理念。而事实上，除此政治抱负和道德理想外，儒家还有超政治、超道德的人生境界，这种人生境界的存在，使得"孔颜真乐"和"曾点之志"成为儒家学者所津津乐道的生活乐趣所在，使得人们不管仕途是否通达，都能够找到充实和有意义的事情去做，使自我与周围环境和谐如一，无所处而不乐。正因为如此，晚年的孔子才对子路、冉有、公西华等弟子的政治抱负不置可否，只对曾皙"浴乎沂，风乎舞雩"的理想"喟然叹曰：'吾与点也。'"⑤孔子曾说："朝闻道，夕死可矣。"⑥如果这个"道"仅仅是从政之道或伦理之道，那么，朝闻道而夕死无憾，是无论如何也说不通的。因此，我们有必要深入认识孔子，理解他所传递下来的那种超道德、超政治的人生智慧，而且还应看到，在明代，王阳明、王龙溪和罗汝芳等人，的确是把圣人之学的精蕴吃透了。正因为如此，罗汝芳后来两次进京赴任之时，总是"沿途讲学，不以官为意"⑦，这不是故作姿态或诚心犯傻，而是因为他从体道和弘道事业中发现了并不亚于为官从政之价值的人生意义和乐趣。

---

① 《罗汝芳集》，第 836 页。
② 《罗汝芳集》，第 836 页。
③ 王阳明语，引自：《王阳明全集》卷 1，第 36 页。
④ 杜甫：《奉赠韦左丞二十二章韵》，见刘亚玲等主编：《中国历代诗歌鉴赏辞典》，北京，中国民间文艺出版社，1988，第 419 页。
⑤ 《论语·先进第十一》。
⑥ 《论语·里仁第四》。
⑦ 《罗汝芳集》，第 837 页。

二、从政与讲学合一的中年行迹

1553 年，罗汝芳终于赴京殿试，并获同进士资格。在京候职期间，他在内阁大学士徐阶等人的召集之下，参与了在灵济宫举行的讲会，参加者不下百人，"联讲两月，人心翕然，称盛会也"①。随后，他被分配到安庆府太湖县任知县。在处理完擒捕湖盗诸事务之后，他在百姓中间树立起了威信。于是，"修庠序，令乡馆师弟子朔望习礼歌诗，行奖劝焉。立乡约，饬讲规，敷演《圣谕》六言，倦倦勉人以孝弟为先行之。期月，赋日完，讼日简，闾阎称颂，台司荐疏籍籍也。"②俗话说麻雀虽小，五脏俱全。对于罗汝芳而言，拥有了一个能够按照自己的心意来治理的百里之邑，也不失为一件好事情。在太湖县，他可以站在一个执政者的高度去弘扬圣人之道，哪怕只是"勉人以孝弟为先"这些最基本的东西。

三年之后，罗汝芳任满前往北京入觐，第二年(1557)被任命为刑部主事，随后做了约五年的京官。由于此时严嵩父子擅权祸国，为人正直的罗汝芳仅仅因为江西同乡(或官职卑微)等原因而未受迫害，但是，可以想见他此时的心情是不愉快的。果然，四十六岁那年(1560)，罗汝芳外出办案，返京途中路过山东临清，忽遭重病，其实不过是他长期郁积于心中的忧愤意识的外发而已。就在此时，他又遇到了人生中的一件异事，使得他的心性工夫陡然间又提高了一个层次。他特意撰文记载了事情的经过：

> 余舟过临清，忽遭重病。一日倚榻而坐，恍见老翁，自称泰山丈人，言曰："君身病稍康，心病则复何如？"余默不应。翁曰："君自有生以来，遇触而气每不动，当倦而目辄不瞑，扰攘而意自不纷，梦寐而境悉不忘，此皆君心锢疾，今仍昔也。可不亟图瘳耶？"余愕然曰："是则余之心得，曷云是病？"翁曰："人之心身体出天常，随物感通，原无定执。君以宿生操持，强力太甚，一念耿光，遂成习识。日中固无纷扰，梦里亦自昭然。君今谩喜无病，不悟天体渐失，岂惟心病，而身亦不能久延矣！盖人之志虑，常在目前，荡荡平平，与天地相交，此则阳光宣朗，是为神境，令人血气精爽，内外调畅。如或志虑沉滞，胸

---

① 《罗汝芳集》，第 836 页。
② 《罗汝芳集》，第 837 页。

臆隐隐约约，于水鉴相涵，此则阴灵存想，是为鬼界，令人脉络绊缠，内外交泥。君今阴阳莫辨，境界妄糜，是尚得为善学者乎？吾固为君惧矣！"余惊起，叩谢，伏地流汗，从是执念渐消，血脉循轨矣。①

　　这一段对话，其实说来也简单，就是泰山丈人教导罗汝芳要消除"执著"而已。罗汝芳素来以"遇触而气每不动，扰攘而意自不纷"的心性工夫见长，这本是一种坚毅的心理素质，但是，他难免将这种工夫持之过甚，"宿生操持，强力太甚，一念耿光，遂成结习"。尤其是在奸臣当道、官场腐败的环境中，罗汝芳无力改变这种现状，只能以孟子所示的"不动心"的工夫来强迫自己挺过去，时间一长，类似于年轻时候那种强行制欲的毛病又出现了，并且愈演愈烈，才最终病倒，其实不过是心中的忧郁和结习的显露而已。所幸的是，此时的罗汝芳思想已经成熟，不再需要颜山农这样的师傅耳提面命，再告诉他"体仁之妙，在于放心"的道理，他身躯在病中，内心的"正见"自动幻化为一位"泰山丈人"，告诉他"人之心身体出天常，随物感通，原无定执"，教诲他"人之志虑，常在目前，荡荡平平，与天地相交，此则阳光宣朗，是为神境，令人血气精爽，内外调畅"。经过这样一番点化，罗汝芳当下即明白了自己的执著之病，随即一切放下，"从是执念渐消，血脉循轨矣"。随后，罗汝芳返京交待完公事，便告假回乡，史籍记载："辛酉（1561 年）归省，学者大集。"②罗汝芳之所以告假回乡，一是为了调养好自己的身体，更主要的，是避开北京那个乌烟瘴气的朝廷。他回到家乡一样有事可做，那就是讲学传道，化民成俗，这充分体现了圣人之学的内在张力和灵活性。孔子曾说："道之将行也与，命也；道之将废也与，命也。"③又说："不知命，无以为君子。"④儒家所说的"命"，除了指人生遭遇的必然性外，还指一种人生的使命。此时的罗汝芳，已然是"知命"之人，他知道自己在严嵩父子当道的政治环境中不可能有所作为，因此，不如避开以保全性命，如孔子所说"危邦不入，乱邦不居。天下有道则见，无道则隐"。⑤ 同时，又知道自己回到家乡一样有很多有意义的事情可做，亦如孔子所说："归与！归

---

　　① 《罗汝芳集》，第 582 页。
　　② ［明］杨起元：《明德夫子罗近溪先生墓志铭》，见《罗汝芳集》，第 921 页。
　　③ 《论语·宪问》
　　④ 《论语·尧曰》
　　⑤ 《论语·泰伯》

与！吾党之小子狂简，斐然成章，不知所以裁之。"①因此，他明智地选择了告假省亲。而且，尽管史籍未曾明言，罗汝芳实际上已经做好了终老家乡的准备。

孰料第二年(1562年，嘉靖四十一年，壬戌)，严嵩倒台，罗汝芳的座主徐阶成为首辅，政治面貌有所更新，罗汝芳又回到北京。结果发生了前述那件令人啼笑皆非的事情——吏部官员错会徐阶之意，把罗汝芳外放为宁国知府。到了宁国府后，罗汝芳便在一个更广阔的地域里施展自己的才能，史载：

> 师之宁国，凡士民入府，则教以孝顺父母，尊敬长上，或曰："孝顺父母，尊敬长上，足以治宁国乎？"师曰："奚啻宁国也已。"数月，教化大行，远迩向风。且联合士民各兴讲会、清逋欠、修堂廊、建志学书院。堂事稍毕，即集郡缙绅……相与讨论，郡邑庠生侍坐听之，人各感动。……师开导不倦，多至夜分，精神契合，民亦潜孚，且日迁善。郡堂经月鞭朴不闻。诸公笑曰："此翰林院也，岂云郡堂哉！"师曰："是皆从孝顺父母、尊敬长上中来也。"②

又载：

> 甲子(1564)，修水西书院，联徽、宁、广德之大夫士讲会其间，理学丕振。③

这里值得一提的，1563年和1564年，罗汝芳特邀当时的两位心学巨擘王襞和王畿来宁国府讲学，他聚集了士友长幼千余人前来听讲④，这就证明了罗汝芳绝不是一个独占讲坛的那种"学霸"，而是诚心诚意地欲阐明斯道于世间的真儒。当然，罗汝芳并不是一个只会空谈的庸儒，他是在处理好了宁国的各项政务(尤其是革除了一些扰民的弊政)之后，在百姓之中有了威信，才聚徒讲学的。由于这种崇尚道德教化的讲学活动特别能适应农耕自然经济条件下宗法社会结构的伦理需求，因此，广

---

① 《论语·公冶长》
② 《罗汝芳集》，第838页。
③ 《罗汝芳集》，第839页。
④ 《王畿集》卷2《宛陵会语》，第43页。

受民间欢迎，以至于巡按宁国府的上级官员也不得不承认："人言罗守以学会、乡约治郡，予始讶其迁。今阖郡相安无事，则信乎其为卓异也。"①清初史学家万斯同还特别记载道："（罗汝芳）创开元会，集士民诲以孝弟忠信，罪囚亦令听讲，一郡翕然。"②总之，有了罗汝芳这样一位理学家当知府，"宛陵六邑一时有三代之风，六郡亦闻风向化"③。宁国府被改造成为实践儒家道德理想教化的"模范"实验区。

嘉靖四十四年(1565)，罗汝芳进京入觐，如前述之原因，首辅徐阶虽然口头对其表示嘉许，仍旧令其回宁国任原职。这年夏天，罗汝芳听到了父亲病故的消息，回乡奔丧。缙绅百姓都舍不得这样一位好知府离开，"士民缙绅送逾百里，无不泣别……亦有追随不舍至家者，如梅井郭君及胥吏辈数十人"。④回乡之后，罗汝芳遵循母亲宁氏之命，丁忧结束也不回吏部销假。己巳年(1569)，又继守其母之孝，于是，在乡间一住就是八年。在此期间，罗汝芳除了守丧期限外，继续开展讲学活动，送往迎来，周游天下，与当时醉心道学的士大夫探讨学问，深造工夫。为此，他于丙寅年(1566)扩建了其父所造的前峰书屋（在从姑山），四方来学者日益众。例如：他后来视为学术传人之一的曹胤儒，专程前来求教，在从姑山中一住就是一百二十天。⑤他自己也曾远行至湖广、南粤一带游历讲学，"每会必有《会语》……而此学大明"⑥。

居乡期间，罗汝芳还碰到了一件大事。隆庆二年(1568)，他的老师颜山农被人诬陷盗卖官船，身陷囹圄，这在当时属于可以杀头的罪名，形势岌岌可危。罗汝芳听说之后，立刻"称贷二百金，同二子及门人买舟往救。或曰：'山农不及子，子师之何也？'师曰：'山农先生在缧绁之中，而讲学不倦，虽百汝芳岂及哉？'既而，赖同志并力设处，（山农）得戍邵武。"⑦这件事，颜山农自己亦专门地记载，他说："汝芳之为人也，自少淳庞，性笃孝友……忽闻樵难埋白狱，芳涕泣如伤父，百计调护，倾囊济赈……"⑧相比之下，"当难三年，江北数千门徒，受教受惠者甚多，

---

① 《罗汝芳集》，第 840 页。
② 《罗汝芳集》，第 874 页。
③ ［明］詹事讲：《近溪罗夫子墓碣》，见《罗汝芳集》，第 926 页。
④ 《罗汝芳集》，第 840 页。
⑤ 《罗汝芳集》，第 840 页。
⑥ 《罗汝芳集》，第 841 页。
⑦ 《罗汝芳集》，第 922 页。
⑧ 《颜钧集》卷 5《著回何敢死事》，第 43 页。

且有随从一年至三年者，竟无一人寄音相慰"。① 患难见真情，颜山农这位"儒侠"，算是没有白收罗汝芳这个门徒。

罗汝芳在家赋闲的八年，明朝的中央政治格局发生了重要的变化。他于嘉靖四十四年（1565）回乡丁忧。第二年，当了 45 年皇帝的嘉靖帝驾崩，太子明穆宗继任，年号为隆庆。可是，这位喜好游乐的皇帝太短命，只当了六年皇上就一命归西了。太子继位，是为明神宗，年号万历。与此同时，张居正取代高拱成为内阁首辅，提倡改革，实行万历新政。于是，早已名震遐迩的罗汝芳被朝廷下诏起用，令其来京听候安排。应该承认，罗汝芳此时的心情是比较愉快的，但是他仍然不改讲学传道的习惯，用了整整两个月的时间，从水路北上，每到一邑，必定有当地士大夫邀其讲学论道，"名虽入京，实则联友共学也"。② 当舟船离开城邑，行至荒野水域时，罗汝芳在舟中或读书、或静坐、心体浑融、无内无外，真可谓悠然自得。关于这两个月的行程，罗汝芳特意留下了《癸酉日记》（有缺），这是研究罗汝芳真实思想的第一手史料。据其孙罗怀智回忆："偶过酒肆，得败书八页于覆瓿纸中，目之，乃先子癸酉日记也，遂制成册，传之子孙……观此，则世以无工夫訾先子者，可少释矣。"③

到了北京后，罗汝芳拜见首辅张居正。"张问师山中功课。师曰：'读《论语》、《孟子》，视昔稍有味耳。'张默然"。《论语》、《孟子》是当时科举考试的必修典籍，读书人都能背得下来，罗汝芳仍然觉得能从中读出新的意味，这实际上表明了自己是一个真诚而坚定的儒家思想的信仰者。相形之下，张居正等崇尚权谋的政治家们就不能不觉得汗颜，因此，张无言以对，只好装聋作哑。

因与张居正所论不合，罗汝芳仅被授以东昌知府一职，到任仅三月，又被远调云南任屯田副使一职。罗汝芳辞而不允，在妻子吴氏的劝勉下，罗汝芳决定前往云南任职。不过，他又顺便回了一趟家乡，度过了自己的六十大寿。等到罗汝芳来到云南时，已经是万历二年（1574）十一月了。如前所述，罗汝芳在云南任职的时间不到三年，可是做了太多太多的事情。从军政到民政，从水利到刑狱，不过，他最为热衷而且得心应手的，还是讲学传道、化民成俗这一行的事业。今存《近溪子集》第 5 卷中，详细记载了罗汝芳在云南各地讲学的情况，所经之地包括：昆明（五华书院）、武定、弥勒、临安、石屏、通海、澄江、大理、永昌、洱海、昆阳

① 《颜钧集》卷 3《自传》，第 28 页。
② 《罗汝芳集》，841 页。
③ ［明］罗怀智：《癸酉日记序》，见《罗汝芳集》，第 981 页。

（海春书院）、楚雄（龙泉书院）、腾越（来凤山房、演武场）等。每到一地，当地官员因仰慕近溪的大名，必集合当地郡县庠序的诸生们，一起前来听讲，而且，这种讲学是开放式的，附近的老百姓都可以来旁听。史载："暇日则临乡约，其父老子弟群聚听讲者动以千计，闻风远迩，争斗渐息，几于无讼。"①在腾越州会讲乡约时，听讲人数多达数万，"遍塞场中，不下四五万众"，本来是"步履纵横，声气杂沓"，等到歌诗等开场仪式之后，竟然"万象拱肃，寂若无人矣"。②待到罗汝芳讲毕，"父老各率子弟以万计，咸依恋环听，不能舍去"③。由是可见，罗汝芳的讲学，通俗易懂，能够启发愚夫愚妇内心的良知，于是才产生这样火爆的效应。当万历五年（1577）罗汝芳以参知政事的身份前往北京贺万寿节时，云南父老们已经知道他决意致仕的想法，"士民呼号，依依不能舍去，真若赤子之恋慈母也"④。

三、"实心讲学"的晚年生活

到了北京之后，由于再次触怒了张居正，罗汝芳果然被勒令致仕回乡。返乡之后，罗汝芳更以饱满的热情来接引各地前来问学求道的读书人。此时，张居正因厌恶一些士大夫借讲学之际攻击时政、自我标榜，于是下令各地禁止私人讲学。有些不肯听从的讲学大老，如何心隐等，直接受到了张居正手下官员的迫害。在这种环境之下，有人也劝罗汝芳小心为妙，史载：

> 或曰："师以讲学罢官，盍少辍以从时好？"师曰："我父师止以此件家当付我，我此生亦惟此件事干，舍此不讲，将无事矣。况今去官，正好讲学。"
> 时严禁讲学，或曰："师宜辍讲，庶免党祸。"师曰："人患无实心讲学耳，人肯实心讲学，必无祸也。党人者，好名之士也，非实心讲学者也。"⑤

罗汝芳不顾朝廷禁止私人讲学的禁令，仍然热衷于讲学传道、接引

---

① 《罗汝芳集》，第847页。
② 《腾越州乡约训语》，见《罗汝芳集》，第759页。
③ 《腾越州乡约训语》，见《罗汝芳集》，第760页。
④ 《罗汝芳集》，第847页。
⑤ 《罗汝芳集》，第848页，又见：第384页。

后学，一方面显示出他光风霁月、胸中洒洒的胆魄；另一方面也是由于他在讲学中朴实无华的风格所致。这里为什么呢？与何心隐等人相比，罗汝芳在讲学中，一般都是以建设性的内容为主，如提倡孝、悌、慈，宣讲明太祖的"圣谕六言"，目的就是呼唤人们的道德意识，自觉地为封建宗法社会的伦理秩序尽到一份责任。从目前存世的《会语》内容来看，他从来不指斥时政，不以批判性的思想来自我标榜。但是，这并不是说罗汝芳圆滑处世——实际上，罗汝芳是个颇敢直言之人，即使面对张居正本人，他都敢于表达自己的不同意见——而是因为他内心真的认为人人应该尽伦尽责，按照忠恕之道去生活。那些只会批判时弊的学者，有时不过是在发高级牢骚，丝毫无助于社会问题的解决，甚至是自我标榜，乃"好名之士也，非实心讲学者也"。正因为如此，罗汝芳在家讲学十余年，直至去世，没有一个当权者来找过他的麻烦。而且，当罗汝芳回乡之后，本地乡官、原任吏部尚书朱大器前往拜访，就说："出处士人大节，我兄难进易退，讲学以身而非以口矣。"①无疑，这个评价很中肯，那么多学者之所以不远千里跑到南城小邑来向罗汝芳求教，首先看重的就是他学行一致的高尚人格。

罗汝芳六十三岁返乡，直至七十四岁去世，这期间也碰到了值得一提的几件事情。首先是万历七年（1579），颜山农已经断交的学生、同门何心隐②被湖广道抓捕，曾受教于近溪的邹元标记载：

> 梁夫山囚楚，先生鬻田往援之。有讽先生曰："夫山害道，宜罹于法。"先生曰："彼以讲学罹文网，予嘉其志，遑论其他？"夫当时以学自命者，稍出片言，夫山必无死地，视先生心何如也？③

罗汝芳为什么要如此尽心地援救何心隐？说起来，何心隐入颜山农门下比罗汝芳至少晚了六年④，且后来和颜山农割袍断交。他的讲学内容比较芜杂，充斥了不少方技杂流的东西，性格上更是张狂偏激、招摇过市。但是，何心隐表里如一，与罗汝芳一样向往着建立一个道德淳厚、

---

① 《罗汝芳集》，第 422 页。
② 何心隐（1517—1579），原名梁汝元，字柱乾，号夫山，江西永丰人。
③ 《罗汝芳集》，第 931 页。"夫当时以学自命者"，指耿定向，身居高位，坐视何心隐之死，不肯出面援救。
④ 何心隐结识颜山农不早于嘉靖二十五年（1546），而罗汝芳结识颜山农则在嘉靖十九年（1540）。

伦理规范的社会。因此，罗汝芳视之为同道，并不介意其偏激张狂的性格缺陷，在何心隐遇难的时候，不惜变卖田产去救他，这一点，的确是口头称颂道学、实则世故满腹的耿定向之流无法比拟的。遗憾的是，罗汝芳这次没有救出何心隐，何心隐因得罪了首辅张居正，被湖广巡抚王之垣杖毙于公堂之上。

还是在万历七年农历八月，罗汝芳携二子罗轩、罗辂，还有他们的老师道人胡宗正（号清虚），应两广总督刘尧诲（号凝斋）之邀入广东讲学。罗轩和罗辂早已弃儒归道，且拜胡宗正为师，佛、道兼修，都已经具有很高的道行。这趟行程的初始是很愉快的，罗汝芳以为"余父子三人虽皆事道，而趋向殊不相类"①，而且各自游历不同，聚少离多，提出不妨"各言履历，勿讳平生"，谈一谈自己的修道体会和心得。父子之间悉心探讨道学，而且平等、民主，这样的父子关系古今罕见。罗辂说自己"渠时久坐，常入定中，气停脉止，安乐何极！"罗轩亦"语有同然"，所述修行境界比其弟更加玄远。罗汝芳也与二子一齐"每晨兴，斋沐焚香静坐"，并展卷共读《法华经》，"曾未旬日，自觉慧性顿殊往昔"。孰料一个多月后，到了广东肇庆，当地瘴疠疫情甚烈，已经预见自己将离开人世的罗轩，不肯另外择路而行，结果染病不起。临终前，罗轩握着父亲的手说："有终穷者年也，无终穷者学也。轩也愿返而更进，亦愿大人之学与年而俱进也。"罗汝芳闻言，怆然曰："请因吾子之言而勉之。"②罗辂为了向神灵祈祷以延长哥哥的寿命，"焚香掌心，而众莫及知"，不久，因"掌火攻心，病复大作"，亦病死。罗轩去世后，其师胡宗正有感于其徒之亡故，亦择期坐化而亡。于是，罗汝芳一行前往广东，途中病逝二子和一友，诚为人间悲苦之事。但是，由于罗轩和胡宗正均能预见自己的化期，广东"三司诸公，莫不详闻，咸谓人间奇事，共笑以为希观。"而罗汝芳经历了这样一场亲人的生离死别，却说"余虽劳苦过甚，然悲实不足以胜其所喜也。"③这是因为，他们都已经看破和超越了生死的对立，达到了常人不可企及的生命境界。

万历十一年，癸未（1583）罗汝芳"大修从姑山房，以居四方从游之士"，这是因为"来游者日益众故也"。④ 第二年，适逢其七十寿辰，"远

---

① 《二子小传》，见《罗汝芳集》，第616页，本段所引文字皆出此文，不再另外注明。
② 《罗汝芳集》，第848页。
③ 《罗汝芳集》，第619页。
④ 《罗汝芳集》，第849页。

近学者毕来称贺，多有挈家就学者，师建洞天楼房居之"。① 由此可见其归隐田园之后，在海内士人中的声望有增无减，又可见罗汝芳教化众生、诲人不倦的精神至老不衰。癸未之年，罗汝芳进行了一次福建之行，其孙罗怀智记曰："怀智幼性狂荡，不能领先子近溪先生庭训。万历癸未，年二十三，始从游闽，登道峰，感其格神而皈依焉。"②这一年罗汝芳六十九岁，据说有一次"问心于武夷先生"的经历，或许就发生在此时，但是，整个今本《罗汝芳集》中除了一句"七十而问心于武夷先生"③外，并无任何具体描述。反正，罗汝芳的道行不断精进，他不因为自己年事已高、资历颇深就傲慢地对待任何民间异人，这正是罗近溪的人格闪光之处，尤其值得当代学人效法。还是在1583年，罗汝芳的弟子杜应奎、聂继皋等和他的孙子罗怀义、罗怀智等人，将罗汝芳从前的讲学会语辑为《近溪子集》六卷④，并刻印成书。这是研究罗汝芳思想的重要史料。

万历十四年(1586)，罗汝芳又应邀前往留都南京讲学，当时的南京国子监祭酒赵志皋⑤"因集六馆师生延先生开讲于鸡鸣寺之凭虚阁，一集数百人，闻先生之言，欣欣有感动意"。⑥ 会后，门人整理其讲学内容为二卷，并刻印成书，是为《会语续录》(又称《近溪子续集》)。赵志皋十分重视，将其贮藏于国学之中。这又是研究罗汝芳晚年思想的重要史料。

1587年，已经七十三岁的罗汝芳应邀前往福建讲学，经过了泰宁、建阳等地，最后到达福州。这次讲学游历的详细经过已不可晓，但是，罗汝芳在给家人的信中说："此为我一生大事，不比寻常，故十分不能自已。"⑦或许"问心于武夷先生"之事发在这一年，亦有可能。无论如何，这是罗汝芳生平最后一次远游，他以"老骥伏枥，志在千里"的雄心壮志，将讲学传道事业一直坚持到自己的健康不能支持为止。

1588年夏，罗汝芳静养于从姑山中，训示诸孙(共八人，大多已中秀才)"勿往都门应试"⑧，这说明罗汝芳其实早已看透科举和官场，希望

---

① 《罗汝芳集》，第849页。
② [明]罗怀智：《代序》，见《罗汝芳集》，第一页(按：此处是正文前的页码)。
③ [明]罗怀智：《罗明德公本传》，见《罗汝芳集》，第832页。
④ 《罗汝芳集》，第832页。有学者认为该书均为在云南时的会语，但笔者通读全书，只有该书第五卷明确记录了是在云南时讲学的会语，其他各卷并未明言是在何时何地。故此观点有待商榷。
⑤ 赵志皋，生卒年不详，浙江兰溪人，曾任国子临司业、祭酒，后入阁为首辅大学士。万历二十九年卒。
⑥ 《罗汝芳集》，第942页。
⑦ 《罗汝芳集》，第681页。
⑧ 《罗汝芳集》，第831页。

子孙们平平安安，做个凡人即可。这一年农历六月，估计是来了一场超强台风，"从姑山崩一角，风拔大木百余株"。按照古人的"天人感应"说，这往往是圣人离世的征兆。果然，同年八月，罗汝芳"微疾，命门弟子来宿，日夕谈学不倦"。[1]他已经预见到自己即将离开人世，所以特别珍惜最后的光阴。他给同道们留下遗书，说："不肖谢世，万罪万罪。《会语》幸毋忘平生也。性命一理，更无疑矣。临期奉报，心几欲语，行辞歉然。惟诸君珍重、珍重！"[2]

此后，罗汝芳病情渐渐加重。他特意叫来孙子罗怀智，"训智旬日，皆非昔闻。智请曰：'大人畴昔何不少露一机，乃待今日也？'子笑曰：'天地大道，本之化生，出之自然。若言说可以指陈，意见可以方度，堪作何用？故未至今日，汝我不得而速之；既至今日，汝我不得而迟之。'"[3]八月二十九日，就藩于南城的益王府长史万言策奉命前来问疾，罗汝芳以礼待之，从容淡定，并手写楷书七十字与之。万长史慰问之后，出来对人说："先生当弥留之际，志意坚定，言动不失故常，字势遒劲，行列端整。且计日反真如归故宅，一切放下宗旨，进于忘言也已。"[4]

最后的时刻终于到来了：

> 九月初一日，师自梳洗，端坐堂中，命诸孙次第进酒，各各微饮，仍称谢。随拱手别诸生曰："我行矣，珍重、珍重！"适远来新到二生，并诸生哭留。师愉色许曰："为诸君，我再盘桓一日。"乃复入室。初二日午刻，罗子命诸孙曰："扶我出堂。"整冠更衣，坐而逝。从午至申，坐不少偏，越日乃殓，颜色红活，手足绵软如生。[5]

罗汝芳逝世后，"殓之日，门人云集，相向而哭。闻者不问远迩，即愚夫愚妇莫不设位举哀，盱城内外为之罢市，七日之内，悲号叹息所不忍闻"。[6]又有记曰："子逝后，服心丧者遍盱郡，一时孝巾称贵。"[7]

综观罗汝芳的一生，修道讲学的事业贯其始终。从自身的体道而言，

---

① 《罗汝芳集》，第 851 页。
② 《罗汝芳集》，第 296 页。
③ 《罗汝芳集》，第 300 页。
④ 《罗汝芳集》，第 851 页。
⑤ 《罗汝芳集》，第 299 页。
⑥ 《罗汝芳集》，第 851 页。
⑦ 《罗汝芳集》，第 306 页。

罗汝芳虚心向学，终身不厌，"盖公十有五而定志于（张）洵水，二十有六而证学于（颜）山农，三十有四而悟《易》于胡生，四十有六而授道于泰山丈人，七十而问心于武夷先生。其他顺风下拜者不计其数"①。从推广性的弘道而言，他自从三十岁会试得第之后，便开始传道讲学，终身不倦，"接引友朋，随机开发者亦不知其数。身所止处，弟子满座，未尝以师度自居。及门者数千人，直下承当者亦众。吁，亦盛亦哉！"②

罗汝芳的一生，虽然也曾长期为官从政，但是，讲学传道才是他真正的精神血脉所在。他的讲学传道事业，无意之中传承了中华民族的文化慧命，延续了中国文化的基本精神。正因为如此，他超越了同时期绝大多数比他职位高的封建官僚，成为一个任何正史和思想史都不能不正面记述的人物。

第四节　罗汝芳的人格特色

任何一位历史人物的成功或失败，都与其内在的人格特质密不可分，罗汝芳也不例外。他的一生，始终彰显着一些独特而鲜明的人格特色，正是这种人格特色，散射出无穷的人格魅力，不仅在当时吸引了许多学者向其求教，直至四百余年之后，仍然像一股潜在的磁场一样，吸引着任何一个对于天地之道和生命智慧感兴趣的学者。

一、"人生只有此一事"③

历史学家在研究一些著名历史人物时，往往会说："这个人思想和性格复杂，很难对其做出全面的评判。"这的确适用于大多数历史人物。可是，对于罗汝芳这样的道学家，想做整体评价就不必这么费事了，因为他的一生，内在核心相当简单——"一生只为一件事"而活着，无论其知识和阅历多么丰富，最终都不过是为了办好这"一件事"而已。

"这一件事"是什么？说白了，就是天人性命之道而已。推而广之，便是"明明德于天下"。自少年时起，罗汝芳便是一个喜欢思考人生终极价值的人，如前所述，一位亲戚的临终叹息引起了他的关注，原文如下：

　　某幼时与族兄访一亲长。此亲长颇饶富，凡事如意。时疾

---

① 《罗汝芳集》，第 832 页。
② 《罗汝芳集》，第 832 页。
③ 《王畿集》，第 217、333 页，这里是借用王龙溪的话。

已亟，数向某兄弟叹气。归途谓族兄曰："此翁无不如意者，而数叹气，何也？兄试谓，我兄弟读书而及第，仕宦而作相，临终是有气叹否？"族兄曰："诚恐不免。"某曰："如此，我等须寻不叹气事为之。"某于时便已定志。①

由此，罗汝芳便立志此生要"寻不叹气事为之"。在当时的思想环境中，这种求取人生"第一义"的事情，只能是"穷理尽性以至于命"②，换句话说，就是"学以至圣人之道"③了。因此，罗汝芳十五岁从学于张洵水之后，"毅然以兴起斯道为己任"④。此志向一立，罗汝芳便终身不改，于是一生所为，无论科举、做官，还是侍亲、讲学，都是围绕着"此一件事"而为之的。究其一生，实际上都是在做这么一件"最为紧要"的事情。

关于性命之道，其实也就是让人明白人之所以为人的内涵和意义，使人活得清醒，有相关的使命可为，有相应的快乐可寻。罗汝芳认为：

> 天下之人，只为无圣经贤传唤醒，便各各昏睡。虽在大道之中，而忘其为道，所以谓"百姓日用而不知"，及至知之，则许多道妙、许大快乐，却即是相对立谈之身，即在相对立谈之顷，现成完备，而无欠无余。⑤

虽然人们在现实的社会生活中，职业、身份各不相同，所做的事业千差万别，但是，对于任何人而言，觉悟此"性命之道"才是最为紧要的人生使命所在。对此，罗汝芳指出：

> 人生世间，惟有此一件事，最为紧要。然人于百年之中，未尝时刻休歇，看他何等勤惕，何等周详！独于此处，却宽怀放意，不来说着理着。要之，总是不肯思量。若思量时，则孔孟去后，至于今日，其间功名富贵，豪杰英雄，皆是如我等之勤惕而周详者也，毕竟灰飞烟散，杳无归著。使当时若移其勤惕之心，以来勤惕志气；移其周详之见，以来周详学问，岂亦

---

① 《罗汝芳集》，第294页。
② 黄寿祺、张善文注译：《周易译注》，"说卦传"，上海，上海古籍出版社，1989，第613页。
③ [宋]程颐：《颜子所好何学论》，见《二程集》，第577页。
④ 《罗汝芳集》，第833页。
⑤ 《罗汝芳集》，第143页。

不得入于圣人宫墙，而万年如一日耶？①

　　关于此性命之道，不能只是口头说说而已，对于真心求道之人而言，"今须持畏死求生之心，以去理会性命，便自精神百倍，而圣人地位，方有可望矣"②。反观罗汝芳的一生，就是以这样一种"畏死求生之心"去理会性命之道，因此，他最终被他的许多弟子视为圣人。③

　　由于在儒家思想体系中，"仁者浑然与物同体，故大人联属家、国、天下以成其身"④，因此，仅仅自家理会了"性命之道"是不够的，那只能叫"体道"，还需要"弘道"于天下，这才是完整的"明体适用"、"内圣外王"之学。因此，罗汝芳自己得道之后，又以讲学传道为己任，无论是出处进退，只要具备最基本的条件，他就把讲学传道作为自己终生的使命。即使是到了滇西那种愚蒙未化的地区，他一样可以在演武场面对四五万群众侃侃而谈，明言"听我讲道学与你们听"，而百姓们亦"万象拱肃，寂若无人"，"咸依恋环听，不能舍去"。⑤当他致仕返乡之后，便一心一意地接引来学者。有人劝他"何少辍以从时好"？他的回答是："我父师止以此件家当付我，我此生亦惟此件事干，舍此不讲，将无事矣。况今去官，正好讲学。"⑥由是可见，罗汝芳的一生，虽然做过很多事情，经历了很多风雨，但实际上，他的一辈子就是在做一件事——修道（前期为体道，后期为弘道，两者是相辅相成的关系，合为一个整体）。

　　当然，在明代，这种"惟有此事为大"的理念，并不是只有罗汝芳一人独有，它是由王阳明开启的明代心学思潮的共同见解。如王龙溪曾说：

　　　　人生一世，只有此件事。得此把柄入手，方能独往独来，自作主宰，不随人悲笑，方是大豪杰作用也。⑦

又如：泰州学派的嫡传王襞（号东厓）亦说：

---

① 《罗汝芳集》，第 172 页。
② 《罗汝芳集》，第 173 页。
③ 《明儒学案》卷 34，"杨复所以罗近溪为圣人"条，第 806 页。杨复所，指罗汝芳之徒杨起元。
④ 《罗汝芳集》，第 8 页。
⑤ 《罗汝芳集》，第 759、760 页。
⑥ 《罗汝芳集》，第 848 页。
⑦ 《王畿集》，第 156 页。关于"人生只有这件事"之类的话，王龙溪说过多次，散见于《王龙溪全集》。

> 直信人生只有此一事，千古只有这一件，舍此一事皆闲勾
> 当，离此一件总是糊涂。安忍将有限光阴，却付闲勾当，去无
> 穷明妙，乃坐糊涂相也？①

从宽泛意义上讲，罗汝芳本属于泰州学派，也算王门中人。王门中的思想家，都认识到了"吾人此生，惟此一大事"，但是论实际践履，有很多人并未真的把性命之道放在自己一生事业的首要位置上。相比之下，罗汝芳是真正做到了，他的生平，尽管内涵十分丰富，学问相当渊博，但是实际上，他的一生真是清清楚楚、简简单单，那就是为了体悟和弘扬儒家圣人的"性命之道"，而走完了整个的人生历程。

二、虚心向学，心态开放

为了更加深入地体道，罗汝芳一辈子都在勉力为学，精进不已，直至"七十而问心于武夷先生"②。为此，他有着常人难以企及的虚心和开放的心态，诚如王时槐所说："先生早岁于释典、玄宗，无不探讨；缁流、羽客，延纳弗拒，人所共知……"③史籍亦载："罗子见人有片善寸能，不难以身下之。常曰：'圣人无常师，况吾辈耶？'"④其中最为典型的，莫过于为了搞通《易经》，拜自己从前的举业弟子胡宗正为师了。罗汝芳后来亦有回忆：

> 但有《易经》一书却贯串不来，时又天幸楚中一友（指胡宗
> 正）来从某攻举业，他谈《易经》与诸家甚是不同。后因科举辞
> 别，及在京得第，殊悔当面错过，皇皇无策，乃告病归侍老亲。
> 因遣人请至山中，细细叩问，始言渠得异传，不敢轻授。某复
> 以师事之，闭户三月，亦几亡生，方蒙见许。⑤

果然，罗汝芳没有拜错老师，胡宗正后来成为一位修行高深的道人，还成为罗汝芳二子的师傅。他与罗氏父子三人的交往，堪称一段历史上的奇缘。

---

① 《王心斋全集》所附《明儒王东厓先生遗集》，第 222 页。
② 《罗汝芳集》，第 832 页。
③ ［明］王时槐《近溪罗先生传》，见《罗汝芳集》，第 858 页。
④ 《罗汝芳集》，第 379 页。
⑤ 《罗汝芳集》，第 53 页。

除了胡宗正以外，罗汝芳还以相当宏阔、包容的胸襟，面对其他的僧、道或儒门中人的批评和指教。史载：

> 先生与诸公，请教一僧。僧曰："诸公皆可入道，惟近溪不可。"先生问故。僧曰："载满了。"先生谢之。将别，僧谓诸公曰："此语惟近溪可受，向诸公却不敢进。"①

在这段对话中，那位僧人故意以反语方式激一下罗汝芳，也是一种试探。罗汝芳却欣然"谢之"，因为他心里从未自满过，故能以宏阔的胸襟容纳别人的贬损，"有则改之，无则加勉"，这不正好体现了一位儒者的修行涵养吗？因此，这位僧人事后对别人说："此语惟近溪可受，向诸公却不敢进。"充分肯定了罗汝芳的这种虚己和包容的胸襟。

又载：

> 一衲子访先生。临别，先生求教。衲子曰："没得说，你官人常有好光景。有好光景，便有不好光景等待，在俺出家人只这等。"先生顿首以谢。②

在此，这位衲子（和尚）告诫罗汝芳说："有好光景，便有不好光景等待，在俺出家人只这等。"其实就是教导罗汝芳要有平常心，无分别心，这样才视人生顺逆为一如。对此教诲，罗汝芳竟然"顿首以谢"，可见其虚心之至了。笔者估计，此事很可能发生在罗汝芳会试得第后不久，正是春风得意之时，有人赐予一付"清凉散"，罗汝芳倍感珍惜，因此"顿首以谢"。

如前所述，罗汝芳会试得第后，回乡继续修道问学。他四处寻师访友，备受辛苦，有时还要受到误会和怠慢，对此，他回忆道：

> 予会试告归，实志四方。初年游行，携仆三四人，徐而一二人，久之自负笈，不随一价。凡海内衿簪之彦、山薮之硕、玄释之有望者，无弗访之。及门惟以折简通姓名，或以为星相士，或以为形家，或通或拒，咸不为意。其相晤者，必与之尽

---

① 《明儒学案》卷34，"泰州学案三"条，第805页。
② 《明儒学案》卷34，第804页。

谈乃已。①

有时候，一些道学前辈教训起后进来，不留情面，罗汝芳也一样虚心接纳，丝毫芥蒂不萦于心。史载：

> 先生既中式，十载不赴廷试。一日谒东廓于书院。坐定，问曰："十年专工问学，可得闻乎？"先生对曰："只悟得'无'字。"东廓曰："如此尚是门外人。"时山农在座，闻之，出而恚曰："不远千里到此，何不打点几句好话，却倒门面？"闻者为之失笑。②

由此段对话可见，罗汝芳关于自己对"道"的体悟，有一说一，实实在在，而颜钧则有些好面子，也许他之所以携近溪遍访名家，本身就是为了抬高自己的声望，因此指责罗汝芳"何不打点几句好话，却倒门面"？师徒人格内涵之差异，于斯彰然。与罗汝芳一样，同门何心隐等人也曾拜访过当时著名的讲学大老，因话不投缘，"心隐恃其知见，辄狎侮之"③，比起罗汝芳的"咸不为意"来，境界要差得很远。其实，道学前辈也有血肉凡夫的一面，初见后学，言语之间难免有倨傲之处，过后也就忘了。胸襟开阔之人，不以为意，照样能从他们那里学到有益的教诲，而心胸狭隘之人，则耿耿于怀，于是分道扬镳，自立门户，失去了进一步与学界前辈沟通的机会。在这一点上，罗汝芳比起他的老师颜山农、同门何心隐来，确实要高明得多了。

当然，到了晚年，罗汝芳的道行已经超越了一般佛、道僧徒的水平，对于佛、道二教修行法门的弊端也看得十分清楚。于是，他不必再像从前那样"兼收并蓄"，而是"取长弃短，迄有定裁。今《会语》出晚年者，一本诸《大学》孝、悌、慈之旨，绝口不及二氏"④。这不是一种持有门户之见的倒退，而是因为他达到了一种融会贯通之后的"超胜"之境。

三、甘于淡泊、疏财仗义

罗汝芳虽然出生于一个家境殷实的地主家庭，但是从小"畏近荤腥，

---

① 《罗汝芳集》，第835页。
② 《明儒学案》卷34，第804页。
③ 《明儒学案》卷32，"泰州学案一"条，第704页。
④ 王时槐：《近溪罗先生传》，见《罗汝芳集》，第858页。

惟食蔬茗",① 长成之后，矢心圣人之学，更是养成了一种淡泊宁静的性格，从不以敛财致富为人生目的。可是，当他的乡邻和师友们有需要时，他却能够疏财仗义，济人危难，显示出儒家所推崇的一种古道热肠的高士风范。

首先，罗汝芳为官时清廉如水，这一点，无论是否信奉其学说，时人皆毫无异议。史载："当太湖离任，邑吏以公费余七金，请受为路资，竟斥置官库而行，其介如此。"②或许有人怀疑，明朝官吏俸禄很低，又没有像清朝那样法定的养廉银，罗汝芳身为一介官员，场面上的必要应酬总不可少，他如何应付这些开支呢？笔者以为，这主要靠他为别人撰写序、记、传、墓志铭等文章的润笔费来维持。罗汝芳生前名满天下，找他来写序、传和墓志铭的人很多，今存于《罗明德公文集》的相关文章，按其孙罗怀智的说法——"视昔不过三分之一"③。虽然罗汝芳从不敛财，但是当时请他撰写序、记诸文的缙绅士大夫们，绝不可能让他白动笔，因此，罗汝芳在官俸之外，还有这样一些"润笔"收入，方能勉强维持他在官场中的正常生活。然而，罗汝芳从不厚积资财，史载："致政日，囊箧萧然，以故后裔屡空。"④这是千真万确的，被他视为学术传人之一的孙子罗怀智，到了晚年，收集整理了其祖父的文集，可是"贫不能梓"⑤，最后求助于几位仰慕近溪的现任官员，才刻印成书。连罗汝芳自己回忆往事时也无意间提到："守太湖、宁国，迎养而归，行李萧然，（母）不少介意。"⑥到了晚年，当地官员在呈给吏部的公文中禀报："（罗汝芳）服食俭约，精神不减壮年；业产凉薄，居守浑如寒士。"⑦足见其晚年生活十分俭朴甚至清贫。然而，罗汝芳的精神状态却一直和悦自如，据其弟子记载："子于饮食未尝有所嗜也，衣服未尝有所择也，庐舍未尝有所羡也，故田园皆先世所遗，不事营建。子孙满前，或食不饱，亦不改其乐也。"⑧由是可见，罗汝芳做了半辈子官，没有为自己谋求一点额外的财物，一生清贫自守、淡泊宁静。相比之下，一些崇尚道学的官员，包括徐阶、耿定向等人，家中都积累了相当丰厚的财产，因此，堪称"狂者之

① 《罗汝芳集》，第 833 页。
② 《罗汝芳集》，第 858 页。
③ 罗怀智：《代序》，见《罗汝芳集》，第 1 页。
④ 《罗汝芳集》，第 866 页。
⑤ 罗怀智：《代序》，见《罗汝芳集》，第 1 页。
⑥ 《罗汝芳集》，第 638 页。
⑦ 《罗汝芳集》，第 828 页。
⑧ 《罗汝芳集》，第 421 页。

尤"的李贽一点儿也看不上耿定向，但是对罗汝芳却十分钦佩。

虽然在生活上对自己挺"刻薄"，但是罗汝芳面对师友乡邻的需要时，却总是能慷慨解囊，扶危济困，在这一点上，他和自己的父母的性格几乎如出一辙。例如，嘉靖三十年（1551），三十七岁的罗汝芳从江西乐安游学返乡，"立义仓，建义馆，置祭田，修各祖先墓。暇则讲仁会于临田寺，以淑其乡人"。① 又如，万历九年（1581），建昌府的官方民间共倡，修建了一座规模很大的石桥——太平桥，"观美既壮，驰驱亦便"，罗汝芳在其中"颇相协赞"②，并受当地官员、缙绅委托，写下了《南城太平桥记》。此外，罗汝芳将自家的一点有限的余财，基本都投在修建和扩建从姑山房、前峰书屋、洞天楼房这样的事情上了，因为他需要借助这样的"精舍"来接引四方来学之人，这才是他最心甘情愿花钱的事业。

在宗法观念盛行的时代，一个有道德的士大夫，造福桑梓这样的事情是经常为之的，对罗汝芳而言并不稀奇。真正难得的是他在老师或同门遭遇缧绁之灾时，能够不避危难，出手援救，而且为此"鬻田"或"称贷"，这才是雪中送炭的义举。如前所述，隆庆二年（1568），他携二子及门人"称贷二百金"前往南京，救了老师颜山农的性命，改为"流成邵武"，别人问他："山农不及子，子师之何也？"他的回答竟是："山农先生在缧绁之中，而讲学不倦，虽百汝芳岂及哉！"③同样，当友人何心隐遭难时，罗汝芳再次戮力相救，"为鬻田往援之"，有人对他说："梁某害道，宜置于法。"罗汝芳的回答是："彼以讲学罹文网，予嘉其志，遑论其他乎？"④虽然这次援救没有成功，但是罗汝芳的古道热肠却始终被人们所称道。

罗汝芳对待师友的慷慨大方，有时简直让今人难以想象。史载：

> 罗公为东昌太守。先生（指颜钧）来。呼之曰："汝芳为余制棺，须百金。"尽取其俸钱出，即散与贫者。又命之曰："汝芳为余制棺，须百金。"太守故廉，不能更具百金，则早起其尚寝，跪床下白之。先生诟怒，不得已称贷以进。取之出，又散与贫者。"⑤

---

① 《罗汝芳集》，第 836 页。
② 《罗汝芳集》，第 561 页。
③ 《罗汝芳集》，第 922 页。
④ 《罗汝芳集》，第 862 页。
⑤ 贺贻孙：《颜山农先生传》，见《颜钧集》卷 9，第 83 页。

颜山农年迈之后，颇有点倚老卖老的"狂者"姿态，他一向视金钱为"道障"，"轻财好施，挥金如土"①，这一次，他不知是有意试探罗汝芳的修行，还是如故常一样"豪宕不羁"，反正是把罗汝芳的一点有限的积蓄全掏空了，这还不算，逼着罗汝芳去借钱为他"买棺"。而罗汝芳就老老实实地做了，一点折扣都不敢打，真可谓"孝顺"至极了。当然，罗汝芳这种对待师友的态度，是忠是愚，当今学者的评价可以见仁见智不一而足。

对于罗汝芳的人格境界，视其如师亦友的同代人王时槐曾经评论道："芥视千金，翛然不浼；举以与人，若拂轻尘，实出性成，非由强作。"②这个评判可以说是入木三分。当然，罗汝芳之所以能够既淡泊宁静，又疏财仗义，不仅仅是由于天性如此，更重要的是他以"学以至圣人"为根本目标，自觉自愿地照着去做，最终达到了"上下与天地同流"③的生命境界。

四、心地至诚，注重教化

儒家的心性哲学中，素来注重"至诚"二字。《中庸》不止一处提到了"至诚"的价值和妙用，如："唯天下至诚，为能尽其性……可以赞天地之化育，则可以与天地参矣。"又如："惟天下至诚为能化。""故至诚如神。"这些经典原文，凡是参加科举考试的读书人无不烂熟于心，可是，真正能照着去做的却寥寥无几，不过，罗汝芳正是这寥寥无几中的一人，无论是做官，还是归隐，无论是做事，还是诲人，他真的是以"至诚"心态去为之，因此，也收到了一般人所不敢想象的显著效果。

在担任刑部主事和郎中等职时，罗汝芳亲眼目睹了监狱中的种种残忍和黑暗的状况，作为一个真诚的儒者，他对于狱囚们所遭受的种种非人的待遇深表同情。后来他回忆说："某提狱刑曹，亲见桎梏之苦，上至于顶，下至于足，更无寸肤可以动活，辄为涕下。"④于是，他在自己职权许可的范围内，给予了因犯们一些必要的照顾，用今天的话说，就是给予人道主义的关怀。如前所述："前狱中每遇寒，无日不报囚死，夫子命具汤药、热饮食、时收放，囚乃不病。"⑤当他在云南代理提刑按察司

---

① 贺贻孙：《颜山农先生传》，见《颜钧集》卷9，第83页。
② 《罗汝芳集》，第858页。
③ 《孟子·尽心上》。
④ 《罗汝芳集》，第20页。
⑤ 杨起元：《明德夫子罗近溪先生墓志铭》，见《罗汝芳集》，第921页。

的职务时，不肯屈从张居正的意思"多决重囚"，反而"开决数甚少"，用今天的话来讲，就是尽量减少、慎重判决死刑案件。他的理由是："古之为囚求生道者何所不至，而敢希人意多杀戮乎?"当有一些非处死不可的犯人临刑时，"临期捆缚，师为热汤饭、盛柴火，教以动念向善，俾一灵有归，不为世害，且得终吉。囚徒感泣，罔有怨詈"。① 为此，他受到了朝廷罚俸的处罚，但是心安理得，无怨无悔。

在担任云南屯田副使时，他更是倾注了一身的心血，来改造云南水旱不均的情况。治理滇池时，他推翻了布政司衙门原定的耗资巨大、治标不治本的方案，偕同左布政使方良曙一起到方圆三百里滇池（又称滇海）的周围实地勘察。终于，在借宿某龙王庙的一个夜里，他偶然地问及当地庙祝关于滇池周围的地势水情的基本特点，从而对治理滇池的方案成竹在胸。于是，他拿出了耗资不及老办法十分之一的新方案，实施之后，"甫三旬，而海水泻尽，沿堤田地不惟复旧，而且增新"②。

除了根治滇池，恢复金汁、银汁二沟的经过，更是历尽艰辛。罗汝芳到任云南后，在一次例行的官方宴会中，偶然听说了金汁、银汁二沟的名称，"子独静夜思之，沟名金汁、银汁，必其水甚难得，倘得，必大利于生民也"。为此，他询问了当地吏目、缙绅，"莫究其根源"，查阅了相关成案，"了无只字可考"。1575 年（乙亥）农历四月，他"凤驾裹粮，从两沟而上，直探其源。陆行百余里，入深山中，地势颇宽平。元时建县于此，俗呼旧县。西北高山，下开石洞，大小数十孔，每孔泉长喷涌，汇成长川。行三十里，至蟠龙江，则山开原衍，至省可四十里。元开府公度地高下，旁凿一口，引泉而沟之，一名金汁，一名银汁，其条分缕析，或闸或陂，于是平原三四十里，尽芟草莱，而成禾黍"。原来，金汁、银汁二沟是山中的泉水，元时开凿成水渠，可惜的是到了明代已经废弃无用了。而民间每逢春旱，为了争水，"年年告打人命不了"。罗汝芳禀报了巡抚王凝，要求重新修复金汁、银汁，不料巡抚嫌其多事，竟"不动一文发一力"。在此情况下，罗汝芳只好求助于当地的缙绅父老。别人主动来造福自己家乡的事情，谁不乐意赞助？于是"或劝民以助夫丁，或捐俸以供日食，真诚感动，神人协应，自是二沟流通，告争顿息。子粒收征倍常，逃者十还八九"③。对此，当地缙绅们感叹说："罗公原是

① 曹胤儒：《罗近溪师行实》，见《罗汝芳集》，第 847 页。
② 《罗汝芳集》，第 415 页。
③ 本段以上文字皆引自《罗汝芳集》，第 413～414 页。

龙精，所到水泉涌出。"又说："滇中银浮云涌，皆罗公心源灌注也。"①把罗汝芳比作龙精，固然是一种迷信，但是，说滇中水利"皆罗公心源灌注"，却是一点不假，这是因为他以一颗至诚之心，忠实地履行自己的职责，从而把云南的水利从根本上改换了一个面貌。

理政治事以至诚之念为之，当教化诸生和百姓时，罗汝芳的至诚心态更是表现得一览无余。在学生、百姓面前，罗汝芳"未尝以师席自居"②，面对诸生的疑虑和顽梗，罗汝芳有时是流着眼泪去教诲他们的，这种并不体面的文字记载在《罗汝芳集》中不止一处。如：

> 罗子适闽。有嘱之者曰："今时讲多本儒先，我师若任意排斥，恐致纷争。"罗子感而泣曰："某思生平虽不肖，然于人无一敢慢，于德无一敢忘，……故不惜尽言，将使学人知此等俗说，非先儒至意，舍而他求，求而深造，则微言妙义之精，自有左右逢源之日。此其冀望惓惓之忱，乃语病多端，失不自知，承教警醒，当加简点。"③

又如：某次讲会时，一位年高之道友对罗汝芳所言"颇有不豫"。罗汝芳只能耐心地以心性之说申之，"大众闻之欣喜。而其友又详道先父先母之孝友乐善"，罗汝芳闻之，"予为泣下"（予指罗汝芳自己），于是，"其友又复解以他事，随歌诗一首"。先前的争议消除了，一堂氛围重新化为和气，最后，罗汝芳终于将此道友点化折服。④

罗汝芳为官多年，还曾经担任过刑部的数项职务，但是，他的治国理念始终是儒家式的，正如孔子所说："道之以政，齐之以刑，民免而无耻。道之以德，齐之以礼，有耻且格。"因此，他从来不主张以严刑峻法来对待百姓，而是注重教化引导，对人性为善的可能性有着充分的信任与期待。这也正是他为官多年从不间断讲学的原因所在，正是他被人评价为"诚以讲会、乡约治郡"⑤的思想基础。关于罗汝芳重伦理、兴教化的具体内容，笔者将在以后的章节中详述，在此就不多言了。

————————

① 《罗汝芳集》，第 844 页。
② 《罗汝芳集》，第 832 页。
③ 《罗汝芳集》，第 385 页。
④ 《罗汝芳集》，第 268 页。
⑤ 《罗汝芳集》，第 922 页。

五、不发牢骚，实心讲学

明代中期自王阳明之后，讲学风气大开，涌现出许多私人讲学名家，时人称为"讲学大老"，书院、祠堂和寺庙都成为学者讲学的重要场所。在聚徒讲学的过程中，有的儒者喜欢纵论政事，指斥时弊。更有甚者，将讲学场所变成了自我标榜乃至发泄怨愤的地方。因此，最高统治阶层对于民间讲学一直持有戒心，有时，直接以高压手段予以打击或取缔。例如，1529 年初，王阳明去世后，奸臣桂萼挑唆嘉靖皇帝将王学定为"伪学"，下诏予以严禁。① 数年后，这条诏令才渐渐废弛。1568 年，泰州学派的颜山农被诬以"盗官舟故，下金陵狱，论死"。② 若不是罗汝芳倾力相救，颜山农不可能获得"流戍邵武"的从轻处罚。1579 年，江西永丰人何心隐被捕后解往武昌，惨死于湖广巡抚王之垣的刑杖之下。相比之下，罗汝芳也终生讲学不辍，为什么从来没有官府或上级来找过他的麻烦？这是因为，罗汝芳在讲学过程中，主要是宣讲伦理教化、道德修养等建设性的内容，从来不发什么牢骚，他只是诚心实意地宣讲圣人之学，目的就是通过这种方式来达到正人心、化风俗的目标。

翻遍整个《罗汝芳集》，没有一星半点指斥时政或自我标榜的文字，这决不是说罗汝芳只想做个八面玲珑、明哲保身的"乡愿"。事实上，当见到徐阶、张居正这样的最高当权者时，他是什么话都敢说的。例如，嘉靖四十四年（1565），他以宁国知府职务入觐之时，面见徐阶说："公诚能使诸大阉知向学，即启沃上心一大机括也，公奈何仅循内阁故事以塞其责耶？"③因为师生关系，徐阶并不介意罗汝芳的直率，反而以其言为然。万历元年（1573），罗汝芳被召入京，面见张居正后，说："闾阎疾苦，不能一一上达。"张居正听了，不以为然，说："尧舜不病博济耶？"罗汝芳说："此自人言尧舜耳。若尧舜之心，时时刻刻必求博济也。"④张默然无语，因感到罗汝芳不肯臣附于己，便把他外放为东昌知府，后来又远远地赶到云南去做屯田副使。罗汝芳之所以不愿在讲学时指斥时政，原因很简单，他不想做一个只会批判而不知建设的思想家，即使是有批判性的思想或意见，也要见了最高执政者面呈才可能管用，在民间讲学时大放厥辞，其实于时事毫无裨益，只会加剧社会的矛盾和内耗。有些

---

① 《王阳明全集》卷 35、36，第 1325～1329 页。
② 《颜钧集》卷 9《附录一》，第 83 页。
③ 《罗汝芳集》，第 857 页。
④ 《罗汝芳集》，第 830 页。

学者，实际上就是通过讲学来发泄心中的怨愤，充其量，是一种高级牢骚而已。更有甚者，是借惊人之语来哗众取宠，达到抬高自己声望的目的。罗汝芳的老师颜山农，性格中就颇有几分这样的内涵，时人邹元标评论："山农虽以学自任，放言矢口，得（罪）过缙绅不少，南刑曹业置之死地矣。先生以身代，为之赎，而颜得生全。"①除了讲学时"放言矢口"外，颜山农自恃名声遍传，不知检点。一次，江西巡抚何迁问他有何需求，他说："生平游江湖，不得官舟，广聚英才讲学为恨耳。"②何公以己舟予之，颜山农竟然就接受了。一个没有任何官方身份的人，驾着巡抚乘坐的官船到处招摇，这不是自己授人以口实吗？果然，在大官僚耿定向的授意下，南直隶太平府衙门"遂以盗官舟故"，将其擒获，下狱论死。虽蒙罗汝芳营救而免死，但在狱中，"刑棒如浆烂，监饿七日，死三次"③，活脱脱进了一回阎王殿。虽然颜山农、何心隐、李贽等人的批判现实主义思想不无促人深省之处，但是，他们爱发牢骚、招摇过市的性格，是导致他们后来的悲剧结局的直接内因。对此，罗汝芳清醒地看到："党人者，好名之士也，非实心讲学者也。"④而他自己，则坚持以"敷演圣谕六条，惓惓勉人以孝弟为先"⑤，坚持从自我做起，"讲学以身而非以口"，⑥对于这样的讲学内容和模式，只要不是昏聩至极的君主，官方扶持嘉奖还来不及，又有谁会为难他呢？所以罗汝芳很清醒地预见到："人患无实心讲学耳。人肯实心讲学，必无祸也。"⑦于是，罗汝芳虽然政治事业并不得志，但讲学生涯却是善始善终。即使是在今天，一些知识分子也习惯于把批判现实几乎作为自身唯一的人生使命，比之罗汝芳不发牢骚、实心讲学的人格特色，孰优孰劣，这是值得我们深刻反思的。

六、乐观奇胜，不掩性情

明代中期以后，统治阶级和一般士大夫的生活方式已经日趋奢靡。作为一个道学家，罗汝芳在生活操守上严格自律，以淡泊俭约自守，时

---

① ［明］邹元标：《近溪罗先生墓碑》，见《罗汝芳集》，第931页。
② 《颜钧集》卷9《附录一》，第83页。
③ 《颜钧集》卷9《自传》，第28页。
④ 《罗汝芳集》，第384页。
⑤ 《罗汝芳集》，第921页。
⑥ 《罗汝芳集》，第422页。
⑦ 《罗汝芳集》，第384页。

人或可视为"迁士"①，却从不怀疑其真诚。但是，不要因此以为罗汝芳像同时代的海瑞那样刻板而单调，罗汝芳的生活情趣很多，可以说他也是一个性情中人，特别喜欢游历名山胜景，亲近大自然。晚年他回忆说："余生平乐观奇胜，于海内名山足迹经过者，未尝不登眺吟咏其中。"②这话绝非夸张。罗汝芳一生中，除了多次应邀前往闽、粤、湘等地讲学外，担任刑部官员时，还去过山、陕、宣、大等边塞地域，任云南屯田副使时，西南地区大多都走了一遍，就连王阳明在贵州修文县龙场驿栖身的阳明洞，本不是什么风光旖旎之地，万历五年，他以云南参知政事职务赴京城参加万寿庆典时，也顺带游历了一趟，并在石壁上留下了题刻。

有时为了欣赏无限风光，罗汝芳不畏路途艰难，山势险峻。例如：江西宜黄县境内有一座华盖山，罗汝芳自谓："余性耽幽胜，平生于华盖独三陟其巅，即深夜寒宵，辄忘倦瘁，而目睹耳闻神奇变化，屡屡为之心慑。"③特别值得一记的是1574年（万历二年，甲戌），六十岁的罗汝芳回到家乡，"由崇仁抵宜黄，登华山，直诣乐安大会"，在一批友人和门生的陪同下，"侍师登华盖绝顶，岩峦峭拔，壁立万仞。及夜，子谈孔孟宗旨。时月华五色，玲珑掩映。诸君子曰：'神圣之道，果有致极之妙。苟非身亲见闻，谁能信得奇世如此也？'"④罗汝芳一行看见的"月华五色，玲珑掩映"的景象，可能只是一种大气折射之下的自然现象而已，与神圣之道并无关联，但是，身临其境看到这种奇异景象，确实是一生幸事，即使在今天亦令人为之羡慕和向往。此外，罗汝芳还留下一些诗篇，记述自己登临险境的经历，如："松梯倚空立千尺，铁缏抱壁垂百寻。举足便觉红尘远，抬头只见青天临。"⑤总之，仁者乐山，智者乐水，罗汝芳的一生，真的是和青山秀水做了好朋友。

道学家讲究身心养性，因此，罗汝芳平时也像先圣孔子一样，任何生活嗜好都不过度，比如"惟酒无量，不及乱"。他的酒量确实很大，不过，偶尔也有喝醉的时候。有一次，宋代文人邹极⑥的后代请罗汝芳为其祖先的《宜川集》写序，罗汝芳应邀前往传说中邹极遇见八仙之一吕洞

---

① ［明］杨文举《云南军功疏略》中说："抚臣王凝动以迁儒目之"，见《罗汝芳集》，第1001页。

② 《水岩志序》，见《罗汝芳集》，第487页。

③ 《华盖山志序》，见《罗汝芳集》，第723页。

④ 《罗汝芳集》，第843页。

⑤ 《上接笋崖》，见《罗汝芳集》，第793页。

⑥ 邹极，生卒年不详，字适中，号一翁，北宋治平四年（1067年）进士，留有《宜川集》三十卷。

宾的旧地走访，因见"繁荫蔽苒中，片石卧地，当午日光下射，云叶旁纷，侧身洞口，且前且却，浑疑二老俨然在吾睊睫"。罗汝芳颇有感慨，于是"遂呼酒狂饮，酣然大醉"。① 然后挥笔将序文一书而就。此外，罗汝芳还有描写自己饮酒的诗篇，如："把酒秋前客兴豪，临池挥墨洒金鳌。醉来欲上芙蓉顶，共尔遥呼海月高。"②这些记述醉酒的文字或许有损于罗汝芳"圣者"的形象，但是，后人看了这些记载，反而感受到了一个活生生、有血有肉的罗汝芳，觉得这位道学家不仅人品高洁，周身亦有人间烟火气，是一个真性情的儒者。

　　本章所述，是关于罗汝芳的家世、生平和人格特色。罗汝芳的一生，堪称一位"知行合一"的儒者，他的生平，是其思想的践履和外化；他的思想，又是其生平活动的内蕴与注释。至此，本书已概要地介绍了罗汝芳的生平行迹，那么，接下来的任务，就是要阐发罗汝芳的哲学思想的深邃内涵，全方位地展现这位江右大儒的思想风采。

----

① 《邹氏存稿序》，见《罗汝芳集》，第 455 页。
② 《赠陈月池》，见《罗汝芳集》，第 819 页。

第二章　格物新论——理解罗汝芳哲学的锁钥

中国的传统文化历来没有严格的学科界限划分，哲学家的思想更是如汪洋大海一般渊博宏富，如果不能抓住其肯綮，那么，要想准确而清晰地理解一个哲学家的思想，将是一件很困难的事情。所幸的是，罗汝芳的哲学思想，有一个符合儒家认识论传统的地方，那就是以格物为入手处。因此，搞清了罗汝芳的格物观，就等于找到了理解他的整个哲学思想的锁钥。笔者拟于此章专门探讨罗汝芳的格物观，不过，由于儒家内部对格物范畴的不同理解和诠释由来已久，在此，我们必须先耐心地把宋明理学中不同派别的格物论思想梳理一遍，而后才能准确地理解罗汝芳自己的格物新论的内涵与特色。

第一节　朱子学与阳明学在格物论上的分歧

"格物"一词原出自先秦儒家经典《大学》："古之欲明明德于天下者，先治其国；欲治其国者，先齐其家；欲齐其家者，先修其身；欲修其身者，先正其心；欲正其心者，先诚其意；欲诚其意者，先致其知；致知在格物。物格而后知至，知至而后意诚，意诚而后心正，心正而后身修，身修而后家齐，家齐而后国治，国治而后天下平。"儒家先圣从"格物"出发，一直推导到"天下平"，可见"格物"这项工夫的重要性了，因此，历代儒家学者都很重视格物一事，并对"格物"一词的含义进行了仁者见仁、智者见智的诠释。

宋明时代，以朱熹的解释最为著名，并且拥有了官方话语的统治地位。朱熹是这样释"格物致知"范畴的：

> 所谓致知在格物者，言欲致吾之知，在即物而穷其理也。盖人心之灵莫不有知，而天下之物莫不有理，惟于理有未穷，故其知有不尽也。是以大学始教，必使学者即凡天下之物，莫不因其已知之理而益穷之，以求至乎其极。至于用力之久，而一旦豁然贯通焉，则众物之表里精粗无不到，而吾心之全体大

用无不明矣。此谓物格，此谓知之至也。①

于是，"即物而穷其理"就成了朱学解释"格物"的代表性话语，有时候，人们将其言再简化为"穷究物理"。从表面上看起来，朱熹的解释很像近现代自然科学的研究模式，实则不然，因为此"物理"非彼"物理"也。在程朱理学的思想范畴中，所谓理字，并不单指一个事物区别于其他事物的质的规定性，而是特指天理。这个天理的内涵十分广泛，首先是指宇宙万物的本原和根本规律；其次是指人性的本体；再次是指封建社会的伦理纲常。在程朱理学的思想认识中，透彻觉悟了天理，也就意味着成为了圣人。早在北宋，程颐就写过《颜子所好何学论》一文，指出："圣人可学而至？曰：然。"②其门人亦对此概括道："二程之学，以圣人为必可学而至，而己必欲学而至于圣人。"③朱熹的哲学继承了程颐的思想，他主张通过格物以觉悟天理，由于彻悟天理而成为圣人，这是儒家把对"天理"目标的追求加以人格化的结果。

就朱子学自身的思想进路而言，他所指的"格物致知"是指通过即物穷究其理，不断积累，日渐深入，直至领悟到那个作为宇宙和人性之本原的"天理"。关于"天理"的存在，朱熹认为："心包万理，万理具于一心。"④"道是在物之理，性是在己之理。然物之理，都在我此理之中；道之骨子便是性。"⑤朱熹的观点，与北宋二程的观点是一致的，都体现出一种"天人合一"的本体论思路，如程颐也说："在天为命，在物为理，在人为性，主于身为心，其实一也。"⑥虽然"理"印于心中，但是要想真正认识这个"理"，却不是直截了当的事。朱熹认为，"自家虽有这道理，须是经历过方得"⑦，否则，这"理"仍然是"悬空底物"⑧，朱熹特意告诫学生："《大学》不说穷理，只说格物，便是要人就事物上理会，如此方见得实体。所谓实体，非就事物上见不得。"⑨于是，学者必须去下"经历"之功，而所谓"经历"，也就是"今日格一物，明日格一物"，都是"即物穷其

---

① ［宋］朱熹：《四书集注·大学章句》，第 11 页。朱熹在《大学章句》注中亦说："格，至也"，乃沿袭旧说，其实质与"即物而穷其理"之义并无扞格。

② 《二程集》，第 577 页。

③ 《河南程氏外书》卷 12，《传闻杂记》，见《二程集》，第 420 页。

④ ［宋］黎靖德编，杨绳其等点校：《朱子语类》，长沙，岳麓书社，1997，第 139 页。

⑤ 《朱子语类》卷 100，第 2294 页。

⑥ 程颢、程颐：《二程遗书》卷 18，上海，上海古籍出版社，2000，第 254 页。

⑦ 《朱子语类》卷 10，第 145 页。

⑧ 《朱子语类》卷 15，第 257 页。

⑨ 《朱子语类》卷 15，第 257 页。

理"的工夫。"格"到一定程度，则会出现如朱熹所说"至于用力之久，而一旦豁然贯通焉，则众物之表里精粗无不到，而吾心之全体大用无不明矣"。至此，心中先验的"天理"才算是从潜在变为了现实，被人们真正认识了，与此同时，一个人的智慧与道德境界也就达到了圣人的水平。

值得注意的是，朱熹所讲的格物之"物"，其外延特别广，已达到"凡天下之物"的广度。因此，格物便是"必使学者即凡天下之物，莫不因其已知之理而益穷之，以求至乎其极"。应该说，朱熹前半生的为学之道，便颇有点这种味道，他对天文地理、文字音韵、训诂考据、典章乐律，乃至佛道诸子等学问，无不涉猎，并均有相应的成就，所以才被后人视为百科全书式的哲学家。因此，他教导学生说："读书是格物一事。"①此外，"穷天理，明人伦，讲圣言，通世故"②，都是格物之功。朱熹特别强调指出，"上而无极太极，下而至于一草一木、一昆虫之微，亦各有理。一书不读，则缺了一书道理；一事不穷，则缺了一事道理；一物不格，则缺了一物道理——须着逐一件与他理会过。"③而且"学问须严密理会，铢分毫析。"④这样一来，格物的工程可就十分浩大烦琐了。况且，谁也不敢保证自己在"即物而穷其理"之后，能够"一旦豁然贯通"，真切体认出那个先验的"天理"来。

朱熹的这套格物思想，在当时就曾受到以陆九渊为代表的心学一派的质疑。1175 年，朱陆二人在吕祖谦邀请之下举行鹅湖之会。门人记载曰："鹅湖之会，论及教人。元晦之意，欲令人泛观博览，而后归之约。二陆之意，欲先发明人之本心，而后使之博览。朱以陆之教人为太简，陆以朱之教人为支离，此颇不合。"⑤不仅如此，陆九渊在会上当着朱熹的面，吟诗曰："易简工夫终久大，支离事业竟浮沉。"⑥朱熹听了此诗后"失色"且"大不怿"，于是朱陆二人的思想分歧公诸天下。后来，陆九渊感叹道："朱元晦泰山乔岳，可惜学不见道，遂自担阁，奈何？"⑦不过，由于朱熹哲学后来上升为官方意识形态，他的格物论也就充分把持了思

---

① 《朱子语类》卷 10，第 150 页。
② 《朱文公文集》卷 39《答陈齐仲》，见《四库全书》，上海，上海古籍出版社，1989，第 1144 册，第 127 页。
③ 《朱子语类》卷 15，第 264 页。
④ 《朱子语类》卷 8，第 130 页。
⑤ [宋]陆九渊原著，钟哲点校：《陆九渊集》卷 36《年谱》，北京，中华书局 1980，第 491 页。
⑥ 《陆九渊集》卷 34《语录上》，第 427 页。
⑦ 《陆九渊集》卷 34《语录上》，第 414 页。

想教育领域内的话语权。到了明代初年，"此亦一述朱，彼亦一述朱"①，整个思想界呈现单调而沉闷的格局，人们习惯于将朱熹的格物思想当作先圣格物论的标准诠释。一些只以儒家经典为"稻粱谋"的读书人，当然不会去认真"格物"，他们只待科举考试通过之后，便将四书五经扔在了一边。但是，另有一批真诚探索先圣思想的知识分子，他们却真的按照朱熹所说的"即物而穷其理"的方式去格物，以求觉悟天理，作圣成贤，结果无一例外地碰壁而归。例如：陈献章②曾有一段自述，表明了自己的求道经历，他说：

> 仆才不逮人，年二十七始发愤从吴聘君学。其于古圣贤垂
> 训之书，盖无所不讲，然未知入处。比归白沙，杜门不出，专
> 求所以用力之方，既无师友指引，惟日靠书册寻之。忘寝忘食，
> 如是者亦累年，而卒未得焉。所谓未得，谓吾此心与此理未有
> 凑泊吻合处也，于是舍彼之繁，求吾之约，惟在静坐，久之，
> 然后见吾此心之体，隐然呈露，常若有物。日用间种种应酬，
> 随吾所欲，如马之御衔勒也。体认物理，稽诸圣训，各有头绪
> 来历，如水之有源委也，于是涣然自信曰："作圣之功，其在兹
> 乎！"有学于仆者，辄教之静坐，盖以吾所经历粗有实效者告之，
> 非务为高虚以误人也。③

在此，陈献章明确承认，自己曾以刻苦钻研书册的方式治学，但未能有实得，即"吾此心与此理未有凑泊吻合处"，改以静坐之法而实践，却得见心之本体（亦即得道），随后以此方法来教授、指点学生，以达到自得的目的。可见，陈献章完全抛弃了朱熹的即物穷理之法，走上了一条全新的证道之路。

除了陈献章，王阳明（1472—1529 年）的治学道路也是同样地碰壁而归。他曾回忆自己年轻时的经历：

> 众人只说格物要依晦翁，何曾把他的说去用？我着实曾用

①　《明儒学案》卷10《姚江学案》，第 179 页。
②　陈献章（1428—1500），字公甫，号石斋。明代广东新会县白沙里（今江门市）人，世称白沙先生。
③　[明]陈献章原著，孙通海点校：《陈献章集》卷 2《复赵提学金宪》，北京，中华书局，1987，第 145 页。

来。初年与钱友同论做圣贤,要格天下之物,如今安得这等大
的力量?因指亭前竹子,令去格看。钱子早夜去穷格竹子的道
理,竭其心思,至于三日,便致劳神成疾。当初说他这是精力
不足,某因自去穷格。早夜不得其理,到七日,亦以劳思致疾。
遂相与叹圣贤是做不得的,无他大力量去格物了。①

王阳明年轻时的所作所为,真是傻得可爱,但是,有幸让他自己明
白了一个道理:"即物而穷其理"的道路是走不通的。他一直带着这个疑
问走下去,直至龙场悟道。史载:王阳明谪居龙场之后,"日夜端居默
坐,以求静一;久之,胸中洒洒……忽中夜大悟格物致知之旨,寤寐中
若有人语之者,不觉呼跃,从者皆惊。始知圣人之道,吾性自足,向之
求理于事物者误也。"②后来他自我总结道:"及在夷中三年,颇见得此意
思乃知天下之物本无可格者。其格物之功,只在身心上做,决然以圣人
为人人可到,便自有担当了。"③

于是,王阳明自家体会出来了格物之意,那么,他的格物思想究竟
是什么样的呢?首先要从"物"字解起,他与门徒徐爱之间有过一段对话:

> 爱曰:"昨闻先生之教,亦影响见得功夫须是如此。今闻此
> 说,益无可疑。爱昨晚思格物的'物'字即是事字,皆从心上
> 说。"先生曰:"然。身之主宰便是心;心之所发便是意;意之本
> 体便是知;意之所在便是物。如意在于事亲,即事亲便是一物;
> 意在于事君,即事君便是一物;意在于仁民爱物,即仁民爱物
> 便是一物;意在于视听言动,即视听言动便是一物。所以某说
> 无心外之理,无心外之物。"④

关于"物者,事也"的说法,王阳明还讲过很多次,比较典型的有:

> 意之所用,必有其物,物即事也。如意用于事亲,即事亲
> 为一物;意用于治民,即治民为一物,意用于读书,即读书为
> 一物;意用于听讼,即听讼为一物。凡意之所用,无有无物者。

---

① 《王阳明全集》卷3,第120页。
② 《王阳明全集》卷33《年谱一》,第1228页。
③ 《王阳明全集》卷3,第120页。
④ 《王阳明全集》卷1,第6页。

有是意即有是物，无是意即无是物矣。物非意之用乎？①

物者，事也，凡意之所发必有其事，意所在之事谓之物。②

需要指出，王阳明所谓"意之所在便是物"，是指心与物之间有一种指向与被感应的关系，这是一种强调主体性的思维方式，并不是从实在论的角度来说的。至于"格"字，在他晚年口述的文章《大学问》中亦有明确的表述：

格者，正也，正其不正以归于正之谓也。正其不正者，去恶之谓也。归于正者，为善之谓也。夫是之谓格。③

这样一来，王阳明的格物思想就和朱熹的格物思想有了泾渭分明的差别。朱熹以"即物而穷其理"为格物，而王阳明以"意所在之事谓之物"，然后以"格者，正也，正其不正以归于正之谓也"为"格"的明确内涵。经过"亭前格竹"的失败和"龙场悟道"的成功，他已经明白："天下之物本无可格者。其格物之功，只在身心上做，决然以圣人为人人可到，便自有担当了。"

如果单从文义上看，王阳明的格物论和朱熹的格物论各自都可以成立，说不上谁是谁非，但是，如果深入实践去实地格物一番，便会发现，朱熹的格物说最终走不通。即使把他的格物方法用于今天自然科学所面对的客观事物，或许能够发展出现代科学技术来，然而所得不过是特定领域一事一物的道理。要想从中发现所谓整体性的"天理"，那是痴人说梦（况且，朱熹格物论所面对的对象其实是社会生活、日用伦常之类）。用朱熹所说的方法去格物，走心外求理的道路，可以获得一些知识技能，要想觉悟整体性的天理来，只能是幻想而已，用王阳明的话来说：

记诵之广，适以长其傲也；知识之多，适以行其恶也；闻见之博，适以肆其辨也；辞章之富，适以饰其伪也。④

① 《王阳明全集》卷2《答顾东桥书》，第47页。
② 《王阳明全集》卷26，第972页。
③ 《王阳明全集》卷26，第972页。
④ 《王阳明全集》卷2《答顾东桥书》，第56页。

相比之下，王阳明的格物说虽然表述得十分简单，但是符合了《大学》中"自天子以至于庶人壹是，皆以修身为本"的核心理念。"格物之功只在身心上做"和"正其不正以归于正"的思路，的确是使人觉悟天理、走向圣贤境界的可行之路。

王阳明曾经明言："朱子错训格物。"[1]关于自己的格物思想，他也有过多次详细的论述，其中有一段堪称总结，他说：

> 格物者，《大学》之实下手处，彻首彻尾，自始学至圣人，只此工夫而已，非但入门之际有此一段也。夫正心诚意、致知格物，皆所以修身而格物者，其所用力日可见之地……故就物而言谓之格，就知而言谓之致，就意而言谓之诚，就心而言谓之正。正者，正此也；诚者，诚此也；致者，致此也；格者，格此也；皆所谓穷理以尽性也。[2]

在此，王阳明指出了"夫正心诚意致知格物，皆所以修身，而格物者，其所用力日可见之地"的工夫进路，儒学的根本目的及其实现手段都表述得十分清晰。从此，阳明心学的格物论横空出世，与朱子的格物论分庭抗礼，给明代中后期思想界增添了一些新鲜的思想元素。

第二节　泰州学派王心斋的格物论

王阳明的格物思想公之于世之后，引来了许多信奉朱学的儒家学者的反对和质疑（如罗钦顺、顾东桥等），双方不免书信往来，展开论辩。在阳明去世之后，这场论辩仍未停止。阳明门下，以泰州学派的创始人王艮为代表，以其"淮南格物说"，进一步将王阳明的格物思想阐发得更加透彻，可以视为心学一派格物思想的继续发展。

在王阳明门下诸弟子中，王艮（1483—1541）本是文化底子最薄的一个。他出身贫苦，十一岁即辍学，后来全靠自学，才通晓了《四书》等儒家经典。但是，恰恰是这位文化底子最薄的王艮，对于儒家经典的理解和洞察力却高出众人之上。他完全依据《大学》一文的原意，总结、提炼出了关于"格物"一词的内涵，不仅思想上与其王阳明根本一致，而且引

---

① 《王阳明全集》卷1，第5页。
② 《王阳明全集》卷2《答罗整庵少宰书》，第76～77页。

经据典，说理也更加透彻。后来，在其弟子王栋的进一步诠释之下，表述得更加清楚。

王艮关于"格物"的诠释主要有以下几段文字——

> "自天子以至于庶人"至"此谓知之至也"一节，乃是释"格物致知"之义。身与天下国家一物也，惟一物，而有本末之谓。格者，絜度也，度于本末之间，而知"本乱而末治者否矣"，此"格物"也。"物格"，知本也，知本，"知之至也"，故曰："自天子至于庶人，壹是皆以修身为本"也。修身，立本也；立本，安身也。

> 诸生问"格"字之义。子曰："格"如"格式"之格，即后絜矩之谓。吾身是个矩，天下国家是个方。絜矩，则知方之不正，由矩之不正也，是以只去正矩，却不在方上求。矩正则方正矣，方正则成格矣，故曰"物格"。①

> 止至善者，安身也；安身者，立天下之大本也；本治而末治，正己而物正也，大人之学也。是故身也者，天地万物之本也；天地万物，末也。身未安，本不立也。本乱而末治者否矣。②

只要是通晓《大学》首章的读者，对于上述文字不难领会其意。《大学》首章之结尾说："自天子以至于庶人壹是皆以修身为本。其本乱而末治否者矣。其所厚者薄，而其所薄者厚，未之有也。"王艮就是根据《大学》经文的意思，来阐述自己的格物论，特别是对于王阳明没有经典文本依据的"物"字的训释，做了重要的补充说明。他认为，"身与天下国家一物也，惟一物，而有本末之谓"。这样一来，吾身与家国天下均为一物，只不过是本末之别而已，吾身好比是其物之本，而天下国家好比是其物之末。因此，"安身者，立天下之大本也"，只有本治才能末治，正己才能正物。因此，所谓格物，必须建立在"修身立本"的基础之上，舍此之外，皆是旁门曲径。

关于"格"字，王艮又从"修身立本"的角度出发，训为絜度（即度量之意），他打了一个比方："吾身是个矩，天下国家是个方。絜矩，则知方

---

① 《王心斋全集》卷1《答问补遗》，第34页。
② 《王心斋全集》卷1《答问补遗》，第33页。

之不正，由矩之不正也，是以只去正矩，却不在方上求。"所谓矩，即木匠画直角或方形所用的曲尺，而方，即所画的正方形。王艮指出，画正方形没有画好，原因就在于自己的矩尺不正，只有先校正了手中的矩尺，才能随后画出合乎标准的方形来。依此类推，家国天下之不正，乃是由于自己（如执政者、教育者）不正，只有先端正自己，才能端正他人，进而端正家国天下。正如王艮自己所说："知得身是天下国家之本，则以天地万物依于己，不以己依于天地万物。"①又说："正己物正，此是吾人归宿处。"②

由此可见，王心斋的格物论，与乃师王阳明的格物论相比，其思想实质是一样的，都是强调修身为本，最终目的是使自己成为圣人君子，进而能够校正天下国家。比起朱熹的"穷究物理"的格物思想来，更符合儒家经典《大学》的原意。而且，王艮的阐述比王阳明更加注重以经典本文为依据，其诠释也显得更为精致，因此，淮南格物说通晓于天下，成为王学对抗朱学的又一重要思想武器。但是，由于王艮一贯注重"口传心授"③，因此现存他本人表述格物言论的文字甚少。好在他的门徒、族弟王栋（1503—1581 年）捍卫师说最为得力，讲过许多阐释"淮南格物"说的言论，使得今天我们对于王艮的格物论的理解益发清晰。当然，王栋对于乃师的格物思想，也是经过一番怀疑、犹豫和反复思考的过程，才衷心服膺的，如他自己所说：

> 某初闻先师格物说，苦为旧说牵缠，再三致疑，思辨体贴数十万，方始涣然冰释。而或者犹以某为过信师说，审如是，予其自诬而诬人者哉！④

正是因为经历了怀疑、思考的过程，王栋讲起心斋的格物说来，可谓左右逢源，得心应手，兹引几段重要者如下：

> 格物原是致知工夫，作两件拆开不得。故明翁（指王阳明）

---

① 〔日〕冈田武彦等主编：《王心斋全集》（和刻近世汉籍影印丛刊），京都，中文出版社，1972，第 42 页。以下简称和刻本，按：此书与中国出版的《王心斋全集》内容上略有不同。

② 《王心斋全集》（和刻本），第 67 页。

③ 《与徐子直》（二），见《王心斋全集》（和刻本），第 156 页。

④ 《明儒王一庵先生遗集》卷 1，《会语续集》，南京，江苏教育出版社，2001，第 187 页。按：此书附于陈祝生主编：《王心斋全集》之后。以下版本同。

曰:"致知实在格物,格物乃所以致其知。"可谓明矣。先师(指王艮)说"物有本末",言吾身是本,天下国家为末。可见平居未与物接,只自安其身,便是格其物之本,格其物之本,便即是未应时之良知;至于事至物来,推吾身之矩而顺事施恕,便是格其物之末。格其物之末,便即是既应时之良知。

格物之学,究竟只是反身工夫。(《大学》)篇中藏恕、絜矩、好恶等言,无非此理。

壹是皆以修身为本,是以修身指格物也。①

上述文字概括起来,可以用一句话来表明:"格物之学,究竟只是反身工夫。"这充分表明了泰州学派(乃至整个阳明心学)的格物思想与朱学的根本差别。对于王阳明和王心斋二人在"格物"思想上的微妙出入,王栋也做了必要的解释,他说:

明翁原不从《大学》经文条分句解,只缘先儒释致知为知识之知,因以格物为穷究物理,遂使无限英雄莫不学以穷理为急,终身耽搁,无路出头。天生我阳明夫子,一朝默悟此一"知"字,不从闻见外来,乃是天德良知性所自有,所谓致知致此而已。此一"知"字既明,更不消复讨闻见知识,而格物之非穷理,不待辩矣。然奈何不善学者,又或只以寻常任气作用误认良知,往往知以良知责人,则不知自己之知已先亏缺。故我先师为人挑出古人格物真旨,说《大学》篇中"自天子以至于庶人"以下,乃是申解格物要语。②

又说:

格物之说,明翁云"格者正也,正其不正,以归于正也",此是格之成功。先师却云:"格如格式,有比则推度之义,物之所取正者也。"则自学者用功言之,其究亦同归于正而止矣。③

由上述文字可知,王艮提出了淮南格物说,在一定程度上救正了某

---

① 《明儒王一庵先生遗集》卷1《会语续集》,第148、152、172页
② 《明儒王一庵先生遗集》卷1《会语续集》,173页。
③ 《明儒王一庵先生遗集》卷1《会语续集》,172页。

些王门弟子"以寻常任气作用误认良知"的思想偏颇，而坚持了"大人者，正己而物正"的原则立场。王栋认为："先师原初主张格物宗旨，只是要人知得吾身是本，专务修身立本而不责人之意，非欲其零零碎碎于事物上作商量也。"①而有些王门弟子，"只以寻常任气作用误认良知，往往知以良知责人，则不知自己之知已先亏缺"。因此，王艮提出的格物之说，正好补正了这些人的认识缺陷，属于"挑出古人格物真旨"的举措，所以王栋认为，"然则发明翁之蕴，教万世无穷，我先师之功不大哉"！②

综合王艮和王栋的格物论思想，比王阳明的诠释又进了一步，主要是明确了"修身立本"这个关键问题。而且，王艮的淮南格物说比乃师王阳明的解释更能依托于《大学》经典文本，因此加强了考据学的说服力。

第三节　"盈天地间只是一个大生"——罗汝芳的格物新论

格物论是宋明理学内部争论最多的问题之一，因为它来源于儒家经典，使得每个士人都无法回避。王阳明和王心斋的格物论问世之后，虽然影响很大，但是信奉朱子学的老儒们仍然固执旧说，凭着把持科举考试话语权的优势，与新兴的王学一意抗衡。同时，在王学内部，一些王门学者对于阳明和心斋格物思想的领会并没有到位，出现了"以寻常任气作用误认良知"的偏颇倾向。因此，思想领域内众说纷纭，莫衷一是，一个原本简单的命题被搞得十分复杂。对于一个真诚求道的学者而言，不管前辈大儒如何诠释，不经过自家心地的勘察审视，先圣注重格物的思想意旨终究不会成为自己的东西。因此，罗汝芳在自己的治学历程中，最终必须解决"格物"的内涵问题，否则，他的全部哲学思想就没有一个坚实的基础，也就无法进一步展开。

罗汝芳对于"格物"问题的思考经历过很长的时间，直至会试得第之后，仍未解决，为此，他和父亲罗崇纲之间时常相互探讨，甚至发生辩论。后来他自己回忆道：

> 比联第归家，苦格物莫晓，乃错综前闻，互相参订，说殆
> 千百不同，每有所见，则以请正先君，先君亦多首肯，然终是

---

① 《明儒王一庵先生遗集》卷1《会语续集》，173 页。
② 《明儒王一庵先生遗集》卷1《会语续集》，173 页。

不为释然。三年之后，一夕忽悟今说，觉心甚痛快，中宵直趋卧内，闻于先君。先君亦跃然起舞曰："得之矣！得之矣！"迄今追想一段光景，诚为平生大幸、大幸也。①

那么，罗汝芳与其父多年苦思之所得，究竟是什么呢？有一段罗汝芳的孙子罗怀智所记录的文字，把其中的内涵基本表述了出来：

祖悟格物之旨，详陈于曾大父（指罗崇绸），曰："大人之学，必有其道。大学之道，必在先知。能先知之，则尽《大学》一书，无非是此物事；尽《大学》一书物事，无非是此本末始终；尽《大学》一书本末始终，无非是古圣六经之嘉言善行。格之为义，是即所谓法程，而吾侪学为大人之妙术也。所以曰'大学之道'，开口一句，而格致之义曲尽无疑矣。"

曾大父然之，徐曰："然则经传不分乎？"

祖曰："《大学》在《礼记》中本自为一篇文字，初则概而举之，继则详而实之，总是慎选至善之格言，明定至大之学术，造化生灵，千年万载。圣人原欲其词之要约，而说者辄至浩繁，圣人原欲其义之明显，而说者辄至晦昧。儿意谓诚宜善返，且须亟图也。"②

如果单从文义上看，罗汝芳对于"格物"的理解无非是一句话，"格之为义，是即所谓法程，而吾侪学为大人之妙术也"，似乎并没有什么新意或独到的见解。但是，如果我们先搞清楚罗汝芳的生命观，理出其生命观中体用本末的思想脉络，那么，我们就会发现，罗汝芳的格物论，既继承了阳明心学和泰州学派的思想传统，又增添了自己的独到见解，内涵明晰，自成一家。

首先来看一下他的生命观。有一段他与门人之间的对话很有代表性。

问："程子既云'仁者以天地万物为一体'，又云：'仁者浑然与物同体'，意果如何？"

罗子曰："天地之大德曰生。夫盈天地间只一个大生，则浑

① 《近溪子集》，见《罗汝芳集》，第232页。
② 《庭训记》，见《罗汝芳集》，第405页。

然亦只是一个仁矣。中间又何有纤毫间隔，又何从而以得天地、以得万物也哉？故孔门宗旨，惟是一个'仁'字，孔门为仁，惟是一个'恕'字，如云：'己欲立而立人，己欲达而达人，'分明说：己欲立，不须在己上去立，只立人即所以立己也；己欲达，不须在己上去达，只达人即所以达己也。"①

上述文字说明，罗汝芳所持的，不是彼此相异的个体化的生命观，而是"盈天地间只（是）一个大生"的整体化的生命观，这是中国古代"天人合一"基本理念的体现。这种思想，古已有之，到了宋代，程颢曾言："仁者，以天地万物为一体，莫非己也。认得为己，何所不至？"又说："学者须先识仁，仁者浑然与物同体，义、礼、知、信，皆仁也。"②以自己的方式再次表述了"天人合一"的生命观，后来，这种生命观被广泛接受，成为宋明理学的普遍观念。到了明代，王阳明就曾经"沿周、程之说求之，而若有得焉"，③也提出了"天地万物一体之仁"④的理念。当然，这种"天地万物一体之仁"的理念并不等同于墨家的无亲疏厚薄之分的兼爱思想，而是有着本末体用的内在差别和结构，在王阳明和门徒之间也有过一段对话，兹引如下：

　　问："大人与物同体，如何《大学》又说个厚薄？"
　　先生曰："惟是道理自有厚薄。此如身是一体，把手足捍头目，岂是偏要薄手足？其道理合如此。禽兽与草木同是爱的，把草木去养禽兽，又忍得。人与禽兽同是爱的，宰禽兽以养亲，与供祭祀，燕宾客，心又忍得。至亲与路人同是爱的，如箪食豆羹，得则生，不得则死，不能两全，宁救至亲，不救路人，心又忍得。这是道理合该如此。"⑤

在"以天地万物为一体"的基础上，王阳明提出了"明体达用"的思想，他说：

---

①　《罗汝芳集》，第 92 页。
②　《二程遗书》卷 2 上，第 65～66 页。
③　《王阳明全集》卷 7，《别湛甘泉序》，第 231 页。
④　其论述可见于《王阳明全集》卷 2《答顾东桥书》、卷 26《大学问》。
⑤　《王阳明全集》卷 3，第 108 页。

> 明明德者，立其天地万物一体之体也。亲民者，达其天地
> 万物一体之用也。故明明德必在于亲民，而亲民乃所以明其明
> 德也。①

在这里，明德为体，亲民为用，两者是相互依存、相互促进的关系。同理，明明德就是"明体"，实践亲民就是"达用"，儒学体用一致的理念已经一览无余。因此，王艮曾概括说："明明德以立体，亲民以达用，体用一致，阳明先师辨之悉矣，此尧舜之道也。"②

虽然表述简单，但王阳明已经将儒家的"天地万物一体之仁"的生命观阐述得十分明白。不过，这个"明德"之体的内涵究竟是什么？王阳明并没有讲清楚。或许是他不想重复前人"仁、义、礼、智、信"的老调，或许是他希望学者③自己去致良知，从中获得难以言传的真知，反正王门后学中的不少人从此有些莫衷一是，各"以寻常任气作用误认良知，往往知以良知责人，则不知自己之知已先亏缺"。特别是有些王学末流从此"束书不观，游谈无根"④，不知已陷于人欲恣肆之泥淖，还自以为这是听任良知之指引，因此，把"致良知"之学搞得与阳明的本意渐行渐远，至于什么是明德之体，更是云山雾沼一般模糊不清了。王学本是罗汝芳的家传之学（其父罗崇纲曾拜王阳明弟子饶行斋为师，算是阳明的再传弟子），从这一学脉上讲，罗汝芳需要澄清明德之体、亲民之用的具体内涵，这是真诚求道的儒者所不容回避的思想任务。

从另一个角度来讲，罗汝芳又是泰州学派的传人。他是颜山农的弟子，而颜山农的老师，则是王艮生前十分看重的弟子徐樾（颜钧后来曾亲炙于王艮门下，也可算作心斋的弟子之一）。王艮曾经提出了自己的淮南格物说，比起王阳明的格物观来，已经前进了一步，那就是确定"吾辈今日格物之学，分明是主修身立本"⑤。"身与天下国家一物也，惟一物，而有本末之谓。"只有本立才能末治，因此，加强自我修养，学习明哲保

---

① 《王阳明全集》卷 26，第 968 页。
② 《王心斋全集》卷 1《答问补遗》，第 33 页。
③ 古代"学者"一词，往往指正在求学之人；今天"学者"一词，指学有所成之人。两者存在微妙差别，相信读者能根据具体语境分辨其意。
④ 苏轼：《李君山房记》，见《苏轼文集》，济南，齐鲁书社，1980，第 208 页。又见《王畿集》卷 10，第 249 页。古代文人常引此语以贬斥不学无术之徒。
⑤ 按：这是王栋语，笔者引此以作概括。《明儒王一庵先生遗集》卷 1，第 174 页。

身①，这便是"本治而末治，正己而物正也，大人之学也"。但是，"修身立本"的范围实在太广，有些不善学者或者对此不甚明了，或者按己意乱作解释，读书养性可以修身，丹青绘画也可修身，吟诗作对也可修身，甚至有的流入狂禅的学者还认为"酒肆淫坊，皆可证道"。怨不得黄宗羲在《明儒学案》中说："阳明之学，有泰州、龙溪而风行天下，亦因泰州、龙溪而渐失其传。"②因此，如何将"修身立本"的内涵明确化，这也是作为泰州学派传人的罗汝芳所必须解决的思想任务。

经过多年的思索和体认，罗汝芳最终从《大学》的经典原文中提炼出了三个字："孝、弟、慈。"在《大学》一书中，先圣明确提出：

> 故君子不出家而成教于国：孝者，所以事君也；弟者，所以事长也；慈者，所以使众也。《康诰》曰"如保赤子"，心诚求之，虽不中，不远矣。未有学养子而后嫁者也！③

罗汝芳认为，这就是明德（良知）之体的基本内涵，也是亲民之用的根本要求，同样也是先圣传下来的简洁"法程"，从此，本末一贯、体用一致，罗汝芳认为自己充分解决了格物问题。关于以"孝、弟、慈"为格物修身的基本内涵，罗汝芳有一段话充分表明了自己的观点，他说：

> 若泛然只讲个德字，而不本之孝、弟、慈，则恐于民身不切，而所以感之、所以从之，亦皆漫言而无当矣。④

因此，罗汝芳到处大张旗鼓地宣讲"孝、弟、慈"的重要性，并把它作为格物工夫的根本要求。他在这方面的言论很多，兹引一段重要者如下：

> 问："《大学》宗旨？"
> 罗子曰："……夫孩提之爱亲是孝，孩提之敬兄是弟，未有学养子而嫁是慈。保赤子，又孩提爱敬之所自生者也。此个孝

---

① 明哲保身，原出于王艮所做《明哲保身论》，与今天的胆小怕事、圆滑应世的含义差别很大。
② 《明儒学案》卷32《泰州学案一》，第704页。
③ 《四书集注·大学章句》，第14页。
④ 《罗汝芳集》，第152页。

弟慈，原人人不虑而自知、人人不学而自能，亦天下万世人人不约而自同者也。今只以所自知者而为知，以所自能者而为能，则其为父子兄弟足法而人自法之，便叫做明明德于天下，又叫做人人亲其亲长其长而天下平也。此三件事从造化中流出，从母胎中带来，遍天遍地、亘古亘今。试看此时薄海内外，风俗气候，万万不齐，而家家户户谁不是以此三件事过日子也？只尧舜禹汤文武，便皆晓得以此三件事修诸己而率乎人，以后却尽乱做，不晓得以此修己率人，故纵有作为，亦是小道，纵有治平，亦是小康。却不知天下原有此三件大道理，而古先帝王原有此三件大学术也。"①

有了自己明确而独立的看法，对于先儒们诠释格物范畴的成就与缺失，罗汝芳便能作出理性而中肯的评判，他说：

（孔子）取夫六经之中、至善之旨，集为《大学》一章，以为修齐治平规矩，所谓格也。……宋有晦庵先生见得当求诸六经，而未专以孝、弟、慈为本；明有阳明先生见得当求诸良心，亦未先以古圣贤为法。②

罗汝芳指出，朱熹的功绩在于"见得当求诸六经"，但是不足之处在于"未专以孝、弟、慈为本"，用功太广而不能归之于约，没有抓住要害。王阳明的功绩在"见得当求诸良心"，抓住了要害，但是在讲学过程中，"未先以古圣贤为法"，最终使一些王门后学肆意妄为，背离了圣学的宗旨。罗汝芳认为，"不明性善，则无根源；不法先圣，则无规矩"。因此，从先圣经典中掌握修身立本的规矩和要领，是必不可少的治学内容。况且，"古先圣人所以足为作圣之规矩者，正以其只尽自己之性，只明己性之善，而更无纤毫之或取诸外也"。③ 为什么要抛弃经典思想而变成一个游谈无根、师心自用之徒呢？那样只会是"为过益大，去道益远"。④

至此，罗汝芳认为自己已将格物问题完全解决，不仅在思想逻辑上

---

① 《罗汝芳集》，第108页。
② 《罗汝芳集》，第5页。按：罗汝芳以《大学》"信非孔子亲作不能"，这一观点，我们将在后文予以介绍。
③ 《罗汝芳集》，第246页。
④ 《陆九渊集》卷3，《与张辅之》，第36页。

通达顺畅，并且符合先圣经典的原意。此后，不管学者和门人如何质疑，他都能够顺手拈来、随机应答。例如：

> 问："《大学》首重格物，如《中庸》、《论》、《孟》，各各章旨自殊，难说皆格物也？"
>
> 罗子曰："岂止四书？虽尽括五经，同是格物一义。盖学人工夫不过是诚意、正心、修身、齐家、治国、平天下，而四书五经是诚、正、修、治、平之善之至者，圣人删述以为万世之格。《大学》则撮其尤简要者而约言之，所以谓之曰'在格物也'也。今观其书，通贯只是孝、弟、慈，便人人亲亲长长而天下平。孟子谓：'其道至迩，其事至易，'予亦敢谓其格至善也。"①

在这一段问答中，罗汝芳明确提出，"岂止四书？虽尽括五经，同是格物一义"。先圣《大学》一书，不过是"撮其尤简要者而约言之，所以谓之曰'在格物也'也"。概括《大学》一书的基本内容，"通贯只是孝、弟、慈"，这既是"明德"之体的基本内涵，也是"亲民"之用的根本要求。如果按照这一原则去格物，"便人人亲亲长长而天下平"，正如孟子所谓"其道至迩，其事至易"。② 罗汝芳认为，按照这一要求去修身立本，"予亦敢谓其格至善也"。

"格物"思想在罗汝芳哲学思想体系中占有重要的地位。罗汝芳认为："孔子志于学，学乎大学者也。学大学者，必先于格物。格物者，物有本末，于本末而先后之，是所以格乎物者也。"③只有率先搞清楚了格物问题的内涵和基本要求，才可能继续修习自己的大学之道。罗汝芳花了多年时间，直至三十三岁时，才算解决了这一关键性问题，他自我回顾道："迄今追想一段光景，诚为平生大幸、大幸也。后遂从《大学》至善，推演到孝、弟、慈，为天生明德，本自一人之身而未及家国天下。"从此，他再无疑虑，凡与人讲学处，必以孝、弟、慈为宗旨，因为它既是明德之体，又是亲民之用，既是修身立本的内圣之学，又是治国平天下的外王之道的出发点。同时，孝、弟、慈的思想有根有据，非一人凭空杜撰而成，完全以先圣的经典为原本，并且高度符合儒家重视伦理道德建设的

---

① 《罗汝芳集》，第22页。
② 这是化用孟子的原话："道在迩而求诸远，事在易而求诸难。人人亲其亲，长其长，而天下平。"语出《孟子·离娄上》。
③ 《罗汝芳集》，第27页。

一贯主张。难怪罗汝芳一旦觉悟之后，觉得"心甚痛快"，而其父罗崇纲
听了之后，竟然高兴得"跃然起舞"了。

　　要准确理解罗汝芳的格物思想，有几点关键之处：一是"盈天地间只
一个大生"的整体性生命观，罗汝芳说过："盖丈夫之所谓身，联属天下
国家而后成者也。"[①]这既是宋明理学"以天地万物为一体"生命观的体现，
也是中国古代哲学"天人合一"本体论的延伸。由此，我们才可能探讨什
么是其物之本，什么是其物之末的问题。二是王阳明的明德为体、亲民
为用的体用观和王艮"修身立本"的本末观，都是明代儒家心性哲学的理
论成果。懂得了阳明学的这一体用本末思想，才能够理解为什么"孝、
弟、慈"堪作先圣传下来的简洁"法程"，它就是格物的具体内涵，而且，
体用一致，本末一贯，从孝、弟、慈出发，可以修身、齐家、治国、平
天下，总之是"止于至善"。因此，罗汝芳才它称为"三件大道理"、"三件
大学术"。

　　概括而言，罗汝芳的格物新论，继阳明、心斋之说，将"格物"阐发
得更加明确，而且强调了以先圣为法程，把注重"孝、弟、慈"的伦理建
设摆在了第一位。既体现了儒家"以天地万物为一体"的"物（生命）"的本
末观，又将"明体适用"、"内圣外王"的思想有机地联系在了一起。他自
从悟出这一道理之后，便终身服膺，使之成为自己从政、讲学的根本指
导思想，在罗汝芳哲学思想体系中，始终占据着无可替代的重要地位。

　　顺带指出，由于"格物"范畴出自经典《大学》，罗汝芳的格物观一经
确立，便意味着他与朱子学的《大学章句》从此分道扬镳，继承了王阳明
等心学前辈关于《大学》古本更为可靠的思想路线。对此，他决无半点乡
愿的态度，而是旗帜鲜明地表明了自己的观点。除了与其父罗崇纲坦承
自己的想法外，对于任何门人、学者，他都持一样的说法。史载：

　　　（有学者）问："格致之传，不必再补否？"
　　　罗子曰："《大学》原只是一章书，无所谓经，无所谓传也，
　　亦无所从缺，无所从补也。盖其书从头至尾，只是反复说明，
　　以显大人之学。……盖明、亲这个物事，其末终贯彻天下，而
　　其本初却根诸身心，此是一定格则。先知得停当，然后做得停
　　当。惟古之欲明明德于天下者，能如是焉，所以身、心、家、
　　国无不停当而为明、亲之善之至也。又决言自上至下，既皆以

————————
　　①　《罗汝芳集》，第83页。

身为本而后停当。若本乱且薄，则决无停当之理。所以必知本，
乃谓知至善也。"①

在本著后文，笔者将谈到，罗汝芳并不是那种标新立异之徒，其实他对于朱熹的许多思想建树是颇为认同的。但是，在格物问题上，他通过自己的独立思考和反复探索，不顾世俗的种种非议，敢于走上一条与朱子学迥然不同的道路，充分显示出他追求真理、立志成圣的真诚态度。

---

① 《罗汝芳集》，第9页。

第三章　罗汝芳哲学体系的基本目标与思想主旨

搞清了罗汝芳哲学格物论的思想内容和内在逻辑，我们就不难理解罗汝芳哲学的任何一个组成部分。罗汝芳哲学，有着他明确的目标与主旨，简而言之，就是以性善为根基，以求仁为主旨，以成圣为目标，以教化为己任，继承了先秦以来儒家思想的基本理念和价值追求。以下笔者将一一阐述之。

第一节　为学的基本目标与宗旨

中国古代儒家哲学有一个特点，那就是把对于"道"的追求人格化，亦即凡是能够透彻地明道者，都可称为圣人。因此，自宋代以来，儒家历来把"学以至圣人"①视为自己的为学目标，罗汝芳哲学沿袭了这一思想传统。

一、"吾辈为学，盖学圣也"

儒家思想是一个博大精深的体系，其中的内涵非常丰富。有洒扫、应对、进退的小学，有礼、乐、射、御、书、数的"六艺"，有兵、农、钱、粮、水、火、工、虞的实学，还有研究义理、考据和辞章的经学，甚至琴、棋、书、画也是古代儒者学习的内容。那么，在各种各样的教学内容中，什么东西才是一个儒家学者最根本的学习目标呢？罗汝芳与其他理学家的答案一模一样，那就是"吾辈为学，盖学圣也"②。

关于"为学"的根本目标，罗汝芳对自己的门人做过多次讲解，例如：

> 吾辈为学，盖学圣也。圣者明之通，而知者，明之实也。③
> 汝辈为学，须要立个必为圣人之志，时时刻刻用工，后日

---

① 这是程颐在《颜子所好何学论》中的话，见《二程集》，第 577 页。
② 《罗汝芳集》，第 17 页。
③ 《罗汝芳集》，第 17 页。

方有成就。若只茫茫荡荡度日，岂不惜哉！①

那么，圣人之"圣"究竟是指什么呢？罗汝芳认为，就是心地通明的意思。他经常说："盖圣之为圣，释作通明。"②又说："盖吾人为学，云是学圣。圣者通明者也，通明者，神明不测者也。"③一般人心目中的圣人，都是智慧与德行有着极度成就、甚至高不可攀的"神人"，而罗汝芳继承了阳明心学的思想传统，认为圣人并不神秘，无非就是心地通明而已，而其通明的实体，就在于他的良知（简称"知"），正所谓"知者，明之实也"。对此，罗汝芳特意指出："理会知所以为知，是本然之知，而非闻见之知也。"闻见之知是人们通过后天的经验所得的认识，这种知，虽然聪慧之人所得可以比一般人广博一些，但也绝非无所不知，如果以为圣人就是在闻见上无所不知之人，那么，这种"圣人"世上其实并不存在。罗汝芳就说："如此为知，则知从外得，而非本心之灵。况事理无穷，虽圣人亦难尽必其皆知也。"④既然此"知"不是指见闻之知，那就只能是天德良知了。心学宗祖王阳明曾经说过："心之良知是谓圣。圣人之学，惟是致此良知而已。"⑤良知一词原出于《孟子·尽心上》，原文是："人之所不学而能者，其良能也；所不虑而知者，其良知也。孩提之童无不知爱其亲者，及其长也，无不知敬其兄也。亲亲，仁也；敬长，义也；无他，达之天下也。"王阳明将良知范畴上升到心灵本体的地位，说明了它是人们作圣成贤的精神基础。罗汝芳继承了王阳明的这一思想，并且有其独到的认识，他说：

> 明德只是个良知，良知只是个爱亲敬长，爱亲敬长而达之天下，即是兴仁兴义，而修、齐、治、平之事毕矣。⑥

又说：

> 良知原自明白，虽欲动情胜，亦有枉其是非，以作好作恶者，然其知毫发不能自瞒。可见性之发用，虽为物迁，而明觉

① 《罗汝芳集》，第304页。
② 《罗汝芳集》，第110页。
③ 《罗汝芳集》，第203页。
④ 《罗汝芳集》，第17页。
⑤ 《王阳明全集》卷8《书魏师孟卷》，第280页。
⑥ 《罗汝芳集》，第158页。

真体，毕竟廓然无累。①

由是可见，罗汝芳认为，良知即是先圣经典所谓之"明德"，即是人心先天的明觉真体，知是知非，知善知恶。良知的原本功能并不是后天的经验知识，而是一种生来具有的爱亲敬长的道德自觉性。只要后天不失其养，那么，每个人心中的这种先天道德意识都可以充分体现，并发挥其作用，这便是所谓"致良知"之教了。正是从这个意义上讲，"圣者明之通，而知者，明之实也"。所谓心地通明，其实就是对于自我的先天道德意识的透彻觉悟，"良知天则，耿耿在中"②，所以对于人间诸事才能顺此天则，自如应对。

既然明白了圣人之所以为圣的根据，那么，觉悟"良知"这个"天命之性"也就是为学根本目标的同义语。所以罗汝芳说："学，觉也；觉，灵知也。人心之灵，动于感应，其是非得失，微渺纤悉，罔不自知。循其知而致焉，是圣贤之关钥也。"③需要注意的是，这个天赋的良知是人人生来皆有的，圣人与凡人在这一点其实并无不同，因此，效法圣人，找回自己迷失的天德良知，便是人人可做的事情。罗汝芳以先圣孔子为比喻说：

> 孔子，大圣人也，万世无及焉。然其实非孔子之异于万世，乃万世之人，自忘其所同于孔子者焉耳。孟子云："大人者，不失其赤子之心。"夫赤子之不虑不学，与孔子之不思不勉，浑是一个，吾人由赤子而生长，则其时已久在孔子地位过来，今日偶自忘之。岂惟赤子然哉？孔子宗旨，只是求仁，其言则曰"仁者人也"。彼自异于孔子者，或亦自忘其为人也耶？省之省之。④

由于历史上人们对于圣人形象的盲目崇拜，因此，有时教学者"学为圣人"，确实会让人觉得望而生畏。王阳明就曾经告诫外出讲学的弟子说："你们拿一个圣人去与人讲学，人见圣人来，都怕走了，如何讲得

---

① 《罗汝芳集》，第 357 页。
② 《罗汝芳集》，第 359 页。
③ 《罗汝芳集》，第 377 页。
④ 《罗汝芳集》，第 375 页。

行？须做得个愚夫愚妇，方可与人讲学。"①故此，罗汝芳有时也比较低调、和缓地谈及为学的根本目标。例如，有学生问他："夫子十五而志于学，学何学也？"他只说："学以成乎其人者也。"②实际上，"成乎其人"最终的目标仍是成为圣人，因为只有圣人才真正觉悟了人类的先天原本的心性。这个先天原本的心性（简称"性"）是独立自在的，不悟时它发挥不了任何效用，觉悟后它可以指点人们应对处理世间的各种事情。因此，罗汝芳说："天下之人，只为无圣贤经传唤醒，便各各昏睡。虽在大道之中，而忘其为道，所以谓'百姓日用而不知'。及至知之，则许多道妙，许大快乐，却即是相对立谈之身，即在相对立谈之顷，现成完备，而无欠无余。"③有时候，在回答同一问题时，罗汝芳先是低调地说"学为人也"，但是在讲述过程中，慢慢地又引向了"学为圣人"这个根本目标。史载：

> 问："学何为者也？"罗子曰："学为人也。盖父母之生我，人也。人则参三才，灵万物，其定分也，全生之则当全归之。故曰：'立身行道，以显父母。'夫所谓立身者，立天下之大本也，首柱天焉，足镇地焉，以立人极于宇宙之间。所谓行道者，行天下之达道也，负荷纲常，发挥事业，出则治化天下，处则教化万世，必如孔子大学，方为全人，而无忝所生。故孟子论志，则愿学孔子，亦恐其偏此身也，小此身也。偏小此身，即羞辱父母也，岂必为恶然后为不孝哉？"④

在这段论述中，罗汝芳借《孝经》中的经典原文为媒介，从"学为人也"的一般论点出发，层层推进，直至"必如孔子大学，方为全人"。可见其为学的根本目的就是学为圣人，因为只有到达圣人境界，才能真正使人心地通明，才使人觉悟先天良知心体，才算成就了一个人的完美人格。

二、"圣门宗旨，的在求仁"

"圣者，通明者也"一语，只是从心地透彻觉悟的角度来诠释圣人人格，如果要问圣人之学的根本内涵是什么，那么，这个解答是不够的。

---

① 《王阳明全集》卷3，第116页。
② 《罗汝芳集》，第16页。
③ 《罗汝芳集》，第143页。
④ 《孝经宗旨》，见《罗汝芳集》，第431页。

对此，在解决了格物问题之后的罗汝芳，早已成竹在胸，他明确地答道：
"圣门宗旨，的在求仁。"①关于这个问题，罗汝芳有过多次论述，兹引几
段重要者如下：

> 孔门宗旨，浑然只是一个仁字。此仁字，溯其根源，则是
> 乾体纯阳，生化万类，无一毫之间，无一息之停，无一些子昏
> 昧，贯彻民物，而名之曰：天命之性也。②
> 孔门宗旨，在于求仁。仁者人也，天地万物为一体者也，
> 人以天地万物为一体，则大矣。③

"仁"是孔子哲学思想中一个最重要的范畴，它所包含的内涵很广，
堪称本心之全德，道德之总纲。不过，仁的最基本含义即是"爱人"，这
一条是从来没有动摇过的。因为人是社会性的高等动物，只有在社会群
体之中，每个人才能生存和发展，脱离了社会群体，任何人都无法生存
下去。因此，在整个社会群体之中，必须提倡人与人之间的相互关心和
帮助，只有人与人相互关爱、扶持，社会才正常发展，每个人才能从中
获得自己应得的利益。据此，唐代韩愈进一步概括道："博爱之谓仁。"④
到了宋代，关于"仁"范畴内涵的解释有了一些新的变化，在坚持"爱人"
的基础之上，突出了以"生理"释仁的思想倾向。率先以生理释仁的当推
周敦颐，他说：

> 天以阳生万物，以阴成万物。生，仁也；成，义也。故圣
> 人在上，以仁育万物，以义正万民。⑤

学界一般认为，周敦颐是以"生理"释仁的第一人，开辟释经不泥古
训的先河。其实，周敦颐的这种诠释并非凭空杜撰，因为自古以来"仁"
字就有一个实体的含义，即果仁（果核）。果仁虽然很小，但是它孕育了
一棵植物（如参天大树）基本的生命基因，因此，果仁之中的确包含着无
限生意，而周敦颐以生理释仁，也确实是一个独辟蹊径的发现。继周敦

---

① 《罗汝芳集》，第 16 页。
② 《罗汝芳集》，第 157 页。
③ 《罗汝芳集》，第 387 页。
④ 韩愈：《原道》，见北京大学中国哲学史教研室选注：《中国哲学史教学资料选辑》，北京，中华书局，1981，第 496 页。
⑤ 见《周子通书·顺化第十一》，上海，上海古籍出版社，2000，第 36 页。

颐之后，北宋的二程更加明确地以生理释仁，例如：

> 医书言手足痿痹为不仁，此言最善名状。仁者，以天地万
> 物为一体，莫非己也。认得为己，何所不至？若不有诸己，自
> 不与己相干。①
> 切脉，最可体仁。
> 观鸡雏。（谢显道注：此可观仁。）②

从此，以生理释仁渐渐成为宋明理学的惯例。到了罗汝芳这里，他根据《周易》中"天地之大德曰生"和"生生之谓之易"等经典文辞，进一步强调"仁"的生命内涵。例如，他说：

> 盖仁是天地生生的大德，而吾人从父母一体而分，亦只是
> 一团生意。③
> 夫仁，天地之生德也。天地之大德曰"生"，生生而无尽曰
> "仁"，而人则天地之心也。夫天地亦大矣，然天地之大，大于
> 生；而大德之生，生于心；生生之心，心于人也。故知人之所
> 以为人，则知人之所以为天；知人之所以为天，则知人之所以
> 为大矣。④

有时候，他还教导弟子们说：

> 盖天地之大德曰"生"，是"生"之为德也，脉络潜行，枢机
> 统运，上则达乎重霄，下则通乎率土，物无一处而不生，生无
> 一时而或息。……夫物无不生，天之心也，生无不遂，天之道
> 也。吾心其心而道其道，是能与天为徒矣。⑤

由上述言论可见，罗汝芳继承了宋明理学以生理释仁的思想传统。只不过，这个"生"不是指一事一物的生长，而是指万事万物的发育和生

---

① 《二程遗书》卷2上，第65页。
② 《二程遗书》卷3，第111页。
③ 《罗汝芳集》，第15页。
④ 《罗汝芳集》，第388页。
⑤ 《罗汝芳集》，第322页。

长，罗汝芳认为，这是天地之大德的表现。"天地之大，大于生；而大德之生，生于心；生生之心，心于人"，如果一个人能够以生生之心为心，那么，便可上升到"与天为徒"的生命境界。所谓生生之心，也就是要积极促进万物按其自然规律发育生长，因此，必然少不了对于万物（当然包括人在内）实施相应的关爱与照料，这便是仁者的基本品质。"夫仁，天地之生德"，可说是将《论语》中零零散散的关于"仁"之语录的共同内涵进行了一个很好的提炼与概括。

不仅如此，罗汝芳还尽量从本体论的层面对于"仁"的来源进行了分析，为此，他引用了《周易》的思想进行论证，他说：

> 孔门宗旨，止要求仁，究其所自，原得之《易》，又只统之以"生生"一言。夫不止曰"生"，而必曰"生生"，"生生"云者，生则恶可已也。生恶可已，则易不徒乾乾而兼之以坤，坤不徒坤坤而统之以乾。蟠天薄地而雷动满盈，形森色盎而霞蒸赫绚，横亘直达，邃入旁周，固皆一气之运化而充塞乎两间。①

又说：

> 孔门宗旨，浑然只是一个"仁"字。此仁字，溯其根源，则是乾体纯阳，生万化类，无一毫之间，无一息之停，无一些子昏昧，贯彻民物，而名之曰"天命之性"也。②

又说：

> 《易》所以求仁也。盖非《易》无以见天地之仁，故曰："生生之谓易"，故又曰："复其见天地之心"。夫大哉乾元！生天生地，生人生物，浑融透彻，只是一团生理。吾人此身，自幼至老，涵育其中，知见云为，莫停一息，本与乾元合体。③

这三段文字，突出强调了一个问题，孔门求"仁"的宗旨，其理论源头来自于号称"群经之首"的元典《周易》，而其物质基础，便是乾元之气

---

① 《罗汝芳集》，第 277 页。
② 《罗汝芳集》，第 157 页。
③ 《罗汝芳集》，第 28 页。

（或曰"乾体纯阳"），总之是"一气之运化"的结果。乾元属纯阳之气，"生万化类，无一毫之间，无一息之停"，它"生天生地，生人生物，浑融透彻，只是一团生理"，任何生命的诞生与成长，都是"与乾元合体"的结果。既然宇宙间促生和成就万物的物质基础是"乾元之气"，它是以"生生而无尽"为心的，那么，人类也应该效法乾元之气，以生化万类、使之长养得当为务，这便是仁者的胸怀和使命。当然，罗汝芳关于"仁"字来源于《周易》的论证并不充分，这也是中国古代独断论式哲学的通病。但是，他毕竟指出了"仁"并不单纯是一种思想情感，而是有着深邃的物质基础和古老的经典依据的儒学最高范畴。如果说圣人之"圣"在于心地通明，那么，这个通明的内涵，就在于明白了天地之大德曰生，而此生生万类、永不停息之心便是"仁"的根本道理。

还须注意的是，所谓仁者，是以天地万物为一体的，这一点，最先由北宋程颢指出。他说："仁者以天地万物为一体，莫非己也。认得为己，何所不至？"又说："仁者，浑然与物同体，义、礼、知、信，皆仁也。"①这一点，后来被明代王阳明概括为"天地万物一体之仁"。② 到了罗汝芳这里，他完全继承了程颢和王阳明"天地万物一体之仁"的理念，明确肯定："仁者人也，天地万物为一体者也，人以天地万物为一体，则大矣。"③这种观念，实际上是中国古代"天人合一"本体论思想向社会生活领域的延伸。能以天地万物为一体之人，将生命观冲破了狭隘的个体层面，这便是罗汝芳所说"《大学》一书，联属家国天下以成其身，所以学乎其大者也"。④ 有了这种"以天地万物为一体"的"大我"意识，方才具有大爱精神，才能做到无论南北东西，将万民之忧乐视如己身之忧乐，才能真正地践履亲亲、仁民和爱物的圣训。

考察罗汝芳的一生，他就是因为信奉了这种"天地万物一体之仁"的观念，所以才乐于四海为官，而不计较个人得失荣辱。从知县、知府到参知政事，无论走到何地，他都能以一种仁者的真诚胸怀来对待自己所管辖的百姓，治世效果也由此达到"所过者化，所存者神"⑤的高水平。即使后来致仕回乡，罗汝芳依然不改以求仁为宗旨的基本理念，教导弟子们说："仁为万善之长，识仁为学者之先。"⑥到了晚年，他还教诲自己

① 《二程遗书》，第65～66页。
② 其论述可见于《王阳明全集》卷2《答顾东桥书》，和卷26《大学问》。
③ 《罗汝芳集》，第387页。
④ 《罗汝芳集》，第387页。
⑤ 《孟子·尽心上》。
⑥ 《罗汝芳集》，第317页。

的学术传人之一、其孙罗怀智说:"道不远于人,是人即是仁。已是仁人矣,何忧不圣神?"①坚定不移地把识仁、求仁当成儒家学说的根本宗旨,这体现了罗汝芳思想的道德人文主义的特色,终其一生,他是这么想的,也是这么做的,始终如一,分毫不改。二程有言:"圣人,仁之至也。"②又说:"仁者,体也,义者,用也。"③就其一生而言,罗汝芳对于孔门宗旨的领悟和践履,确乎达到了仁至义尽的圣者境界。

第二节 一见性善,立地成圣——罗汝芳的人性论

一、罗汝芳对于性善论的论证与阐述

阐明了"圣门宗旨,的在求仁"和"夫仁,天地之生德"的思想之后,必然使人进一步追问:儒学嫡传一脉的人性论究竟是怎样的? 如果人性本善,本立而末生,源清而流畅,"求仁"的圣学宗旨才能够顺理成章地成立;如果人性本恶,那么上述"求仁"的圣学宗旨,则不过是一种后天的矫饰而已。在这个问题上,罗汝芳旗帜鲜明地坚持与孟子完全一致的性善论,而且把性善论的地位提高到了前所未有的高度。他说:

> 性善一著,是圣凡之关,只一见性善,便立地成圣。孔子
> 以后,惟是孟子一人直截透露,其他混帐,则十人而九矣。④

从历史渊源上讲,现存《论语》中关于孔子阐述人性论的话语,仅有"性相近也,习相远也"一句,并未有性善的明确记载。在后来的经典《大学》中,才有"大学之道,在明明德,在亲民,在止于至善"的说法(即使是将《大学》分为经、传两部分的朱熹,亦将《大学》首章视为孔子之语)。在《周易》中,也有"一阴一阳之谓道,继之者善也,成之者性也"⑤的记载,但是都语焉不详,对于人性善恶问题并没有明确或充分的论述。在先秦时期,儒家思想者中只有孟子一人,明确地提出并论证人性皆善的命题,可是当时即遭到其他学派(或自己门人)的质疑和攻击。自汉代实

① 《勘三孙怀智》,见《罗汝芳集》,第720页。
② 《二程遗书》,第126页。
③ 《二程遗书》,第125页。
④ 《罗汝芳集》,第210页。
⑤ 《周易·系辞上》

行"罢黜百家、独尊儒术"之后，儒学成为定于一尊的官方意识形态，但是，人性善恶问题在儒学阵营内部并没有得到彻底解决。汉代董仲舒提出了"性三品说"（类似的命题还有唐代韩愈提出过），扬雄提出过"性善恶混"的思想，总之是各抒己见，莫衷一是。直到宋明时期，程朱理学被奉为官方哲学后，性善论在儒学内部才占据了主导地位。不过，此时的理学已经不同于先秦或两汉时期的儒学，而是采用了张载的思想，将人性划分为"天命之性"和"气质之性"的二元构成。其中，天命（地）之性是至善的，而气质之性则有善有恶，用张载的话说："形而后有气质之性，善返之，则天地之性存焉。"①朱熹对此并无不同意见，只是将修养工夫的基本方法改造成为"存天理去人欲"。从表面上看，宋明理学内部关于人性论的争执应该结束了，但是，因为有气质之性的提法，所以明代的许多士人便以此为依据，来强调人性中有恶的因素，事实上将性善的理念虚悬起来，置而无用，特别是许多掌握执政权力的儒家士大夫，则以气质之性有恶为由，以严刑峻法和申韩之术来对待百姓（包括持不同政见者）。作为一个有着深厚理论素养和长期执政经验的儒家学者，罗汝芳对此深感忧虑，因此，他旗帜鲜明地提出性善论的主张，实质上并不是否定程朱理学的基本理念，而是旨在强调人性可以为善的思想要素，目的是唤醒士人和百姓们心中的良知，鼓舞他们对于自身性善的信念，从而达到人人作圣成贤的目的，其用心可谓深矣。

既然提出了"只一见性善，便立地成圣"的理念，那么，罗汝芳就必然要设法证明这一观点，对此，他从经验层面和理论层面两个维度加以论证。先看经验层面的论述，有一次，在云南临安讲会中，罗汝芳询问进讲的诸生：

> 子初开讲谓：孟轲氏见得天下只有一个善，圣学只是一个为善。此个善，敛之一心而不见有余，放之六合而不见不足。极是说得好听，但不知也曾理会此个善是什么善？②

这个儒生答不上来，罗汝芳便对他说：

> 此个善是个性善。孟子言善只道性善，其言为善只称尧舜。

---

① 张载：《正蒙·诚明第六》，见《张载集》，北京，中华书局，1978，第23页。
② 《罗汝芳集》，第152页。

故曰"夫道，一而已矣"，又曰"尧舜与人同耳"。且观此时堂上堂下，人数将近千百，谁不曾做过孩提赤子来？谁人出世之时，不会恋着母亲吃乳，争着父亲怀抱？又谁的父亲母亲不喜欢抱养孩儿？谁的哥哥姐姐不喜欢看护小弟小妹？人这个生性，性这样良善，官人与舆人一般，汉人与夷人一般，云南人与天下人一般，大明朝人与唐虞朝人也是一般。①

在这段论述中，罗汝芳没有讲什么深奥难懂的道理，而是以孩提赤子的爱恋亲人和父母兄姊的慈爱关照来证明，人类确实有着一种共同的善良天性，这种天性的内涵便是帮助和促进同类的生长发育。对此，他还说："孩提之爱，稍长之敬，不虑而知，不学而能，孟子所以道性善，言必称尧舜。"②这种不虑而知、不学而能的天性本能，其实就是阳明心学所提倡的良知而已（其概念最先由孟子提出）。罗汝芳之所以举孩提赤子为例来论述人性的本然状态，是因为这个东西并非什么需要烦琐的理论论证的问题，而是一个当下呈现、亲身感受的事情。他的论证，确实能够让在场听众反思自己年幼时的生活经历，从而体会到人性中果然有这么一种关爱同类的善良天性。

当然，仅有经验层面的论证是不够的，罗汝芳也曾做过一定的理论分析，不过，对于天性这样一个必须通过亲证才能如实感受的东西，任何理论分析都只能是勉为其难的。他说：

> 夫天命之有阴阳，人事之有善恶，总之曰："道二，仁与不仁而已矣。"然天以阳为主，而阴其所化也；心以善为主，而恶其所变也。故仁之胜不仁，犹水之胜火，盖主者其所常存，而变之与化，则固其所暂出也。③

这是从本体论层面对性善的根据进行论证。罗汝芳认为，"天以阳（气）为主，而阴（气）其所化也"，同样的道理，"心以善为主，而恶其所变也。"相比之下，"盖主者其所常存，而变之与化，则固其所暂出也。"因此，人性中的主导因素是善的本质，即使有不仁之心，只要真心去克服，就能像"水之胜火"一样无往而不胜。或许是鉴于气化论的论证方式过于

① 《罗汝芳集》，第 152 页。
② 《罗汝芳集》，第 426 页。
③ 《罗汝芳集》，第 238 页。

抽象，罗汝芳有时直接以先辈圣人的人格为担保，说明善良才是人性的本质属性。他说：

> 盖圣贤垂世，决非相诳。若人性与圣贤有二，孟氏肯自昧本心，而断然谓其皆善也哉？今世间事，多少未见影响，只凭人传言，便往往向前去做，及去做时，亦往往得个成就。何乃生来本性，原日禀自天衷，孩提知能，良善又皆可指，反只迟疑不决，以致虚过终身，不大可叹惜也哉？[①]

从逻辑上讲，罗汝芳的论证是不能成立的，因为人们可以质疑：万一圣贤们自己体认有误，将性善说传于后世误导他人呢？但是，切莫以为罗汝芳的这种论证方式多么可笑，因为在儒家思想占据统治地位的时代，大多数人服膺孔孟圣贤之教，因此，以圣贤为法，这未尝不是一种可行的说服方法，反正思想启发在先，关键还是要到生活中去践履与体验，这样才能真正相信人性的善良本质。而且，我们必须注意，罗汝芳讲的性善，并不是一般观念上与"恶"相对的善的观念，而是发自良知良能的一种先天本性，正如他所说"性者，心之生理"[②]，这种本性，或许可以称为人类一种天然的群体意识，表现为对于同类的关心与爱护。如果是那种经过后天观念加工的善与恶（特别是不同意识形态中的善恶观念），那么，由于立场不同，可能对于同一事物得出完全相反的结论，这并不是罗汝芳所指的先天性善。对于这种出自良知的先天性善，罗汝芳有时候认同了心学前辈王阳明和王龙溪在"天泉证道"时的观点，认为这种先天本性是无善无恶的，因此才是至善的。有一段话很能代表他的这一观点，他说：

> 盖性之为性，乃乾坤神理，无善亦无不善，无不善而亦无善，所谓：上天之载，声臭俱泯，而为善之至焉者也。《易》曰："寂然不动，感而遂通天下之故。"《中庸》曰："视之不见，听之不闻，体物而不可遗。"夫惟不见不闻而寂然不动，是以能为天下之至无；夫惟体物不遗而感通天下之故，是以能为天下至有。为天下至无，则岂惟不善非性所有，即善亦何可得而有也？为

---

① 《罗汝芳集》，第 282 页。
② 《罗汝芳集》，第 259 页。

天下至有，则岂惟善其所能为，即不善亦何所不能为也。但感通其用，固虽千变万化而莫可穷极，然不动其体，实则亘古亘今而毫发未或变迁也。圣人穷理至命，故常存吾性至善之本原，以御物感参错之万用，所以立言垂训，纯粹精详，可为至善之准则。且转移化导，举世甄陶，而又为不善者之再造依归也。①

在这段话中，罗汝芳表明了自己的观点，他认为人类的先天本性来自上天的赋予，由于"上天之载，声臭俱泯"，因此，人类的先天本性是一种至无而至有的状态，其中，不仅"恶"不存在，就连通常所说的"善"也无处寻觅，这方是"至善"。人们只要依据这种先天本性去行事，便符合《周易》上所说的"继之者善，成之者性"的圣训。只不过先代圣人穷理至命，先得吾心之本然，能够"立言垂训，纯粹精详，可为至善之准则"，从这个意义上讲，后代学者未悟天性之前，以先圣之教言为法，还是具有十分必要的指导价值的。坦率地讲，罗汝芳的这一观点表述得有些缴绕迂远，不如王龙溪曾经说过的话明白晓畅，王龙溪认为："天命之性，粹然至善，神感神应，其机自不容已，无善可名。恶固本无，善亦不可得而有也，是谓无善无恶。"②又说："性无不善，故知无不良。善与恶，相对待之义，无善无恶是谓至善，至善者心之本体也。"③想来应是罗汝芳害怕门下学者像其他王门后学一样"只以寻常任气作用误认良知"④，因此，很少讲"无善无恶是谓至善"这样的话（整部《罗汝芳集》中只有这一处论及），而是直接地弘扬性善论——只有学者们先知善知恶，为善去恶，最终才能从有返无，达到超越一般善恶对立之上的先天"至善"境界。从教育学的角度来讲，罗汝芳这样教诲弟子百姓，方法是适中而恰当的。

二、罗汝芳坚定弘扬性善论的原因探析

对于自己的性善论，罗汝芳清楚地知道有很多人心存怀疑，对于人性问题的历史争议，罗汝芳也同样心中有数。他说："盖今世学者，往往信不过孟子性善之说，皆由识见之不精；其识见之不精，又皆由思致之不妙。"⑤对此，他特别举出了历代怀疑性善论的人物以为反证，他说：

---

① 《罗汝芳集》，第 314 页。
② 《王畿集》卷 1《天泉证道纪》，第 1 页。
③ 《王畿集》卷 5《与阳和张子问答》，第 123 页。
④ 《明儒王一庵先生遗集》卷 1《会语续集》，第 173 页。
⑤ 《罗汝芳集》，第 196 页。

> 当时孟子一生之言，未曾得一个相信，有个乐正子，虽是
> 见得此个东西可欲可爱，然问他是自己性生的，便不免有疑。
> 夫有诸己之谓信，盖能信得有诸己也。此信字，对疑字看，是
> 说乐正子半疑半信，所以说他只在善、信之间。此处信不透，
> 则隔碍阻滞，决不能得黄中通理。①

又说：

> 乐正子以后，则孔孟此路正脉断绝不谈。及宋时，乃得诸
> 儒兴起，中间也不免疑信相半，至有以气质来补德性，说是有
> 功于孟子，看来还于性善处有未吻合。②

上述两段文字中存在一些典故。乐正子（名克）是孟子的弟子之一，
"其为人也好善"，因此，孟子很欣赏乐正子。但是，就是这个乐正子，
对于乃师的性善之说仍未完全相信。孟子认为："可欲之谓善，有诸己之
谓信，充实之谓美，充实而有光辉之谓大，大而化之之谓圣，圣而不可
知之之谓神。乐正子，二之中、四之下也。"乐正子如果完全相信了孟子
的性善说，那么，他就处于"二之上、四之下"了，由于孟子说他尚处于
"二之中、四之下"，因此，罗汝芳认为，乐正子对于孟子的性善论尚处
于信疑之间。作为孟子的嫡传弟子，乐正子尚且不能完全相信，其他弟
子或时人对于性善论的怀疑就可想而知了。在孟子身后，历代关于人性
论的争议依然不绝，尽管儒学是官方哲学，但是很少有人能够出来旗帜
鲜明地提倡性善论。到了北宋，张载将人性二元化，提出了天地之性与
气质之性的划分，不过，依然以天地之性为人类共同天性的本原，他说：
"形而后有气质之性，善返之，则天地之性存焉，故气质之性，君子有弗
性者焉。"③同时代的程颐也基本持同样的观点。对此，朱熹评价道："气
质之说，起于张程，极有功于圣门，有补于后学，前人未经说到，故张
程之说立，则诸子说泯矣。"④应该承认，程朱理学沿用张载的人性论思
想，确实是因为这一思想比较完备，既坚持了人性本善的主张，又容纳
了人性有恶的因素的现实，并且仍然以性善为修养的根本目标，说张载

---

① 《罗汝芳集》，第 154 页。
② 《罗汝芳集》，第 154 页。
③ 《正蒙·诚明第六》，见《张载集》，第 23 页。
④ 朱熹注：《正蒙·诚明篇》，《张子全书》卷 2，见《四库全书》，第 697 册，第 114 页。

的思想"有功于圣门，有补于后学"是不过分的。但是，语言的表述总是有其局限性，宋代之后，不断有人根据气质之性的存在来为性恶的社会现象辩护，因此，到了罗汝芳这里，他强烈感觉到性善问题乃是一件当下呈现、亲身感受的事情，没有什么可犹豫怀疑的，而且，在理论上迁就性恶论者是一件十分危险的事情，因此，他旗帜鲜明地提倡性善论，并且委婉地将张载、程颐和朱熹的人性论观点批评为"看来还于性善处有未吻合。"这种评价，虽然在论证上很不充分，但是我们可以从中感受到罗汝芳对于性善论的笃信立场。罗汝芳之所以坚定不移地弘扬性善论，是因为性善论给予了后学一个对于人性的充分肯定和期待。他说："盖先王立教，本是欲人之皆为圣人。但不明性善，则无根源；不法先圣，则无规矩。"①作为一个儒家圣学的传承者，罗汝芳清楚地知道一个人如何才能立下必为圣人之志，才能自觉自愿地为实现这一目标而不懈地努力。对此，他说：

> 夫性善者，作圣之张本，能知性善而圣贤，乃始谓人人可以为之也。圣贤者，人品之最贵，知其可为圣贤，而于人人乃始不以卑贱而下视之也；上人者，庶人之所瞻趋，知上视已以贵重，而人人又安忍共甘卑贱而不思振拔也哉？②

罗汝芳是一个经验丰富的教育家，他深知人们之所以不敢"立必为圣人之志"，是因为不相信自己天性中也具有与圣人一般无二的品性和素质，因此，必须将这一圣人之所以为圣的根据告诉众人，那就是"夫性善者，作圣之张本，能知性善而圣贤，乃始谓人人可以为之也。"当人们知道并相信了自己心中就有与圣人一般无二的品性和素质之后，才不会"甘忍卑贱而不思振拔"，才有可能自我鞭策，笃实涵养，朝着圣人的人格目标前进。因此，罗汝芳说：

> 今惟出门一步，断然谓吾性为皆善，又断然谓圣贤为皆可学，便精神意气，忻跃奋扬，所性善端，如奇花瑞草，润逢甘露，芬芳一时竞发，虽欲罢而不能矣。于圣贤也，其可有哉！其何有哉！③

---

① 《罗汝芳集》，第246页。
② 《罗汝芳集》，第239页。
③ 《罗汝芳集》，第282页。按："其何有哉！"犹言"其何难之有哉！"

至此，我们也就不难理解本节开头为什么罗汝芳说“性善一著，是圣凡之关，只一见性善，便立地成圣”的深刻用意了。在历史上，许多思想家即使接受性善论，也只是出于教化的需要，内心未必真诚地接受，而像罗汝芳这样衷心服膺、全力弘扬性善论的大儒，孟子之后可谓一人矣。

第三节　罗汝芳的伦理观与教化论

在解决了人性善恶这个基础性的问题之后，罗汝芳便顺理成章地提出了自己的伦理观与教化论思想。他关于伦理观与教化论的思想十分鲜明，可以用两个短语来概括，一是孝、弟、慈，二是圣言六谕。

一、明德即是“孝、弟、慈”

在确立了人性本善的根本理念之后，人们不禁要问：在这一先天本善的人性之中，究竟包含着什么样的具体内涵呢？对此，罗汝芳生前门人之一南康人熊傧，在编纂《近溪先生一贯编》一书时曾说：

> 吾师以孝、弟、慈尽人物之性，其即孔子一贯之旨乎？性一而已。一何在？一之于孝、弟、慈也。儒先皆谓一不可说，以予观之，安在其不可说也。孔子引其端，而吾师竟其说矣。①

应该承认，这一评述对于概括罗汝芳的人性论与伦理观是非常准确的。罗汝芳生前宣讲儒家伦理教化的言论极为丰富，但说来说去，无非围绕着孝、弟、慈这一核心价值而展开。在罗汝芳的伦理思想中，弘扬孝、弟、慈的价值观念占据了首要的地位，也是其“格物”工夫的根本要求。例如，他说：

> 夫孩提之爱亲是孝，孩提之敬兄是弟，未有学养子而嫁是慈。保赤子，又孩提爱敬之所自生者也。此个孝弟慈，原人人不虑而自知、人人不学而自能，亦天下万世人人不约而自同者也。今只以所自知者而为知，以所自能者而为能，则其为父子兄弟足法而人自法之，便叫做明明德于天下，又叫做人人亲其

① 《罗汝芳集》，第952页。

亲长其长而天下平也。此三件事从造化中流出，从母胎中带来，遍天遍地、亘古亘今。试看此时薄海内外，风俗气候，万万不齐，而家家户户谁不是以三件事过日子也？只尧舜禹汤文武，便皆晓得以此三件事修诸己人率乎人，以后却尽乱做，不晓得以此修己率人，故纵有作为，亦是小道，纵有治平，亦是小康。却不知天下原有此三件大道理，而古先帝王原有此三件大学术也。①

在此，罗汝芳不仅解释了孝、弟、慈"三原德"的字面内涵，而且将它归结为赤子之心、良知良能和人人之明德的表现，总之，是儒家修养工夫的具体内涵和根本要求。或许有人会问：孝、弟、慈"三原德"真的有如此重要的地位吗？对此，罗汝芳这样进行解释：

　　人徒见圣人之成处，其知则不虑而知，其行则不勉而中，而不知皆从孝、弟、慈之不虑而知，不学而能中来也。②

在这段话中，罗汝芳表达了这样一个意思：人们通常以为圣人是"不思而得，不勉而中"的，却不知道这种"不思而得、不勉而中"的真实内涵和切近来源。要想透彻地理解这段话，必须结合孟子的有关思想来进行方可。孟子认为："圣人，人伦之至也。"③又说："大人者，不失其赤子之心者也。"④又说："尧舜之道，孝弟而已矣。"⑤这些话无非表明，所谓"不思而得、不勉而中"其实就是在伦理生活领域，圣人能够像赤子一般保有"孝、弟、慈"的天性，这些天性，如同"未有学养子而嫁"一样，乃是不学而知，不虑而能的良知良能，是先天即有的，而非后天人为塑造而成的。对此，罗汝芳曾有过多次论述，他说：

　　天下之理，岂有妙于不思而得者乎？孝弟之不虑而知，即所谓"不思而得"也；天下之行，岂有神于不勉而中者乎？孝弟之不学而能，即所谓"不勉而中"也。故舍孝弟之不虑而知，则

①　《罗汝芳集》，第108—109页。
②　《罗汝芳集》，第134页。
③　《孟子·离娄上》
④　《孟子·离娄下》
⑤　《孟子·告子下》

尧舜之不思而不得必不可至；舍孝弟之不学而能，即尧舜之不
勉而中必不可求。①

又说：

夫赤子之不虑不学，与孔子之不思不勉，浑是一个，吾人
由赤子生长，则其时已久在孔子地位过来，今日偶自忘之。②

最后，他的结论是："盖从不虑而知，便可至圣人之不思而得；从不
学而能，便可到圣人之不勉而中。"③罗汝芳的这番解释，完全抹去了以
往人们对于圣人"不思而得、不勉而中"的神秘化的解释，表明了圣人与
凡人一样，无非就是能够保有自己的赤子之心，在伦理生活中，自觉地
坚持孝、弟、慈的"三原德"，这就是"不思而得、不勉而中"的真实内涵
与切近来源。而愚夫愚妇，如果能够将自己的不虑而知、不学而能的天
性发掘和弘扬出来，那么，也自然会达到圣人一般"不思而得，不勉而
中"的境界，因为这都是人类先天的赤子之心的内涵，都是良知良能的体
现。因此，罗汝芳对于圣人之学的思想主旨概括道："究其明明德于天
下，原非他物，只是孝、弟、慈三者，感孚联属，浑融乎千万人为一人，
贯通乎千万世为一世已尔。"④

对于圣学之明德的基本内涵即是孝、弟、慈的思想，只有抽象的理
论论证是不够的，因此，罗汝芳还对自己走南闯北的丰富经历进行总结，
从中发现孝、弟、慈的普世价值，他说：

予叨仕进，自极北边陲，率海而南，历涉吴、越、闽、广，
直逾夜郎、金齿，其深山穷谷，岁时伏腊之所由为，未有一方
一人而非孝、弟、慈、和以行乎其间者，则其习虽殊，而其性
固未甚相远也。⑤

这段总结确有一定的说服力，各个国家的制度、风俗虽然不同，但

---

① 《罗汝芳集》，第 432 页。
② 《罗汝芳集》，第 375 页。
③ 《罗汝芳集》，第 207 页。
④ 《罗汝芳集》，第 216 页。
⑤ 《罗汝芳集》，第 316 页。

是做人的根本道理其实都是一样的。任何国家和民族，如果没有了孝、弟、慈、和这些最基本的道德规范的调节，其生活将变得紊乱无序，其体系也终将瓦解。除了上述的宏观论述之外，罗汝芳还从反面来举例说：

> 我尝看世间凶暴之夫，亦不为少，然卒之不敢妄动者，只因父母妻子，根蒂相维系焉耳。①

这是从个体的角度来揭示，即使是凶暴强梁之辈，其心中一样牵挂着父母妻子，因此才不敢作奸犯科，可见孝、弟、慈的观念其实是先天地赋予在每个人的心中的。从根源上讲，罗汝芳之所以能够笃信孝、弟、慈"三原德"的普世价值，其根本原因还在于他自身的家庭伦理生活的体验。在第一章中我们已经介绍过，罗汝芳"幸生儒家"，他的父亲是一个具有深厚道德涵养的儒者，母亲则是一个既有文化、又十分慈爱的佛教信徒，这样的家庭环境是温馨的、融洽的，罗汝芳生来便真切感受到了父母兄弟之爱，因此，他才能确立对孝、弟、慈"三原德"的信仰。对于这些生活经历，他后来回顾道：

> 幸自幼蒙父母怜爱过甚，而自心于父母及弟妹，亦互相怜爱，真比世人十分切至。因此每读《论语》孝弟之言，则必感动，或要涕泪。②

又说：

> 芳至不才，然幸生儒家。方就口食，先妣即自授《孝经》、小学、《论》、《孟》诸书。后同先君遇有端绪，便将目前孝友和平，反复开导，故寻常于父祖、伯叔之前，嬉游于兄弟姐妹之间，更无人不相爱厚。③

如果套用一句辩证唯物主义的基本原理"存在决定意识"的话，那么，罗汝芳从小生长在一个温馨和谐的儒者家庭中，这是他真切地感受并信奉孝、弟、慈等价值观的生活基础，这也说明了儒学在历史上不仅是统

---

① 《罗汝芳集》，第 292 页。
② 《罗汝芳集》，第 52 页。
③ 《罗汝芳集》，第 231 页。

治阶级的官方哲学，本身在民间也有着深厚的社会基础。反之，如果罗汝芳出生在《红楼梦》中所描写的世家大族宁国府和荣国府那样污浊的家族环境中，那么，很难设想他会真诚地认同孝、弟、慈这些传统价值理念。不管怎样，罗汝芳自己后来悟出的"格物"之道的具体内涵便是孝、弟、慈，以为这就是先圣传下来的简洁"法程"，从此矢志不渝，奉为"学为圣人之道"的根本法则。

二、教化亦是孝、弟、慈

罗汝芳是一个至诚的儒者，他不仅在理论上弘扬孝、弟、慈"三原德"，在为官理政的治世实践中，也浑然融入孝、弟、慈的伦理思想。史载：

> 有巨室兄弟构争，其弟往诉于子（指罗汝芳）。子闻而痛哭流涕，请问其故。子曰："予不幸无兄，有则任其所甘心焉。予亦思兄而不得，是以重有感伤耳。"其弟大惭而回，叩首兄前，泣曰："适闻罗夫子言，不肖获罪吾兄久矣。"其兄闻言，亦不觉争忿顿释，造子谢教。兄弟愿终身师事之。①

一个四品知府（相当于现在的地级市市长），在听说富豪兄弟争夺遗产的事情后，竟然"痛哭流涕"，这似乎是有些不可思议的事情。然而，罗汝芳是发自内心而悲泣的，他解释自己哭泣的原因是："予不幸无兄，有则任其所甘心焉。予亦思兄而不得，是以重有感伤耳。"这种真诚侧怛之心，果然感动了前来诉状的弟弟，他立刻回去向兄长道歉，表明自己放弃了对遗产的要求。其兄也"争忿顿释"，一场官司化为乌有。随后，这兄弟二人主动前来拜罗汝芳为师，向他学习人伦之道。罗汝芳这种以"孝、弟、慈"思想感化治下百姓的做法并不是偶然为之的，明末清初的史学家万斯同记载："（罗汝芳出为宁国知府）创开元会，集士民诲以孝弟忠信，罪囚亦令听讲，一郡翕然。"②可见，不仅对于一般民众，就是对于囚犯，罗汝芳也一样注重启发其道德自觉性，使之明白天理人伦的道理，这样，当其释放之后，他们便能操持正业，重新做人，而不再像一般的惯犯一样屡次犯罪，成为社会的包袱。这种教育和改造犯人的方式，

---

① 《庭训记言行遗录》，见《罗汝芳集》，第 422 页。
② 《明史稿·罗汝芳传》，见《罗汝芳集》，第 874 页。

即使在今天都非常值得借鉴。在宁国任上，罗汝芳"堂事稍毕"，便集合当地缙绅和士子们讲学论道，探讨的主要问题便是弘扬孝、弟、慈这样的基本道德，史载："师开导不倦，多至夜分，精神契合，民亦潜孚，且日迁善，郡堂经月鞭扑不闻。"①事实上，无论是在太湖、还是在宁国或者云南，罗汝芳施政的一个基本理念就是启发与弘扬孝、弟、慈"三原德"，即使在致仕回乡之后，他面对弟子们所讲的圣学宗旨，还是以孝、弟、慈为本，始终如一，分毫未改，这充分表明了罗汝芳对于以孝、弟、慈为核心价值的儒家道德理念的笃信。

罗汝芳一生门人众多，在当时，即有弟子对于罗汝芳讲学时只是一味弘扬孝、弟、慈"三原德"而不解，有人问："先生治平天下，其礼乐法制多端，今何只以孝、弟、慈为言？"罗汝芳答道：

> 王者经纶，原只用一个礼。作乐则调达此礼，法制则铺张此礼，俱难与礼并言。但礼之为礼，有经有曲，经纶天下，在先定其经，而曲则难以备举。……曲礼必圣贤方能周旋而中，经礼则凡庸亦可率循而行，故曲礼必待学造，而经礼则可教立，如方圆之规矩，拙工亦可传之，而巧非心解莫能。我尝看世间凶暴之夫，亦不为少，然卒之不敢妄动者，只因父母妻子，根蒂相维系焉耳。《论语》《其为人也孝弟》一章，真就是《礼记》中《大学》治平骨子，而与尧、舜典谟所载之道孝弟而已矣，贯通不殊。②

在这段话中，罗汝芳表达了这样一种治世理念：治天下的根本原则是"礼"。但礼有经礼和曲礼之分。所谓经礼，即是根本性的道德规范；而曲礼，则是局部或细节性的道德规范。曲礼比较复杂，必须通过后天的学习一步步掌握；而经礼则可以"凡庸亦可率循而行"，因为它植根于人性之中，是人类天然的良知良能，即使受到了后天物欲的蒙蔽，也可以一教而立，令人顿时明白。孝、弟、慈"三原德"便属于这样的经礼，因此，罗汝芳主张率先启发人们对此"经礼"的觉悟，使人们确立最基本的道德意识，然后才可以进一步提高人们的道德境界。作为一个有着相当丰富的治世经验的儒者，罗汝芳对于弘扬孝、弟、慈等传统价值观念

---

① 《罗汝芳传》，第 838 页。
② 《罗汝芳集》，第 291—292 页。

的意义，给予高度的重视，他说：

> 若泛然只讲个德字，而不本之于孝、弟、慈，则恐于民身
> 不切，而所以感之、所以从之，亦皆漫言而无当矣。①

因此，罗汝芳呼吁当时的统治阶级要注重对于孝、弟、慈的弘扬与
宣传，把它作为教化民众的最基本的思想指导，他说：

> 今之为民上者，实见得此孝、弟、慈三事，是古今第一件
> 大道理、第一件善缘，第一件大功德，在吾身可以报答天地父
> 母生育之恩，在天下可以救活万物万民万世之命。现现成成，
> 而不劳分毫做作；顺顺快快，而不费些子勉强；心心念念，言
> 着也只是这个，行着也只是这个，久久守住也只是这个，则上
> 之所好，下必有甚焉者矣。今日间阎，岂不可并于唐虞三代而
> 无难也哉！②

这段话表明，罗汝芳清楚地意识到，自己只是一任地方官员，所辖
地域和百姓有限，因此，他希望整个统治阶级都能高度重视弘扬孝、弟、
慈的伦理观念，如果真能这样，"今日间阎，岂不可并于唐虞三代而无难
也"。当然，这只是一种道德理想主义的期望，实际上终其一生，包括在
整个封建时代，都没有完全实现的可能性，但是，罗汝芳真诚地希望人
类社会走上和睦相处、文明礼让的生活轨道，这种仁者的至诚胸怀，仍
然值得后人钦佩和感动。

三、弘扬"圣谕六言"

除了弘扬孝、弟、慈"三原德"之外，罗汝芳一生讲学中，讲得最多
的内容便是"圣谕六言"。所谓圣谕六言，是指明太祖朱元璋开国之初定
下的六条伦理规范(有时亦称高皇六谕)，其内容是：孝顺父母，尊敬长
上，和睦乡里，教训子孙，各安生理，毋作非为。③ 从表面上看，这几
句话质朴平常，并无什么深刻的哲学内涵。但是，在明代，这六条规范

---

① 《罗汝芳集》，第 152 页。
② 《罗汝芳集》，第 152 页。
③ 邱濬：《大学衍义补》卷 18，见《四库全书》，第 712 册，第 259 页。按：明代记载"圣谕
　　六言"的古籍很多，兹不一一列举。

却有着十分广泛的应用和法律效力。因为它是明太祖所亲定，因此，一些地方官员和士大夫便以此为内容，使之成为教化百姓的思想指南。在以农耕自然经济为基础和以宗法制度为架构的社会环境中，这六条简明的训语，将儒家所提倡的为人处世之道基本归纳进来，成为任何愚夫愚妇都能懂、能做的道德规范。由于孝、弟、慈"三原德"的适用范围局限于家庭伦理生活，因此，罗汝芳有必要在此基础之上，用一些适用范围更广的道德规范来教化百姓。于是，"圣谕六言"便成为当然之选。需要指出的是，罗汝芳与其他封建官员的不同之处在于，他并不是只把"圣谕六言"当作工具来使用的，而是衷心服膺，按照自己的理解，把它上升到了"道"的高度。可以毫不夸张地说，明代士大夫中，最看重并且戮力宣扬"圣谕六言"的人，首推罗汝芳，这体现出他恪守儒家伦理本位的思想立场。

从政之初，罗汝芳在安庆府太湖县便开始宣扬"圣谕六言"。史载：在平定湖盗之后，罗汝芳在百姓之中有了很高的威望，于是，他"立乡约，饬讲规，敷演'圣谕六言'，惓惓勉人以孝弟为先行之"。[1] 无疑，这是一种"兴教化，明礼乐，不为俗吏所为"[2]的施政模式，很快收到了显著的成效，"期月，赋日完，讼日简，闾阎颂声、台司荐疏籍籍也"。[3]后来，罗汝芳升任宁国知府，依旧以"圣谕六言"为基本内容，对百姓予以劝化。史载："师之宁国，凡士民入府，则教以孝顺父母、尊敬长上。或曰：'孝顺父母、尊敬长上'，足以治宁国乎？"师曰：'奚啻宁国已也？'"不久之后，宁国大治，"教化大行，远迩向风"，本来是审理案件、办理公务的知府大堂，大多数时间被罗汝芳和当地士大夫用于讲学探讨，"经月鞭扑不闻"，有些缙绅士大夫开玩笑说："此翰林院也，岂云郡堂哉！"罗汝芳正色回答："是皆从孝顺父母、尊敬长上中来也。"[4]此后，罗汝芳不论在哪里做官，凡是讲学弘道，不是以孝、弟、慈为宗，便是以"圣谕六言"为旨，即使致仕回乡后，依然如故。

罗汝芳之所以戮力弘扬"圣谕六言"，是因为在他心目中，"圣谕六言"已经达到了圣人之道的水平。他有一段话很能代表这方面的思想，他说：

---

① 曹胤儒：《罗近溪师行实》，见《罗汝芳集》，第 837 页。

② 罗怀智：《罗明德公本传》，见《罗汝芳集》，第 830 页。

③ 《罗汝芳集》，第 837 页。

④ 《罗汝芳集》，第 838 页。

　　我太祖高皇帝，人徒知其扫荡驱除，为整顿一世乾坤，而不知"孝顺父母、尊敬长上"数言，直接尧舜之统，发扬孔孟之蕴，却是整顿万世乾坤也。①

　　在罗汝芳心目中，马上夺得天下仅仅是"整顿一世乾坤"，为天下苍生定下规矩，才是"整顿万世乾坤"，这是"为万世开太平"的壮举。至于"直接尧舜之统，发扬孔孟之蕴"一语，对于儒家而言，这可以说是再高不过的评价了。为什么区区六句短语就有这么高的效用和地位？罗汝芳指出："圣谕六言，其直指吾人日用常行，不可须臾离之道乎！"②这句话，只有根据经典《中庸》的思想来理解，才能充分领会。《中庸》认为："道也者，不可须臾离也，可离非道也。"又说："君子之道费而隐。夫妇之愚，可以与知焉，及其至也，虽圣人亦有所不知焉；夫妇之不肖，可以能行焉，及其至也，虽圣人亦有所不能焉。"（费，指其用之广；隐，指其体之微）罗汝芳认为，既然圣人之道是不可须臾离的，那么，它必然体现和运用于日用常行之中，即使是愚夫愚妇也可以与知能行，而明太祖所定立的"圣谕六言"，恰恰是应用于日用常行、人人皆能的道德规范，已将平治天下的基本要领囊括进来，它无疑符合圣人之道的根本要求，因此，可以说它"直接尧舜之统，发扬孔孟之蕴"。罗汝芳的这一思想无论正确与否，均反映出他的坚持伦理本位的醇儒式治国理念。对此，罗汝芳还有一句评价表露出他的真实心情，他说：

　　惟我太祖却真是见得透彻，故教谕数言，即唐虞三代之治道尽矣。惜当时无孔孟其人佐之，亦是吾人无缘见得隆古太平也。③

　　对于明太祖制定"圣谕六言"，罗汝芳以为"唐虞三代之治道尽矣"，但是，"徒法不能以自行"④，还需待有孔孟之德的大儒辅弼于君王左右，方能贯彻实施。可惜的是，明太祖身边虽然人才济济，如刘基、宋濂、李善长等人皆是一时俊杰，但是他们都仍只是谋臣而已，并未达到孔孟"所过者化，所存者神"的圣者境界，因此，无人感化明太祖之心，明初

---

①　《罗汝芳集》，第 67 页。

②　《罗汝芳集》，第 301 页。

③　《罗汝芳集》，第 213 页。

④　《孟子·离娄上》

的江山虽获得休养生息，但是，像"成康之治"那样的太平盛世却无由实现。此处，罗汝芳还有一句潜台词没有说出来，那就是：朱元璋晚年屠戮功臣，残忍无比，如果圣者在世，或许可以回转君心，让那些惨遭杀害的文武之才为国家建设多出一份力，那么，明朝初期的国力将会更加强盛。

或许有人以为，上述罗汝芳对于"圣谕六言"的评价话语只是一种政治智慧或伎俩，反正颂扬开国皇帝是不会惹祸的，其实不然。直至罗汝芳逝世前夕，他对于诸孙所谆谆教诲的，仍是"圣谕六言"。在《明德夫子临行别言》一书中，其孙罗怀智记载：

> 师语诸孙曰："圣谕六言，直接尧舜之统，发扬孔孟之蕴。汝能合之《论》、《孟》以奉行于时时，则是熙然同游于尧舜之世矣，于作圣何有？"①

一个人在临终之前，告诉子孙的都是掏心窝子的话，而罗汝芳仍然把"圣谕六言"奉为至理明言，告诫诸孙要将"圣谕六言"和《论语》、《孟子》中圣人古训结合起来，"以奉行于时时，则是熙然同游于尧舜之世矣"。由是可见，罗汝芳对于明太祖的"圣谕六言"是衷心服膺的。不仅如此，罗汝芳还将遵循"圣谕六言"视为圣学工夫的基本内涵，在他去世前，堪作其学术传人的孙子罗怀智向他问道，罗汝芳与他展开了这样一次对话，史载：

> 怀智问道。子曰："圣谕六言尽之。"问工夫。曰："圣谕六言行之。"请益。曰："圣谕六言达之天下。""如斯而已乎？"曰："六言达之天下，尧、舜、孔、孟其犹病诸！"
>
> 智问修身。子曰："舍圣谕六言而修，是修貌也，非修身也。《中庸》曰：'修身以道，修道以仁。仁者人也，亲亲为大。'"
>
> 子谓智曰："圣谕六言，其直指吾人日用常行，不可须臾离之道乎！"②

---

① 《罗汝芳集》，第 298 页。
② 《罗汝芳集》，第 301 页。

　　上述三段对话是罗汝芳在同一时间所讲的，这是他给予所钟爱的孙儿的最后教诲。在这次对话中，罗汝芳告诉了罗怀智不必好高骛远，"六言达之天下，尧、舜、孔、孟其犹病诸"！因为"圣谕六言"所要求的工夫，都是在日用常行之中尽伦尽责的事情，正所谓"不可须臾离也"，要想把它们一一做好，就连尧、舜、孔、孟诸圣尚且忧虑自己不能做到，何况后辈平凡之人呢？因此，若问圣人之"道"究竟体现在何处？一言以蔽之："圣谕六言尽之。"若问圣学工夫究竟如何去践履，亦可一言以蔽之："圣谕六言行之。"至此，我们没有理由再怀疑罗汝芳对于"圣谕六言"的真诚信奉，倘若明太祖地下有知，也应该为二百年后有这样一位充分理解他的治国方略的大儒而感到欣慰了。

　　正因为罗汝芳衷心信奉明太祖的"圣谕六言"，因此，他不遗余力地向士子百姓们宣讲这一道德规范。幸运的是，在现存《罗汝芳集》中，保留了三篇完整的《乡约训语》，其中，《宁国府乡约训语》一文，完整记录了罗汝芳面向士子百姓宣讲"圣谕六言"的内容，不仅有罗汝芳自己讲话的概要，而且还有关于民间宣讲"圣谕六言"的制度性的规定。兹引一段如下：

　　　　木铎老人每月六次，于申明等亭宣读"圣谕"。城中各门，乡下各村，俱择宽广寺观为所，设立"圣谕"牌案，令老人振铎宣读，以警众听。如半年以后，果有遵行圣谕为众所钦仰者，每约各举一二人以凭旌赏。至一年后，约中犹有违约作非者，公举之以凭惩戒。[①]

　　这一段话，表明罗汝芳凭借知府手中的行政权力，规定了城乡各里、各村都要定期举行宣读"圣谕六言"的讲会活动（每月六次），而且专设"木铎老人"（多为本地乡绅或德高望重之人）作为宣读活动的承办者。其次，这种道德教化还与一定的奖惩活动联系在一起，半年后，每约各举一至两名"遵行圣谕为众所钦仰者"予以旌赏，一年后，对于仍然怙恶不悛者，"公举之以凭惩戒"，虽然没有明言是否要将这样的不肖者送交官府法办，但是，即使是民间的舆论谴责，就足以让这种不肖之徒无地自容了。应该承认，在农耕自然经济和宗法结构的社会环境中，高度重视道德规范的约束作用和社会舆论的监督效能，是维系社会生活正常有序发展的有

---

　　① 《罗汝芳集》，第 751 页。

效手段，也正是通过这种在民间广泛开展的道德教化，儒家思想在中国的大地上才扎下了深厚的根系。

罗汝芳不仅规定了民间宣讲"圣谕六言"的制度，而且亲历亲为，"堂事稍毕"，便与当地缙绅和士子诸生一起，宣讲探讨"圣谕六言"和相关的圣人之学。"师开导不倦，多至夜分"①。时人相传，"龙溪笔胜舌，近溪舌胜笔"②。总之，罗汝芳的演讲口才是相当出色的。从现存的《宁国府乡约训语》来看，每当面对普通民众时，他能够用通俗易懂的言语，深入浅出地把"圣谕六言"中的为人处世的道理讲得清楚明白，兹引两段如下：

> 人生世间，谁不由于父母，亦谁不晓得孝顺父母？孟子曰："孩提之童，无不知爱其亲"者，是说人初生之时，百事不知，而个个会争着父母抱养，顷刻也离不得。盖由此身原系父母一体分下，形虽有二，气血只是一个，喘息呼吸，无不相通。况父母未曾有子，求天告地，日夜惶惶，一遇有孕，父亲百般护持，母受万般辛苦，十月将临，身如山重，分胎之际，死隔一层。得一子在怀，便如获至宝，稍有疾病，心肠如割，见儿能言能走，便喜欢不胜。人子受亲之恩，真是罔极无比，故曰"父即是天，母即是地"。人若不知孝顺，即是逆了天地，绝了根本，岂有人逆了天地、树绝了根本而能复生者哉？③

这一段文字阐述孝顺父母的道理，讲得通俗浅近，无须任何诠释便可明白其意。其实，这还是事后经过门人修饰润色的，可以想见，当时罗汝芳的演讲，是何等地贴近群众，何等的晓畅明白！难怪每次当他演讲完毕之后，经常出现父老乡亲"咸依恋环听，不能舍去"④的感人场景。又如：

> 孝亲敬长，睦乡教子，是自尽性分的事。此"各安生理，毋作非为"二句，是远祸害的事。盖人生有个身，即饥要食，寒要衣，有个家便仰要事，俯要育，衣食事育，一时一刻不能少缺，若无生理，何处出办？便须去作生理。……人生在世，须是各

---

① 《罗汝芳集》，第838页。
② 《明儒学案》卷34《泰州学案三》，第762页。
③ 《罗汝芳集》，第753页。
④ 《罗汝芳集》，第180页。

安其命，各理其生。如聪明便用心读书，如愚鲁便用心买卖，
如再无本钱，便习手艺及耕田种地，与人工活，如此方才身衣
口食，父母妻子有所资赖，即如草木之生，地虽不同，然勤力
灌溉，亦各结果收成。若生理不安，则衣食无出，饥寒相逼，
妻子相闹，便去干那非理不善的事，求利未得，而害已随之，
大则身亡家破，小则刑狱伤残，眼前作恶之人，昭昭自有明鉴。
凡我会众各宜劝勉，以各安生理，毋作非为。①

　　这一段文字讲的是"各安生理，毋作非为"的道理，更是实实在在，
没有一点夸大其词的地方。心学宗祖王阳明曾告诫弟子们说："你们拿一
个圣人去与人讲学，人见圣人来，都怕走了，如何讲得行？须做得个愚
夫愚妇，方可与人讲学。"②作为王门后学之一，罗汝芳虽未及亲炙于阳
明门下，但是颇得王阳明教育思想之真传。他生前之所以名满天下，除
了其思想深邃之外，灵活而高明的讲学艺术无疑也是使其广受欢迎的一
个重要原因。相比之下，在当时，一些士大夫无论讲学或著述，都喜欢
弄得玄奥晦涩，似乎不如此不足以显示自己学问的高深，王阳明在世时
就委婉地批评过好友湛若水，说他的著作《学庸测》"语意务为简古，比之
本文反更深晦，此中不无亦有心病？"③不管他人如何去做，罗汝芳是面
对不同的听众，则有不同的讲法，在与士大夫研讨圣人之学时，他也会
引经据典，探赜索隐，在面向大众宣讲"圣谕六言"时，则完全是通俗易
懂、自然而然，因此收到了百姓们"皆忻忻相向"④的显著效果。
　　孟子说："先王有不忍人之心，斯有不忍人之政矣。"⑤正因为有了自
己明确的伦理观和教化论思想，有了对于孝、弟、慈"三原德"和"圣谕六
言"的透彻理解，罗汝芳才能够在他的政治实践中自觉而不懈地弘扬以德
化民的施政方针，开创明代中后期独树一帜的政绩事功，至于这些具体
的政治作为，我们将在以后的章节中专门探讨。
　　本章所述，是罗汝芳哲学思想的基本目标和思想主旨。罗汝芳认为，
儒家思想的根本目标在于学为圣人，而圣人之学的宗旨不过是求仁而已。
所谓仁，即是天地之生德，"生生而无尽曰仁"，而且，仁者以天地万物

---

①　《罗汝芳集》，第 755 页。
②　《王阳明全集》卷 3，第 116 页。
③　《王阳明全集》卷 5《答甘泉》，第 181 页。
④　《罗汝芳集》，第 304 页。
⑤　《孟子·公孙丑上》

为一体，具有博大的胸怀和无限的爱心。罗汝芳之所以敢于树立"求仁"这一圣学宗旨，是因为他是一个坚定的性善论者，"天以阳为主，而阴其所化也；心以善为主，而恶其所变也"①，他相信任何人都有"良知之心以主宰其中"②，人可以通过修养和教化而为善。罗汝芳认为，人类先天明德的基本内涵就是孝、弟、慈，一切道德规范都是从此"三原德"中衍生出来的，因此，所谓教化，也就是要启发民众对于自己天性中的孝、弟、慈的觉悟。在此基础上，他还大力弘扬明太祖制定的"圣谕六言"，并把它上升到圣人之道的地位，由此可见，他的伦理观和教化论思想是完全一致的。通过分析罗汝芳哲学思想的目标和宗旨，我们可以判定他是一位笃信孔孟之道的醇儒，始终坚持着伦理本位的价值立场。他的生命历程，正是按照自己所崇尚的圣人之学的价值观念而奋斗不息的一生。

---

① 《罗汝芳集》，第 238 页。
② 《罗汝芳集》，第 764 页。

第四章　罗汝芳心性哲学的工夫论(上)

对于整个明代儒家心性哲学而言，最富有启发性、教育性的部分无疑是其工夫论了，王阳明如此，王龙溪如此，罗汝芳的心性哲学也不例外。作为一个孜孜不倦地传播圣人之学的教育家，罗汝芳的工夫论同样具有思想深刻、内涵丰富，而且简易直截的特点。同时，由于是明代心学一脉的后出者，罗汝芳心性哲学的工夫论澄清了一些前人没有澄清的问题，揭示了一些前人所走过的误区，因而具有自己鲜明的个人特色。

第一节　心性工夫的理论前提

一、立必为圣人之志

儒家经典《大学》开篇即说："知止而后有定，定而后能静，静而后能安，安而后能虑，虑而后能得。"其中的"知止"二字，朱熹解释道："止者，所当止之地，即至善之所在也，知之，则志有定向。"①这一点，整个宋明理学都没有什么异议，对于儒家学者而言，"志有定向"是一个不言而喻的问题。而且，如前章所述，从周敦颐和二程开始，就已经把"学为圣人"作为心性修养的人格目标，这是一种对"道"的追求人格化的结果。既然罗汝芳早就说过："吾辈为学，盖学圣也。"②因此，他在教诲学者时，自然把"立必为圣人之志"作为求学的前提性要求。在这一方面，罗汝芳有过许多论述，例如：

> 罗子曰："如汝实实要入此门，则先须办个必为圣人之志。志意坚定，方好去寻真师友。遇着真师友，方才有真口诀。"③

又如：

---

① 朱熹：《四书集注·大学章句》，第 6 页。
② 《罗汝芳集》，第 17 页。
③ 《罗汝芳集》，第 31 页。

> 师在从姑，谓诸生曰："诸友为学，须要立个必为圣人之
> 志，时时刻刻用工，后日方有成就。若只茫茫度日，岂不
> 惜哉！"①

同样的话，罗汝芳还在临终前教诲自己的孙辈们："汝辈为学，须要立个必为圣人之志，时时刻刻用工，后日方有成就。若只茫茫度日，岂不惜哉！"②可见，这不是他的泛泛之语，而是对门人和孙辈们诚恳的教导，指明了学问工夫的基本方向。或许有人会问：我们为什么要立个必为圣人之志？立此志向与不立志向的最终结果有何不同呢？这个问题不仅今人会有，古人也同样会有。罗汝芳和他的门生之间就曾经有过这样一场对话：

> 问："学为圣贤，极是好事，然极是难事。况一切身家之
> 累，又其所不能免者，如何直遂得耶？"
> 罗子曰："人居世界，名为苦海，岂止秀才们事多为累！若
> 至做官，其累又为甚焉。故明眼的人，先须分晓，从学问要紧
> 处着力为之，则受累劳苦，虽与世界相同，而到头收拾算账，
> 则迥出世界，而与一切混累过日者万万不侔矣。"③

在这段话中，罗汝芳借用了佛家的思想，并以自己的亲身经历为证明，告诉弟子，在人世间，做官也好，读书也好，包括其他的很多行业，都是"事多为累"的。但是，每一行事业进行下去，自然有每一行事业的果报，因此，每个学者必须事先搞明白"学问要紧处"，这一学问要紧处的内涵无非是："受累劳苦，虽与世界相同，而到头收拾算账，则迥出世界，而与一切混累过日者万万不侔矣。"在此，罗汝芳并没有明言"立志学圣者"与"混累过日者"最终的差别究竟什么，这一点，只有到第七章中才能讲明白，但此处不妨简而言之：混累过日之人，不明白生命之真谛，辜负了上天给予自己的宝贵的性命和智慧，一生漂流无定，所以叫作混累过日；而立志学圣者，明白了上天赋予自己的天性和使命，一生勤而修道，完成了一个使生命"合道"的任务，最后得到的是真正的自由。因

---

① 《罗汝芳集》，第 395 页。
② 《罗汝芳集》，第 304 页。同样内容又见《勘明德堂诸生四条》之首，见《罗汝芳集》，第 713 页。
③ 《罗汝芳集》，第 364 页。

此，修道之人与凡庸俗人的一生，都不免于受累劳苦，这一点绝大多数
人均无异处，但是，每次生命走到最后关头，"收拾算账"，不同人之间
的果报是大不相同的，尤其是"立志学圣者"与"混累过日者"之间，其最
终的差别将是霄壤之间，万万不侔。这一思想，罗汝芳屡次告诫自己的
门生或亲属，例如：他在云南为官时，曾在家信中写道：

> 惟愿二位娘子及诸孙，诸媳各务晓事，莫要只想富贵一边，
> 不老实求些受用。须要晓得：富贵多便造业多，富贵有时消散，
> 罪业永远相随。人在世间，只有衣穿，有饭吃，不被人打骂，
> 便过得日子，便好干办自己前程。各人早些得手，便是各人
> 本事。①

从上述文字中我们不难发现，过去学术界通常以为的圣人之学，仅
仅是从道德伦理角度而立论的，以至于人们误以为：所谓圣人，无非就
是人伦之道做得好，完全是给别人做榜样用的，可是能够给自己带来什
么益处呢？因此，没有人想着要去学做圣人。其实，圣人之道固然是以
尽人伦为本，但是，最终的受益者却是修道者自己！"各人早些得手，便
是各人本事"，这句话充分说明了修道者通过践履圣人之学，最终实现了
真正的解脱和自由。因此，如果一个学者要想明白"道"之所在，要想达
到真正自由的生命境界，那么，就必须学好圣人之学，而学好圣人之学
的前提是立必为圣人之志。

客观地讲，罗汝芳留下的《会语》中，关于"立志"问题并没有发现太
多的记载，有的学人因此不免奇怪：为什么罗汝芳虽然讲得很明确，但
是分量并不多？其实，如果把罗汝芳放在整个明代王学的大系统中，就
不难发现，罗汝芳的确不必讲得太多，因为这个问题，心学前辈王阳明
已经讲得非常精致了。王阳明本身就是一个十分注重"立必为圣人之志"
的思想家。在他十七岁时，他回乡途经广信（今上饶市），曾前去拜访大
儒娄谅，娄谅就告诉他："圣人必可学而至。"②王阳明"遂深契之"，从
此，王阳明就确立了"必为圣人之志"。当他学问功夫纯熟，开始授徒讲
学之后，便经常把立志问题摆在一个空前重要的位置上，他曾对门人说：

① 《家报十纸》（十），见《罗汝芳集》，第681页。按："二位娘子"指的是他的两个儿媳妇。
原文本做"早得些手"，当以"早些得手"为宜，但无论何者，其义均可了然。
② 《王阳明全集》卷33《年谱一》，第1322页。

> 人之学为圣人也，非有必为圣人之志，虽欲为学，谁为学？有其志矣，而不日用其力以为之，虽欲立志，亦乌在其为志乎！故立志者，为学之心也；为学者，立志之事也。①

又说：

> 夫学，莫先于立志。志之不立，犹不种其根而徒事培壅灌溉，劳苦无成矣。世之所以随俗习非，而卒归于污下者，凡以志之弗立也。故程子曰："有求为圣人之志，然后可与共学。"②

又说：

> 学本于立志，志立而学问之功已过半矣。③

王阳明这方面的言论还有很多，应该承认，他关于立志的论述十分精辟而切要。作为王学传人之一，罗汝芳没有理由不绍述师祖王阳明的立志思想（况且再讲也超不过王阳明的思想水平）。而且，心学一脉的儒者最反感文字之见，自觉摒弃烦琐支离的纸上之谈，因此，多说无益，点到即止。但是，罗汝芳关于"立必为圣人之志"的思想，已经表达得再清楚不过了。

二、重视后天之习

罗汝芳是一个性善论者，他认为人先天即有至善之性，亦即宋儒所说的天命之性，他说："盖吾人终日视听言动，食息起居，总是此性，而不知此性总是天之命。"④不过，罗汝芳认识到，这个天命之性是自在的而非自为的，而且十分隐微，若不加修养扩充，便不可能发挥它潜在的作用，学者也无法达到圣人的人格境界。对此，他明确地告诫门人说：

> 德性虽赋诸天，扩充全资乎己。⑤

---

① 《王阳明全集》卷8《书朱守谐卷》，第276页。
② 《王阳明全集》卷7《示弟立志说》，第259页。
③ 《王阳明全集》卷26《与克彰太叔》，第983页。
④ 《罗汝芳集》，第8页。按：《罗汝芳集》中讲天命之性处甚多，兹不赘述。
⑤ 《罗汝芳集》，第310页。

因此，后天之习则成为学以至圣人的不二法门。史籍中记载了他和门人关于这个问题的一场对话，原文如下：

> （邓生潢）曰："怵惕恻隐，便是圣贤否？"师曰："此是圣体。扩而充之，便是圣贤。"请问："何以扩充？"师曰："有所不忍，达之于其所忍，扩充之功也。若只见得怵惕恻隐之端，而不加扩充之功，亦只是闪电光，而难以语于太阳照也已。"①

在此，罗汝芳不仅表达了扩充之功的必要性和基本途径，而且还用了一个比喻，那就是：如果先天的善性不加扩充，那么，由于其天然的隐微性，在人身上往往只是像闪电一样瞬间即逝，不可能产生像太阳普照大地那样的效果。从这个意义上讲，后天的教育和自身的学习就变得十分重要，不加以"学而时习之"的后天工夫，这一至善的天命之性就始终是潜在的而非现实的，这也就是愚夫愚妇和圣贤的客观差别所在。也正因为如此，历代真儒如"木铎"一般讲学传道于天下的缘故也就昭然若揭了。

在罗汝芳教诲门人要重视后天之习的过程中，遇到的一个经常性的问题便是：有些人以自己天赋的气质差为理由，对于后天之习表示出畏难情绪。对此，罗汝芳进行了耐心而细致的辨白。众所周知，宋代理学关于人性论的重要理论成果便是将人性分为天命之性和气质之性，前者至纯至善，后者则有清浊、厚薄、昏明、久暂等的差别，而且，两者都是天生的，只不过，天命之性是人类共同的先天之性，而气质之性则是个人的先天禀赋，由遗传而得。这一思想，由张载提出，直至朱熹完善其理论体系。本来，罗汝芳对于天命之性和气质之性的二元人性论观点并无什么不同意见，但是，由于许多学人总是以强调自己天赋气质差为由，畏惧后天的学习和修养，因此，罗汝芳对于气质之性的可变性进行了不遗余力的辨析，目的就是让人们明白"习与性成"②的道理。对此，他与门生曾经有过一场对话，兹引述如下：

> 蔡生曰："吾侪得领清教，果是心体洞达，无奈气质重滞，开悟实难。"

---

① 《罗汝芳集》，第402页。
② 江灏等译注：《尚书全译》，《太甲上》，贵阳，贵州人民出版社，1990，第139页。此篇属古文《尚书》。

师怃然浩叹良久，言曰："天下古今，有场极情冤枉，无从诉辩，无凭判断也。"

弟子改容起曰："胡不少示端倪?"

师曰："……至此德性，用于目而为视，视则色色不同；用于耳而为听，听则声声不同；用于鼻口而为嗅食，嗅与食则品品不同；用于心智而为思为行，思与行则又事事不同。此后则看其人幸与不幸，幸则生好人家、好地方，不幸则生不好人家、不好地方。人家、地方俱好，则其人生来耳目心智自然习得渐好，人家、地方俱不好，则其人生来耳目心智自然习得渐不好。此孔子所以曰：'性相近也，习相远也。'然则相远原起于习，习则原出于人，今却以不善委为气质之性，则不善之过，天当任之矣，岂非古今一大冤枉也哉?"①

罗汝芳的这番话，突出地表达了这样一个思想，即任何现实的人性差异，都来源于后天的环境和习染，正所谓"相远原起于习，习原出于人"。其实，这就是孔子"习相远"的观点。如果学者将自己心性上的不善归结为气质之性，那么，等于将"不善之过"诿之于天，实际上是否认了自己习以成善的可能性。因此，以自己"气质重滞"等理由来推卸后天学习的责任，并将自己的过失诿之丁天，真是"古今一大冤枉"。不仅如此，罗汝芳还一再强调人性本善的道理，并设法让人们认识到人人心中皆有先天至善的本性，只要通过后天努力，都可以将其发掘并得以应用。为此，他委婉地批评了包括张载、朱熹在内的前代大儒，指出他们的人性二元论模糊了人人先天性善的本质，他说：

乐正子以后，则孔孟此路正脉断绝不谈。及宋时，乃得诸儒兴起，中间也不免疑信相半，至有以气质来补德性，说是有功于孟子，看来还于性善处有未吻合。②

罗汝芳指出，如果人性不是先天本善，那么，任何恶的品质和行为都可以归结为天生地就，这样一来，后天的学习和教化也就失去了内在的根据，因为对于天生地就、出自本性的不善品性，你能够将它怎么办

① 《罗汝芳集》，第312页。
② 《罗汝芳集》，第154页。

呢？反之，如果明白了任何不善都源自于后天习染，那么，后天的学习和教化便能够将不善的习染予以化除，并且将人的品性向善良的一面引导，由此启发、激活了人们先天的良知，使人自觉地为善去恶，最终完全恢复先天至善的心体。正因为如此，罗汝芳明确地否定了将不善归结为先天人性的观点，他说：

> 夫不善果出于性，则天地之大，吾可奈何？今辨别分晓的确，只系习成，则转移化导，尽得以自由矣。①

对于气质可变和"习与性成"的道理，罗汝芳一直致力于从经验和理论两个层面来加以论证。先说理论层面，罗汝芳引经据典，说明重视后天之习是先古圣人们留下的至训，他说：

> 伊尹曰："习与性成"。然则习之所系，大矣哉！……孔子曰"习相远"，与此"习"字，不可不慎之于人矣。②

从经验层面来讲，罗汝芳现身说法，说明任何好或坏的品性都有一个习惯成自然的过程。史载：

> 有友见先生终日终夜勤恳，问曰："先生何以能是？"罗子曰："天下之事，只在于习，习惯（成）自然，虽欲倦寂不能也。"③

在这里，罗汝芳没有将自己终日勤勉、劳而不倦的工夫归为神秘的天启，只是说明"天下之事，只在于习，习惯（成）自然，虽欲倦寂不能也"。这种质朴无华的解释，昭示了门人：只要你们坚持不懈地学习，也一样能够达到这种境界。于是，他的回答引起了门人的进一步发问："某等如何用功学习？"对此，罗汝芳答道："人心知体，原无界限，广大是其本然也。故一见人善，即能知好（音 hào），好（音 hào）处即是学处，学处即是真知处，故曰'好学近乎知也'。学而习，习而时时恳切，便知体生

---

① 《罗汝芳集》，第313页。
② 《罗汝芳集》，第326页。
③ 《罗汝芳集》，第347页。

生，学得好处益不容已，方是力行近仁，非曰其初知之，而今始行之也。"①

这里需要注意，罗汝芳讲的"习与性成"，与今天人们所理解的内涵略有不同：今人通常所说"习与性成"，否认了人有什么先天的本性，认为人的一切品性都来源于后天之习；而罗汝芳讲的"习与性成"，肯定了人先天即有至善之性，视听言动，日用常行，皆出于此；只不过人们的后天习染使自己迷失了这一本性，将其博大精深的功能大大限制了，因此，仍要通过后天之习把它找回来。其实，即使是迷失本性之人，他的天命之性仍然在发挥一定的作用，只不过"百姓日用而不知"罢了。事实上，"盖论德性之良知良能，原是通古今、一圣愚，人人具足而个个圆成者也……至谓'及其知之一也'，则所知的德性，皆是不待学而能，不待虑而知，即困知之所知者，亦与生知之所知者，更无毫发不同。"②所谓后天之习的意义，就在于能够找回那个"不待学而能，不待虑而知"的先天原本的心体，这才是根本目的。对于人们已经习惯于沿用天命之性和气质之性的二分法，罗汝芳有时也迁就了这一习惯，但仍然致力于强调气质之性的可变性，亦即重视后天之习，他在临终前对诸孙说：

变化气质，是为学第一件事，不然，讲说无益。③

又说：

汝等若能着实用功，则处处受益。则人之毁谤欺谩，皆是进德之资。若不着实用功，不过口耳之学，终不长进。④

这样一来，罗汝芳与张载、朱熹之间的微妙分歧实际上也就化为乌有了。其实张载也曾说过："为学大益，在自能变化气质。"又说："学者先须变化气质。"⑤实际上并不否认气质之性的可变性。只不过后儒中许多人只看到气禀属于个人的先天，比较难以改造，因而不愿承认它的可变性。而罗汝芳则以天命之性才是人的真正本性，其他一切品性都由习

①《罗汝芳集》，第 424 页。
②《罗汝芳集》，第 93 页。
③《罗汝芳集》，第 424 页。
④《罗汝芳集》，第 424 页。
⑤ 张载：《经学理窟·义理》，见《张载集》，北京，中华书局，1978，第 274 页。按：这两句话其实是一个长句的两个部分。

染而成为根据，旨在鼓励人们通过后天之习，恢复和弘扬自己至善的天命之性。这既显示出罗汝芳哲学思想的深刻性，又体现出他作为一个教育家的使命感。

树立了必为圣人之志，使学者明确了修道事业的方向，阐明了后天之习的根据和意义，使学者能够充分发挥自己的主观能动性，由此，罗汝芳心性哲学的工夫论的各项内容便得以全面展开。

第二节　寻源之功，当共急之

一、罗汝芳从制欲到体仁的转变

前文已经说过，罗汝芳的哲学思想，以求仁为宗旨，他说："圣门宗旨，的在求仁。"① 又说："仁为万善之长，识仁为学者之先。"② 所谓仁，是指来源于乾元之气的一种生生之理，而人类得此理以为心，必然产生博爱之胸怀，能以天地万物为一体，积极地促进万物生长发育，各遂其生。因此，"仁"是圣人之学的源头，找到这个源头活水，真切地体会"仁"之内涵和妙用，便是儒家心性哲学的基本工夫。为此，历史上许多儒者都提出了自己的工夫论，其中，以程朱理学的"存天理去人欲"最为有名，如朱熹曾说：

> 做到私欲净尽，天理流行，便是仁。③

又说：

> 若能到私欲净尽，天理流行处，皆可谓之仁。④

特别是在给《论语·颜渊》一章作注时，针对孔子所说的"克己复礼为仁"一语，朱熹按照自己的理学观点，加以注释道："日日克之，不以为难，则私欲净尽，天理流行，而仁不可胜用矣。"⑤ 又引程子之语曰："非

---

① 《罗汝芳集》，第 16 页。
② 《罗汝芳集》，第 317 页。
③ 《朱子语类》卷 6，第 106 页。
④ 《朱子语类》卷 96，第 2214 页。按：朱子这方面的言论很多，兹不多举。
⑤ 《四书集注》，第 191 页。

礼处便是私意。既是私意，如何得仁？须是克尽己私，皆归于礼，方始是仁。"①

到了明代，士大夫们普遍以朱子之教为圣训，主张只有先克去己私，才能体仁；只有先克制心中诸欲，才能达到天理流行的境界。罗汝芳在年轻时，也是这么做的。如前章所述，十七岁时（1531），他偶然读到名儒薛瑄的一段语录："万起万灭之私，乱吾心久矣，今当一切决去，以全吾澄然湛然之体。"罗汝芳如获至宝，焚香叩首，发誓必为圣贤。然后"立簿日记功过，寸阴必惜。屏私息念，如是数月，而澄湛之体未复"。② 第二年（1532），他又到本地的临田寺中读书静修，"乃闭户临田寺中，独居密室。几上置水一盂，镜一面，对坐逾时，俟此中与水镜无异，方展书读之，顷或念虑不专，即掩卷复坐，习以为常，遂成重病"③。罗汝芳这一病就是数年，其间虽然通过阅读陆九渊、杨简和王阳明等人的著作，执著的心态稍有松弛，"然于三先生所为工夫，每有窒碍，病虽小愈，终沈滞不安。时年已弱冠，先君极为忧苦"。④ 就这样，罗汝芳断断续续病了几年，直至 1540 年秋在南昌邂逅颜山农，才使自己脱去沉疴，并产生了学术生涯的一次重大转向。对此，罗汝芳回忆道：

> 嗣是科举，省城缙绅大举讲会，见吉中颜山农先生，名钧，今改名铎。芳具述："昨遘危疾，而生死能不动心，今失科举，而得失能不动心。"先生俱不见取。问之，曰："是制欲，非体仁也。"芳问："克去己私，复还天理，非制欲，安能以遽体乎仁哉？"先生曰："子不观孟氏之论四端乎？知皆扩而充之，如火之始燃，泉之始达。如此体仁，何等直截！故子患当下日用而不知，勿妄疑天性生生之或息也。"芳时大梦忽醒，乃知古今天下，道有真脉，学有真传，遂师事之。⑤

关于颜、罗之间这一场对话的记载还有数种，内容大同小异（可见本著第一章第三节）。在这次对话中，颜山农告诉了罗汝芳一个与前儒所说完全不同的道理：制欲非体仁，体仁是直截的，如"当下日用"一般清晰

---

① 《二程遗书》卷 22 上，第 341 页。这是程颐的话，原文与朱熹所述略有不同。
② 《罗汝芳集》，第 834 页。
③ 《罗汝芳集》，第 834 页。
④ 《罗汝芳集》，第 52 页。
⑤ 《罗汝芳集》，第 232 页。

真切，不必绕远路，并非要把己私和己欲消除净尽之后才能体会到。罗汝芳听了，如醍醐灌顶一般，"如脱缰锁，病遂愈"①。随后，他诚心地拜颜山农为师，按照颜氏所教的修道方法去求仁，很快便获得了从前完全不曾体会过的"正果"。于是，罗汝芳不再是从书本知识上，而是从实践体认上明白了"仁"的内涵，这是他一生学术探索的一次重要转向。从此，他便以自己所体认的仁学宗旨去做人、为官、修道、讲学，兴致盎然，不知疲倦，直至生命的最后一刻。

二、寻源之功，当共急之

"制欲非体仁"的命题在理学史上颇有名气，但是，很多学人其实对此并没有搞懂它的内涵和根据，往往是妄加揣测，以成一家之说而已。要想正确理解颜山农传授给罗汝芳的"制欲非体仁"的心法，需要结合罗汝芳后来在讲学活动中提出的相关理念方可，因为他的许多教法中，恰巧包含了对于颜氏这一思想的最好的诠释。有一次，当罗汝芳与门人论及"孔颜乐处"时，门人说：

> "此乐处，某说要人欲净尽，天理流行处方是。故今日须先克去己私，使心中净净地，便天理流行而乐矣。"

> 罗子曰："子之论固是，但先后却欠分晓。譬如导泉然，须先觅得源头着了，方掘去沙泥，以遂其流；不然，其沙泥徒掘，而泉终无流矣，又安得乐耶？"
> 众皆默然。罗子良久曰："寻源之功，大家当共急之。"②

在这段对话中，罗汝芳主要用比喻的方式说明了一个观点：克去己私、革除人欲，固然也是圣学之工夫，但是，必须是体仁在先，而克己在后。这就好比修一条渠道以引导泉水一样，必须先找着泉水的源头，然后再去挖掘泥沙，修通渠道，否则，纵然泥沙挖干净了，而渠道之中始终没有清泉流过，这样的工夫岂不是白废了吗？同理，如果没有发现和体会到"仁"这个"天理"之源泉，那么，纵使克制己私做得再好，又哪里能够体会到孔子、颜回那样的真乐呢？因此，罗汝芳勉励弟子们："寻

---

① 《颜钧集》卷9《附录一》，第82页。
② 《罗汝芳集》，第112页。

源之功，大家当共急之。"

单从文字上看，朱熹所讲的"做到私欲净尽，天理流行，便是仁"，和罗汝芳所讲的"体仁先于制欲"并没有本质性差别，甚至有人会从形式逻辑上猜想两者可以相辅相成。要想解决这一问题，需要我们对于宋明理学的性质进行一次再认识。长久以来，学术界通常把理学看成是故纸堆里的一套思想理论而已，这一观点是有偏颇之处的。其实，从诞生之初起，宋明理学本是儒家先哲探索天人之际、生命奥秘和社会之道的实践工夫的产物，尤其是其中的心性哲学，离开了实践和体认，就完全失去了它的立论基础。但是，在其发展过程中，以朱熹为代表的一派儒者，更加注重理性思辨和纸上学问，把周敦颐和二程奠定的注重实践和体认的传统给极大地扭曲了，因此，他们靠逻辑思辨从纸上推衍出来的修养工夫论，往往在实际的心性修炼中行不通，有的是完全搞错了方向，有的则是本末倒置，无法达到理想中的效果。以格物说为例，王阳明和王心斋对于朱子格物说的反对，就是一个根本方向性的问题，而制欲和体仁的关系，则大致属于本末先后的问题。对此，明代王龙溪有过一段评论，他说：

> 颜子没而圣学亡，后世所传，乃子贡一派学术。濂溪"主静无欲"之旨，阐千圣之秘藏；明道以"大公顺应"，发天地圣人之常；龟山、豫章、延平递相传授，每令观未发以前气象，此学脉也。文公为学，则专以读书为穷理之要，以循序致精、居敬持志为读书之法。程门指诀，至是而始一变。"①

王龙溪所讲的虽然不是制欲与体仁的关系本身，但是足以说明自朱熹之后，② 一些儒者的纸上思辨推导之功远甚于实地践履的心性涵养。因此，他们教给后人的心性涵养工夫，有时并不可靠。罗汝芳年轻时像王阳明"格竹"一样，曾用制欲工夫苦修，结果大病一场，持续数年。幸好巧遇颜钧，颜山农的一番话使得他解脱了思想束缚，"如脱缰锁，病遂愈"，随后师从颜钧，体会到了"天地万物一体之仁"的真实境界。那么，颜钧教给罗汝芳的是什么样的工夫？通过这种工夫体认到的"天地万物一体之仁"的境界又是什么样的呢？

---

① 《答吴悟斋》，见《王畿集》卷 10，第 249 页。
② 其实北宋程颐已经有较明显的理性思辨倾向，且工夫不及其兄程颢圆融，同样也有误导后生之处。而朱熹是程朱理学的集大成者，将这一误导倾向定型，影响久远。

　　由于害怕后学"留恋光景"的缘故，罗汝芳一般不对大众讲述自己从颜钧那里具体学过什么修道工夫。然而，心学工夫无非是动静两端——静时涵养（静处体悟），动时省察（事上磨炼），后者可以贯彻于日用常行的任何时间、地点。在南昌相遇时，颜山农对罗汝芳说："子不观孟氏之论四端乎？知皆扩而充之，如火之始燃，泉之始达。如此体仁，何等直截！"这是教罗汝芳在日常生活中去省察"仁"的应用和表现。至于静处体悟的一面，颜钧的心性工夫，来源于他二十四岁时的一段潜修实行。据他在《自传》中说：

　　　　（某）得兄钥笔传道祖阳明阐揭良知、引披人心四语，曰："精神心思，凝聚融结，如猫捕鼠，如鸡覆卵。"匹夫喜激丹灵，俯首澄虑，瞑目兀坐，闭关七日，若自囚。神智顿觉，中心孔昭，豁达洞开，天机先见，灵聪焕发，智巧有决沛江河之势，形气如左右逢源之。①

　　这是颜钧自述通过闭关七日、静坐涵养而悟得的本体境界，后来，他便以此法教给门人，具体文字还可见于今《颜钧集》卷5《引发九条之旨》，兹不赘述。罗汝芳师从颜钧之后，虚心学习，很快便也学到了颜钧的心法，得到了相同的受用，他曾回忆这段出自实践的体验说：

　　　　予初年也将自己本心，勉力探讨，于生来气性，亦强力调摄……专切久久，始幸天不我弃，忽尔一时透脱，遂觉六合之中，上也不见有天，中也不见有人有物，而荡然成一"大海"，其海亦不见有滴水纤波，而茫然只是一团大气，其气虽广阔无涯，而活泼洋溢。觉未尝一处或纤毫而不生化，其生化虽混涌无停，而几微精密，又未尝一处或有纤毫而不灵妙。然此生化，默而会之，似若影响可言，乃即而求之，实是端倪莫得，则此一团神气，充运海中，且尤未尝一处或有纤毫而不玄洞虚通也。其时身家境界，果然换过一番，稍稍轻安自在，不负平生此心。既而憬然，又觉圣人立教，原有自来，乃是即此一个神化，实体诸心，而名做一个学术。②

---

① 《颜钧集》卷3《自传》，第23页。
② 《近溪罗先生一贯编》，见《罗汝芳集》，第355页。

　　这一段话，对于没有静坐实践工夫的人来说，根本不知所云。其实，它讲的就是罗汝芳在长久静坐之后"开悟"的心灵体验和受用。在开悟之后，罗汝芳真实体会到了那种阴阳未分之前的混沌的"乾元之气"，这正是"仁"之天性的物质基础，其中所谓"此一团神气，充运海中，未尝一处或有纤毫而不玄洞虚通也"，即是"天人合一"境界的体现，而罗汝芳自述"其时身家境界，果然换过一番"，便是"开悟"的表征。有了此番体悟，罗汝芳认识道："圣人立教，原有自来，乃是即此一个神化，实体诸心，而名做一个学术。"这就表明，儒家先圣所说的"天地万物一体之仁"的思想，是有实践基础的，如果离开了"即此一个神化，实体诸心"的实践基础，那么，不过是纸上的一堆闲话而已，如何能使后人真正相信呢？正是通过这种扎实的工夫实践，罗汝芳清楚地体认到"天地万物一体之仁"的心性本源，所以才大胆地抛弃了以往那种以制欲为先的工夫模式，那种工夫模式，固然也可以使人去恶为善，但仅仅处于一般的伦理教化水准，而不能使人体会到"孔颜真乐"这样至善的受用。通过师从颜钧开悟之后，罗汝芳已经清楚地知道了制欲和体仁何者为先，何者为后的问题，因此，他明确地教诲门人道："譬如导泉然，须先觅得源头了，方掘去沙泥，以遂其流；不然，其沙泥徒掘，而泉终无流矣，又安得乐耶？"

　　解决制欲和体仁孰先孰后的问题，对于儒家心性哲学的工夫论有着极强的实践指导意义。罗汝芳门下之士，大多是已有相当学问基础的儒者，他们受程朱理学典籍的影响已深已久，迷信先代儒宗的理论而欠缺实际的工夫践履。因此，罗汝芳必须扭转他们对于体仁和制欲二者关系的认识，只有先找"仁"之源头，才有真实的受用可言，才有进一步的工夫可做。所以罗汝芳明确地讲："寻源之功，大家当共急之。"如果不懂得寻找"仁"的真实源头，而一味拘泥于朱学所谓"克去己私，复还天理"的教条，那么，学者的结局不过是："如导泉而无其源，种树而无其根，徒劳心力而终难望其流通充长也已。"[1]反之，如果真切体会了"仁"之意蕴，那么，有了源头活水的滋养，践履其他的工夫才有可能水到渠成。对此，罗汝芳又做了一个比喻：

　　　　汝能体仁，则欲自制。传曰："太阳一出，魍魉潜消"，是矣。[2]

----

① 《罗汝芳集》，第93页。
② 《罗汝芳集》，第424页。

　　凡是有过工夫实践的人都明白，人之所以会在生活道路上迷失自我，原因就在于没有光明本心的指引。"天地万物一体之仁"就是这样一个如太阳一般的光明本心，如果真切体会到了"仁"之本体，那么，在这种本心之光明的朗照之下，心中的任何不良念头都无法隐藏，都会以仁之本心为参照物而自惭形秽，学者此时消除它们也就较从前容易多了。依此光明本心的指点，修道者坚持走下去，使得自己的心地"纯亦不已"，到临终之时，就可能像心学大师王阳明那样说一句："此心光明，亦复何言？"①已然达到圣者的境界了。

　　当然，罗汝芳提倡体仁先于制欲，并没有否认制欲工夫的最起码的意义。对于"欲"的潜在危害，罗汝芳其实也是看得一清二楚的。他也时常告诫学者警惕纵欲的危害，他说：

　　　　夫赤子之心，纯然而无杂，浑然而无为……少为欲间，则天不能不变而为人，久为欲引，则人不能不化而为物，甚而为欲所迷且蔽焉，则物不能不化而为鬼魅妖孽矣。此等田地，其喜怒哀乐，岂徒（违）先天之则，亦且拂人之性；岂惟拂人之性，亦且造物之殃。②

又说：

　　　　然圣人说道："从欲惟危。"盖其发端，即从口耳四肢之欲著了一脚，此欲原是无厌足的东西，若稍放一步，便贪求非所当得，外面虽图掩覆，而其中未必光明，其做人即落邪径，而成个小人中之憸邪者。再若行险机熟，门面不顾，耳淫于声，目乱于色，口体饕餮，四肢狠纵，便堕坑堑荆棘，反自戕其身而为凶人恶人，以至于禽兽异类而莫可纪极者矣。究其根源也，皆是各要出头做人，但起初由身家一念嗜欲中来，末流遂不可救药。③

　　这两段论述表明，罗汝芳对于人情世故看得很清楚：他不仅看到了赤子之心由于为欲所间、所引，结果是天化而为人，人化而为物，物化

---

　　①　《王阳明全集》卷35，第1324页。
　　②　《罗汝芳集》，第124页。
　　③　《罗汝芳集》，第141页。原作"既从"，当以"即从"为是。

而为鬼魅妖孽的事实，而且指明了这种堕落式的演化实际上不仅违背先天之则，而且拂逆常人之性，最终必然成为"造物之殃"。罗汝芳揭示了"此欲原是无厌足的东西"，总是"贪求非所当得"，如果由着它一直走下去而不知节制，那么，最终必然发展到"为凶人恶人，以至于禽兽异类而莫可纪极者矣"。罗汝芳明确地指出，人世间很多悲剧的起源都不过是"起初由身家一念嗜欲中来"，最后结局则是"末流遂不可救药"。由是可见，罗汝芳对于"人欲"[①]的害处，与其他理学家一样，都是看得透彻而且予以高度警惕的。不过，比起朱熹那种泛泛而谈的"克去己私，复还天理"的思想来，罗汝芳是从一个修道事业的过来人的角度，真实地揭示了心性工夫的着力点应该首先是在体仁而非制欲，制欲仅能使人不为恶，而体仁才是提升人的生命境界的根本工夫所在。

客观地讲，罗汝芳的工夫论，是一个实地践履、苦心修炼的觉悟者的切身经验，而朱熹所说不过是纸上之谈，似是而非，两者的价值不可同日而语。因此，罗汝芳在觉悟"仁体"之后，果断地甩掉成说，旗帜鲜明地亮出了自己的教法。他的"寻源之功，当共急之"的呼吁，揭示了心性哲学修养工夫的正确路径，点化了许多在追求圣学之道上苦苦探索的志士仁人。

第三节　续论"致良知"之学

一、罗汝芳哲学思想的性质归属

对于一位堪称一代儒宗的思想家而言，探讨其哲学性质的归属问题是一个必不可少的任务。总体说来，罗汝芳的哲学思想依旧属于阳明心学(简称王学)的范畴，尽管他的学术体系是经过独立探索而自成一体的，但是，仍然可以视为阳明心学的拓展延伸。

前章已经说过，罗汝芳属于阳明心学的后裔。从家学渊源来看，他的父亲罗崇纲曾经拜师于王阳明的弟子饶行斋，深受阳明心学的影响。饶行斋与罗崇纲讲论学问时，罗汝芳小的时候亦曾在一边旁听。年轻时，罗汝芳因"制欲"工夫失当而病于心火，罗崇纲"觉儿用功致疾，乃示以《传习录》一编"，[②]罗汝芳读了，颇有收获，疾病一时间也好了许多。后

---

① 按：理学家所讲的人欲，不是指人们正常的生活和生理需求，而是指非道德的、过度的一己私欲，可以"礼"为依据而判定其是非。

② 《罗汝芳集》，第231页。

来，父子二人经常在一起探讨学问，特别是学界争论不休的"格物"问题，在罗汝芳三十三岁时，他终于体悟出格物之说本来含义，并且说服了父亲，以至于其父"跃然起舞曰：'得之矣！得之矣！'"①从自己的师承关系来看，罗汝芳二十六岁时在南昌邂逅颜钧，真诚地拜其为师。颜钧曾师从于徐樾，徐樾则是泰州学派创始人王艮的高徒，而王艮其人，中年之后服膺于心学宗祖王阳明，是其门人之中的翘楚。从王阳明到王艮到徐樾到颜钧到罗汝芳，存在着一条十分清晰的师承关系。②王阳明说过："吾平生讲学，只是致良知三字。"③"致良知"之教是王阳明晚年总结出来的基本学术宗旨，可以包含此前他所提出的一切学术思想。因此，对于"致良知"之学的信奉和弘扬，便成为考察是否为王门中人的一个最基本的标准。无论是王心斋还是王龙溪，虽然后来各立门户，闻名天下，但是，从来没有改变过对"良知"学说的信奉，并且也不遗余力地推广弘扬。罗汝芳虽然在探索圣人之学的道路上一直保持着独立思考的习惯，但是在悟道之后，对于王阳明所传下来的"致良知"之教也是衷心服膺，并且自觉地加以弘扬，在宣传"致良知"之教的过程中，还体现出他独立探索的理论成果和思想特色。

二、对"致良知"宗旨的意义的反思

作为王学后裔，罗汝芳高度评价了王阳明"致良知"之教的历史意义。有门人问他："阳明学问，似微与诸儒不同，何如？"罗汝芳答道：

> 岂惟阳明为然？即宋时诸儒学问，亦难尽同。……是三先生（指周敦颐、程颐和朱熹）之学皆主于通明，但其理必得之功效，而其时必俟诸持久。若阳明先生之致其良知，虽是亦主于通明，然良知却即是明，不属效验；良知却原自通，又不必等待。况从良知之不虑而知，而通之圣人之不思而得；从良知之不学而能，而通之圣人之不勉而中，浑然天成，更无斧凿。恐三先生如在，亦必当为此公首肯而心契也已。④

这段话中，罗汝芳将王阳明一人抵三，肯定他的"致良知"之教不仅

---

① 《罗汝芳集》，第 232 页。
② 受徐樾推荐，颜钧亦曾亲炙于王艮门下，但是受徐樾影响很深，这一层关系不可忽略。
③ 《王阳明全集》卷 26，第 990 页。
④ 《罗汝芳集》，第 110 页。

在宗旨上与宋代三贤相同，而且当下便可使心地通明，不必等待工夫的效验或火候。而且，良知人人皆有，它的不虑而知、不学而能的特性，与圣人的不思而得、不勉而中的智慧正好相贯通，这证明了人人可学而至圣的道理，因此，如果周敦颐、程颐和朱熹仍在世，也应当心契并肯定王阳明的致良知之教。有基于此，罗汝芳明确地说："盖圣人之学，致其良知者也。"①这些话语充分表明了，罗汝芳的基本理念，是站在阳明心学的思想立场之上的。尽管当时朱子学仍居于官方意识形态的地位，是科举考试的功令，但是，他绝不盲从附和，而是以自己所认定的真理为依皈的思想标准。

三、"致良知"工夫的内涵

王阳明的"致良知"之教简洁明确，然而，在当时，有一些受朱学影响深，喜好章句训诂的儒生经常问：致良知的"致"，是什么意思？或者说，我们应该如何去致？他们把实地践履的致良知的圣学工夫又当成了故纸堆里的训诂之学了。例如，《传习录》记载：

> 一友问工夫不切。先生（指王阳明）曰："学问工夫，我已曾一句道尽，如何今日转说转远，都不著根？"对曰："致良知盖闻教矣，然亦须讲明。"先生曰："既知致良知，又何可讲明？良知本是明白，实落用功便是。不肯用功，只在语言上转说转糊涂。曰："正求讲明致之之功。"先生曰："此亦须你自家求，我亦无别法可道……"②

据泰州学派一脉的说法，王阳明到了晚年，因为厌恶士人们执著于如何去"致"良知的章句训诂之习，往往直言良知，而不再谈什么"致"字，以避免人们在文字训释上的纠缠不休。王艮的嫡传弟子王栋曾说：

> 故学者之于良知，亦只要识认此体，端的便了，不消更著"致"字，先师云："明翁初讲致良知，后来只说良知，传之者自不察耳。"③

① 《罗汝芳集》，第 114 页。
② 《王阳明全集》，第 109 页。
③ 《明儒王一庵先生遗集》卷 1《会语正集》，第 146 页。

尽管如此，由于受到传统学术范式的习染，因此，后起的士人学子碰到"致良知"之教时，仍然要问一问"致"字究竟做何解。作为一个杰出的教育家，罗汝芳知道，不把致良知之"致"予以简洁的说明，是不足以服人心的。因此，在举行讲会时，他明确地解说了"致"的内涵。史载：

> （门人）问："如何见得是致的工夫？"
> 罗子曰："致也者，直而养之，顺而推之。"①

应该说，罗汝芳的这个解释，十分贴近王阳明的原意②，而且简洁明确，当下便让人明白了"致良知"工夫的基本内涵。换句话说，良知是人人皆有，个个圆成的东西，只要你心平行直地去涵养它，顺着良知的指点去应用推广它，那么，良知的妙用就会不断地显现，学者的人格境界也就得到不断的提升，直至臻于圣境。在古代汉语中，"致"字的内涵特别丰富，因此，王阳明才将自己的学术宗旨概括为"致良知"，简单的三个字里包含了深刻而无尽的思想内涵。不过，任何形式的语言表述都有其不足之处，由于"致良知"命题极其简洁，未免使人觉得其中"致"字的含义过于宽泛或模糊，因此，罗汝芳耐心地向学者们解释"致"字的内涵，一语中的，简明扼要，把"致良知"工夫的基本内涵讲得清清楚楚，解除了有章句训诂之癖的学者们的思想困惑。

四、良知现成，人人皆可承当受用

虽然讲明了"致"的含义，但是，罗汝芳绝不会像崇信朱学的老儒们那样进行连篇累牍的诠释，实际上，他沿袭了泰州学派的思想传统，主张"良知现成"，不管你致或不致，良知都是每个人心中先天具有的功能，不虑而知，不学而能，知善知恶，知是知非。对此，罗汝芳明确地说过：

> 良知原自明白，虽欲动情胜，亦有枉其是非，以作好作恶者，然其知毫发不能自瞒。可见性之发用，虽为物迁，而明觉真体，毕竟廓然无累。③

---

① 《罗汝芳集》，第86页。
② 关于王阳明自己解释"致"的含义，可参见拙著《王阳明修道哲学概论》，呼和浩特，内蒙古人民出版社，2011。
③ 《罗汝芳集》，第357页。

又说：

> 能择能识，良知也。若良知作主，则古今事变，裁制自由，（如）韩信将兵，多多益善矣。①

由是可见，良知是先天具有的性体，不是由外铄成的，虽然它会受到物欲的蒙蔽，一时迷失了自我，但是却不会真的丧失。那么，学者致了良知，或不致良知，有何区别呢？罗汝芳解释道：

> 良知良能，明白圆妙，真是人人具足，个个完全。但天生圣神，则能就中先觉先悟，于天命此个圣体，直下承当受用，正如矿石遇火，便自融化透彻，更无毫发窒碍间隔，却即叫作圣人。然究其所觉悟的东西，则只是吾人现在不虑不学之良知良能而已。吾人只少了圣人此一觉悟，则便如一片精金，空只藏在矿中而不成受用……而甘心做个凡夫，而不得名为知道也。②

这段话表明，觉悟了良知的人，如矿石冶炼成金一般，"融化透彻"，可以使人"直下承当受用"，反之，则"如一片精金，空只藏在矿中而不成受用"，浪费了这一天赋的宝藏。这种虽有良知而"不成受用"的人，便叫作凡夫，不能算是"知道"之人，换句话说，便是《周易》中所说的"百姓日用而不知道也。"由此，罗汝芳揭示了圣人之教的基本内涵，他说：

> 故圣人之教天下，不是能令吾人于良知良能之外，别有增益，只是以先知觉后知，以先觉觉后觉，如用火锻矿，则矿一过火，便即是金。吾人既觉，则即我本性，便是圣。故曰：岂不易简！岂为难知！③

在此，罗汝芳表现出明显的心学倾向，指出圣人之教乃是易简工夫，并不难知。关键在于学者"发愤向前，以求入圣途路也"。④ 而且，罗汝

---

① 《罗汝芳集》，第368页。
② 《罗汝芳集》，第104—105页。
③ 《罗汝芳集》，第104—105页。
④ 《罗汝芳集》，第104—105页。

芳指出，即使觉悟之人，"今受用的，即是现在良知，而圣体具足。其觉悟工夫，又只顷刻立谈，便能明白洞达。"①因此，任何人没有必要怀疑自己有作圣成贤的可能性，因为"良知天则，耿耿在中"②，这本身就是你自家拥有的宝藏，只待你用锻炼之功，将矿石冶炼、提纯，变成当下的受用。反之，"今若当下甘心弃圣为凡，则虽读尽万卷，功名极品，也只与浮云漂泊、草木腐朽而已"。③ 因为你忽略了生命的本真价值，获得的不过是转瞬即逝的后天之物，因此，浪费了最重要的天赋，错过了最难得的机遇。

五、良知只是个爱亲敬长

王阳明的"致良知"学说，包含着极为深刻的内涵。概括起来，所谓良知，就是天理之昭明灵觉处，它体现在人心之上，就是人类先天原本的心体；而"致"的含义，一是指达到、求得，即恢复对于良知的体认；二是指应用践履；三是指推广扩充。简而言之，致良知就是恢复自己对于良知的体认，并在日用常行中应用它、推广它，直至"事事物物皆得其理"的中和有序状态。应该承认，这确实是对于圣人之学的精辟概括。在王阳明之后，许多王门后学按照自己的理解，对于"致良知"之教进行了自己的讲解和发挥。其中，罗汝芳根据自己的"格物"思想，特别注重从伦理建设和道德修养的角度来阐述致良知之教的内涵，从而形成了"近溪良知说"的个人特色。

罗汝芳认为，"明德只是个良知，良知只是个爱亲敬长，爱亲敬长而达之天下，即是兴仁兴义，而修、齐、治、平之事毕矣"。④ 客观地讲，"良知"作为人心之本体，它的内涵其实是极为丰富的，并不限于爱亲敬长的道德范畴，这一点，历代学人皆有所揭示。⑤ 但是，作为以修、齐、治、平为根本目标的儒家学者，首先要明白的，便是良知"爱亲敬长"的伦理特性。在前章已经说过，罗汝芳从良知本体中，提炼出来了孝、弟、慈三个特性。他说：

> 夫孩提之爱亲是孝，孩提之敬兄是弟，未有学养子而嫁是

---

① 《罗汝芳集》，第 104—105 页。
② 《罗汝芳集》，第 359 页。
③ 《罗汝芳集》，第 105 页。
④ 《罗汝芳集》，第 158 页。
⑤ 陆九渊曾说："孟子就四端上指示人，岂是人心只有这四端而已？"见《陆九渊集》卷 34，第 423 页。

慈。保赤子，又孩提爱敬之所自生者也。此个孝弟慈，原人人不虑而自知、人人不学而自能，亦天下万世人人不约而自同者也。①

如上所述，爱亲是孝，敬兄是弟（今作"悌"），而罗汝芳所说的"良知只是个爱亲敬长"，实际上就是良知（明德）的孝、弟、慈特性的浓缩。因此，所谓致良知，便是要做到"爱亲敬长而达之天下"，这也就等同于先圣所说的"兴仁兴义"，而且，修、齐、治、平的事功都已经包含在这里面了。根据这一思想逻辑，罗汝芳特别强调爱亲敬长的重要性，他说：

> 夫良知者，不虑不学，而能爱其亲，能敬其长也。故《大学》虽有许多功夫，然实落处，只是上老老而民兴孝，上长长而民兴弟。故上老老、上长长，便是修身以立天下之本；民兴孝、民兴弟，便是齐、治、平而毕修身之用也。②

说来说去，"致良知"的工夫离不开孝、弟、慈三项要求，这既是修身、齐家的基本规范，也是治国、平天下的思想指南。只有按照孝、弟、慈"三原德"，从家庭伦理生活做起，实实在在地培养其德，并顺势推广到社会生活的方方面面，便是明明德于天下了。于是，罗汝芳以自己的理解，把圣人之学的工夫论讲得明明白白，体用一致，本末一贯，任何人都可以为之，只要从爱亲敬长出发，最终能够把家、国、天下都运于掌上。

罗汝芳以爱亲敬长来阐释致良知的具体内涵，体现出浓厚的伦理性色彩。在以小农经济为基础和宗法制度为架构的古代社会中，这是一种适应社会普遍需要的思想学说，对于维护社会秩序的稳定和伦理生活的和谐，具有积极的促进意义。从某种意义上讲，中国文化之所以能够持续几千年而不绝，也正是靠这样一种普世的伦理道德意识支撑下来的，因此，罗汝芳的讲学传道，实际上是在传递中华民族的民族精神的"接力棒"。

六、罗汝芳哲学思想的心学色彩

除了在"致良知"宗旨上的吻合之外，罗汝芳哲学还表现出其他方面

---

① 《罗汝芳集》，第108页。
② 《罗汝芳集》，第188页。

的浓厚的心学色彩。首先，在本体论和认识论上，罗汝芳明确地持有心为万物之本体的观点，与心学宗祖王阳明保持了一致，他说：

> 宇宙间其一心矣乎！夫心，生德也，活泼灵莹，融液浮通，天此生，地亦此生也；古此生，今亦此生也，无天地无古今而浑然一之者也。生之谓"仁"，生而一之之谓"心"，心一则仁一，仁一则生无弗一也。①

这段话观点鲜明，表达了"宇宙间其一心矣乎"和"生之谓仁，生而一之之谓心"的思想，给学者指明了学问用功的方向。这段话，和王阳明所说的"圣人之学，心学也"②的思想宗旨完全一致，只是表述不同而已，体现了罗汝芳明确无误的心学立场。

其次，除了语言上的明晰表述之外，罗汝芳哲学思想的心学色彩，还突出地体现在他对于实地践履工夫者的"言不尽意"之体会的认同。在这方面他和门人之间有过许多探讨。

> 先辈谓文字至譬喻处极难，予谓譬喻至心性处，则尤其是难之难者也。……故穷天极地，万万其物，而毕竟无一物而可以像吾此心；亘古及今，万万其事，而毕竟无一事而可以像吾此学。此心此学，真是只可默识而不可言求，只可意会而不可形索，至简而至妙，至易而至神者也。③

在这里，罗汝芳明确表述了"此心此学，真是只可默识而不可言求，只可意会而不可形索"的观点，表明了他对于中国古代哲学认识论中的"言不尽意"思想的认同。这里需要注意，罗汝芳讲"言不尽意"，并不是故弄玄虚，而是因为先天心体的本来面目是超乎理性思辨的，凡深入实践者，均有切实体认，"如人饮水，冷暖自知"，但是言诠思辨在这里却根本派不上用场，如王阳明所说："哑子吃苦瓜，与你说不得，你要知此苦，还需你自吃。"④在工夫论上，心学一派最重视的就是心性的实地践履和涵养，而不是在故纸堆寻章摘句，训诂言辞。为此，罗汝芳特意告

---

① 《罗汝芳集》，第 340 页。
② 《王阳明全集》卷 7《象山文集序》，第 245 页。
③ 《罗汝芳集》，第 106 页。
④ 《王阳明全集》卷 1，第 37 页。

诚门人们说：

> 穷理不是向书册上盗得些儿话头便是，必要反身究竟，直
> 穷自己生身立命之原，如《易》所曰"穷理尽性以至于命"方是。①

只有深入实践，切己涵养，才能真正达到先圣所说的"穷理尽性以至
于命"的境界。而一旦达到这种境界，那么，《六经》等经典中的思想，仿
佛都是从我的内心中自然流淌出来的泉水，左右皆是，处处逢源。在这
方面，罗汝芳很善于启发和诱导门人找到学问的本源，史载：

> 一友远来相见，（罗子）问近时工夫。曰："于心犹觉有疑。"
> 罗子曰："何疑也？"曰："许多书旨，尚未得明白。"罗子曰："子
> 许多书未明，却才如何吃了茶，吃了饭？今又如何在此，立谈
> 了许久耶？"傍一生笑曰："渠（他）身上书，一向尽在明白，但想
> 念的书，尚未明白耳。"其生恍然有悟。②

在这次对话中，罗汝芳告诉了友人这样一个道理：你知道吃茶、吃
饭，知道前来虚心求教，立谈许久，这说明你内心中有一个先天的性体
指导着你做任何当做的事情，这就是你的良知本体，可惜你"日用而不
知"罢了。对此，旁边一位已经开悟的门生幽默地诠释道："他身上书，
一向尽在明白，但想念的书，尚未明白耳。"这其实是说"真如在己莫问
邻"，恰恰是陆九渊"六经注我"思想的运用，这样一番话，令这位前来讨
教的友人恍然有悟。

当时的儒家学人，受程朱理学和科举制度的影响，很多偏好于章句
训诂，其习蔽锢已深，对此，罗汝芳总是不厌其烦、善巧方便地为门人
解答疑难，使他们从章句训诂之习中解脱出来，用直截简易工夫，直悟
本源心体。例如：

> 游君彻问："《中庸》诚与明，如何分别？"
> 师曰："近来用工，却全不在此等去处。"
> 游曰："不在此处，却在何处？"

---

① 《罗汝芳集》，第366页。
② 《罗汝芳集》，第123页。

　　　　时方食点心，师乃指而言曰："只在此处。盖此食点心时，叫做明也得，叫做诚也得；然只是吃点心，也叫不得做明，也叫不得做诚；但点心已是吃了，亦不消再叫做诚、叫明也。以此推之，则四书五经，百般万样，诸般道理，诸般名色，都可以从吃点心一处起，亦都可以从吃点心一处空也。"①

　　在这里，罗汝芳运用了禅宗"随说随扫"的方法，告诉门人：对于圣人之学，关键是要反身实践，切己涵养，得到真实的受用，就像点心吃到了肚里，变成了你自家的营养。你的先天本体，叫明也罢，叫诚也罢，或者不叫明、不叫诚也罢，都不重要，关键是你要有真实的体悟和受用。以此类推，"四书五经，百般万样，都可以从吃点心一处起，亦都可以从吃点心一处空"了。在明代心学的工夫论思想中，任何概念、名相的辨析，如果脱离了心性的践履工夫，那么，都不过是鹦鹉学舌般的空谈而已。而且，如前所述，一旦心性修炼的工夫深入了，必然超越言诠，不可思议，罗汝芳曾歌曰："便将天作一张纸，难画慈湖三月春。"②在这种情况下，任何经典著作都无法描摹先天本体的状态，只有笃实用功者，才能得到这种诚明合一的受用。

　　罗汝芳主张"言不尽意"，并不等于他轻视经典，或者不曾在先圣经典中下工夫。在古代社会，一个中了进士的儒家学者，早就把四书五经背得滚瓜烂熟了，而且，罗汝芳因为不尚功利，在研读经典方面下的工夫更是其他一般学者所望尘莫及的。他自己回顾道：

　　　　某至不肖，幸父师教诏，每责令理会经书，一字一句，不轻放过，故遵奉久久，不觉于孔圣心源，稍有契悟。③

　　由是可见，罗汝芳年轻时阅读经典，已经达到"一字一句，不轻放过"的用心程度，所幸的是，他没有被众多经典中芜杂晦涩的文句困惑，而是直契"孔圣心源"，觉悟了圣人所说的"道"之奥妙。因此，他对于儒家经典，一直抱有信任和尊重的态度，他说：

　　　　天下之人，只为无圣贤经传唤醒，便各各昏睡，虽在大道

————————

① 《罗汝芳集》，第 348 页。
② 《罗汝芳集》，第 367 页。
③ 《罗汝芳集》，第 108 页。

之中，而忘其为道，所以谓："百姓日用而不知。"①

又说：

> 不明性善，则无根源；不法先圣，则无规矩。②

这些话，充分表明了罗汝芳对于儒家经典的尊重态度。只不过，他祈盼的天下之人被"圣贤经传唤醒，"是指圣经贤传中所传达的"道"的精神，而不是其中固定不变的言辞文句。对于读书食古不化，不能领会经典本意的弊病，罗汝芳看得很清楚，他告诫门人说：

> 从思索以探道理，泥景象以成操执，彼方自谓："用力于学，"而不知物焉而不神，迹焉而弗化，于天然自有之知能，日远日背，反不若常人，虽云不识向学，而其赤子之体，固浑沦于日用之间，若泉源虽不导而自流，果种虽不培而自活也。③

有鉴于此，罗汝芳对于语言文字的作用，一直持一种灵活圆融的辩证态度。他讲学一生，从不刻意去写什么著作，如他自述"予平生不作语录"④，注重的是口传心授，令学者"直下承当受用"。他的孙子罗怀智回忆："每见先子会语、诗文，皆走笔为之，并无存稿。"⑤不过，当有的弟子提出"师若不留笔踪，不能亲炙吾师者，何由自淑"⑥，他便默许了门人整理他的会语和文稿。最终在他晚年，《近溪子集》和《会语续录》等著作就由弟子们编撰完成，而且有的还经过他的审阅。在临终前，罗汝芳留下遗嘱：

> 不肖谢世，万罪万罪。《会语》幸毋忘平生也，性命一理，更无疑矣。⑦

---

① 《罗汝芳集》，第 143 页。
② 《罗汝芳集》，第 246 页。
③ 《罗汝芳集》，第 145 页。
④ 《罗汝芳集》，第 400 页。
⑤ 罗怀智：《代序》，见《罗汝芳集》，第 1 页。
⑥ 《罗汝芳集》，第 400 页。这是入室弟子曹胤儒的话。
⑦ 《明德夫子临行别言》，见《罗汝芳集》，第 296 页。

罗汝芳认为，经过门人整理和他校订的《会语》等书，都是他学术思想的精华，其中阐释的"性命一理，更无疑矣"。可以说，多亏了罗汝芳的弟子中存在这么多有心人（如杜应奎、聂继皋、黎允儒等），这样才使得我们今天能够阅读如此丰富的罗汝芳的讲学内容。

综上所述，罗汝芳一方面揭示了修道哲学"言不尽意"的本质；另一方面又能够肯定语言文字的功能，并加以灵活地运用，以指导门人弟子觉悟本源心体，体现了浓厚的心学色彩，再加上他"宇宙之间，其一心矣乎"的论断，我们可以断定：罗汝芳是明代继王阳明之后的又一位心学大师。

第四节　圣人之学，如家常茶饭

明代是一个儒家思想占据绝对统治地位的时代，统治阶级有意无意地将圣人之学神圣化，令人望而生畏。许多士子学人受此影响，往往把圣人之学看得很高远、很神秘，不知如何下手用功。为此，罗汝芳教诲门人："（从今）将圣贤学问，只当家常茶饭，实实受用。"①也就是说，圣人之学其实就体现在日用常行之中，并不神秘，人人可学。那么，圣人之学这一"家常茶饭"究竟有何滋味和营养？罗汝芳又是怎样将这个"家常茶饭"之学传授给天下众生的呢？这便是本节所要阐述的内容。

一、"捧茶童子是道"

"道"是儒学的核心范畴之一，儒学创始人孔子曾说："朝闻道，夕死可矣。"②经典《中庸》亦说："天命之谓性，率性之谓道，修道之谓教。"然而，在实际学习与修养的过程中，许多学者却始终不明"道"在何处，围绕"修道"而展开的各项工夫莫衷一是，因此，罗汝芳教导学者，必须搞清"道"在何处的问题。同时，深谙教法的罗汝芳知道，仅仅重复过去别人讲过的老调是不行的，于是，他有时采取打比喻的方法，令学者明白，"道"就蕴涵于身边的日用常行之中。对此，史籍记载了一则有趣的教学案例：

（门人）问："吾侪昨日请教，或言观心，或言行己，或言博

---

① 《罗汝芳集》，第 171 页。
② 《论语·里仁》

学，或言守静。先生皆未见许，然则谁人方可以言道耶？"

罗子曰："此捧茶童子，却是道也。"

众皆默然有顷，一友率尔言曰："终不然此小仆也能戒慎恐惧耶？"

罗子不暇答，但徐徐云："茶房到此，有几层厅事？"

众曰："有三层。"罗子叹曰："好造化！过许多门限阶级，幸未打破一个盅子。"其友方略省悟曰："小仆于此果也似解戒惧，但奈何他却日用不知。"

罗子又难之曰："他若是不知，如何会捧茶，捧茶又会戒惧？"

其友语塞。罗子徐为之解曰："汝辈只晓得说知，而不晓得知有两样。故童子日用捧茶是一个知，此则不虑而知，其知属之天也。觉得是知能捧茶又是一个知，此则以虑而知，而其知属之人也。天之知只是顺而出之，所谓顺则成人成物也。人之知却是返而求之，所谓逆则成圣成神也。故曰：以先知觉后知，以先觉觉后觉。人能以觉悟之窍而妙合不虑之良，使浑然为一而纯然无间，方是睿以通微，又曰神明不测也。"①

在这段对话中，罗汝芳以一个"捧茶童子是道"的譬喻，告诉了弟子们：童子捧茶这一平常事，便是"道"之妙用的体现。童子捧茶时小心翼翼，过许多台阶门坎都不曾摔倒，这是因为他天生有一种不虑而知的心智功能，这便是天之知（即良知良能），"天之知只是顺而出之，顺则成人成物也"。但是，只有这一种"天之知"而不自觉，便是"百姓日用而不知道"，读书人的工夫，就体现在"返而求之"，觉悟此先天心体之后，又自觉地保持、应用这一良知良能，这便是"人之知"。学者将后天的工夫和先天的心体相结合，便是"以觉悟之窍而妙合不虑之良"，最终能使人的心灵"浑然为一而纯然无间"，这样一来，人的心体便真的达到"睿以通微，神明不测"的圣者境界了。

罗汝芳的"捧茶童子是道"的比喻，让门人明白了：道在心中，身外无道。所谓"道"，并不神秘，"固平常人所共由也，且须臾不可离，固寻常时刻所长在也"②。因此，人人可修，人人可得。正如心学宗祖王阳明

① 《罗汝芳集》，第44页。按：为使文句通顺，笔者对此段文字做过整理，故与原文略有不同。

② 《罗汝芳集》，第171页。

诗中所说："不离日用常行内，直造先天未画前。"①

当然，仅仅用一个譬喻来讲明修道的工夫，那是远远不够的。心学的修道事业，主要围绕着本体与工夫的问题展开。所谓本体，便是先天原本的心体；所谓工夫，便是为达到、觉悟这一先天心体而展开的各项修习方法和内容。王阳明讲过："合着本体的，是工夫，做得工夫的，方识本体。"②罗汝芳对此说深以为然，除了引述之外，他也强调说："本体之外无工夫，工夫之外无本体。"③那么，罗汝芳所提倡的觉悟本体的工夫究竟应该是什么样的呢？其实，与王阳明、王龙溪和王心斋等人所提倡的差不多，不外乎静处体悟、事上磨炼而已。不过，由于罗汝芳的思想体系是独立探索而成的，绝非依样画葫芦的产物，因此，他所讲的工夫论另有其独到而鲜明的"近溪特色"。概括而言，罗汝芳特别注重以先圣所传的孝、弟、慈等成训为法程，在日用常行中实地践履与涵养，通过爱亲敬长、兴仁兴义的生活锻炼，最终"发明"自己的良知本心，然后运用此本心来修、齐、治、平，达到明明德于天下的目的。这种修养工夫，从一个角度讲，可以叫"求仁"，从另一个角度讲，可以叫"致良知"，再换一个角度讲，还可以叫"格物"，用罗汝芳自己的话说："言虽殊而旨则一，倘得一路而进，即可入道。"④这种修道工夫，就蕴涵于日用常行之中，既简单又复杂。说简单，一个"仁"字即可概括；说复杂，它没有固定的程式和内容，碰上什么就练什么，现实生活的方方面面都可以成为修道工夫的实际课题。因此，在修习过程中，门人学者难免会存在掌握不好的地方，罗汝芳根据自身过来人的成功经验，向门人指出了修道工夫应当注意的几项要领，这些工夫要领，即使在今天也都很有思想借鉴价值，为此，笔者不惮其烦，将对它们一一分别阐述。

二、日用之间，当下一念

若问罗汝芳提倡的心性修养工夫如何去练就，几乎可以用一句话来概括：日用之间，当下一念，即是工夫所在。在某次讲会中，罗汝芳说出这样的话："工夫在日用间，最要善用……"对此，会众"大有悟"。⑤可是，有的与会者随即提出："会众忻忻可爱，何以能使常如今日也耶？"

---

① 《王阳明全集》卷22，第791页。
② 《王阳明全集》卷32，第1167页。
③ 《罗汝芳集》，第425页。
④ 《罗汝芳集》，第304页。
⑤ 《罗汝芳集》，第120页。

罗汝芳答曰：

> 人心惟危，差毫厘而谬千里，故此会以百人成之而不足，
> 以一人坏之而有余；终身以百行成之而不足，以一念坏之而有
> 余。故此一念，尧所兢兢，而舜所业业已。譬如行路，千里
> 万里，只是出门一步趱去；千年万年，亦只是当下一念积成。
> 甚哉！其机之可畏，而其发之当慎也。故圣贤不放逸而必敬，
> 不率易而必慎，是以愈久而愈盛矣。①

　　这段问答，无论是提问者还是答疑者，都真诚地讲出了自己的体会。
某些人偶尔参加这样一次讲会，觉得满堂和气，忻忻融洽。可是，讲会
总是要结束的，当人们回到自己过去的生活环境中，应该如何去修行呢？
像讲会上这样融洽和乐的气氛，难得保持，"何以能使常如今日也耶"？
对此，罗汝芳"答非所问"，因为参会者留恋讲会上的和乐气氛，实际上
也是"留恋光景"，是不足取的。相反，他一针见血地指出了学者应当如
何在实际生活中修行的法则，那就是慎于"当下一念"之发。罗汝芳做了
一个比方："譬如行路，千里万里，只是出门一步趱去；千年万年，亦只
是当下一念积成。"因此，"甚哉！其机之可畏，而其发之当慎也"。就连
尧舜这样的圣人，对于此一念之发也必须兢兢业业，小心谨慎。任何人
只要敬慎于当下一念之发，积行成习，积习成性，最终必然将自己的气
质优化、心性纯化，最终与圣贤无别。因此，敬慎于日用之间的当下一
念，即是工夫所在，这就是入圣之路。
　　当然，罗汝芳所讲的"当下一念"决不是指隐显无定、忽东忽西的杂
念妄想，也不是指人欲膨胀、邪佞苟且的个人算计，而是以一定的价值
原则为基础的。这种"当下一念"，是指用先圣所教的孝弟慈和、爱亲敬
长、明德亲民、止于至善等道德准则来规范自己的思想和言行，并且使
这种"正念"持之以恒，最终触发、印证自己的内在良知，于是，本心得
以"发明"，从此自觉地按照本心良知的指引而行事，日用常行间左右逢
源，皆是"道"之所在。这样一来，日常生活中，无论是行、住、坐、卧，
还是视、听、言、动，都存在一个心性涵养的工夫，只要是敬慎于当下
一念之发，便是自觉地践履了圣学工夫。例如，人不可能不生病，就是
在病中，一样有工夫可做。有一次，罗汝芳的孙子罗怀智卧病在床，罗

---

　　① 《罗汝芳集》，第 121 页。

汝芳对他也进行了一番教诲，史载：

> 怀智卧病。
> 祖曰："病中最好用功，不可错过。"
> 智曰："甚难为力。"
> 祖曰："汝似无病时，便是工夫。"①

古人治病时服的是中药，比起今天的西药来，见效往往比较慢，因此，古人一生病，往往是要"将息两三个月"。这么长的时间，对于患者的心性修养水平，是一个实在的考验，因此，罗汝芳强调"病中最好用功，不可错过"。当然，生病时人看不得书，做不得事，但是，心中不必焦虑，要诸事放下，这样病才能好得快。因此，罗汝芳说："汝似无病时，便是工夫。"又说："病中常自快活，便是工夫。"②客观地讲，在患病期间，如果能够保持人的心性平和无事、自在快活，那么，这个人的心性修养功夫已经达到相当高的水平了。无独有偶，王阳明在世时也曾教导弟子们要善于格"病物"（物者，事也③）有一次，他的弟子陈九川患病，师徒之间也有过一番对话：

> 九川卧病虔州（即赣州），先生云："病物亦难格，觉得如何？"对曰："功夫甚难。"先生曰："常快活，便是工夫。"④

罗汝芳和王阳明两人的回答，几乎如出一辙。并不是罗汝芳要抄袭心学宗祖的话语，而是因为在这种情况下，确实是以一个人的心性状态，便可证明他的工夫水平。而任何人的心性状态，又可以从他的一念之发中体现出来，因此，敬慎于日用之间的当下每一念虑，的确是心性修炼的工夫所在。

由于"言不尽意"的缘故，有时候，慎于"当下一念"的教法也会引起一些学者的误解，譬如：先圣孔子教曰："人无远虑，必有近忧。"又如：《中庸》说："凡事预则立，不预则废。"这些话，都表达出一种理性主义的认识方式。因此，有的学者以为，如果仅仅注重当下一念，似乎不足以

---

① 《罗汝芳集》，第423页。
② 《罗汝芳集》，第423页。
③ 《王阳明全集》卷6，第972页。
④ 《王阳明全集》卷3，第94页。

成为工夫之要。其实，这是一种不善致思而导致的误解，罗汝芳注重的当下一念，并不是反对人们抛弃长远之见，而是主张从当下一念开始，踏踏实实地践履和体悟圣学工夫，正如《老子》所说："九层之台，起于累土；千里之行，始于足下。"罗汝芳自己也明确地讲过类似的话："譬如行路，千里万里，只是出门一步趋去；千年万年，亦只是当下一念积成。甚哉！其机之可畏，而其发之当慎也。"又有一些儒者（如吉水人罗洪先），发现有的王门后学经常"当下冒认本体"，把自己的一念情欲当成了本心之发现（亦即王栋所说"以寻常任气作用误认良知"），因此不愿接受"当下一念"的工夫论。为此，罗汝芳与友人之间有过一次探讨，史载：

> 乾斋甘公问："念庵先生不信当下，其见云何？"
> 师曰："除却当下，便无下手，何可不信？"
> 甘曰："今人冒认当下，便是圣贤，及稽其当下，多不圣贤。此念庵先生所以不信也。"
> 师曰："当下固难尽信，然亦不可不信。如当下是怵惕恻隐之心，此不可不信也；当下是纳交要誉之心，此不可尽信也。不可不信而不信之，则当下不识本体，此其所以不著察；不可尽信而苟信之，则当下便冒认本体，此其所以无忌惮也。善学者，在审其机而已。"①

　　罗汝芳的这段话表明，对于现实生活中的人和事，学者需要善于"审其机"。有的人自我标榜当下一念时，其实是"纳交要誉之心"在作祟，对于这种人，当然不可尽信。但是，如果一个人的某项作为确实出自"怵惕恻隐之心"，那么，也不可不信。如果"不可尽信而苟信之，则当下便冒认本体"，可能助长一些人的肆无忌惮之心；如果"不可不信而不信之，则当下不识本体"，错过了觉悟本心的机会。因此，"除却当下，便无下手（处）"，无论是对人还是对己，敬慎于当下一念，都是心性修炼工夫的必由之路。

　　当然，敬慎于当下一念，只是入门下手的工夫，只有对一念之善者持之以恒，不断扩充，才可能使自己的先天良知充分体现，才可能使自我的人格上升到圣者的境界，正所谓"德性虽赋诸天，扩充全资乎己"。在与友人对话中，罗汝芳也谈及了这一问题，史载：

---

① 《罗汝芳集》，第402页。

甘曰："怵惕恻隐，便是圣贤否？"

师曰："此是圣体，扩而充之，便是圣贤。"

请问："何以扩充？"

师曰："有所不忍，达之于其所忍，扩充之功也。若只见得怵惕恻隐之心，而不加扩充之功，亦只是闪电光，而难以语于太阳照矣。"①

罗汝芳的这番话，其实是在重复先秦孟子的原意，孟子说："凡有四端于我者，知皆扩而充之矣，若火之始然，泉之始达。苟能充之，足以保四海；苟不充之，不足以事父母。"②无论是先圣还是后圣，都是在强调后天修习的重要性，那就是：日用之间，当下一念，皆是心性工夫之所在，如果放弃体认和扩充之功，那么，先天良知（即"圣体"），将被埋没和障蔽，虽可偶闪电光，而不足以成就阳光普照之大用；反之，如果能够敬慎于此，并持之以恒地积累、扩充，那么，圣人门庭，终有可到之日。

三、"以不屑凑泊为工夫"

敬慎于当下一念的教法，只是对于初学者而言的工夫论。有的学者，按照圣人之教践履了一段时间之后，便发现颇受拘束，甚不自在，而且心中的新旧观念混杂烦扰，令人神魂不定，不知所从，还不如从前的心理状态平稳。对此，罗汝芳采取不破不立的教法，提出了"以不屑凑泊为工夫"的思想，以期解决门人中普遍存在的这一问题。其中，有一段对话很具有代表性，史载：

问："向蒙指示……承教之后，日复一日，翻觉工夫再难凑泊，而心胸茫无畔岸也，若将奈何？"

罗子曰："此中有个机括，只怕汝或不能以身承当尔。"

曰："教我如何承当？"

罗子曰："汝若果然有大襟期，有大气力，又有大识见，就在此安心乐意而居天下之广居，明目张胆而行天下之达道。工

---

① 《罗汝芳集》，第 402 页。

② 《孟子·公孙丑上》

夫难得凑泊，即以不屑凑泊为工夫，胸次茫无畔岸，即以不依畔岸为胸次。解缆放船，顺风张棹，则巨浸汪洋，纵横任我，岂不一大快事也耶？"

　　大众哗然曰："如此，果是快活。"①

　　从表面上看起来，罗汝芳所说的"工夫难得凑泊，即以不屑凑泊为工夫"，似乎和前文阐述的"敬慎于当下一念"的修行方法有些矛盾，实际上，这是针对不同水平、不同情况的学者而言的。"敬慎于当下一念"，是教给入门者一种可操作性的修习方法，如果运用得当，能够慢慢地将学者的心思纳入一种符合圣人之教的"轨道"。不过，有的学者在修习过程中，把圣贤之教奉持过甚，事事不敢自作主宰，在这种"轨道"中走得很是劳苦，因此，罗汝芳告诉他们"不必汲汲便做圣人"②，这些学者听从之后，一时放下了不必要的执著感，但同时也不知如何继续用功，心中不免产生"茫无畔岸"的空虚感。面对这种茫然无奈的情绪，罗汝芳对症下药，开出了"工夫难得凑泊，即以不屑凑泊为工夫，胸次茫无畔岸，即以不依畔岸为胸次"的"药方"。这是一种从否定意义而立论的工夫论，针对那些被旧有方法所限制的学者，帮助他们破除拘紧，自信其心，解脱束缚，重获自由。

　　古往今来，有不少修道者，在诚笃地修习了一段时间后，不知不觉地失去了对自我的真实感觉，或者拘紧，或者疑惑，或者茫然，总之是自家的心理与先圣所说的"天理"不能吻合，于是心上不得安稳，不知所依，茫无畔岸。但是，能够走到这一步，说明他们的修习都有一定的基础和成效，说明他们正好是"在路上"的修道之人，因此，应当大胆地把这些茫然和疑惑统统扫除。既然你已经处于"广居"之中，走在"达道"之上，那么，所行无错，错在自疑，不妨"就此安心乐意而居天下之广居，明目张胆而行天下之达道"，如果真的产生"难得凑泊"的疑惑，那么不妨"以不屑凑泊为工夫"，如果真的出现了"茫无畔岸"的失落，那么，不妨"以不依畔岸为胸次"，因为你是自由的，不必在意什么成法和规范，就像自由的水手驾使了一艘帆船一样，"解缆放船，顺风张棹，则巨浸汪洋，纵横任我"，这是一种修道过程中体认到的自由境界，在这种"纵横任我"的自由境界中，人们可以体会到莫大的快乐。

------

① 《罗汝芳集》，第62页。
② 《罗汝芳集》，第62页。

　　或许有人会质疑："以不屑凑泊为工夫"，只是从否定意义上讲的工夫论，如果从正面立论，那么，对于已经修行了一段时间的学者而言（他们的修道实践已经有了相当的深度，不再是入门水平），应当采取什么样的方法继续修行，才能使自己的修行符合圣人之道呢？对此，罗汝芳成竹在胸，他提出了"浑身视听言动，都且信任天机自然"的工夫论，换句话说，对于修行已经有了一定造诣的学者而言，这个时候，没有固定不变的经典成说可以指导你的修行，必须相信自己的先天良知，依靠自己的良知指引，"浑身视听言动，都且信任天机自然"，沿着这条路继续走下去，便是通向悟道成圣之路。有一次，罗汝芳和他的门徒之间就此问题展开了一场对话，史载：

　　　　（门人）曰："据先生所教，似谓吾身本自有复。但某尝反观胸中，固有灵衷炯炯之时，乃不久而昏懵；固有循循就道之时，乃不久而躁妄。岂真阳既复之后，更如是其不一耶？"

　　　　罗子曰："君子之学，原自有个头脑。……今君不能以天理之自然者为复，而独于心识之炯然处求之，则天以人胜，真以妄夺。君试反而思之，岂尝有胸中炯然，能终日而不忘耶？事为持守，能终日而不散耶？即能终日，夜则又睡着矣。"

　　　　曰："果是。夜间梦魂纷扰，不能禁当，尚望先生明白指示，如何乃得头脑端的？"

　　　　罗子曰："头脑岂是他人指示得的？请君但浑身视听言动，都且信任天机自然，而从前所喜的胸次之炯炯、事务之循循，一切不做要紧，有也不觉其益，无也不觉其损，久则天自为主，人自听命，所谓不识不知而顺帝之则矣。"①

　　上述对话中，这位提问的门人已经有了相当的修行水平。他静坐时能够出现"胸次之炯炯"的景象，处事时能够符合"事务之循循"的法则，但是均不久而昏懵或躁妄。因此，他很希望学得一个方法，使自己能够保持"胸次之炯炯、事务之循循"的良好状态，以便继续深入修习，直至觉悟圣人之道。这位门人的不足之处，就是在修行已有一定造诣之后，产生了"留恋光景"的毛病②，因此，罗汝芳一针见血地指出：无论是"胸

①　《罗汝芳集》，第 223 页。
②　关于罗汝芳的"破光景"的思想，笔者将在下一章中专门论述。

次之炯炯"，还是"事务之循循"，修道者都不可以留恋此类光景，必须以"天理之自然者为复"方是正道。况且，即使想留恋这些光景，也是办不到的，结果只能是真假莫辨，时得时失，反而扰乱了自己的心神。这位门人有省，请罗汝芳进一步指示学问头脑。罗汝芳明确地告诉他："请君但浑身视听言动，都且信任天机自然"，对于已有的修行所得，"一切不做要紧，有也不觉其益，无也不觉其损"，只要能够遵循天机之自然，那么，久而久之，功夫熟化，必然达到"天自为主，人自听命"的境界。这时，已然是"不识不知而顺帝之则"了。在此需要指出，罗汝芳所讲的"天"、"帝"、"天机"、"天理"等范畴，其实指的都是同一个东西，即人的先天良知本体，不虑而知，不学而能，可以指导人们处理任何事情。所谓"信任天机自然"，其实就是按照良知的指引，自然而然地行事，这便是修道的正法。

有的学者，能够按照罗汝芳所讲的"浑身视听言动，都且信任天机自然"的工夫论深入修行，可是，他们还是要问：如何判定自己的修习是否真的恰当，能够符合先圣所讲的"止于至善"的标准呢？对于这样的问题，罗汝芳也一样不厌其烦地与门人展开交流探讨，史载：

> 一友自述："（从前）平日用工，只在念头上缠扰，好静恶动，贪明惧昏，种种追求便觉时得时失、时出时入，问断处常多，纯一处常少，苦不能禁。（闻罗子之教后），方悟心中静之与动、明之与暗，皆是想度意见而成，感遇或殊，则光景变迁，自谓既失乃或倏然形见，自谓已得乃又忽然泯灭，总无凭准。于是一切醒转，更不去此等去处计较寻觅，却得本心浑沦，只不行分别，便自无间断。譬如坐在此大厅中，则凡门户砖瓦皆是此厅，即行动旋转莫非我厅矣，真是坦然荡荡、悠然顺适也。"
>
> 或诘之曰："汝谓此心浑沦，常时无间。其于本体诚然，但不知学问工夫却在哪处？"
>
> 旁一友从而质曰："兄试说他此心浑沦，常无间断，果是果不是？"
>
> 答曰："如此浑沦，岂有不是之理？如此浑沦是了，又岂有不算学问之理？"
>
> 诘者曰："然则善都不消为，而恶亦不必去耶？"
>
> 旁友不能答。

　　先生乃代之言曰："亦只患他的浑沦不到底尔。盖浑沦顺适
处，即名为善，而违碍处，便名不善也。故只浑沦到底，即便
不善，化而为善也。非为善去恶之学而何？"众皆有省。①

　　在这一段师徒之间的交流中，一位门人讲述了自己听从罗汝芳的教
诲之后，不再去分别计较，结果是"得本心浑沦，只不行分别便自无间
断"，其受用已是"坦然荡荡、悠然顺适"。应该说，这位门人的修习水平
较前文提问的那两位门人明显要高出许多。但是，别的与会者却提出了
各种质疑，包括："此心浑沦，常时无间，其于本体诚然，但不知学问工
夫却在哪处？"继而问：如果此心浑沦无间断即是学问工夫，那么，儒家
所讲的为善去恶工夫还需要去做吗？对于这样的疑问，罗汝芳明确地指
出："浑沦顺适处，即名为善，而违碍处，便名不善也。故只浑沦到底，
即便不善，化而为善也。非为善去恶之学而何？"这段话表明，如果一个
学者潜心修习圣人之道，内心达到浑沦顺适，无计较分别的状态，那么，
这已经是先天心体的表征，也即是至善的境界；相反，如果内心中矛盾
种种，冲突违碍，那么，这其实是不善的表现，因为心中的"天人交战"
和计较执著，搞得自己心神不定，施害者与受害者都是自己，即使勉强
奉行圣人之道，又何善之有？因此，学者通过笃实的修习，渐渐达到了
"浑沦顺适"的状态，应该继续保持发扬下去，因为这种"浑沦顺适"正是
人们突破了后天道德规范的制约，自觉地依从先天良知而行事的表现。
因此，罗汝芳对于这位门人的评价是："只患他的浑沦不到底尔。"既然有
如此体会和受用，那么，就应当坚持和保任，从勉为其难的修习水平上
升到不勉而中的自如境界，从一般的道德水准上升到"天人合一"的"至
诚"境界。至此，学者的修道工夫已经从"有为"化作"无为"，从后天返还
先天了。

　　由是可见，罗汝芳的工夫论，针对不同修习水平的学者而展开，体
现出丰富的层次和精深的内涵。"日用之间，当下一念"，是针对入门者
而言的，贵在持之以恒，推广扩充。"以不屑凑泊为工夫"是对修行已有
一定基础的学者而言的，目的是使他们放下执著，解脱束缚，重获自由。
罗汝芳认为，对于修行已有一定造诣的学者而言，已经没有书本成说可
以"指示头脑"，应该按照"浑身视听言动，都且信任天机自然"的道理去
指导自己的学问工夫继续深入，如果达到了"心地坦荡，浑沦顺适"的状

---

　　① 《罗汝芳集》，第202页。

态，那么，这便是修行的最佳受用和成功标志，应该把它坚持到底，直至天人合一的圣者境界。

四、师友共修，优游涵养

在罗汝芳的工夫论中，有一个非常有特色的地方，那就是注重师友共修、优游涵养。虽然师友共学相长的道理并非罗汝芳的发明，不过，在明代，像罗汝芳这样高度重视师友共修涵养的儒者，恐怕也是绝无仅有的。泰州学派的王栋曾经举例说："闻罗近溪会学某处，一友问：'离却朋友便不济，如之何？'公答曰：'谁教你离了朋友来？'此语泛然听之，若是戏谈取笑，不知此是真实正当之论，圣人复起，不易斯言者也。"①那么，罗汝芳重视师友共修的思想究竟体现在哪里？何以有这么大的影响，以至于得到了在泰州学派中比他辈分要高的王栋的充分肯定呢？

早在先秦时期，儒家就比较重视师友共学相长的道理。《周易·兑卦》的《象传》说："兑，丽泽，君子以朋友讲习。"②这句话的意思是说：兑卦，是两个水泽并连在一起，象征悦乐，君子因此与良朋益友一起共同讲习道理，其乐融融。孔子生前多次讲过结交贤友的好处，他说："有朋自远方来，不亦乐乎？"又说："益者三乐：……乐多贤友也。"曾参亦曰："君子以文会友，以友辅仁。"（《论语·颜渊》；文，不是辞章修养之意，按朱熹的注解："道之显者谓之文，不曰道而曰文，亦谦辞也。"③）先秦儒者还说："独学而无友，则孤陋而寡闻"④总之，重视求师问友，师友之间共同交流切磋，这是儒家一贯提倡的学问修养之道。

到了明代中期，心学思潮大行于世，这不是那种应付科举考试的记问之学，也不是文人雅兴所致的词赋之学，必须依靠学者的真诚心愿和笃实涵养，才能有所体认和收获。在实地修习的过程中，往往有问题需要及时得到解答，有体会需要与人交流，因此，老师、朋友的指点与帮助是十分必要的。除此之外，在由同道之人结成的儒者群体中，因为志向相同，兴趣相近，形成了一定的良好氛围，有益于学者摒除社会上的不良习染，改造自身的气质之性，因此，师友之间的合群共修，是十分珍贵的人生因缘。自王阳明之后，大凡心学思潮的信奉者，通过讲会、乡约等形式，大多都结成一定的群体，相互切磋、同修共进。泰州学派

---

① 《明儒王一庵先生遗集》，第183页。

② 《周易译注》，第476页。丽，并连之意。

③ 《四书集注》之《论语章句·子罕第九》，第158页。

④ 《礼记·学记》

的开创者王艮曾说："良知一点分分明明，亭亭当当……此至简至易之道，然必明师良友指点，工夫方得不差，故曰：道义由师友有之。"①这一思想，被罗汝芳完全继承，并发扬光大。他一生讲学不倦，"身所止处，弟子满座，未尝以师席自居"，同时，"接引友朋，随机开发者，亦不知其数"。② 在讲学传道的过程中，罗汝芳越发重视师友共修的必要性，经常以此教诲门人，在这一方面也形成了自己独到的思想见解。

第一，罗汝芳阐述了学者应重视师友共修的原因，他说：

> 良知，修之本也；师友，修之群也。故本立则群附，群附则业广，业广则行成。③

这段话的意思是说：良知是学者修道的内在主体，而师友是学者修道的社会群体。有了良知的自觉，才能有师友这一社会群体的"同气相求"，然后方能达到"业广"而"行成"的目的。

或许有人认为，一人独修也可入道，对此，罗汝芳评价说：

> 吾人一时觉悟，非不恍然有见，然知之所及，犹自肤浅。此后须是周旋师友，优游岁月，收敛精神，以凝结心思。④

需要指出，罗汝芳此处所说的"觉悟"，只是修行过程中出现的有所省觉而已，并不是严格意义上的"悟道"（如王阳明的龙场悟道），虽然"恍然有见"，但是"知之所及，犹自肤浅"。对于单个的学者而言，即使再聪明颖悟，一人所得与所见毕竟有其局限性，因此，非常需要良师益友的彼此交流和相互砥砺，这样方能开拓视野，涵养德行，提升自己的道德境界。众所周知，儒、释、道虽然同样以求道为目的，但是修行方法却大不相同。儒家从不讲什么出世逃禅，闭关修炼之类的方法，始终坚持入世原则，如孔子所说："鸟兽不可与同群，吾非斯人之徒与而谁与？"明代心学一派亦坚持了先秦儒家的这一思想传统。从王阳明开始，中经王艮，再到罗汝芳，都反对入山静修之类的做法。王阳明曾对想入山修行的弟子刘君亮说："汝若以厌外物之心去求之静，是反养成一个骄惰之气

---

① 《王心斋全集》卷2《与俞纯夫》，第43页。
② 《罗汝芳集》，第832页。
③ 《罗汝芳集》，第381页。
④ 《罗汝芳集》，第120页。

了。汝若不厌外物，复于静处涵养，却好。"①王艮则告诫在山中静修的友人俞纯夫，说："深坐山中，得无喜静厌动之僻乎？肯出一会商榷，千载不偶。"②罗汝芳亦对有这种思想倾向的门人说：

> 今欲学为圣人，而非特立坚志，亲就良朋，且欲脱尘烦，专居静地，以博学审问，慎思明辨，其能有成者，盖百无一二矣。③

罗汝芳的这番话表明，圣人之学与释、道之教是有本质区别的。儒家的修道方法，应当是"特立坚志，亲就良朋"，始终在现实生活中笃行实修，如果幻想"欲脱尘烦，专居静地"，再来从事什么"博学审问，慎思明辨"的学问工夫，能够由此而获得成功者，百无一二。或许有人以为，罗汝芳这番话说得未免太过，等于否定了许多避世修行的佛、道高人的修行方法和成就。其实不然，人类区别于其他动物的根本区别就在于人的社会性。如果一个修道者暂时地找一个僻静之地修身养性，打好一个基础，或者调整一下自己的心态，这都不失为一种有益的"权法"。但是，这个人最终还是要回到现实的社会生活中来，这是谁也逃避不了的。况且，"专居静地"之时，一个人的心态平静下来，这并不算数，只有回到现实生活中，面对名利等外物诱惑而心地不再扰动，这才叫作经受住了考验。因此，现实生活是人间最好的道场，是心性修炼最佳的砥石。在现实的社会生活中，如果善于寻找良师益友，与他们共同交流探讨，砥砺切磋，那么，必能事半而功倍地提升自己的修行境界。有时候，作为圣人之学的弘扬者，师友的言行举止，为自己树立了可资效法的人格榜样；有时候，作为修道事业的过来人，师友之间的几句话，可能超过自己读书千卷、苦思数年的功效。因此，以真诚而开放的心态去结交良师益友，这是儒家修道之人的必然选择。

第二，有了这样的师友观，罗汝芳便以此拳拳之心去教导门人，使他们懂得师友共修的重要意义。例如，1564 年（嘉靖四十三年，甲子），时任宁国知府的罗汝芳进京觐见，途经南京时，与当地官员、儒生等一同讲学论道，忙得不亦乐乎。临别时，他对门人吴礼卿讲了一番话，史载：

---

① 《王阳明全集》卷 3，第 103 页。
② 《王心斋全集》卷 2，第 43 页。
③ 《罗汝芳集》，第 270 页。

　　罗子谓吴礼卿曰："子之学久矣，而不见有进，何也?"

　　友惊问其故。罗子曰："吾不见子家座上有二三十友也，以此知学之不进。"①

最后一句话，在《罗汝芳集》中另一处记作：

　　只是讲学，只是聚朋友便了。（待）予今觐回，不见子家座上常有二三十客，便是子学不长进矣。②

　　罗汝芳的这番话，突出地表明了与师友互相切磋、同修共进的重要性。当然，对于这番话不能机械地理解，以为必须要有二三十人以上的师友共修方可进道，因为若是家境贫寒之士，恐怕负担不起"座上二三十友"的食宿开销。然而，良师益友不在人数多少，关键在于能够相互砥砺，共同切磋，取长补短，以期达到提升学问工夫和道德境界的目的。

　　除了自己要跟从良师益友之外，罗汝芳认为，有条件者，还要为兄弟子侄们选择好的朋友，以促进他们的成长。有一则事例耐人寻味，史载：

　　一友中夜兴叹。

　　罗子因起问曰："何叹?"

　　曰："先生云：'学在孝弟。'某有继母，初虽不顺，后委曲事之，亦能得其欢心。至有一弟粗率，屡年化之，终不见从，须是如何用功?"

　　罗子曰："君亦曾择好友与之处否?"

　　曰："未也。"

　　罗子曰："即此便见汝爱弟未至处。夫兄弟手足也，若汝手伤血流，则呻吟号呼，求人问药，肯少停时刻哉?"

　　此友感泣悟。③

　　罗汝芳面对这样一位中夜兴叹的友人，问明原因之后，从旁启发说：

---

① 《罗汝芳集》，第 378 页。
② 《罗汝芳集》，第 394 页。
③ 《罗汝芳集》，第 201 页。

"如果是你的手受伤流血了，你一定会呻吟不已，到处求医问药，一刻都不肯耽误。俗话说：兄弟如手足，现在你的弟弟有性情粗率之病，你为什么不赶紧替他想办法？可见你爱兄弟尚未到仁至义尽之处啊。"罗汝芳的"药方"是：既然兄长本人劝化不了他，何不替他找几个好的朋友相处，慢慢地劝化他的性格呢？这个方法是颇通人情世故的。孟子曾阐述过"古人易子而教"的道理，他说："父子之间不责善。责善则离，离则不祥莫大焉。"①父子之间如此，兄弟之间也是如此，因此，最好的办法是为弟弟选择一些品行端正、学问纯粹的朋友，让他们相处，可以受到美德善行的熏陶，不知不觉地改造了旧有的性格，这样，兄长爱护弟弟的手足之情也就蕴含其中了。

第三，罗汝芳认为，与师友相处，应当有和气的言语和谦虚的态度，还要有不耻下问的勇气，这样才能从他人身上学到有益的东西。他说：

> 夫学须友也，友以谦虚能受为益。既问于师，又辨于友，善斯备矣，可不求欤？②

又对一名叫王潜的门人说：

> 聚友讲学，全要面皮厚，度量宽，言语和始得，否则，人将望望然去矣。③

罗汝芳对门人所说的这些品德，其实都有一个隐性前提，那就是要有一种开放的心态，如果连这种开放心态都没有，那么，什么谦虚和蔼、不耻下问，都根本谈不上。在这一方面，罗汝芳是怎么要求门人，自己便率先怎么去做的。他在会试得第之后，不就廷试而归，"寻师问友，周流四方者十年"，④ 也曾遭受过冷遇，还曾吃过闭门羹，但是他"或通或拒，咸不为意。其相晤者，必与之尽谈乃已"。⑤ 在游学途中，罗汝芳有时"路逢客侣，相见即忻忻，谈笑终日，疲倦俱忘，竟亦不知其姓名"。⑥可见其为人心态开放通达，平易近人，难怪能博采众家之长，自成一体

---

① 《孟子·离娄上》
② 《勖白鹿洞诸生四条》，见《罗汝芳集》，第714页。
③ 《庭训记言行遗录》，见《罗汝芳集》，第410页。
④ 《罗汝芳集》，第829页。
⑤ 《罗汝芳集》，第839页。
⑥ 《罗汝芳集》，第113页。

精深之说了。即使做官之后，罗汝芳一样对于路遇之人采取开放而友善的态度。万历元年(1573)，罗汝芳奉旨北上进京，记述途中见闻，留下了珍贵的《癸酉日记》，日记中记载：农历二月初十日，"早，自沙下开舟……晚，值村庄，主人具酒菜，笑谈甚剧，亦一乐事。细味工夫，觉更简易。"①说的是傍晚时分，罗汝芳以旅行者的身份，弃舟上岸，到了某一田野村庄，和淳朴好客的江西老表边吃边聊，谈笑得十分畅快，足见其心态之开放和友善。其实，这正是圣人的工夫所在，寻常日用之间，便可践履和体认，连他自己都说："细味工夫，觉更简易。"对于修道者而言，与萍水相逢者相处尚且如此，那么，面对师友同道之人，像谦虚和气、心胸宽广，不耻下问等品德更加应该具备，因为只有这样，才能从师友身上学到更多的东西，才能实实在在地提高自己的道行。罗汝芳晚年，教诲其孙罗怀智说：

> 《易》谓兑为朋友讲习。夫朋友，以人合之，伦也，而讲习且云至乐，若父子兄弟，志同道合，则霄壤之间，更何物可胜此耶？幸而有之，汝须珍重。②

罗怀智是孙辈中被视为学术传人的一位，罗汝芳对他的教诲有很多，其中，这一番话特别强调了朋友讲习的重要性，希望他能够在父子兄弟间保持和发扬这一作风，优游涵养，交修共进。由是可见，罗汝芳对于师友共修这一学问工夫的强调，是发自内心，贯彻终身的，又因其符合儒家一贯的思想主张，因此，在当时产生了广泛的影响和认同，也就不足为奇了。

---

① 《癸酉日记》，见《罗汝芳集》，第726页。值，逢，碰到。
② 《罗汝芳集》，第424页。

第五章　罗汝芳心性哲学的工夫论(下)

第一节　静坐与入悟

一、静坐体悟是宋明理学的常用方法

静坐体悟与涵养是自古即有的心性修炼方法，其源头可能出自原始宗教的斋戒活动。在《庄子》内篇《人世间》中，庄子假托孔子与高徒颜回之间的对话，介绍了"心斋"这样一种可操作性的修道方法：

> 回曰："敢问心斋。"仲尼曰："若一志，无听之以耳而听之以心，无听之以心而听之以气。听止于耳，心止于符。气也者，虚而待物者也。唯道集虚，虚者，心斋也。"①（若，你；符，接合）

在"心斋"的基础上，庄子还在内篇《大宗师》一文中阐述了"坐忘"这样一种高层次的得道境界：

> 他日，（颜回）复见……曰："回坐忘矣。"仲尼蹴然曰："何谓坐忘？"颜回曰："堕肢体，黜聪明，离形去智，同于大通，此谓坐忘。"仲尼曰："同则无好也，化则无常也。而果其贤乎！丘也请从而（而，同尔）后也。"②

《庄子》分内、外、杂三篇，可信其为庄子原作的是内七篇，包括上述《人世间第四》和《大宗师第六》两篇。据此可见，早在先秦时期，道家已经有了很成熟的静坐涵养的技术和成效，由此影响到同时期的儒家学

---

① 曹础基校注：《庄子浅注》，北京，中华书局，1982，第55页。
② 曹础基校注：《庄子浅注》，北京，中华书局，1982，第109页。

者，也是情理之中的事情。与此同时，在喜马拉雅山南麓的古印度一带，早就流行着佛教和各类宗教的禅定修习方法，这种以息心静虑为基本特征的宗教修习方法，随着佛教的传入也被带到了中国，与道教的静坐方法一起，从侧面影响着传统儒家。由于先秦儒家早有"人生而静，天之性也"①的认识，因此，并不排斥这样一种来自外道的修习方式。渐渐地，儒家学者也开始把静坐体悟与涵养当成一项有益的功课去做。从北宋中期开始，自周敦颐提出"圣人定之以中正仁义而主静"的命题之后，静坐体悟和涵养逐渐成为宋明理学通行的修道方式。例如：

> 性学指要，谓元公（指周敦颐）初与东林聪游，久之无所入。聪教之静坐。月余，忽有得，以诗呈曰：书堂兀坐成机休，日暖风和草自幽。谁道二千年远事，而今只在眼前（眼前，本作"眼睛"，据文义改）头。聪肯之，即与结青松社。②

又如，二程兄弟年轻时受周敦颐影响，静坐涵养颇有心得，后来讲学时同样以此为教，史载：

> 谢显道习举业，已知名，往扶沟见明道先生受学，志甚笃。明道一日谓之曰："尔辈在此相从，只是学某言语。故其学心口不相应，盍若行之？""请问焉。"曰："且静坐。"伊川每见人静坐，便叹其善学。③

又如：

> 暇日静坐，（林）和靖、孟敦夫、张思叔侍，伊川指面前水盆语曰："清静中一物不可著，才著物便摇动。"④

由是可见，程颢与程颐都是静坐涵养的高手。他们教导弟子进行静坐涵养的工夫实践，许多弟子因此成为深得其中"三昧"的高人。其中，

---

① 《礼记·乐记》，见《五经全译》，第350页。
② ［清］黄宗羲原著，全祖望补修：《宋元学案》卷12《濂溪学案下》，北京，中华书局，1986，第524页。按：南宋嘉定十三年（1220年），朝廷追谥周敦颐为"元"，程颢为"纯"，程颐为"正"。
③ 《河南程氏外书》卷12，见《二程集》，第433页。
④ 《河南程氏外书》卷12，见《二程集》，第430页。

影响最大的莫过于杨时。杨时曾教导门人说：

> 《中庸》曰："喜怒哀乐之未发谓之中，发而皆中节谓之和。"
> 学者当于喜怒哀乐未发之际，以心体之，则中之义自见。执而
> 勿失，无人欲之私焉，发必中节矣。发而中节，中固未尝
> 忘也。①

这段话中，"于喜怒哀乐未发之际，以心体之，则中之义自见"，明确指出了静坐涵养以体悟"中"之本体的方法。杨时深得二程之赏识，当他学成南归时，程颢送之出门，对座中客曰："吾道南矣。"②他回到福建，广授门徒，其中，得心传者乃罗从彦，罗从彦之徒中，入室者乃李侗。二人均将杨时传授的静坐涵养的方法持续终生，且深得意蕴。李侗这样回顾罗从彦：

> 某曩时从罗先生学问，终日相对静坐，只说文字，未尝及
> 一杂语。先生极好静坐，某时未有知，退入室中，亦只静坐而
> 已。罗先生令静中看喜怒哀乐未发之谓中，未发时作何气象，
> 此意不唯于进学有方，兼亦是养心之要。③

《宋元学案》则这样介绍李侗：

> 其始学也，默坐澄心，以验夫喜怒哀乐未发之前气象为如
> 何。久之，而知天下之大本真在乎是也。④

至此，从二程到杨时到罗从彦到李侗，形成了静坐涵养以体验未发的"道南传统"。然而，这一传统再往下事实上就中断了，程朱理学的模式发生了重大转向。众所周知，李侗的高徒就是大名鼎鼎的朱熹，他这样回顾李侗："李先生教人，大抵令于静中体认大本未发时气象分明，即处事应物自然中节。此乃龟山门下相传指诀。"⑤不过，朱熹坦率地承认，

---

① 《宋元学案》卷 25《龟山学案》，第 952 页。
② 《河南程氏外书》卷 12，见《二程集》，第 429 页。
③ 《宋元学案》卷 39，《豫章学案》，第 1286 页。
④ 《宋元学案》卷 39，第 1279 页。
⑤ 《宋元学案》卷 39，第 1291 页。

自己并没有达到李侗"体验未发"的境界，他说："然当时亲炙之时，贪听讲论，又方窃好章句训诂之习，不得尽心于此。至今若存若亡，无一的实见处，辜负教育之意。每一念此，未尝不愧汗沾衣也！"①大体而言，朱熹以章句训诂的理性主义思维方式取代了李侗等前辈的"龟山门下相传指诀"，即以静坐涵养的实践体认方式。因此，陆九渊在与其论战时曾带着挖苦的口气说："九渊窃谓老兄未曾实见太极。"②不过，客观地讲，朱熹的静坐体悟的深度虽然远不及李侗等先师，但也并非一点实践体会都没有。相较今天的学者而言，他的静坐涵养的水平绝对算是高超的了。他的很多语录和书信都表明了这一点，例如：

> 熹以目昏，不敢著力读书。闲中静坐，收敛身心，颇觉得力。③

又如：他告诫友人说：

> 病中不宜思虑，凡百可以一切放下，专以存心养气为务，但跏趺静坐，目视鼻端，注心脐腹之中，久自温暖，即渐见功效矣。④

最为有名的一句话，则是他对门人亲口说的。据《朱子语类》记载：

> 郭德元告行。先生曰："人若逐日无事，有现成饭吃，用半日静坐，半日读书，如此一二年，何患不进！"⑤

正是因为朱熹的这番告诫，后来，"半日静坐，半日读书"成为人们心目中宋明理学最基本的治学方法。当然，朱熹的治学方法主要还是以理性思辨和章句训诂为主，真正将"道南传统"继承并发扬光大的反倒是陆王心学一系。仅以陆九渊和王阳明二人为例，陆九渊很小的时候就有静坐的习惯，据史籍记载："先生四岁，静重如成人……常自洒扫林下，

---

① 《宋元学案》卷39，第1291页。
② 《周子通书》附录《朱陆太极图说辨》，第108页。
③ 《朱文公文集》卷46《答潘叔昌》，见王云五主编：《四部丛刊正编》，台北，台湾"商务印书馆"，1979，第53册，第798页。以下版本同。
④ 《朱文公文集》卷51《答黄子耕》，第53册，第894页。
⑤ 《朱子语类》卷116，第2529页。

宴坐终日。"①另据他自述:"长兄每四更一点起时,只见某在看书,或检书,或默坐。常说与子侄,以为勤,他人莫及。"②由是可见,陆九渊虽然没有遇到李侗那样的好师傅,但是从小却潜心践履,通过静坐涵养等方式体悟出"心即理"的生命智慧。成年后,他教导弟子时,除了讲解经义之外,静坐体悟也是其中一项重要的方法。例如,据其高徒詹阜民③记录:

> 他日侍坐无所问,先生谓曰:"学者能常闭目亦佳。"某因此无事则安坐瞑目,用力操存,夜以继日。如此者半月,一日下楼,忽觉此心已复,澄莹中立。窃异之,遂见先生。先生目逆视之,曰:"此理已显也。"某问先生:"何以知之?"曰:"占之眸子而已。"④

由是可见,陆九渊完全是以过来人的资格,来指点弟子静坐涵养,直至其"开悟"为止。另一位心学宗祖王阳明,年轻时曾在家乡阳明洞旁结庐修炼,"行导引术,久之,遂先知。"⑤当他三十七岁被发配至贵州龙场驿时,"日夜端居澄默,以求静一,久之,胸中洒洒……忽中夜大悟格物致知之道,寤寐中若有人语之者,不觉呼跃,从者皆惊。"⑥此后,他广收门徒,传授自己的心学思想,其中可操作的方法之一,便是静处体悟。他的弟子几乎都是静处体悟的高手,其中把静处体悟看得最重的莫过于聂双江,后来形成了王门中的归寂派,在江西广有影响。与此同时,也产生了一些偏颇之弊,因此,需要罗汝芳等人予以救正,这样才有了罗汝芳关于"破光景"的许多论述。不过,总体而言,静坐体悟是宋明理学普遍通行的一种涵养心性和体悟至道的实践方法,这一点,正是现代学人大多缺乏实践体会的,我们对于理学家很多思想的误解和模糊认识,都源于当代人的学术研究模式与古人有此重大的差别。

---

① 《陆九渊集》卷36,《年谱》,第481页。
② 《陆九渊集》卷35,《语录下》,第463页。
③ 詹阜民,字子南,生卒年不详,官至徽州知州。其行实见于《宋元学案》卷77《槐堂诸儒学案》。
④ 《陆九渊集》卷35,《语录下》,第471页。
⑤ 《王阳明全集》卷33,第1225页。
⑥ 《王阳明全集》卷33,第1228页。

二、罗汝芳对于静坐工夫的体认和阐述

客观地讲，罗汝芳对于静坐体悟的工夫，在同时代的名儒中谈论得比较少，他讲的更多的是以孝、弟、慈为本，去格物、求仁或致良知，以至于当时即有人误会，以为近溪并无工夫，只会讲些伦理道德的说教。这完全是一种误解，在《罗汝芳集》中，有一篇十分珍贵的《癸酉日记》，是罗汝芳记载自己于万历元年(1573)奉旨北上进京应召的旅途经历。他的行进路线是沿赣江到鄱阳湖到长江到大运河，走的都是水路。在船中无事时，罗汝芳不是读书，便是静坐，并且留下了相应的记录，例如：

> 二月廿三，"夜坐，心体甚稳契。"
>
> 廿四日，"因夜，持心方便，遂觉无优劣，无前后，无内外，步步着实，安闲自在。"
>
> 四月初五日，"尽日狂风，闭蓬静坐，心体浑然，更是亲切。"
>
> 四月十六日，"静坐终日，觉得力。"
>
> 四月十七日，"静坐读书，甚觉日长可爱。"①

从这些言之凿凿的记载可见，罗汝芳有着相当深湛的静坐工夫，只是不轻易外露，不以此为教法之重点而已。这篇《癸酉日记》，是其孙罗怀智在罗汝芳去世后偶然发现的，据他自述："偶过酒肆，得败书八页于覆瓮纸中，目之，乃先子癸酉年日记也，遂制成册，传之子孙。"罗怀智特别强调："观此，则世以无工夫訾先子者，可少释矣。"②

其实，回顾一下罗汝芳的修道历程便可知，他不可能没有静坐体悟和涵养的实践。首先，对他影响最大的老师颜山农，便是从静坐涵养中"开悟"的。颜山农在《自传》中说：(二十四岁时)，"得兄钥笔传道祖阳明阐良知、引掖人心四语，曰：'精神心思，凝聚融结，如猫捕鼠，如鸡覆卵。'匹夫喜激丹灵，即俯首澄虑，瞑目兀坐，闭关七日，若自囚，神智顿觉，中心孔昭，豁达洞开，天机先见，灵聪焕发，智巧有决沛江河之势，形气如左右逢源之□。"③后来，颜山农以此方法传授弟子，还特意

---

① 《罗汝芳集》，第 728、729、735、736 页，以下引此日记者在文中夹注。
② 《癸酉日记序》，见《罗汝芳集》之《附录》，第 981 页。
③ 《颜钧集》卷 3《自传》，第 23 页。

写下了《引发九条之旨》一文。① 作为颜山农最得意的弟子，罗汝芳不可能不受到乃师的相关训导，练就扎实的静坐工夫。其次，罗汝芳会试中第之后，不就廷试而归，"寻师问友，周流四方者十年"②，"于释典、玄宗，无不探讨；缁流、羽客，延纳弗拒"③。在此期间，罗汝芳受到高僧、名道的指点、教化，通过静坐体悟和涵养以明"道"，这是再自然不过的事情。其中，他受到道人胡宗正的的指点以觉悟《易》理，就借用了静坐涵养的方式。史载："戊申（1548 年），学《易》于楚人胡子宗正……执弟子礼，胡子喜，使夫子息心而深思之，坐三月，方见许可。"④对于自己从静中开悟的经历，罗汝芳也有所回顾：

> 予初年也将自己本心，勉力探讨，于生来气性，亦强力调摄……专切久久，始幸天不我弃，忽尔一时透脱，遂觉六合之中，上也不见有天，中也不见有人有物，而荡然成一"大海"，其海亦不见有滴水纤波，而茫然只是一团大气，其气虽广阔无涯，而活泼洋溢。觉未尝一处或纤毫而不生化，其生化虽混涌无停，而几微精密，又未尝一处或有纤毫而不灵妙。然此生化，默而会之，似若影响可言，乃即而求之，实是端倪莫得，则此一团神气，充运海中，且尤未尝一处或有纤毫而不玄洞虚通也。其时身家境界，果然换过一番，稍稍轻安自在，不负平生此心。既而憬然，又觉圣人立教，原有自来，乃是即此一个神化，实体诸心，而名做一个学术。⑤

这段话中，罗汝芳讲述了自己静坐体悟的"所见"，即身处"广阔无涯，而活泼洋溢"的一团"大气"之中，天人合一，玄洞虚通，自我的感觉是"身家境界，果然换过一番"，由此才明白，"圣人立教，原有自来，乃是即此一个神化，实体诸心，而名做一个学术"。凡是有过较深静坐实践的人，一看便知道罗汝芳所言是怎么回事，可是，对于没有这种实践和体认经验的人来说，真不知道罗汝芳讲的是什么梦中呓语，于是，只好忽略不计，视而不见。不过，罗汝芳因为害怕诱导门人走上"留恋光景"

---

① 《颜钧集》卷 5，第 37 页。此篇仅余一条，其后八条缺佚，但第一条的文字已清晰显示出其内容和方法。
② 《罗汝芳集》，第 829 页。
③ 《罗汝芳集》，第 858 页。
④ 杨起元：《罗近溪先生墓志铭》，见《罗汝芳集》，第 920 页。
⑤ 《罗汝芳集》，第 355 页。

的歧途，没有明言这是自己静坐涵养的所悟，但是明眼人一读便知道他所说的究竟是指什么。

由是可见，罗汝芳早年经过静坐涵养的训练，在这方面的体悟其实很深，但是后来为了救正"归寂派"之类的偏颇，因此，讲学时谈静坐较少（但不是没有），就他自己而言，静坐体悟与涵养曾是必不可少的一项工夫。

由于明代学者已经普遍将"半日静坐，半日读书"（朱熹语）和"静处体悟，事上磨炼"（王阳明语）奉为圭臬，因此，静坐体悟与涵养成了一项通行的方法。在讲学过程中，罗汝芳有时也指点学者如何去涵养和体悟，例如：

> 诸友静坐，寂然无哗，良久有将欲为问难者。罗子乃止令复坐，徐徐语之曰："诸君当此静默之境，能澄虑反求，如平时躁动，今觉凝定；平时昏昧，今觉虚明；平时怠散，今觉整肃。使此心良知，炯炯光彻，则人人坐间，各各抱一明镜在于怀中，却请诸君将自己头面，对镜观照，若心事端庄，则如冠裳济楚，意态自然精明；若念头不免尘俗，则蓬头垢面，不待傍观者耻笑，而自心惶恐，又何能顷刻安耶？"①

罗汝芳于此处指点"诸友"：要将静坐涵养中体悟到的良知本体当成"明镜"，与自家的日常"头面"相对照，这样一来，就知道什么是美的，什么是丑的，然后依此而自加改正。需要指出的是，罗汝芳此时面对的学者门人，都不是初学之人，静坐涵养已经有一定的基础，大致能够体会到虚明寂定的本心状态，但是动静不一，工夫不能"打成一片"，因此，罗汝芳教导他们将静坐时体认到的本体状态当成"明镜"，与平时生活中的言行举止加以对照，有了参照标准，这样便可及时加以修正了。可想而知，如果罗汝芳的静坐水平不高于学者门人，那么他也无法说出这样的教诲来。

除了面对成群的听众以外，罗汝芳有时也会对于弟子进行个别辅导，以静坐的方式来指点良知本体。史载：

> 聂生继皋侍子游闽。子语曰："汝于每日五更睡觉，就榻起

---

① 《罗汝芳集》，第193页。

坐，将一切已往未来放下，试看此时景象若何？"越数日，子问聂生："坐时何如？"生曰："今日初坐，颇觉清明。既而，舟人请夫子登舟，此心移向听话上去，从此便不清明矣。"子曰："此处正当讲求。汝道舟人来请时，听是？不听是？"生曰："不得不听。"子曰："既不得不听，则何妨汝听？且道舟人未请时，亦曾有听否？"生未达。子因指座上烛云："此烛物来便照，见无物时，此照亦在，不是物来时便移向物上去照。吾心亦正如此，何曾管有物无物、行止可否，即如妍媸付物，未尝加减。知此，则听时亦不随听而去，不听时，亦自有常听者在。"①

聂继皋是罗汝芳的高徒之一，曾参与刻印《近溪子集》。这件事发生在罗汝芳晚年，罗汝芳教聂继皋每天五更时"就榻起坐，将一切已往未来放下，试看此时景象若何"，聂继皋的体会是：今日初坐时，颇觉清明，但是当船夫来请罗汝芳登舟时，自己的注意力被二人的对话所吸引，受到了干扰，因而不清明了。罗汝芳的解答是：要让自己的心灵像蜡烛一般，"物来便照，见无物时，此照亦在"，自己的心灵对于外在事物，只是如实地反映而已，"妍媸付物，未尝加减"，不管外物如何变化，内心一无所动，这样一来，"则听时亦不随听而去，不听时，亦自有常听者在"。罗汝芳的话，表明他的静坐工夫至少体会到了寂然不动的状态，否则，他无法对聂继皋的问题做出肯定的解答。

然而，罗汝芳在讲学过程中确实对静坐体悟讲得不多，有时还针对某些学者的个别情况采取了否定的态度。这是因为，很多王门后学受到佛道思想的影响，"每耽静趣，而事为多至脱略"②。这方面的表现各式各样：有的人静时寂然，而遇事则乱了章法；有的留恋光景，执著于一定层次的境界而不能再继续深造；更有甚者，有的学者为求"寂体"，忽视了求仁或格物，背离了儒家孝、弟、慈的基本宗旨。针对这种情况，罗汝芳不得不更加重视生活中的心性涵养工夫，引导学者在实际生活中提升自己的心灵境界。例如：

　　一友闭目默神，以求寂体。罗子曰："此非圣功也。盖维天之命，于穆不已，天命不已，则寂体、帝则，亦当不已。既寂

---

① 《罗汝芳集》，第 419 页。
② 《罗汝芳集》，第 272 页。这是罗汝芳的评语。

体不已，又何间乎应感？既帝则不已，又何分于知识？若必待瞑目沉思，方为归寂，则不惟于圣训不能融通，亦且于天命全来未透彻。要之，圣人工夫，至微至妙，虽遍考格言，广询达士，犹恐下手有差，入门或错。若只用一己力量，一时见解，遂去轻易下功，其不枉费时光，虚度此生者无几矣。"①

执著于逻辑分析方法的学者，当看到这段话时，完全可以得出罗汝芳前后自相矛盾的结论，其实不然。罗汝芳所批评的这位学者，很可能是受到聂双江"归寂派"思想的影响，片面重视静处体悟与涵养，对于"寂体不已，又何间乎应感"的实际情况并不融通，因此只知道成天瞑目静坐，却不懂得在行住坐卧、日用常行之间一样可以体会到"天命不已"的心体状态，一样可以练就"寂然不动，感而遂通"的心性工夫。其实，类似的观点，王阳明和王龙溪等心学前辈都曾提出，并给予了门人及时的指点。例如：

> （陈九川）问："静坐用功，颇觉此心收敛，遇事又断了，旋起个念头，去事上省察。事过又寻旧功，还觉有内外，打不作一片。"先生曰："此格物之说未透。心何尝有内外？即如惟濬（陈九川之字），今在此讲论，又岂有一心在内照管？这听讲说时专敬，即是那静坐时心，工夫一贯，何须更起念头，人须在事上磨炼做工夫，乃有益。若只好静，遇事便乱，终无长进。那静时工夫，亦差似收敛，而实放溺也。"②

又如：

> 一友静坐有见，驰问先生。答曰："吾昔居滁时，见诸生多务知解，口耳异同，无益于得，姑教之静坐。一时窥见光景，颇收近效。久之，渐有喜静厌动，流入枯槁之病。或务为玄解妙觉，动人听闻。故迩来只说致良知。良知明白，随你去静处体悟也好，随你去事上磨炼也好，良知本体原是无动无静的。此便是学问头脑。"③

---

① 《罗汝芳集》，第356页。
② 《王阳明全集》卷3，第92页。
③ 《王阳明全集》卷3，第105页。

综合这两段话的意思，表明了王阳明的基本观点：先天良知本是无动无静的，因此，随你去静处体悟也好，随你去事上磨炼也好，都不失为一种修行之法。但是，对于已经有一定修行基础的学者而言，"须在事上磨炼做工夫，乃有益。若只好静，遇事便乱，终无长进"。

王龙溪也明确说过："学非专于静坐。"①对于已入门者而言，在日常生活和事业中的心性涵养工夫，有着比静坐更为重要的意义和价值。对此，王龙溪指出："夫所谓如龙养珠，非专在蒲团上讨活计，亦只从人情事变上深磨极炼，收敛翕聚，以求超脱，只此便是养之法。吾儒与二氏所学不同，千里毫厘，其辨在此。"②这些话，都表达了与王阳明相一致的思想。然而，在王阳明身后，王学分成很多派别。王阳明的许多弟子，虽然名气很大，但是各得阳明心法之一端，并没有见到全体，因此，他们的教法中存有某些偏颇，到了罗汝芳这里，不得不用重语来实施补偏救弊之功。

当然，罗汝芳因为高度重视伦理建设的缘故，有时候对于静坐修行之法的批评未免有过当之处，最为典型的就是以下这段对话：

> 游大夫问曰："养生家守中之诀，何如？"
>
> 罗子曰："否否。内典谓：'吾人自咽喉以下，是谓鬼窟。'天与吾人心神如此广大，如此高明，盖塞两间，弥满六合矣。奈何作此业障，拘囚于鬼窟乎？"
>
> 曰："然则调气之术，何如？"
>
> 罗子曰："否否。心和则气和，气和则形和，安用调？"
>
> 曰："吾人寓形于内，万感纷错，何修而得心和？"
>
> 罗子曰："和妻子，宜兄弟，顺父母，斯和矣。"
>
> 天台耿氏闻而叹曰："此玄宗正诀也，不独伯阳归心，释迦合掌，即尼父复生，当首肯矣。"③

在这段话中，罗汝芳否定了养生家的守中之诀和调气之术，认为这些不过是"拘囚于鬼窟"的小术而已。他提出的修养方法是："心和则气和，气和则形和，安用调？"至于达到"心和"的方法则是："和妻子，宜兄

---

① 《王畿集》卷3《九龙纪晦》，第56页。
② 《王畿集》卷16《鲁江草堂别言》，第456页。
③ 《罗汝芳集》，第386页。

弟，顺父母，斯和矣。"应该说，罗汝芳在此提出的工夫论，无为无形，融于人伦日用之中，是很高明的。但是，他把守中与调气等术统统贬得一钱不值，既有失公允，也不符合实际。因此，当耿定向将近溪的话语向王龙溪转述一遍，并盛加称赞时，王龙溪委婉地批评了罗汝芳的这一观点，他说：

> 守中原是圣学，虞廷所谓道心之微，精者精此，一者一此，是谓"允执厥中"。《中庸》曰："喜怒哀乐之未发谓之中，发而皆中节谓之和。"情返于性，谓之还丹，不为养生，而养生在其中矣。夫学问只是理会性情，吾人此身，自顶至踵，皆道体之所寓，真我不离躯壳，若谓咽喉以下是鬼窟，是强生分别，非至道之言也。调息之术，亦是古人立教权法。教化衰，吾人自幼失其所养，精神外驰，所谓欲返其性情而无从入。故以调息之法，渐次导之，从静中收摄精神，心息相依，以渐而入，亦以补小学一段工夫也。息息归根，谓之丹母，若只以心和、气和、形和，世儒常谈，笼统承当，以为玄宗正诀，无入悟之机，岂惟尼父不肯，欲二大士皈依合掌，不可得也。[①]

在这段话中，王龙溪指出："调息之术，亦是古人立教权法。"这是因为，"吾人自幼失其所养，精神外驰，所谓欲返其性情而无从入。故以调息之法，渐次导之，从静中收摄精神，"这也可以算作"补小学的一段工夫"。反之，如果只以"心和、气和、形和"的说法来笼统承当，这其实只是"世儒常谈"而已，并不能满足人们通过修养达到身心健康的真切需求。看看实际生活便可知，有的人能够做到"和妻子，宜兄弟，顺父母"，却不能达到"心和、气和、形和"的目的，这是因为他的心性久已被世俗观念所束缚，一时难以恢复中和状态。因此，有必要传授给他一种可操作性的方法，让他学会收摄精神，保养元气，渐渐地达到"心和、气和、形和"的状态。这种方法，在王龙溪看来也不过是"权法"，应当灵活运用，当工夫达到一定程度之后，有形可见的静坐等方式可以弃而不用，但是，对于初学者并不可少，否则，他连一个"入悟之机"都找不着，还谈什么体会"中和至正"的状态呢？

罗汝芳的话之所以引发心学前辈王龙溪的批评，笔者以为原因有以

---

① 《王畿集》卷4《答楚侗耿子问》，第101页。

下两者：第一，罗汝芳说这段话，"必有为而言之"，当他面对的一批听众（如提问的游大夫等）比较沉溺于静坐涵养的方式，有脱略世务、坐禅归寂的倾向时，罗汝芳故意强调地说"吾人自咽喉以下，是谓鬼窟"，制止其好静恶动的偏颇倾向。不过，这一段话传来传去，被人们误以为罗汝芳完全反对静坐涵养，而只一味地强调伦理道德的修养了。其实罗汝芳明确地讲过：（主静工夫）"然在初学或未可少。"[1]他所要防止的，只是那些嗜静厌动的偏颇倾向而已，否则，他在《癸酉日记》中根本没必要专门记载自己的静坐体验了。第二，罗汝芳确实高度重视伦理道德的修养，以为这一点比单纯的静坐涵养更为重要，因此，他认为，只要"和妻子，宜兄弟，顺父母"，就足以达到"心和、气和、形和"的目的。他自己的生活经历和修道历程就证明了这一点。因此，他是将自己的修道实践的成功经验作为"定法"传授给听众。当然，这不够融通，没有看到静坐涵养的方法确实有助初学者返其性情，能够"以此补小学收放心一段工夫耳"[2]。

虽然罗汝芳的话作为"教法"不够恰当，但是，他所说的"心和→气和→形和"是符合中国传统养生学的基本原理的，而且，当一个修道者的静坐涵养达到一定深度之后，他确实不再需要固定的有形的静坐，因为他的内心已经圆融自如，"行住坐卧，不离这个"，只要按照"中和"的原则去自觉地"理会性情"[3]，那么，他的气机和身体自然就处于和顺健康的状态。无论是王龙溪，还是罗汝芳，其实都达到了这一修道的高境界。可惜的是古代交通通信不畅，否则，如果龙溪和近溪能经常聚在一起，这个问题是不难解决的。

三、罗汝芳对于"破光景"的阐述

"光景"一词，与佛家的"境界"一词有所类似，都是指在修行过程中达到了一定的水平，学者对于自己所感受到的某种境相的执著，以为这就是"正受"，进而把自己已有的修行方法绝对化，因此停滞不前，难以深入究竟。台湾学者蔡仁厚认为："'光景'之景，读如影，故光景者，影子之谓。"[4]无论"景"字读如何音，光景的意思都不难理解。在明代中后期，由于"半日读书，半日静坐"的治学方法已成为士人普遍的治学方式，

---

① 《罗汝芳集》，第 399 页。
② 王阳明语，见《王阳明全集》卷 4《与辰中诸生》，第 144 页。
③ 王龙溪语，见《王畿集》卷 10，第 248 页，他讲这句话的次数非常多，兹不赘述。
④ 蔡仁厚：《王学流衍》，北京，人民出版社，2006，第 99 页。

再加上儒、释、道三教融通的关系，因此，很多学者在修行过程中，经常"看到"或"听到"一些常规经验中无法体验到的东西，由此而沾沾自喜，以为这是自己修道的美妙"受用"，并把已有的修行方法固定化，于是，落入了一定的"光景"之中，反而耽误了自己进一步深入的修行践履。这种情况在当时相当普遍，在王阳明身后，即使有邹守益、王龙溪等人批评指正，也无法改变这一实际情况，然而，作为教育家的罗汝芳却不厌其烦，总是根据学者的实际情况，及时地"破光景"，使学者从一定的思想误区中解脱出来，重新走上修道的正途。

这方面的实例很多，而且大多比较复杂，但是为了彰显罗汝芳道行之深邃和诲人之不倦，我们仍引述其中两三例，并试作诠释。例如：

> 会中一友(年高之人)用工，每坐便闭目观心。予(罗汝芳自谓)恐其门路或差也，乃问之曰："君今相对，见得心中何如？"
>
> 曰："炯炯然也，但常恐不能保守，奈何？"
>
> 予曰："且莫论保守，只恐或未是耳。"
>
> 曰："此处更无虚假，安得不是？且大众俱在此坐，而心中炯炯，至此未之有改也。"
>
> 予曰："可知炯炯有个落处？"其友颇有不豫。
>
> ……(予)徐徐请曰："圣贤之学，本之赤子之心以为根源，又征诸庶人之心以为日用。君才言常时是合得，若坐下心中炯炯，却赤子原未带来，而与大众亦不一般也。"
>
> 其友颜色少解，但犹曰："此段工夫得力已久，至此难教弃去。"
>
> 予曰："……盖吾人有生有死，我与老丈俱存日无多，适才炯炯，浑非天性而出自人为。今日天人之分，便是将来鬼神之关也。今在生前，能以天明为明，则言动条畅，意气舒展，比至殁身，不为神者无几；若今不以天明为明，只沉滞襟膈，留恋景光，幽阴既久，殁不为鬼者亦无几矣。老丈方谓得力，岂知此一念头，翻为鬼种，其中藏乃鬼窟也哉？"
>
> 其友遽然起曰："怪得近来用工，若日中放过处多，则夜梦魂自在；若其日中光显太盛，则梦魂纷乱颠倒，令人至不堪也。非遇先生，几枉此生矣。"[①]

---

① 《罗汝芳集》，第267～268页。

在这段对话中，一位老丈通过闭目观心的修炼，已能感知到心中"炯炯然"的状态，有稍许自得之意，本想请教罗汝芳保守之道，孰料罗汝芳却说他："且莫论保守，只恐或未是耳。"罗汝芳指出，圣贤之学，本诸赤子之心，而赤子之心，只是浑沦顺适而已，并没有什么"炯炯然"的内涵，因此，这种炯炯之光景并非先天原本的东西，只是后天人为修炼而得的一些境相而已，根本不必执守。随后，罗汝芳以生死关头的不同趋向为警示，告诫这位老者，"只沉滞襟膈，留恋景光，幽阴既久，殁不为鬼者亦无几矣。"所幸的是，这位老丈幡然醒悟，发现自己因为"留恋光景"之故，"梦魂纷乱颠倒，令人至不堪也，"欣然听从罗汝芳的劝告，走出了思想上的误区。

再如：

> （一友）曰："学圣无非此心，此心须见本体。故今欲向静中安闲调摄，使我此心精明朗照，莹彻澄湛，自在而无扰，宽舒而不迫，然后主宰既定，而应务方可不差。此今乘暇用功，亦于坐时往往见得前段好处，但至应事接物，便夺去不能恒久，甚是令人懊恼也。
>
> 予时慨然兴叹，改容起曰："……天地生人，乃是一团灵物，万感万应而莫究根源，浑浑沦沦而初无名色，只一'心'字，亦是强立。后人不知，缘此起个念头，就会生个识见，因识见露个光景，便谓吾心实有如是本体，本体实有如是朗照，实有如是澄湛，实有如是自在宽舒。不知此段光景原从妄起，必随妄灭。及来应事接物，还是用着天生灵妙浑沦的心，此尽在为他作主干事，他却嫌其不见光景形色，回头只去想念前段心体，甚至欲把捉终身，以为纯亦不已，望显发灵通，以为宇太天光。用力愈劳，违心愈远，兴言及此，情甚为之哀恻，奚忍明公而复蹈此弊也哉？"①

这位道友的提问，表明他在修道事业上的理论和实践水平都达到了相当的高度。他感悟到人之本心是"精明朗照，莹彻澄湛，自在宽舒"的，于是在静处用功，"于坐时往往见得前段好处。"但是，到了应事接物之

---

① 《罗汝芳集》，第270页。

际，"便夺去不能恒久，"为此懊恼不已，因此向罗汝芳提问，请教如何保持这一状态。没想到的是，罗汝芳对他留恋光景、把捉受用的做法提出了不同意见：人们真正的本心是灵妙浑沦，不见光景形色的，如果"只去想念前段心体，甚至欲把捉终身"，或者期望"显发灵通"，这是修行中贪恋光景的表现，应该及时摒弃。所谓"宇太天光"之类的光景，都是不足羡慕的，如果在此方面"用力愈劳"，那么反而"违心愈远"，愈发不能觉悟自己的先天心体了。

在上述对话中，罗汝芳提及了道家修行的一个重要词汇"宇太天光"，该词出于《庄子·庚桑楚》，原文是："宇泰定者，发乎天光。发乎天光者，人现其人，物现其物。"①到了唐代，著名道士司马承祯在其名篇《坐忘论》中对此言诠释道："宇则心也，天光则慧也。心为道之器宇，虚静至极，则道居而慧生，慧出本性，非适今有，故曰天光。"②概括而言，"宇泰天光"是古代修道者在修行过程中，"返观内视"而出现的一种人体自然现象，其"天光"非肉眼可见，大致相当于现在的红外线摄像仪器所探知的光谱范围。不过，在迷信思想比较严重的古代社会，一些修道者因为"返观内视"到了这种"宇泰天光"的现象，便沾沾自喜，留恋光景，同时引起另一些不知底里的同道之人的羡慕和追求。作为修道事业的过来人，罗汝芳十分清楚留恋光景的危害，因此，郑重地告诫学者门人：不可留恋光景、把捉玩弄，否则，"用力愈劳，违心愈远"，那样反而耽误了自己的前程。事实上，"破光景"的思想并不只是作为儒家学者的罗汝芳提出来的，即使是在佛、道门中，对于"贪恋境界"的做法同样也是予以否定的。以《金刚经》为例，经中明确地提道："凡所有相，皆是虚妄。"又说："若以色见我，以音声求我，是人行邪道，不能见如来。"由是可见，罗汝芳对于"贪恋光景"之弊的破除，实际上是英雄所见略同，体现了儒释道"同归而殊途，一致而百虑"的共同取向。

罗汝芳对于"贪恋光景"的斥除，绝不限于那些偶然相会的听众，即使对于自己的入室弟子，他也一样强调破除其"玩弄光景"的潜在倾向。例如，他的入室弟子曹胤儒，于1565年（嘉靖四十四年夏）在抚州金溪县邂逅了回乡丁忧的罗汝芳，师徒之间自然少不了谈学证道，史载：

居顷之，师问曰："此时心地如何？"

---

① 《庄子浅注》，第351页。

② 王宗昱等编著：《中国古代宗教名著导读》，北京，北京大学出版社，2004，第171页。

儒对曰：“觉无物。”

师又曰：“此便是。”

师顷又曰：“当得帐否？”

儒对曰：“恐当不得帐。”

师曰：“然，这是光景会散。”①

在这段对话中，曹胤儒虽然已体会到“心中无物”的状态，但是不敢自以为是，在罗汝芳问及“当得帐否”时，他回答：“恐当不得帐。”于是，得到了罗汝芳的首肯，如果他说：“确乎如此，当得帐”，那么罗汝芳一定会严厉批评他的。不过，曹胤儒对于工夫的体认并未到家，几个月后，当他前往南城，亲炙于罗汝芳门下时，罗汝芳又对他进行了考察，史载：

一日（罗子）征儒新功。儒对以理会“无思无为”之本，使此未发发时，澄澄湛湛，则随时随手，顺达将去。罗子曰：“此一机，于併归一路甚好，然有所见，莫不是妄否？无思无为，莫不是著想成一光景否？亦果能时时澄湛否？随时随手，果能动中否？”

儒不能对。罗子曰：“如吾子所见，则百岁后易箦时欣欣瞑矣。吾则以为真正仲尼，临终不免叹口气也。”

次早，梳洗顷，罗子顾儒大声曰：“大丈夫须放大些志气，莫向鬼窟里作活计！”②

这一段对话，对于没有一点工夫实践的人而言，简直如云山雾沼一般，不知所云。其实说来也很简单。罗汝芳考问曹胤儒近来工夫如何。曹胤儒颇为自得地说：体会到了无思无为之本，“使此未发时，澄澄湛湛，则随时随手，顺达将去”。应该说，曹胤儒的这一认识已经达到了很高的水平。但是，他其实只是偶有体认而已，工夫并未圆熟，却以一当十地说了出来，罗汝芳发现弟子对此未免沾沾自喜，有玩弄光景的倾向，于是毫不客气地质疑道：“然有所见，莫不是妄否？无思无为，莫不是著想成一光景否？亦果能时时澄湛否？随时随手，果能动中否？”这一反问表明，如果把无思无为、澄澄湛湛当作一种见解保留下来，那么，一样

① 《罗汝芳集》，第394页。帐，旧同“账”。

② 《罗汝芳集》，第294页。

可能滑向"留恋光景"的泥潭，实际上你不可能随时随地都做到"无思无为、澄澄湛湛"，如果执著于此，反而破坏了本心浑沦顺适的天然规律。罗汝芳还诚恳地对曹胤儒说：你所见的工夫固然很好，足以能够使得"百岁后易箦时欣欣瞑也"，而事实上，就是真正的孔子在世时，也不能完全做到像你所说的无思无为、澄澄湛湛，临终时仍不免叹口气呀。这一番话，说得曹胤儒无言以对。到了第二天早上，梳洗之时，罗汝芳又站在弟子的身后大声地说："作为大丈夫，你应该放大些志气，不要陷在这些'光景小术'中作活计（那样就把自己的宝贵前程给耽误了）。"可以想见，这番话对于曹胤儒的触动何其大！他老老实实地记录下来，作为自己修道事业的座右铭。

除了曹胤儒，罗汝芳对于自己的另一位学术传人、嫡孙罗怀智也时常告诫，使其不致堕入玩弄光景的泥淖。史载：

> 祖谓智曰："学有所执，悉属幽阴。汝只恋着当下光景，受用不舍，终难入道，戒之哉！"①

虽然是罗汝芳的嫡孙，但是罗怀智直到二十三岁时才发心向道，皈依自己的祖父修习圣人之学。由于遗传天赋和近水楼台的缘故，他的进步是很快的，体会自然颇多，不免产生了"留恋光景"的毛病。对此，罗汝芳郑重其事地告诫他说：学有所执，悉属幽阴，如果你贪恋当下的光景与受用，那么，终究难以入道，要引以为戒啊。从后来罗汝芳留给罗怀智的一些《勖语》②来看，罗怀智最终改掉了以往的毛病，被罗汝芳视为衣钵传人之一。

对于修道者而言，修行过程中出现种种美妙光景，这几乎是必然的，而且可以视为达到一定水平的佐证。那么，应该如何对待这些光景，才不至于陷入到"留恋光景"的境地中呢？对此，罗汝芳有过明确的指点，他说：

> 所谓得者，只无失是也，若以景界为得，则必不可久，而不得随之矣。故《中庸》曰："君子之道，淡而不厌"，则今人每每学而至于厌者，岂非不淡使然哉？③

---

① 《罗汝芳集》，第426页。

② 《罗汝芳集》，第720页。

③ 《罗汝芳集》，第90页。

又说：

> 请君但视听言动，都且信任天机自然，而从前所喜的胸次
> 之炯炯，事务之循循，一切不做要紧，有也不觉其益，无也不
> 觉其损，久则天自为主，人自听命，所谓不识不知而顺帝之
> 则矣。①

又说：

> 盖浑沦顺适处，即名为善，而违碍处，便名不善也。故只
> 浑沦到底，即便不善，化而为善也。非为善去恶之学如何？②

以上所言，方是从正面立论，概而言之，罗汝芳讲述了"平淡为道"
的方法论，修行过程中不可以贪恋、执著于任何美妙、奇异的境相，"有
也不觉其益，无也不觉其损"；在日常生活中，"视听言动，都且信任天
机自然"，这样一来，修道者便能渐渐进入一种"浑沦顺适"的状态，只须
把它坚持到底，"久则天自为主，人自听命，所谓不识不知而顺帝（良知）
之则矣"。客观地讲，罗汝芳的这番话说出了修习圣人之学的正法，依而
行之，才算是走在了通向觉悟真理和实现生命自由的正途之上。

在明代中晚期的各派大儒中，罗汝芳对于"破光景"的强调和阐述，
堪称首屈一指。他以修道过来人的高屋建瓴般的眼光，冲淡了当时风靡
一时的"归寂派"思想的影响；相对减少了佛、道思想对儒门学者的侵蚀；
指点了许多学者走出迷津，回归于圣人之学的正途；在启发更多的学者
觉悟真理、实现自由的生命教育事业中，立下了不可磨灭的功绩。

四、近溪说"悟"

在阳明后学诸儒中，罗汝芳是较少谈论"悟"的一个。原因有二：其
一，当时的心学巨擘王龙溪说"悟"最多亦最深，当时的学者往往先亲炙
于龙溪门下，后转求教于近溪门下，罗汝芳不必再老生常谈式地说"悟"。
其二，由于受佛、道思想影响，当时有很多儒家学者确实有"悬空期个

---

① 《罗汝芳集》，第 223 页。
② 《罗汝芳集》，第 202 页。

悟，终成玩弄光景"①的偏颇倾向，忽略了心性工夫的实际涵养和践履，因此，很强调"破光景"的罗汝芳不太讲"悟"的问题，而是更加注重教导学者加强自身的工夫涵养。但是，关于"悟"的问题是回避不了的，正如王龙溪所说："君子之学，贵于得悟。悟门不开，无以征学。"②因此，当学者门人诚恳地问起关于"悟"的问题时，罗汝芳也会耐心地予以解答。

首先，我们必须确认，罗汝芳自己经过了长期的修行践履，早已突破了"开悟"的"沸点"，如前文一再引述的那段文字，节录于下：

> 予初年也将自己本心，勉力探讨，于生来气性，亦强力调摄……忽尔一时透脱……且尤未尝一处或有纤毫而不玄洞虚通也。其时身家境界，果然换过一番，稍稍轻安自在，不负平生此心。③

这种"身家境界，果然换过一番"的描述，其实就是"开悟"之后"明心见性"的表征。只有自己开悟了，透彻地见到了自己先天原本的心体④，才有实践的资格去考察他人是否开悟。例如，在某次讲会上，正当仆人持瓯上茶的时候，一位"司训邻邑"的儒者认为，自己已知"此性本源"，只是像这盛茶的瓯子一样，"有时见，有时不见，有时持，有时忘记持也，不能如古昔圣人之恒常不失耳。"⑤对此，罗汝芳亦借题发挥，说：

> 此个性，只合把瓯子作譬。原却不即是瓯子也，故瓯子则有见有不见，而性则无不见也；瓯子则有持有不持，而性则原不待持也。不观《中庸》说："率性之谓道，道不可须臾离。"君今既云见持不得恒常，则是可以须臾离矣。可离，则所见所持，原非是性，而君只认假为真，不自觉耳。⑥

接着，罗汝芳又引古人之例，说：

---

① 《师说》，见《明儒学案》，第9页（正文前的页码）。按：这句话是黄宗羲本人的评语，而非刘宗周所说。
② 《王畿集》卷17《悟说》，第494页。
③ 《罗汝芳集》，第355页。
④ 有时又称"仁体"、"明体"、"密体"、"本心"、"良知本体"，所指皆一。
⑤ 《罗汝芳集》，第264页。
⑥ 《罗汝芳集》，第264页。

　　且如陆象山接见傅生昞，惊叹其面目殊常，神采焕发，问之，果夜来于仁体有悟。故此性惟不能知，若果知时，便骨肉皮毛，浑身透亮，河山草树，大地回春。如人骤入宝所，则色色奇珍，随取随足，或为夜光而无所不照，或为如意而无所不生。安有见不能常，持不能久之弊？苟仍前只是旧日境界，我知其必然未曾有知也已。①

　　在这段对话中，罗汝芳或以比喻，或以实例，证明了那位儒官并未实见本性，所说的不过是一己之见解而已。随后，罗汝芳又耐心地与此友进行了一番辨析，最后，这位道友终于"恍然自觉，怡然解颜，笑而谢曰：'吾辈平日用工，未全的确，今不敢不勉矣。'"②诚然，关于开悟不开悟的问题，属于真知范畴，"如人饮水，冷暖自知"，此处任何言诠思辨已经用不上，我们只得借助于同时代的王龙溪的一些话，来从旁证佐罗汝芳所说的真实不虚。王龙溪认为：

　　良知时时做得主宰，不被境界所引夺，此方是真悟入。③

又说：

　　夫悟与见，虚实不同，毫厘千里。有真修，然后有实悟。一念明定，觌体承当，方是寂然本体……才涉见解，便落揣摩，非实际也。④

　　结合近溪和龙溪二人的观点，可以得知：倘若真的明心见性，便是良知本体时时做得主宰之时，不会再被境界所引夺，这才是真的"开悟"，此时，"安有见不能常，持不能久之弊"？反之，如果体认到的那种境相"可以须臾离"，"则所见所持，原非是性"。因此，不能把自己一时的体认当成是开悟，那不过是一种见解揣摩而已，距离本心的实际状况相差还很远。

---

①　《罗汝芳集》，第 264 页。按：此例不见于今本《陆九渊集》中，詹阜民静坐得悟之事可为类似之例证。

②　《罗汝芳集》，第 266 页。

③　《王畿集》卷 9《答章介庵》，第 210 页。

④　《王畿集》卷 11《答刘凝斋》，第 275 页。

那么，应该如何去实现开悟呢？首先要说明的是，所谓开悟，其实就是觉悟仁体（良知本体），这是人类心灵的先天原本的面目，也是圣人之所以为圣的根据所在。一旦觉悟了这个生命的本来面目，那么，继续修道才有了参照的标准度和切实的方向感。除了极个别人的天赋因素之外，绝大多数人的开悟，其实都是从扎实的工夫修行中造就出来的，这一点为罗汝芳历来所强调。例如，他与其孙罗怀智的一段对话，就充分体现了这一思想，史载：

> 智问："圣贤闻道，皆从悟入，何也？"
> 子曰："学道不悟，如适燕京，不知途径，东走西奔，终无至日；悟而不用功，又如说梦中物，口可得而言之，终不可得而有也。"
> 智问："言下顿悟成佛，非耶？"
> 子曰："释氏言下顿悟成佛，皆是从前苦功积行，果已成熟，当欲成未成之际，偶闻一言半偈，或见一段公案，因而彻悟。若今学者说悟，不过知识晓了，以虚见承接言旨耳，求如释氏顿悟，千百中无一二也。"①

在这段对话中，罗汝芳不仅肯定了开悟如同走路有了方向感一样重要，而且指出了悟后仍须用功的道理，如果仅仅满足于开悟之初果，而不再继续用功，那么，终究不可能到达圆熟的圣人地位。其次，罗汝芳针对佛门许多高僧的言下顿悟的实际情况，指明了他们的开悟，"皆是从前苦功积行，果已成熟"（按佛教说法，有的高僧的悟性要归功于前世的修行积累）。因此，可能由"一言半偈"的启发，而恍然彻悟。后来，有的学者因羡慕和追求这样一种悟境，因此，强不知以为知，"以虚见承接言旨"，自以为有所得，实际上"求如释氏顿悟，千百中无一二也"。据此，罗汝芳特别强调后天心性修养工夫的重要性，不管开悟不开悟，只要工夫得当，"久久成熟，不觉自然有个悟处。"②

罗汝芳关于开悟的工夫论，适合了当时大多数学者的实际情况，因此也得到了包括王龙溪在内的一些心学大儒的旁证。仅以说"悟"最多的王龙溪为例，他也曾对一些弟子说：

---

① 《罗汝芳集》，第 302 页。
② 《罗汝芳集》，第 136 页。

> 既立定千古之志，循序安分，绵绵密密，耐心做将去……
> 急于求悟则反成迷，此是有志者通病。①

又说：

> 一念灵明，时时著察……实修实证，弗求速悟，水到渠成，
> 自有逢源时在，求悟之心，反成迷也。②

又说：

> 理乘顿悟，事属渐修。修以启悟，悟以证修。③

由是可见，龙溪和近溪的讲学传道风格尽管有很大不同，但是在修与悟的关系上的基本认识，却是完全一致的。这是因为，他们都是修道事业的过来人，走了相同的道路，觉悟了共同的心性本体和生命真谛。

虽然说"悟"较少，但是，当遇到有较深功底、接近于开悟水平的弟子（或友人）时，罗汝芳也会像禅宗高僧那样，用一定的方法去启发他们顿悟生命的本真。例如，嘉靖四十三年（1564）冬，罗汝芳以宁国知府的身份北上朝觐。路过南京时，耿定向（时任南京右都御史）聚集了一批儒生，请罗汝芳前来讲学。在会上，罗汝芳对管志道和曹胤儒就进行过点化，史载：

> 罗师曰："圣人如何去做？"（管）志道接语曰："近随宗师（指耿定向）面命，将此点明体，时时提醒。"
> 罗师曰："此语近之，然如何唤作明体？"
> ……时察院门首，有击鼓报入者。
> 罗师因鼓击问儒曰："闻否？"儒对曰："闻。"
> 又问："寐时闻否？"曰："不闻。"
> 又问："若人一旦捐馆时闻否？"曰："不闻。"
> 又问："寐时、死时，此耳在否？"曰："在。"罗师笑曰："此虽近于异教家话，然究竟寐时、死时，此耳现在，如何不闻？看来闻者是你，便是明体。人有此而闻，有此而生，不然便是

---

① 《王畿集》卷 15《册付光宅收受后语》，第 437 页。
② 《王畿集》卷 16《水西别言》，第 449 页。
③ 《王畿集》卷 17《渐庵说》，第 500 页。

死人。今人都将耳目口体奉事，却不将此明体照管，便是枉了
此生，孟子所谓'先立乎其大者'，如是。"

儒时俳然。①

这段对话略似于禅宗公案，但是有着清晰的思维逻辑。所谓"明体"，
并不是指人的耳目等感觉器官，这些感官在人寐时、死时仍然存在，但
已发挥不了作用。可见"明体"才是指挥这些感觉器官的"司令"，才是生
命的本体，"人有此而闻，有此而生，不然便是死人"。遗憾的是，一般
世俗之人，"日用而不知道"，"都将耳目口体奉事，却不将此明体照管，
便是枉了此生"，因此，罗汝芳鼓励学者及时觉悟这个"明体"，这才是认
识"真我"，也即是如孟子所说的那样——"先立乎其大者"。

还有一段公案，发生在罗汝芳和友人王时槐之间。此例只见于《明儒
学案》，古本的《近溪子集》、《盱坛直诠》中未见记载。原文如下：

塘南问："学以悟性为宗，顾性不易悟也。"

先生曰："吾向者自以为悟性，然独见解耳。今老矣，始
识性。"

曰："识性如何？"

先生曰："吾少时多方求好色奉耳，今目渐暗；多方求好声
奉耳，今耳渐聋；多方求好味奉齿，今齿渐落。我尚未死，诸
根皆不顾我而去，独此君行住坐卧，长随不舍，然后觌面相识，
非复向日镜中观化（花）矣。"②

王时槐（1522—1605），号塘南，江西安福人，是王阳明的再传弟子，
在当时也是著名的儒家学者。对于他，罗汝芳当然不能像对待自己的门
人那样直言不讳，而是以自己的"过错"为幌子，阐明了如何明心见性的
道理。他说：自己从前自以为悟性，其实不过是一己之见解而已，如今
老了，才真的明白了"真性"所在。王时槐不解，问他是怎样识得自家本
性的。罗汝芳说：自己少年时多方追求好色、好声和好味，以奉感官之
欲求，但是，如今年岁大了，目昏，耳聋，齿落，"我尚未死，诸根皆不
顾我而去"，惟一不变的却是"此君"（指仁体），无论岁月如何变迁，"行

---

① 《罗汝芳集》，第 392 页。俳然，想说又不知道怎样说。
② 《明儒学案》卷 34《泰州学案三》，第 804 页。化，宜作"花"。

住坐卧，长随不舍"，今天终于认识到了它的存在，再不是过去镜中观花，似是而非的面目了。这段话，明眼人一看即知，即使年少之时，罗汝芳也不是追求声、色、财、器的功利之徒，他只是以这样一种"引咎自责"的方式，启发友人王时槐明白"真性"之所在。据《明儒学案》记载："(王时槐)五十罢官，屏绝外务，反躬密体，如是三年，有见于空寂之体。又十年，渐悟生生真机，无有停息，不从念虑起灭。"①王时槐罢官之时，约在隆庆六年或万历元年，正逢张居正当政，以《考成法》罢了一批官员的职务，从此屡召不起。到了万历五年，罗汝芳亦致仕回乡，第二年(1578)，王时槐"买舟访先生从姑山房请益"，"留从姑逾旬"。② 经过此次晤谈，王时槐由衷地感到："自愧予之浅衷局量，耽僻厌烦，誓当顿捨宿障，庶可通于大方也。"③因此，上述这段对话，很可能就发生在这一时间，罗汝芳的循循善诱，使王时槐从一味偏于空寂中解脱了出来，渐悟生生不息的"仁体"。由是可见，罗汝芳的劝勉没有白费，他促成了友人在修道事业上百尺竿头，更进一步。

综上所述，罗汝芳早年便得悟"仁体"，在讲学生涯中，他更加重视工夫修习而慎于说"悟"。但是，一旦有了合适的机缘，他仍然积极地启发学者觉悟自家"明体"，直入"明德"之源。这充分显示了他作为一个工夫深邃的理学思想家因材施教、灵活圆融的教育风格。

第二节　真乐与受用

对于修道者而言，如果撇开"悟"字不谈，那么，在心性修炼与涵养的过程中，如何判断自己的修行基本得法或者有一定的成效呢？答案很明确，看你是否乐在其中，或者说自得其乐，在宋明理学中，这被称为"受用"，是随时衡量修道者心性修炼水平的重要参考指标。在明代，阳明心学诸儒继宋代周、程之说，对于"乐"之受用问题纷纷提出了许多重要的观点，而罗汝芳则站在这些前辈的肩膀之上，把这个问题"接着讲"下去。

一、孔颜真乐与体道之受用

在宋明理学中，有一个为历代理学家津津乐道的话题，那就是：孔

---

① 《明儒学案》卷20《江右王门学案五》，第468页。
② 王时槐：《近溪罗先生传》，见《罗汝芳集》，第857页。
③ 王时槐：《近溪罗先生传》，见《罗汝芳集》，第857页。

颜真乐(亦称"孔颜乐处")。据《论语》记载，孔子曾夸赞他的高徒颜回说：

> 贤哉回也！一箪食，一瓢饮，在陋巷，人不堪其忧，回也不改其乐。贤哉回也！[①]

同时，孔子还自况说：

> 饭疏食，饮水，曲肱而枕之，乐亦在其中矣。不义而富且贵，于我如浮云。[②]

孔子的弟子颜回，因为家境的缘故，生活相当贫寒。孔子在政治事业上并非成功者，虽曾有过大夫的地位，不过，在周游列国的过程中，有时他和弟子们一起颠沛流离，居处穷困的境地。但是，师徒二人却自得其乐，从来不抱怨生活环境如何。后人据此以为，他们具有崇高的精神境界，因此可以安贫乐道，从不计较外在生活条件的好坏。北宋理学的开山鼻祖周敦颐，在教诲程颢和程颐两位弟子时，曾经向他们提有关问题，后来二程回忆：

> 昔受学于周茂叔，每令寻颜子仲尼乐处，所乐何事。[③]

耐人寻味的是，周敦颐令二程兄弟寻孔颜乐处，并未向他们说出所以然来，但在自己的著作《通书》中，却留下了明确的答案，他说：

> 颜子一箪食，一瓢饮，在陋巷，人不堪其忧，而不改其乐。夫富贵人所爱也，颜子不爱不求，而乐乎贫者，独何心哉？天地间有至贵至爱可求而异乎彼者，见其大而忘其小焉尔。见其大则心泰，心泰则无不足，无不足则富贵贫贱处之一也，处之一则能化而齐，故颜子亚圣。[④]

从此以后，孔颜乐处(或"孔颜真乐")便成为宋明理学家们津津乐道、

---

① 《论语·雍也》
② 《论语·述而》
③ 《二程遗书》卷二上，第 66 页。
④ 《周子通书》，第 38 页。

勉力探究的问题。尤其是陆王心学一系，对于"乐"或"受用"问题尤为关注，因为对心学怀有志趣的学者，其目的并不是为了参加科举考试，如果从修习圣人之学中得不到一点"受用"，那么，这种学习就一点益处也没有。以陆九渊本人为例，他曾与门徒兼同乡徐子宜同时参加南宫之试，策论的题目是"天地之性人为贵"。考试后，陆九渊说："某欲说底，却被子宜道尽，但某所以自得受用底，子宜却无。"①陆九渊虽不肯明说"自得受用"的究竟是什么东西，但是，他从自己的修道实践中得到了一种"精神受用"，却是毫无疑义。到了明代，阳明心学阵营的诸位大儒，纷纷谈到自己在修道实践中所得的"受用"，突出地表现为一个"乐"字。以王阳明为例，他说：

> 良知是造化的精灵。这些精灵，生天生地，成鬼成帝，皆从此出，真是与物无对。人若复得他完完全全，无少亏欠，自不觉手舞足蹈，不知天地间更有何乐可代。②

"自不觉手舞足蹈，不知天地间更有何乐可代"，这里所说的，是学者顿悟之后的一种反应。当然，这种反应不是持久的，此后悟道者的心灵境界，进入一种自如无碍、愉悦和畅的状态，而且可以持久地存在，这是人类心灵的先天原本的面目，也即是王阳明所说的"乐是心之本体"。王阳明曾说：

> 乐是心之本体……虽则圣贤别有真乐，而亦常人之所同有，但常人有之而不自知，反自求许多忧苦，自加迷弃。虽在忧苦迷弃之中，而此乐又未尝不存，但一念开明，反身而诚，则即此而在矣。③

这段话的内涵十分丰富，有一点必须注意，那就是"乐"是人人共同拥有的先天原本的心灵之宝，"虽在忧苦迷弃之中，而此乐又未尝不存"，只要"一念开明，反身而诚"，那么，无须外寻，就能在自己的身上把它找回来。

在王阳明身后，泰州学派的诸贤们特别重视"乐"的问题，纷纷讲出

---

① 《陆九渊集》卷 36，第 487 页。
② 《王阳明全集》卷 3，第 104 页。
③ 《王阳明全集》卷 2《答陆原静》(二)，第 70 页。

自己的实践感受和真知灼见。例如，王艮有一首著名的《乐学歌》，原文如下：

> 人心本自乐，自将私欲缚。私欲一萌时，良知还自觉。一觉便消除，人心依旧乐……乐是学，学是乐。于乎，天下之乐，何如此学，天下之学，何如此乐？①

又说：

> 学者不见真乐，则安能超脱而闻圣人之道？②

又说：

> 须见得自家一个真乐，直与天地万物为一体，然后能宰万物而主经纶，所谓乐则天，乐则神。③

王艮的学术传人王襞，亦多次谈及"乐"的受用，他在诗中写道：

> 人固有蒙幸，我幸安可比？自觉换骨清，哪羡羡门子。感念父师恩，交颐涕如雨。无忝吾所生，至乐不可拟。④

王艮的另一位学术传人、族弟王栋，对"体道之乐"深有体会，也做出了许多有益的解释，例如，他说：

> 孔颜之乐，原是人心所共有者。二程悟之，便即一寻而得，故能吟风弄月以归。⑤

又有诗曰：

---

① 《王心斋全集》卷2《诗文杂著》，第54页。
② 《王心斋全集》卷2《诗文杂著》，第19页。
③ 《王心斋全集》卷2《诗文杂著》，第54页。
④ 《明儒王东厓先生遗集》卷2《漫言》第5首，第266页。
⑤ 《明儒王一庵先生遗集》卷1《会语正集》，第146页。

孔颜真乐不难寻，寻动天然乐在心。打起精神认本体，放
开怀抱即灵襟。休将雅兴疑狂兴，且向元音觅太音。自是不寻
寻便乐，凡砂铄出是真金。①

类似的言论和诗篇还有很多，兹不赘述。但是，由于体会这一"乐"
的受用属于一个实践的范畴，因此，在阳明、心斋之后，不断有立志从
事于圣人之学者，即使有前代宗师现成的话语在眼前，仍免不了有各式
各样的疑问要提出，对此，作为一个教育家，罗汝芳必须耐心地解答相
关的问题，让弟子们理解"真乐"的内涵，找到自家本有的"乐处"。

二、近溪释"乐"

首先，罗汝芳充分肯定了"乐"在修习圣学中的地位。他说："君子之
学，莫善于能乐，至言夫其乐之极也，莫甚于终身诉然，乐而忘天
下。"②在对学者的指教中，他也明言"乐"是进入圣人之学的门径。例如，
万历十二年(1584)，年已七十岁的罗汝芳出访各地，在吉安与王时槐相
聚。在请教本心之状时，罗汝芳坦承："信难言哉！"王时槐问："岂无方
便可指示处？"罗汝芳说："莫如乐，第从乐而入可也。"③就罗汝芳自己而
言，他早年已经从觉悟性体中得到了相应的受用，如前文所述：

予初年也将自己本心，勉力探讨……忽尔一时透脱……且
尤未尝一处或有纤毫而不玄洞虚通也。其时身家境界，果然换
过一番，稍稍轻安自在，不负平生此心。④

这种"身家境界，果然换过一番"的体会，非有实践经验者，是绝难
体会到那种意境的。"稍稍轻安自在"一语中，"稍稍"二字是谦辞，而"轻
安自在"则是真实的受用，也即是罗汝芳的乐处。只是罗汝芳不愿意过分
描述，引得学者堕入光景之中，所以谦虚地说个"稍稍轻安自在"，实际
上，能够"不负平生此心"的受用，足以让他快乐终身了。

正因为有了这种真切的受用，因此，罗汝芳对学者讲起"孔颜真乐"
来，便不是模仿揣测，而是有着自己清晰的认识。他明确地告诉门人：

---

① 《明儒王一庵先生遗集》卷2《论学杂吟》，第196页。
② 《罗汝芳集》，第159页。
③ 《罗汝芳集》，第849页。
④ 《罗汝芳集》，第355页。

在圣人之学中，仁是体，乐是用，能够体悟到"仁体"者，自然会有相应的乐处。史载：

> 问："孔颜乐处？"
>
> 罗子曰："圣贤之道，原只寻常，而学者讲求，善当体会。所谓乐者，窃意只是个快活而已，岂快活之外，复有所谓乐哉？活之为言生也，快之为言速也，活而加快，生意活泼，了无滞碍，即是圣贤之所谓乐，却是圣贤之所谓仁。盖此'仁'字，其本源根柢于天地之大德，其脉络分布于品汇之心元。故赤子初生，孩而弄之，则欣笑不休；乳而育之，则欢爱无尽。盖人之出世，本由造物之生机，故人之为生，自有天然之乐趣，故曰：'仁者人也'。此则明白开示学者以心体之真，亦详细指引学者以入道之要。后人不省仁是人之胚胎，人是仁之萌蘖，生化浑融，纯一无二。故只思于孔、颜乐处，竭力追寻，顾却忘于自己身中，讨求着落，诚知仁本不远，方识乐不假寻。"①

罗汝芳的这段话，说出了几层意思。第一，圣贤之所谓"乐"，即是圣贤之所谓"仁"，其中，"仁"是体，"乐"是用。原因在于："盖人之出世，本由造物之生机，故人之为生，自有天然之乐趣，故曰：'仁者人也'。"这是人类生来即有的精神功能，如赤子孩提"孩而弄之，则欣笑不休；乳而育之，则欢爱无尽"的本能一样。第二，后人不懂得"仁体乐用"的道理，一味去思索追寻孔、颜乐处，却不知道此乐就在自己心中，只要充分发掘和体认"仁体"，那么，相应的乐处就会自然而然地显现出来，因此，罗汝芳的结论是："诚知仁本不远，方识乐不假寻。"前文曾经介绍过，罗汝芳受颜山农影响，强调"制欲非体仁"，他十分注重令学者觉悟心中先天的"仁体"，他曾经打过比喻，说："譬如导泉然，须先觅得源头着了，方掘去沙泥，以遂其流；不然，其沙泥徒掘，而泉终无流矣，又安得乐耶？"其主张是："寻源之功，大家当共急之。"②这一思想，充分说明了"仁体"是人类共同的先天原本的心体，只要善于发掘和体认，那么，"孔颜真乐"并不是什么神秘的东西，实际上就是人人都可以体会到的快活而已。

---

① 《罗汝芳集》，第 337 页。
② 《罗汝芳集》，第 112 页。

这里需要说明一下，所谓"孔颜真乐"，虽然在形式上与世俗之七情无异，但内涵确实与世俗之喜怒哀乐不同。罗汝芳的前辈、泰州学派的嫡传王襞曾经有过一段话，阐述了孔颜真乐与世俗之乐的不同：

> 问："乐亦有辨乎？"
>
> 曰："有。有所倚而后乐者，乐以人者也；一失其所倚，则慊然若不足也。无所倚而自然乐者，乐以天者也，舒惨欣戚，荣悴得丧，无适而不可也。"
>
> 问："既无所倚，则乐者果何物乎？道乎？心乎？"
>
> 曰："无物故乐，有物则否矣。且乐即道也，乐即心也，而曰所乐者道，所乐者心，是床上之床也。"①

概而言之，世俗之乐都是"有所倚之乐"，如名、位、财、权、色，这些东西确实能够给人带来一时的快乐（随之而来的往往是虚无感），然而，一旦失去了这些所倚赖的东西，人就快乐不起来了。而王襞所说的孔颜真乐，是一种发自天然的"无所倚之乐"，"乐即道也，乐即心也"，自己也分辨不清所乐的究竟是什么，因为"本体未尝不乐"②，这便是先天的"真乐"所在。王襞还指出："孔颜之乐，愚夫愚妇之所同然也。"③这种乐是人人可以体会到的，实际上，就是人在觉悟了心之本体之后达到了自如无碍、愉悦和畅的心理状态而已。作为泰州学派的传人之一，罗汝芳不必重复王襞说过的话，但是二人所见略同，因此，当学者问起相关的问题时，他仍然从另一个角度揭示了相同的道理，而且比王襞所说的更加平实。史载：

> 问："如何用力，方能得心地快乐？"
>
> 罗子曰："心地原只平等，故用力亦须轻省。盖此理在人，虽是本自具足，然非形象可拘。所谓乐者，只无愁是也。若以忻喜为乐，则必不可久，而不乐随之矣。所谓得者，只无失是也，若以景界为得，则必不可久，而不得随之矣。故《中庸》曰：'君子之道，淡而不厌，'则今人每每学而至于厌者，岂非不淡使

---

① 《新镌王东厓先生遗集二卷》，见《四库存目丛书》，济南，齐鲁书社，1997，集部第146 册，第 674 页。此语为杨希淳所记，本著略作修饰。

② 《新镌王东厓先生遗集二卷》，第 675 页。

③ 《新镌王东厓先生遗集二卷》，第 675 页。

然哉?"①

在这里，罗汝芳揭示了一个道理："所谓得者，只无失是也。""仁体"是每个人先天原本的心灵状态，"此理在人，本自具足"，只要善于发掘和体认，这一先天心体人人可以觉悟。觉悟了先天心体之后，人人可以体会到与孔子、颜回一样的恬淡自如、和畅无碍的精神受用，又有什么稀奇可言呢？"所谓乐者，只无愁是也"，只要依这种先天本心而行事，顺道安命，因而不会受外界事物干扰，不存在任何心障，也就没有千愁百绪，因此，内心恬淡自如的状态可以长久保持。反之，如果把"孔颜真乐"当作一种欣喜的景界(如"境界")加以追求，那么，必定难以持久，随之而来的，可能就是不乐的情绪了。因此，君子之学，贵在坚持"平淡为道"的原则，这才是可以持久的修习之法。

综上所述，"孔颜真乐"不是一个单纯从言诠思辨上去探讨的问题，必须从心性涵养的实践中去体认，方能有真实的收获。对此，罗汝芳指出：

> 此学须要精研密察，涤骨洗髓，方能超出世尘。不然，只在见解上转换，意气上支撑，徒自弄精魄耳。安能了性命，得吾之真乐哉?②

"精研密察，涤骨洗髓，方能超出世尘"，这句话是罗汝芳对门人的勉励，其实也是他一生苦心求道的写照。如前文所述，罗汝芳年少时便已定志，要"寻不叹气事为之"。③ 在这一"超出世尘"的理想支配下，他才能够会试得第后不赴廷试，反而"寻师问友，周流四方者十年"，到处虚心求教，甚至拜自己从前的举业弟子为师以学习《易》理，结果学问大进。正是因为罗汝芳从实际践履中体会到了与孔子、颜回一样的"真乐"，因此，他才能够将个人的得失荣辱看得像浮云一样轻淡，而把全部心思都放在造福百姓、讲学传道的事业上。他为官食禄二十余年，"致政日，囊箧萧然"，④ 可他毫不介意，回到家乡后，依然讲学如故，时人赞誉为

---

① 《罗汝芳集》，第90页。
② 《报乐安邓生维立》，见《罗汝芳集》，第676页。
③ 《罗汝芳集》，第294页。
④ 《罗汝芳集》，第828页。

"讲学以身而非以口"。① 他的精神世界是高度圆满自足的，以至于忽略了外在生活环境的好坏。据友人王时槐记载：

> 予见先生天真粹朗，彼己尽忘，八荒洞然，了无轸域；语笑动静，食息寝处，神机自运，不涉人力。朝夕盂蔬，与客共食，客至盈座，亦无增味，熙怡竟日。②

"天真粹朗，彼己尽忘""神机自运，熙怡竟日"，这是对于六十四岁的罗汝芳的描绘，虽孔圣在世，气象亦不过如此。又据史载：

> （罗）子于饮食未尝有所嗜也，衣服未尝有所择也，庐舍未尝有所羡也，故田园皆先世所遗，不事营建。子孙满前，或食不饱，亦不改其乐也。③

笔者于此做一揣测，因受到张居正一党的刁难，罗汝芳致仕以后，可能拿不到应得的退休金，晚年物质生活并不富有，因此，才会产生"子孙满前，或食不饱"的情况（尽管是偶然的）。但是，他依然"不改其乐"，这表明了他的内心和孔子、颜回一样，都是一种恬淡自如、和畅无碍的状态，都是一种"仁者以天地万物为一体"的浑沦顺适的境界。

综上所述，罗汝芳是一个对于"孔颜真乐"有着切实体悟和透彻理解的大儒，正因为如此，他才能够将"真乐"的奥妙清楚明白地传授给门人学者，使他们在修道过程中有一个随时随地可以参考的衡量标准，保证自己在修习圣人之学的道路上左右逢源，得到"甘泉"滋养的受用。

第三节　一切剥落净尽，不挂丝毫

如果说罗汝芳的心性哲学工夫论的起点是立必为圣人之志，那么，随着修行进程的深入，还必须有一种放下一切的精神，用他自己的话来说：就是"一切剥落净尽，不挂丝毫，"④这样才能排除一切内外干扰，直

---

① 《罗汝芳集》，第 422 页。
② 《罗汝芳集》，第 857 页。
③ 《罗汝芳集》，第 421 页。
④ 《罗汝芳集》，第 425 页。

达"上下与天地同流"①的圣者境界。这种"一切剥落净尽"的思想，其实就是宋明理学诸圣历来提倡的"做减法"的工夫论。

一、"只求日减，不求日增"的工夫论渊源

早在先秦时期，无论是儒家还是道家，实际上都提倡"做减法"的工夫论。孔子曾说："君子坦荡荡，小人长戚戚。"君子之所以坦荡荡，其中至少有一项原因是他心中放下了很多东西，没有了那些世俗杂念的缠绕。老子亦说："为学日益，为道日损，损之又损，以至于无为。无为而无不为。"在这句话中，老子明确表达了做减法的工夫论。不过，《老子》一书将"为学"与"为道"完全对立起来，却显示其不足，因为修道是心性上的工夫，旨在解脱束缚，当然应该日减，而"为学"是求取知识技能的行为，只能日益，事实上，为学与为道完全可以融在一起，共存并进。有的人通过后天的学习渐渐达到知识丰富、技艺高超，但内心一直是在做"减法"，始终没有受到世俗观念的污染，心地保持着纯洁、宁静，这种情况古往今来也是大有人在的。而且，随着时代的发展，没有一定的知识技能，根本无法在社会上立足，那样也就失去了"为道"的生存前提和物质基础了。因此，在宋明时代，一些诣境深邃的理学家，本身知识阅历丰富，但同时心地却超尘拔俗，了了无碍，陆九渊、王阳明、王龙溪、罗汝芳等都是这样的人物。尽管知识阅历超出同代人甚远，但是，他们在心性修炼上，始终坚持"做减法"的工夫论。例如，陆九渊曾经批评一些俗儒皓首穷经、训诂章句的学风，他说：

> 圣人之言自明白，且如弟子入则孝，出则弟，是分明说与你入便孝，出便弟，何须得传注？学者疲精神于此，是以担子越重。到某这里只是与他减担，只此便是格物。②

当然，这种"减担法"还只是就摆脱章句训诂的学风而言的。他所提倡的"剥落法"则更明显地体现出做减法的思想特征，他说：

> 人心有病，须是剥落，剥落得一番即一番清明。后随起来又剥落，又清明，须是剥落得净尽，方是。③

---

① 《孟子·尽心上》
② 《陆九渊集》卷35《语录下》，第441页。
③ 《陆九渊集》卷35《语录下》，第458页。

这段话表明，要将自己的物欲和意见不断地"剥落"，直至净尽方是，这样，人心才能真正恢复本心的清明纯净的状态，也就与圣人之心同一无二了。除了陆九渊，王阳明也明确讲过做减法的工夫，他说：

> 吾辈用功，只求日减，不求日增。减得一分人欲，便是复得一分天理。何等轻快脱洒！何等简易！①

综上所述，整个陆王心学一系，在心性修炼上都认同"做减法"的工夫论，实即脱离世俗观念的污染，放下一己之欲的束缚，乃至连修道成功的愿望也变得十分轻淡（意念过重则会成为一种自我束缚），恢复自己纯洁宁静、自由自在的本心状态。作为王门后学的重要传人之一，罗汝芳自然也对于做减法的工夫十分看重，并为此留下了许多宝贵的理论指导。

二、一切剥落净尽，不挂丝毫

作为修道事业的过来人，罗汝芳十分清楚在心性修炼的历程中，什么东西会成为自我的障碍。因此，他要求学者摆脱世俗观念和自我欲念的束缚，在心灵上得到解脱，然后才可能在生活中得到自在和"真乐"的受用。

首先，罗汝芳的一生，因为很早就发心求道，"寻不叹气事为之"，②因此，他早就看透了人世间的风云变幻和沧海桑田。在他二十余年的仕宦生涯中，单是明王朝的权力核心内阁首辅一职，就不知换了多少茬。从夏言、严嵩、徐阶、李春芳、高拱、张居正、申时行，有忠有奸，能力有高有低，虽然都曾经掌握朝廷重权，然而都不过是过眼云烟而已。别人孜孜以求的功名富贵，在罗汝芳心中根本不占什么重要位置，正因为如此，在徐阶执政时期，本来颇受器重的他，被吏部误发往宁国担任知府，同僚中有人替他惋惜，他却欣然笑着说："宁国不足以取公卿，独不足以取圣贤乎？"引得同僚赞叹道："壮哉！罗兄志也。此岂人所及哉？"③如果说罗汝芳之所以愿意担任一定的官职，那是因为通过手中的权力，可以为天下苍生造福，特别是可以借此合法身份传播圣人之学，

---

① 《王阳明全集》卷1，第28页。
② 《罗汝芳集》，第294页。
③ 《罗汝芳集》，第838页。

以达到"明明德于天下"的目的。至于个人的功名富贵，如果他有意于此，晚年也绝不会"业产凉薄，居守浑如寒士"①了。在罗汝芳心中，只有修道成圣，超脱觉解才是一生重要的事业，他说：

> 人生世间，惟有此一件事，最为紧要。②

为此，他还做了一个对比：

> 孔孟去后，至于今日，其间功名富贵，豪杰英雄……毕竟灰飞烟散，杳无归着，使当时若移其勤惕之心，以来勤惕志气；移其周详之见，以来周详学问，岂不亦得入于圣人官墙，而万年一旦也哉？③

经过这种对比，罗汝芳完全突破了世俗之人贪求功名富贵、仰慕豪杰英雄的观念，一心只以圣人为榜样，因为只有这样才能充分实现人的潜能和价值。他确立了这种理想之后，便把世俗的很多东西都放下了，果然渐渐地达到"上下与天地同流"的圣者境界。然后，他以自己的切身体会为根据，把这种看得破、放得下的价值观念，作为修道事业的一项重要原则，传授给了自己的门人和子孙。例如，他晚年时曾告诫诸孙说：

> 汝等一生，切勿于富贵中立脚。盖富贵原起于想念，而想念原属于悬浮。即今年少，想欲登科，而科第者想欲台省，台省者想欲卿相，望望然逐日追风，更无底止。反问自心：将欲何为？亦竟莫知其故。况祸福相倚，往往以忻入者，以悲出焉，皆初之一念，不自求明而然也。④

在此需要说明一下，罗汝芳有两个儿子，罗轩和罗辂，年轻时都抛弃举业而发愿修行，亦释亦道，四海云游，而且达到了较高的境界，因此，罗汝芳在晚年只是面对他的诸孙施以教诲。在上述训诫中，罗汝芳清楚地看到了世俗之人对于功名富贵的追逐心态，无非是从年少而望登

---

① 《罗汝芳集》，第 828 页。
② 《罗汝芳集》，第 172 页。
③ 《罗汝芳集》，第 172 页。
④ 《罗汝芳集》，第 424 页。

科，从登科而望台省，从台省而望卿相，"望望然逐日追风，更无底止。"
同时，罗汝芳又指出这些欲望追逐的结果——"祸福相倚，往往以忻入
者，以悲出焉"。罗汝芳这番话绝不是随口乱说的，仅以与他同时代的两
位同乡贵溪人夏言和分宜人严嵩为例，二人在追逐权力的生涯中，都达
到了最高峰（内阁首辅），但是二人的下场都很悲惨，正所谓"祸福相倚，
往往以忻入者，以悲出焉"。罗汝芳还指出，世人这种追逐功名富贵的欲
念，并不是经过对人生本质和意义的深入思考才得出的，如果让这些人
"反问自心：将欲何为"，结果是"亦竟莫知其故"。其实，这些欲念不过
是一种悬浮之想而已，"皆初之一念，不自求明而然也"。如果把人生问
题思考得深透一些，追求功名富贵的欲念自然也就如掸土一般脱落殆尽
了。罗汝芳对于诸孙的教诲不是偶然为之的，有时他在外地，仍然通过
家信告诫后代对于功名富贵要看得破、越得过。例如，他在云南为官时，
曾写信回家，说：

> 惟愿二位娘子及诸孙，诸媳各务晓事，莫要只想富贵一边，
> 不老实求些受用。须要晓得：富贵多便造业多，富贵有时消散，
> 罪业永远相随。人在世间，只有衣穿，有饭吃，不被人打骂，
> 便过得日子，便好干办自己前程。各人早些得手，便是各人本
> 事，真勿恃着少年，须知转眼便三十、四十来了。①

顺带指出，二位娘子指的是罗汝芳的两个儿媳妇，对于两个儿子，
罗汝芳倒没有什么可牵挂的。这段话中，罗汝芳借用了一些佛教思想，
劝勉后代子孙"莫要只想富贵一边"，而应像他们的祖、父一样，认真修
道，"干办自己前程"，只愿他们"早些得手"，能超脱尘俗，获得人生真
正的自由。所幸的是，这些孙辈中，罗怀智最终成为可以接续"道统"的
学术传人之一。

对待子孙可以直言不讳、耳提面命，可是，对于有一定学术根基的
门人而言，罗汝芳要想阐述"一切剥落净尽"的工夫论，还得有一定的教
学艺术。因此，他有时便以自我为喻，启发门人理解他的思想，例如：

> （门人）问："寻常如何用工？"
> 罗子曰："工夫岂有定法？某昨夜静思，此身百年，今已过

---

① 《罗汝芳集》，第681页。

多半，中间履历，或忧戚苦恼，或顺适忻喜，今皆窅然如一大梦。当时通身汗出，觉得苦者不必去苦，忻者不必去忻，终是同归于梦尽。翻然再思，过去多半只是如此，则将来一半亦只如此，通总百年都只如此，如此却成一片好宽平世界也。"

或曰："圣人常言'君子坦荡荡'，恐亦于此处见得而然？"

罗子曰："果然，果然。"①

在此，罗汝芳反思自己的大半生，"或忧戚苦恼，或顺适忻喜"，都不过是"窅然如一大梦"，他幡然再思，发现"过去多半只是如此，则将来一半亦只如此，通总百年都只如此"，这样一来，心底反而什么都放下了，"苦者不必去苦，忻者不必去忻"，无执无碍，悠然顺适，"如此却成一片好宽平世界也"。他的这番自省，引起了门人的注意：原来老师已经达到了什么都放下的心灵境界，于是门人进一步发问："圣人常言'君子坦荡荡'，恐亦于此处见得而然？"罗汝芳点头说："果然，果然。"罗汝芳是否在这次对话的前夜反思过自己的人生，我们不得而知（这很可能是他接引学人的一种方便设法），但是，他能以自己的人生历程为例证，说明了"苦者不必去苦，忻者不必去忻"的道理，教导门人学会放下、悠然顺适，心中自然成就一片好宽平的世界，这种教学艺术的确是很高明的。因此，引得门人进一步猜想：圣人所说的"君子坦荡荡"，恐怕也是反省自己的人生而得到的真悟吧，对于这种举一反三的提问，罗汝芳当然表示赞同。由是可见，罗汝芳和他的弟子们，绝不像那些死记硬背四书五经的俗儒，而是对人们早已熟知的经典格言切己自省，得出了自己对人生的真实感悟。这种感悟，既超越于尘俗之上，又真正地走进了圣人的心灵世界——能够放下对于身外之物的贪恋和追逐，这是圣凡之分的一个重要标志。

放下对功名富贵等身外之物的贪求，这还只是"做减法"的初步要求，对于一些真诚的修道者而言，还需要把对于修道目标的"执著"也放下，以自然而平和的心态去走完修道的历程。这里所谓把对于修行目标的执著也放下，不是指做事无恒心，而是指反对用意过重，去掉不必要的紧张感。这种过重的意念，似乎是在坚定自己的信念，其实是"过犹不及"的，而且越到后来，越会成为自己修道成功的障碍。为此，罗汝芳和他的门生有过一段对话：

① 《罗汝芳集》，第137页。

问："别后如何用工？"

罗子曰："学问与做人一般，须要平易近情，不可著手太重。如粗茶淡饭，随时过日，心既不劳，事亦了当，久久成熟，不觉自然有个悟处。盖此理在日用间，原非深远，而工夫次第，亦难以急迫而成。学能如是，虽无速化之妙，却有隽永之味也。"①

这段对话揭示了修道者"不可着手太重"的道理。罗汝芳以粗茶淡饭为喻，说明了修道的正常历程应该是"心既不劳，事亦了当，久久成熟，不觉自然有个悟处"，而不必悬梁刺股，勉为其难。如果说这段对话还只是从否定层面讲述了放下执著的道理，那么，罗汝芳晚年与其孙罗怀智之间的一次对话，就把"一切放下"的宗旨表露得再清晰不过了。史载：

怀智问："本体如何透彻？"

祖曰："难矣哉！盖聪明颖悟、闻见测识，皆本体之障。世儒以障为悟者多矣！若欲到透彻景界，必须一切剥落净尽，不挂丝毫始得。甚哉！透彻之难也，汝其勉之！"②

罗汝芳认为："本体之外无工夫，工夫之外无本体。"③在这段对话中，他恰恰是针对有了较深修行境界的学者立论，连本体带工夫一起讲了出来，那就是"若欲到透彻景界，必须一切剥落净尽，不挂丝毫始得"。在工夫上，必须学会将一切思想和意念"剥落净尽"，包括对于修道目标的执著，才有可能从后天意识返证先天本体；在本体上，只有先将自己的聪明颖悟、闻见测识等统统扫除，在这种情况下，自家的先天本体才能真正显露，否则，难免以闻见测识误认为本体，实际上都是本体之障碍。王阳明曾说："合着本体的，是工夫；做得工夫的，方识本体。"④罗汝芳在这一问题上的观点与王阳明完全一致，而且，他接着王阳明的思路讲下去，那就是：对于要想彻悟本体的修道者而言，必须"一切剥落净尽，不挂丝毫始得"，这是修道者不可或缺的工夫路径。这一思想，可以

① 《罗汝芳集》，第95页。
② 《罗汝芳集》，第425页。
③ 《罗汝芳集》，第425页。
④ 《王阳明全集》卷32《传习录拾遗》，第1167页。

说将陆王心学"做减法"的工夫论推向了极致。

对于"一切放下"的工夫主张，罗汝芳高度重视，贯彻终身，直至其逝世之前仍然予以强调。在他临终的前两天（1588 年八月二十九日），南城益王府左长史万言策前来问疾，因为万言策也是一位有高深修养的儒者，所以，罗汝芳与他不是一般的叙谈，而是认真地言及了修道工夫。罗汝芳特意留下了临终手书，共六十九个字（除十二字题款外），书曰：

> 此道炳然宇宙，原不隔乎分尘。故人己相通，形神相入，不待言说，古今自直达也。后来见之不到，往往执诸言诠。善求者，一切放下、放下，胸目中更有何物可有耶？愿同志共无惑焉！① （旁注：自兹绝笔）

这段话既阐明天人合一的道理，又讲述了言不尽意的旨趣。最重要的，是从工夫论的角度教诲后学"善求者，一切放下、放下，胸目中更有何物可有耶？"一个修道者，如果真的做到一切放下，剥落净尽，那么，他的工夫必然直透本体，心性水平达到如圣人一般的境界，也就是意料之中的事情了，这才是"仁者以天地万物为一体"的境界，才是修道事业的"正果"。

综合第四、第五两章的内容，我们不难发现，罗汝芳在修习圣人之道的工夫论上，体现出极为丰富和深刻的思想，在当时即产生了广泛而深远的影响。罗汝芳的工夫论，从"立必为圣人之志"开始，到"一切剥落净尽，不挂丝毫"而止，显示出一个类似于否定之否定的变化轨迹。其实，这是针对学者的修习水平日益提高之后而采取的不同教法，恰恰符合事物发展的螺旋式上升的辩证规律。在他的整个工夫论体系中，重视后天修习是一个基本的原则，沿续阳明心学的理念讲"致良知"之教，也是时代赋予罗汝芳的基本使命。在传播心学思想的过程中，罗汝芳提出了自己的许多工夫论见解，如体仁先于制欲、捧茶童子是道、以不屑凑泊为工夫、破除光景、浑沦顺适等。这些思想，有的堪称他的独创，有的加深了对同一问题的理解。对于很多发愿修行、渴望觉悟的学者而言，罗汝芳的诸多理论是一个修道成功者的悉心教诲，而非俗儒在纸上的章句训诂和思辨推理，两者的价值和意义是不可同日而语的。例如，敬慎于当下一念之发，是人人可为的简易明白的修养方法，直至今天仍然具

---

① 《罗汝芳集》，第 299 页。

有可操作性的指导意义，与之相关的"圣贤学问，如家常茶饭"，也是一则很贴切的比喻。如是等等，不一而足。因为得到了这样高明而透彻的工夫论的指导，许多学者才能够从抱怨气质、勉强制欲、偏于枯静、玩弄光景等偏差中及时解脱出来，重新走在修习圣学的正道上。所以，在明代心学发展的高潮时期，罗汝芳的工夫论无疑具有补偏救弊的"及时雨"之效，成就了无数学者觉悟真理、实现自由的人生梦想。由于岁月沧桑变迁之故，后来的人们渐渐淡忘了罗汝芳的工夫论思想，或者产生了一些误解，因此，我们今天重新探索、揭示其工夫论的真实面目，为现代人同样存在的哲学疑问和生命反思，将提供不可替代的思想裨益。

第六章　罗汝芳的政治哲学与治世观

作为一个从政多年的封建官员，罗汝芳的政治哲学几乎可以用一句话来概括，那就是：重德教而慎刑罚，相当于古语"明德慎罚"①，这体现了典型的儒家政治哲学理念。需要注意的是，罗汝芳不同于历史上许多一直在野的儒家学者，他的政治哲学，不仅来自于儒家先圣的经典教诲，而且经受了长期的从政生涯，特别是地方执政的考验，这一理论体系，乃是从他的治世实践中提炼总结出来的真知灼见。因此，研究罗汝芳的政治哲学与治世观，对于丰富和加深我们对于儒家政治哲学的认识，具有重要的思想借鉴意义。

第一节　出色的治事能力与执政成效

重视德教历来是儒家政治哲学的思想传统，但是，要想以德教居于刑政之上，就必须在百姓中间树立崇高的威望，否则，任何道德说教都会成为空谈，遭到民众乃至士绅们的唾弃，因此，为百姓办实事，这是以德化民的前提。罗汝芳每到一地就任，首先就把本地区严重危害民生的社会弊端予以解决，在化解这些社会矛盾的过程中，他显示出极其出色的治事能力，也收到了令人满意的执政成效。在此，我们有必要回顾一下罗汝芳在二十多年的为官生涯中（特别是担任地方官时期）所做的一些重要事项。

一、从太湖到宁国的地方执政

嘉靖三十二年（1553），三十九岁的罗汝芳殿试通过，获得同进士资格，当年夏季，被任命为南直隶安庆府太湖县知县。但是，他接手的是一个治安状态极其混乱的偏远县份。史载：

> 时蕲、黄、英山多盗，白日流劫湖民，近界者不胜其害。

---

① 语出《尚书·康诰》，原文是："惟乃丕显考文王，克明德慎罚。"见《尚书全译》，第274页。

> 江防使者遣兵戍其地，民滋弗宁。师廉得其实，迫抵任，则人情汹汹，递相告急。①

太湖县在今天的安徽省西南部，与湖北和江西交界，因地近长江，四处湖泊纵横，且水系相通。此时，邻近的湖北省所属的蕲春、黄梅、英山等地有湖盗出没，大白天四处抢劫湖上过往的商船和渔民。朝廷委派的江防使者只知被动地派兵驻守在当地，以防匪患。可是，大批的军队驻防当地，本身也会滋扰百姓，更不必说增加民间的经济负担了。因此，罗汝芳到任之时，其情势已是"人情汹汹，递相告急"。然而，此时的罗汝芳，心性修养已经颇具根基，他机智地采取了麻痹对手、欲擒故纵的策略。史载：

> 师往谒当道，密画事宜。谓当首撤巡兵，次缉渠魁，不必纷纷，庶境土可静，民生可安也。当道允之。贼见官兵既撤，又觇师日以讲学化士民，遂以新令怯弱为幸。师知其懈曰："此之弗图，将无及矣。"即率民勇星驰至盗处，潜住民间瞰贼。是夕，贼方集一所，张灯作乐欢饮。师率壮士突入，即席擒有名贼首七人，余党惊遁。师晓谕抚安，远近贴然，积年之寇，俄顷平焉，人以为神。②

从上述记载可见，罗汝芳以外示怯懦的方式，麻痹了湖盗，使之完全放松了戒备。然后，他亲率本县乡勇秘密前往湖盗所居之处，迅如下山猛虎一般，一举捣毁了匪巢，当场抓住了贼首七人，余党吓得逃之夭夭，再也不敢在此地活动。于是，"积年之寇，俄顷平焉，人以为神。"这次剿匪行动的胜利，完全颠覆了人们心目中一般的儒生印象，而是充分表明，罗汝芳虽然是一介文士，但实际上文武双全，尤其是智谋过人，后来他曾经说过：

> 《易》戒害成，惟忌机事不密，则智算之用，虽圣贤不免。③

这句话表明，即使是罗汝芳这样的醇儒也从不否认，"智算之用，虽

---

① 《罗汝芳集》，第 836 页。廉，查访。
② 《罗汝芳集》，第 836 页。
③ 《丙子云南武试第一问》，见《罗汝芳集》，第 701 页。

圣贤不免。"在经典《周易》中，有一句话："君不密则失臣，臣不密则失身，几事不密则害成。是以君子慎密而不出也。"①对于这句话，古代的儒生人人都可以背诵，但是，能够活学活用的，在明代，除了王阳明、罗汝芳等极少数人之外，确实不多。罗汝芳以极其机密的方式突袭、捣毁了湖盗的匪巢，充分显示出他运筹帷幄的智谋和胆大心细的决断力。

因为有了平定湖盗的功绩，迅速改善了一方的治安，再加上其他一些利民、便民措施的推广，因此，罗汝芳在当地百姓中有了很高的声望，这就为他推行道德教化奠定了坚实的人心基础。

嘉靖四十一年(1562)，四十八岁的罗汝芳来到南直隶担任宁国知府，下辖六县。在宁国府期间，人称罗汝芳"以乡约、讲会治郡"，② 积极地推行他"以教化代刑辟"③的社会治理模式。然而，这并不意味着罗汝芳整天只是讲学传道，他仍然必须首先解决妨碍当地民生的种种社会积弊。例如，"南陵(所属县名)额种官马，百姓苦之"，罗汝芳"引通州旧例，请于抚按，而自具奏请罢之"，④ 所幸的是，朝廷此时的内阁首辅是他的老师徐阶，在徐阶的说服之下，兵部同意免除了当地百姓的这项额外负担，"岁省民间七八千金，民至今颂之"。此外，罗汝芳还妥善地解决了一些当地的社会矛盾，如"弥太平府百姓之鼓噪，减太平、南陵二县之浮粮，缉泾县鸡子岭之寇盗，无不从容中度，上下宜之。"这些积极的施政措施，为罗汝芳在当地赢得了巨大的声望，百姓们对他无不真诚拥戴。特别值得一提的是，罗汝芳到任七个月时，"枫潭万公总督南粮，谓宁国南粮三年并未到部，例当疏参"。面对着被弹劾罢官的威胁，罗汝芳一方面"详核发其故，具揭白之"；另一方面，"随遣官赍粮解纳，不一月，三载之逋悉完"。⑤ 为什么拖欠三年的粮税在短短一月间就凑齐了？这绝不是靠皮鞭和枷锁能够做到的，而是因为：罗汝芳到任之后，积极实行德政，亲自教诲士民，"开导不倦，多至夜分，精神契合，民亦潜孚"，⑥ 因此，不过数月间，"教化大行，远迩向风"。当自己所爱戴的知府可能被罢官的时候，老百姓们纷纷踊跃缴粮，力求保住罗汝芳的官职，其积极程度反而远胜于官府当初用皮鞭和镣铐来追缴粮税的效果。这样一来，本来

① 《周易译注》，《系辞上》(八)，第 544 页。
② 《罗汝芳集》，第 922 页。
③ 《罗汝芳集》，第 856 页。
④ 《罗汝芳集》，第 839 页。
⑤ 《罗汝芳集》，第 839 页。"至今"是指罗汝芳逝世之后，其徒曹胤儒撰写《罗近溪师行实》之时。
⑥ 《罗汝芳集》，第 838 页。

准备弹劾罗汝芳的万某反过头来写了一份推荐他的奏章，奏章中称赞罗汝芳："无我得正己之尽，存神妙应物之感。"引得同僚们惊讶不已，说："如斯出格，如斯荐语，前所未有也。"①由于具有出色的治事能力，罗汝芳在宁国的三年时间里，政通人和，"宛陵六邑，一时有三代之风"。②他本人也因此得到了上司的充分肯定，"台司无弗注上考者，师之治行为天下第一矣"。③

罗汝芳的第三任地方官是在山东东昌府任知府，时为万历元年（1573）。对他而言，这是驾轻就熟的一件事，史载："治之如宁国，三月而民孚之。"④由于这次任职时间不过数月，因此不必多谈。这年十月，他被任命为云南屯田副使，远调云南，实际上是张居正集团排除异己的一种手腕，这在他的仕宦生涯中，倒是一次真正的考验。然而，罗汝芳此时的心性涵养已臻化境，因此，他不仅欣然前往这个偏远的省份，而且在那里做出了更为出色的政绩。

二、在云南的事功和政绩

罗汝芳在云南的本职是屯田副使，相当于今天的农垦水利厅副厅长。由于云南地处偏僻，官员经常缺额，在他之上没有屯田使这一正职（也是张居正一伙故意不给他这个职务）。因此，罗汝芳有权力决策和实施屯田水利方面的事情。当时的云南，水利设施荒废已久，以滇海（即滇池）为中心的流域更因淤塞泛滥，"水势横溢，民居民田，溺为巨浸"。⑤ 同时，屯田官兵逃亡甚多，秧枯粮欠，"遥度此弊，再越一二纪，滇将不成省矣"。⑥罗汝芳于 1574 年农历十一月到任，很快就开始了治理水患的工作。首先，他和左布政使方良曙一起，视察了疏通滇海的工程。当时的滇海，由于出口淤塞，"一遇水涨，则淹没田庐无算，士民屡告开洗"。⑦当地官府先前也制定了一套疏通河道的方案，但工程艰巨，有的地方因为"河中俱石崖交错，某处至某处（须）将石崖错去"，预算总计为一万三千多两白银。通过考察，罗汝芳毫不留情地指出，这是治标不治本的方

---

① 《罗汝芳集》，第 838 页。
② 《罗汝芳集》，第 926 页。
③ 《罗汝芳集》，第 839 页。
④ 《罗汝芳集》，第 842 页。
⑤ 《罗汝芳集》，第 167 页。
⑥ 《罗汝芳集》，第 414 页。
⑦ 《罗汝芳集》，第 414 页。

案,"虽费万金,必无成效",一番话,说得布政使方良曙"亦茫然自失"①。当然,光有批判是不够的,关键还是要拿出更好的解决方案来。罗汝芳以其深入细致的走访调查终于解决了这一问题,史载:

> 是夜共宿龙王庙中,子呼庙祝问曰:"此庙春涨可及否?"曰:"近年将及矣。"子曰:"冬间海水亦长流否?"曰:"流亦不小。但先年从东,而近年则从西也。"方问东西孰便。曰:"自古以东为便。嘉靖初年,因水泛涨,改浚从西,初似便,而今乃大不便也。"子问故。曰:"此中地势西高而东下,因浚西河,运土于东,西未能大开,而东则日闭塞矣。"子曰:"须明早亲自相度比详视。"②

第二天,罗汝芳和方良曙一同登上堤岸考察,发现庙祝所说的是事实,同时心中也酝酿出治理水患的方案。他对方良曙说:"予得要矣。上之堤,下之河,俱可无事也。"接着,罗汝芳开始了一番筹划,"随令能干指挥,从庙东某处起,直至某处,阔若干,深若干,尽行开浚。其原填沙泥,则自某处至某处,亦行运去,不容淤积,共约土方多少,顷刻定数走报。方复约计所费,大叹曰:'兹不啻十之一也。矧前议,则工为徒费,而今议则事可立成耶!'"既然新的方案可行,罗汝芳便"具申两院,即日集役举事,甫三旬,而海水泄尽,沿堤田地不惟复旧,而且增新。事完,计费不上千金,视前估何辽远哉!"这是罗汝芳初到滇省的"第一把火",让他烧得恰到好处。在滇池水患得到治理之后,沿岸风景和民生完全变了模样,"下流既导,田间惟溪水一泓,余则悉已种苗,青绿盈畴,民之髦倪颂乐者洋洋矣"。③

水旱不均是中国农耕自然经济的最大妨碍。治理水患固然是屯田副使的职责,可是,解决缺水问题也是罗汝芳责无旁贷的一项使命。罗汝芳到任云南的第二年仲春,按照官府旧例,"管屯都司择日遣官,请三司往看沟水,酒设黑龙池,路从金汁、银汁沟上而行。众亦不省所看何事,惟熏然一醉而归耳"。④ 毕竟是初来乍到,罗汝芳对此颇为纳闷,因此,"子独静夜思之,沟名金汁、银镇者,必其水甚难得。倘得,必大利于生

---

① 《罗汝芳集》,第414页。
② 《罗汝芳集》,第415页。
③ 《罗汝芳集》,第168页。
④ 《罗汝芳集》,第413页。

民也。三司同看者，将求水之流通，而所系非轻也"。于是，罗汝芳"遍查成案以求之，则水利了无只字可考。屯田只有比责托欠一事而已。览其所欠数目，殊可惊骇"。他问官府的吏目，没有答案；又问当地缙绅，则"亦莫究根源"①。

该年农历四月伊始，"守巡二道告争水利者纷纷，问之左右。则曰：'此辈年年告打人命不了也。'问所争何水，则曰：'金汁、银汁二沟水也。'"由于云南地处西南高原地域，与中原内地的气候差异较大，"春无点雨，雨至五月方下，然秧须备于四月"。② 因此，民间此时为了争水（就是金汁、银汁二沟现存那点可怜的水量），经常打出人命官司来。罗汝芳得知此情后，很想探究一下金汁、银汁二沟之水的源头在哪里、给水量究竟有多大。既然诸小吏和缙绅都不知底里，因此，他只有亲自前往山中探险，查明实情。史载：

> 子凤驾裹粮，从两沟而上，直探其源。陆行百余里，入深山中，地颇宽平。元时建县于此，俗呼旧县。西北高山，下开石洞，大小数十孔，每孔泉长喷涌，汇成长川。行三十里，至蟠龙江，则山开原衍，至省（指昆明）可四十里。元开府公度地高下，旁凿一口，引泉而沟之，一名金汁，一名银汁，其条分缕析，或闸或陂，于是平原三十四里，尽芟草莱，而成禾黍，入我朝，则为南京官兵留屯田也。③

云南古称南诏、大理，元代始设行省，搞过一些基本的水利建设。进入明朝之后，这些水利设施渐渐废弛。本来，春季无雨的云南，插秧时急需用水，所以这两条沟渠才号称金汁、银汁。可是，"国初一行经略，此后未复修理，故沟塞，则泉流散漫而水涸"，其危害是："秧枯粮欠，军逃时所必至。遥度此敝，再越一二纪，滇将不成省矣。"查明了金汁、银汁二沟的来历，罗汝芳立刻上奏云南巡抚王凝，提出了自己修复金汁、银汁二沟的想法。孰料，王凝是个怠惰的官僚，"竟云多事，子百方求之，竟不动一文发一力也"。④ 在这种情况下，罗汝芳只有自己想办法修复金汁、银汁二沟了。史载：

---

① 《罗汝芳集》，第413、414页。
② 《罗汝芳集》，第414页。
③ 《罗汝芳集》，第415页。
④ 《罗汝芳集》，第414页。

> 子仰天呼号，忘食忘寝，与诸父老履亩循疆，或劝民以助
> 夫丁，或捐俸以供日食，真诚感通，神人协应。自是二沟流通，
> 告争顿息。子粒收征倍常，逃者十还八九。①

就这样，罗汝芳没有动官府的一钱一粟，全靠自己和当地父老的力量，或捐钱，或出力，终于将金汁、银汁二沟修复完缮。其成效是显著的：不仅民间争水的官司没有了，而且粮食产量倍于往常，外逃的百姓和屯田官兵也大多返回了故里。金汁、银汁二沟的修复，如果离开了罗汝芳亲自"凤驾裹粮，直探其源"的田野调查，那是不可设想的；同样，如果离开了他捐助俸银的慷慨热情、发动民众的真诚宣传，也是不可能完成的。由此可见，罗汝芳总是能够完成一般人不敢想象的艰巨任务，这种治事能力和实干精神，放在任何时代都是极其难能可贵的财富。有时候，因为他总是深入一线考察水利工程，不辞辛劳，跋山涉水，偶然之间往往获得意想不到的收获。史载：

> 丙子（1576 年），修筑（腾越）州之侍郎坝，初苦无石。偶游
> 山后获之，若神助然。②

总之，在云南期间，罗汝芳"乘暇遍历郡县，凡水之利害无不平治"。③当地缙绅百姓无不十分感动。史载：同野李公曰："罗公原是龙精，所至水泉涌出。"寅所严公曰："滇中银浮云涌，皆罗公心源灌注也。"麓池郭公曰："（滇中）田亩素无塘堰，膏腴不收，自近老来，督工筑堰，布满滇中，即今每岁丰登，军民充裕，谁之赐也？此百世之功也。"④因此，当罗汝芳离开云南时，"士民遮道呼号，依依不能舍去，真若赤子之恋慈母也。"⑤

罗汝芳在云南的杰出事功，真正令人意想不到的，是他在滇西地区运筹帷幄，击败了缅甸大酋长瑞体的大举进犯。本来，罗汝芳是一介文士，与带兵打仗毫不相干。万历三年（1575）秋末，当他巡视到滇西永昌、

---

① 《罗汝芳集》，第 414 页。
② 《罗汝芳集》，第 846 页。
③ 《罗汝芳集》，第 844 页。
④ 《罗汝芳集》，第 844～845 页。
⑤ 《罗汝芳集》，第 847 页。

腾越等地时，巡抚王凝故意推给他这么一个苦差事。史载："抚臣王凝动以迂儒目之。时值金、腾缺兵备，则檄芳代署，意其军旅之事必不能也。"①果然，此时缅甸大酋长（时称"莽人"）瑞体发兵十万（一说五万）进犯滇西，边关告急。当时，雄据一方的瑞体兵强马壮，"其人民素能用佛郎机，故莽人练习甚强，因而吞并外家土地，由是蚕食侵广"。② 当时，瑞体的先头部队准备进攻腾越州，罗汝芳"严行牌面，以张声势，且发郊外兵夫入城戍守"，③ 瑞体因怀疑明朝有埋伏，自行退却，转而进攻臣服于明帝国的迤西部落，迤西土司思个向明政府紧急求援。于是，罗汝芳前往迤西近地巡察，授以方略，做了种种安排，史载：

> 子因查兵器，见（前任）王尚书遗有火药千斤，乃分半与其（指迤西）头目，令以千里胜（指火器）伏山岭隘口，攻其象阵。其（指莽人）兵初则舟行，至是上岸登山。不意火发，象纵奔，兵踩死大半。莽酋忿，尽发精兵，令儿将之来攻。迤西不能支，走入铅底，其地腹内宽广，而峡口不数丈，且长约十余里，其（指迤西）头目来乞药，乃尽数与之。俟兵入峡，前后固守，既旬日，而俱欲饿死，莽酋亲拥大兵得脱。④

这次战争，历时不过数月，却得以大败莽人。"谍报莽兵实五万，数日内死伤者十之九。瑞体谓其下曰：'吾自用兵以来，未有此困。'"⑤因为罗汝芳的次子罗辂参与了这次战争的谋划工作，罗汝芳在纪念二子的文章中回忆道："莽人初来，众以十万，归舟不及五千。难谓在外非奇勋，在中非善策也。"⑥总之，罗汝芳以一介文士，运筹帷幄，决胜边关，取得了像心学宗祖王阳明一样出色的军事战绩，令当时的朝野众官僚大跌眼镜。

大败莽人之后，罗汝芳准备乘热打铁，他"遍发飞票，令三宣护、六宣慰及所属各国，但能灭莽，即许居其地"。⑦ 这样一来，莽酋瑞体穷途末路，也准备向明王朝乞降，从不好战的罗汝芳当然愿意看到和平，于

---

① 杨文举：《云南军功疏略》，见《罗汝芳集》，第1001页。
② 《罗汝芳集》，第412页。
③ 《罗汝芳集》，第845页。
④ 《罗汝芳集》，第412～413页。
⑤ 《罗汝芳集》，第845页。
⑥ 《二子小传》，见《罗汝芳集》，第617页。
⑦ 三宣护、六宣慰，都是指缅甸一带的部落，均臣服于明王朝，《罗汝芳集》，第413页。

是双方开始商谈"岁时所贡金宝数目"等具体事项。然而，当罗汝芳将招安事宜上报巡抚王凝时，王凝生性胆怯（加上还嫉妒罗汝芳的功劳①），"以为引衅，例应参题，一日五遣旗牌"，② 禁止招安瑞体所部。在这种情况下，罗汝芳也无可奈何，只好"令莽酋可再来听议"。③ 听说了这一消息，包围莽人的各土司部队只得纷纷撤围回防，莽酋瑞体及其残部也乘机逃遁而去。后来，有朝臣上书为罗汝芳打抱不平，弹劾王凝忌贤妒能、怯懦保守，致使未能彻底解决云南之边患，这本在情理之中，因为莽人的进犯虽然被击退，"滇中士民无不忻获安宁，而犹憾未能永除边患，为国家惜之耳"。④ 由于时运所限，罗汝芳的军事才能只是昙花一现，未能像王阳明那样大展宏图，一生文治武功交相辉映、名垂千载。

不过，由于罗汝芳出色的工作，巡抚王凝对于罗汝芳的态度毕竟有了一些好转。1576 年秋后，因为水利设施的普遍修复，云南全省获得大丰收，"征收屯米，大有余羡，至多露贮。抚院笑以问师何术致此，师曰：'只举斯心加诸彼而已。'抚院改容称服"⑤。这一时期，巡抚王凝先将学道符印交给罗汝芳代掌（相当于教育厅长），后来又将按察司符印交给罗汝芳代掌。1577 年二月，罗汝芳又被任命为云南布政司左参知政事（仍是从三品，属平级调动），因为云南地处偏远，所任官员经常缺额（或久不到位）。因此，罗汝芳此时干脆被授予"总理两司"⑥的职权，成了没有头衔的代理省长。在此期间，罗汝芳更加忙碌了，除了巡视各地、聚众讲学之外，他还要照旧管理屯田水利事务。值得一提的是，他利用云南盛产铜矿的特点，开局铸造铜钱，促进商品流通，显示出睿智的经济头脑。史载：罗汝芳办事效率很高，"于远村筑塘，开局铸钱，无不立办"。⑦ 他到云南时六十岁，离开时六十三岁，这三年的云南之旅，是充分显示罗汝芳的治事能力和卓越事功的最突出时期。此后，他因为北上参加万寿节贺礼，被张居正一伙找茬，"勒令致仕"，⑧ 于是悄然地结束了自己的从政生涯。

---

① 万斯同：《罗汝芳传》记载："抚臣忌之，旗牌一日五遣，而汝芳之兵撤。"可为参证。见《罗汝芳集》，第 875 页。

② 《罗汝芳集》，第 413 页。

③ 《罗汝芳集》，第 845 页。

④ 《罗汝芳集》，第 846 页。

⑤ 《罗汝芳集》，第 847 页。

⑥ 《罗汝芳集》，第 847 页。

⑦ 《罗汝芳集》，第 847 页。

⑧ 《明儒学案》卷 34，第 760 页。

作为王学后裔，罗汝芳实际上遵循了王阳明所说的"学必操事而后实"①的思想，把一生的学问落实于为官从政的社会实践当中，在其间锻炼、增长自己的才干，把"明明德于天下"的理想抱负践行在地方执政事业之中。正因为罗汝芳有着非常出色的治事能力和执政成效，因此，所到之地，赢得百姓和诸儒的普遍拥戴，进而为他推行"以教化代刑辟"的德教措施打下了坚实的民心基础。因此，本节对于有关史实的叙述，是不能不讲的。

第二节　重伦理、兴教化的治世模式与理念

如前文所述，罗汝芳的政治哲学，可以用一句话来概括：重德教而慎刑罚，这体现了典型的儒家政治哲学理念。具体一点说，那就是：注重伦理建设和道德教化，扬善而戒恶，以讲会和乡约为手段治理所辖境域，这是罗汝芳在地方执政时期最为突出的特色。当然，这一政治理念是具有深厚的思想传统和文化背景的，可以说是继承了几千年来儒家政治哲学的基本精神。

一、罗汝芳对于儒家德教思想的继承

仁政和德教，是儒家政治哲学的基本特色，从先秦时期开始就已经确立了这一根本价值取向。孔子曾说：

> 道之以政，齐之以刑，民免而无耻。道之以德，齐之以礼，有耻且格。

又说：

> 为政以德，譬如北辰，居其所而众星拱之。②

对于这一句话，宋代程颐特意加以旁注："为政以德，然后无为。"③朱熹又进一步诠释，说："为政以德，则无为而天下归之，其象如此。"④

---

①　《王阳明全集》卷 35，第 1285 页。

②　《论语·为政第二》

③　《二程外书》卷 6，见《二程集》，第 739 页。

④　《四书集注》，第 75 页。

这就说明，儒家所提倡的无为之治是以德政为前提的，既符合古代农耕自然经济和宗法社会的基本需要，又与道家所讲求的"无为而治"有着本质的不同。无独有偶，战国时期的孟子亦沿袭了这一思想，他说：

> 仁言不如仁声之入人深也，善政不如善教之得民也。善政，民畏之；善教，民爱之。善政得民财，善教得民心。(《孟子·尽心上》)

对此，朱熹亦注曰："政，谓法度禁令，所以制其外也；教，谓道德齐礼，所以格其心也。"①对于这种不同施政模式的结果，孟子的话说得再明白不过了，"善政得民财，善教得民心"。他还有一句话堪称更好的注脚，即"得天下有道：得其民，斯得天下矣。得其民有道：得其心，斯得民矣"。即使对于一个统一的封建王朝而言，要想长久地巩固江山社稷，只有通过"善教得民心"的方式，才能获得长治久安的理想结果。

先秦儒家重视德教的思想，到了西汉董仲舒那里已基本定型。关于德教与刑政的关系，董仲舒有过详细的论述，仅举几段如下：

> (古之王者)南面而治天下，莫不以教化为大务。立太学以教于国，设庠序以化于邑，渐民以仁，摩民以义，节民以礼，故其刑罚甚轻而禁不犯者，教化行而习俗美也。②
>
> 天道之大者在阴阳，阳为德，阴为刑；刑主杀而德主生，是故阳常居大夏，而以生育养长为事，阴常居大冬，而积于空虚不用之处，以此见天之任德不任刑也……王者承天意以从事，故任德教而不任刑。③
>
> 阳之出也，常悬于前而任事，阴之出也，常悬于后而守空处。此见天之亲阳而疏阴，任德而不任刑也……故圣人多其爱而少其严，厚其德而简其刑，以此配天。④

需要注意的是，儒家提倡"任德而不任刑"，并不是废止刑罚而不用，只是德教与刑政之间，坚持以前者为本罢了。自董仲舒之后，儒家的德

---

① 《四书集注》，第 505 页。
② 《天人三策》(一)，见袁长江主编：《董仲舒集》，北京，学苑出版社，2003，第 9 页。
③ 《天人三策》(一)，见袁长江主编：《董仲舒集》，第 9 页。
④ 《春秋繁露·基义第五十三》，见《董仲舒集》，第 278 页。

治观已臻成熟，再无大的变化，不过，只有获得从政机会的人，才能将这种以德化民的思想付诸实践。罗汝芳算是一定程度上的幸运者，他中进士之后，执掌一县、一府，甚至代管一省之政务，因此能够按照自己的意愿，将这种以德化民的方针贯彻推行，并且收到了良好的效果。关于德教与刑罚的关系，罗汝芳无须过多地重复先圣的言论，只随便一段话已充分表达了他的观点，他说：

> 圣王之治，专以德教为主，明刑饰法，不过辅弼德教之所不及而已。①

这句话表明，在社会治理方面，罗汝芳主张以教化为主，刑法为辅，重教化而慎刑罚。他是这么想的，也是这么去做的，并且因此而获得了突出的成效，在当时就赢得了巨大的赞誉，被比作"古之循吏"。②

二、罗汝芳以德化民的执政实践及成效

罗汝芳从事以德化民的政治实践始于他担任太湖知县时期。古代的县令，虽然品级不高，却是不折不扣的"百里侯"，而一县之邑，按照俗话说，"麻雀虽小，五脏俱全"，能够治理好一个县，才具备进而治国平天下的基础。罗汝芳到任之后，首先以机智神勇的方式扫除了为害一方的湖盗，"积年之寇，俄顷平焉，人以为神"③。他又简化了百姓缴纳"湖赋"的手续，"因与之约，悉得诣县自纳，设柜于门，民甚便之"。④ 这样一来，罗汝芳便在百姓中赢得了很高的声望，使得他能够"所至集父老，从容诲训之，于是小民闻风争持果酒，叩道傍求"。由此出发，罗汝芳得以积极地开展自己的德治和仁政。史载："（罗汝芳）复流移，修庠序，令乡馆师弟子朔望习礼歌诗，行奖劝焉。立乡约，饬讲规，敷演《圣谕六言》，惓惓勉人以孝悌为先行之。期月，赋日完，讼日简，间阎颂声，台司荐疏籍籍也。"⑤

在太湖县的施政措施只是小试牛刀而已，真正令罗汝芳赢得朝野巨大声誉的还是他在宁国知府任上的社会治理方略。嘉靖四十一年（1562），

---

① 《腾越州乡约训语》，见《罗汝芳集》，第 762 页。
② 耿定向：《请褒崇理学疏》，见《罗汝芳集》，第 1003 页。
③ 曹胤儒：《罗近溪师行实》，见《罗汝芳集》，第 833 页。按：《行实》作者曹胤儒，为罗汝芳之入室弟子。记载罗汝芳生平的传记很多，以此《行实》为最详。
④ 《罗近溪师行实》，见《罗汝芳集》，第 837 页。
⑤ 《罗近溪师行实》，见《罗汝芳集》，第 837 页。

四十八岁的罗汝芳被任命南直隶宁国府知府，下辖六县，较从前而言，他有了更为广阔的施展才能的空间。史载：

> 师之宁国，凡士民入府，则教以孝顺父母、尊敬长上。或曰："孝顺父母、尊敬长上，足以治国乎？"师曰："奚啻宁国已也。"数月，教化大行，远迩向风。且联合士民各兴讲会，清逋欠，修堂廯、建志学书院。堂事稍毕，即集郡缙绅（某某）辈，相与讨论。郡邑庠生侍坐听之，人各感动。……师开导不倦，多至夜分，精神契合，民亦潜乎，且日迁善。郡堂经月鞭扑不闻。诸公笑曰："此翰林院也，岂云郡堂哉！师曰：是皆从孝顺父母、尊敬长上中来也。"①

从上述记载可见，罗汝芳治理宁国，完全是按照儒家仁政和德教的思想来进行的，也由此获得了显著的成效。在农耕自然经济和宗法制度占统治地位的社会环境中，一个高明的执政者的施政方式应该是无为和有为的统一。所谓无为，即是轻徭薄赋，不夺农时，让老百姓自己从事男耕女织的生产活动，这样，民众得到了休养生息，社会经济很快得以恢复和发展。所谓有为，是指在社会生活中，积极推行儒家所倡导的仁义、礼让之道，使每个人的言行举止都符合宗法社会的道德规范和要求，这样，社会生活才能保持和谐有序的状态。前面的"无为之政"，儒家和道家在西汉前期就已经达成了共识，而后面的"有为之事"，只有儒家充分地认识到其重要性。孟子曾说："人之有道也，饱食、暖衣、逸居而无教，则近于禽兽。圣人有忧之，使契为司徒，教以人伦：父子有亲，君臣有义，夫妇有别，长幼有叙，朋友有信。"因此，当一个儒者担负起治国安民的重任时，在坚持轻徭薄赋、休养生息的同时，一定不会放弃教化百姓的责任。作为一代大儒，罗汝芳担任了一方知府，必然以真诚而积极的态度去从事对百姓的德化工作，并由此取得了公认的成效。史籍对此评价说："迨守宁国，教化益行……宛陵六邑，一时有三代风，六郡亦闻风归化。"②特别值得一提的是，在统治阶级内部，有的官员听说了

---

① 《罗汝芳集》，第 838 页。
② ［明］詹事讲：《近溪罗夫子墓碣》，见《罗汝芳集》，第 926 页。六邑，指宁国府所属六县；六郡，指今皖南一带由南直隶所属的五府一州。当然，"六郡亦闻风归化"一句有些夸大其词。

罗汝芳"以教化代刑辟"①的施政方法后，起初不以为然，把罗汝芳当成"迁士"，后来到宁国府视察之后，方才相信罗近溪的治理之道是如此地卓有成效。史载：

> 适吉泉王直指按郡，郡中寂然无事。王谓所属曰："人言罗守以学会、乡约治郡，予始讶其迁。今阖郡相安无事，则信乎其为卓异也。"因命集父老子弟而观其歌诗、习礼，王深加奖赏。且谕之曰："察院旌赏，不可易得。况他郡皆惩恶，而此郡独赏善，尤不易得也。"②

"罗守以学会、乡约治郡"一句，在杨起元所写的《罗近溪先生墓志铭》中记为："太守诚以讲会、乡约治郡。"③表述虽略有差异，但是都点明了罗汝芳治理一方水土的根本方略，那就是注重教育，崇兴礼乐，移风易俗，以德化民。罗汝芳在宁国执政三年有余，其清廉与仁爱的作风赢得了百姓、士人的广泛拥戴，以至于1565年他闻父丧之后，按制回家丁忧，"士民缙绅送逾百里，无不泣别……亦有追随不舍至家者，如梅井郭君及胥吏辈数十人"。④ 顺便说一句，这个时候追随罗汝芳不舍至家者，已经不是把他当作长官来看待，而是把他视为明德淑人的老师，愿意跟着他进学修道。

万历元年（1573），实施新政的朝廷诏令罗汝芳进京起用，不料进京之后，因与首辅张居正言语不合，罗汝芳仅仅被平调到山东东昌府担任知府。到东昌府任职才几个月，该年十月，他又被任命为云南屯田副使（兼按察副使，从三品），实际上被赶到了边陲之地。然而，是金子总要发光的，无论身在何地，罗汝芳总是能够做出令人刮目相看的事功来。除了上一节所述的水利、军事等业绩外，罗汝芳这一时期做得最多的，仍然是在云南各地聚集诸生和百姓讲学传道，以达到以德化民、移风易俗的目的。因为有官职之便，罗汝芳一边巡视各地，一边讲学不辍。凡足迹所到之处，皆聚众会讲，并且不限于士子缙绅，"暇日辄临乡约，其父老子弟聚听讲者动以千计"（有时候"值墟市之期"，百姓们"远近奔趋，

---

①　[明]王时槐：《近溪罗先生传》，见《罗汝芳集》，第 856 页。
②　《罗汝芳集》，第 840 页。
③　《罗汝芳集》，第 922 页。
④　《罗汝芳集》，第 840 页。

遍塞场中，不下四五万众")，① 其中有很多是刚刚开化的少数民族，今本《罗汝芳集》中有一篇《腾越州乡约训语》就记载了他讲学的盛况和内容。这种兴办讲会、以德化民的治世方略，像以往一样取得了显著的成效。每次讲会完毕，"父老各率子弟以万计，咸依恋环听不能舍去"②。不久之后，"风闻远迩，争斗渐息，几于无讼"。③ 这充分表明，罗汝芳的德教之政，不仅在一县、一府能够获得成功，而且在一省之境内，同样取得了显著的成效。特别值得一提的是，当他举行乡约、讲会时，"其父老子弟群聚听讲者动以千计"，④ 有时碰到墟市之期，人数竟然多达四五万众，本来是"步履纵横，声气杂沓"，可是，当罗汝芳命儒生、童子们歌诗数章之后，百姓们顿时安静下来，"万象拱肃，寂若无人矣"。⑤ 当罗汝芳演讲完毕，父老子弟"咸依恋环听不能舍去"。⑥

有的学者质疑：在没有电子扩音设备的时代，罗汝芳如何能够面对四五万众宣讲道学，那么多人能够听得清他讲学的内容吗？其实这并不难解。因为罗汝芳是兼署学道，地方学校的学官和众多生员都要听他的调遣。每次举办大型讲会时，罗汝芳可以命令口齿清晰、声音洪亮的诸生围绕在他身旁，然后依次排开，一直延伸到广大听众中间，罗汝芳讲一句，这些人便以传声筒的方式重复一句，这样听不清的问题就可迎刃而解。而面对普通民众，罗汝芳的演讲是非常通俗的（从下文介绍其讲学内容便可得知），因此也不存在听不懂的问题。当然，以德化民的治世之道，必定要以为百姓谋福祉、造实惠为先决条件。如果罗汝芳没有治理好滇池水患没有修复金汁、银汁等水利设施，没有击败缅甸酋长的进犯，那么，即使他巧嘴如簧，赛过苏秦、张仪，也不可能赢得如此多的听众，更不可能取得"风闻远迩，争斗渐息，几于无讼"的治理成效。

三、罗汝芳的道德教化的基本内容

如前文所述，罗汝芳的执政理念，可以用一句话来概括：重德教而慎刑罚，具体一点来讲就是：注重伦理建设和道德教化，扬善而戒恶，以讲会和乡约为手段治理所辖境域，这是罗汝芳在地方执政的基本模式。或许有人要问：罗汝芳对士子百姓进行教化，究竟宣讲了哪些内容呢？

---

① 《罗汝芳集》，第 847 页，又见：第 759 页。
② 《罗汝芳集》，第 760 页，
③ 《罗汝芳集》，第 847 页。
④ 《罗汝芳集》，第 847 页。
⑤ 《腾越州乡约训语》，见《罗汝芳集》，第 759 页。
⑥ 《腾越州乡约训语》，见《罗汝芳集》，第 760 页。

概括而言，主要有三个方面：一是以孝、弟、慈为核心的伦理道德的教化；二是宣扬明太祖制定的圣谕六言；三是以通俗易懂的方式进行其他方面伦理道德的宣传，随缘应化，不一而足。总之，都是为了唤醒士子百姓的道德良知，提升其道德水准，使之自觉地为善去恶，促进整个社会的伦理秩序建设。下面分别一一阐述。

第一，罗汝芳非常注重宣扬以"孝、弟、慈"为核心的道德规范，力图培养起人们符合宗法制度的伦理观念。"孝、弟、慈"一语出自《大学章句》第九章，原文是："故君子不出家而成教于国：孝者，所以事君也；弟者，所以事长也；慈者，所以使众也。"罗汝芳认为，这三项美德可谓抓住了君子之德的要领，比起其他诸种德目来，更加切己近身。他说：

> 若泛然只讲个德字，而不本之孝、弟、慈，则恐于民身不切，而所以感之、所以从之，亦皆漫言而无当矣。①

据此，罗汝芳每到一地，便不厌其烦地向士民们宣讲"孝、弟、慈"三德，例如，他在讲会中把"孝、弟、慈"视为人之"明德"的基本内涵，而且比喻为古代圣王治天下的"大道理"和"大学术"，他说：

> 夫孩提之爱亲是孝，孩提之敬兄是弟，未有学养子而嫁是慈。保赤子，又孩提爱敬之所自生者也。此个孝、弟、慈，原人人不虑而自知，人人不学而自能，亦天下万世人人不约而自同者也。今只以所自知者而为知，以所自能者而为能，则其为父子兄弟足法，而人自法之，便叫做"明明德于天下"，又叫做"人人亲其亲长其长，而天下平也"。此三件事，从造化中流出，从母胎中带来，遍天遍地，亘古亘今。试看此时薄海内外，风俗气候，万万不齐，而家家户户，谁不是以此三件事过日子也。只尧、舜、禹、汤、文、武，便晓得以此三件事修诸己而率乎人。以后（帝王）却尽乱做，不晓得以此修己率人，故纵有所为，亦是小道；纵有治平，亦是小康。却不知天下原有此三件大道理，而古先帝王，原有此三件大学术也。②

---

① 《罗汝芳集》，第152页。
② 《罗汝芳集》，第108页。

　　类似的言语在《罗汝芳集》中还有很多，兹不赘述。概而言之，罗汝芳认为，"孝、弟、慈"三项美德，并不只是适用于家族内部伦理关系的建设，而且可以推广扩充，直至运用于社会生活的方方面面。罗汝芳根据自己多年仕宦的亲身经历，十分肯定地说：

> 予叨仕进，自极北边陲，率海而南，历涉吴、越、闽、广，直逾夜郎、金齿，其深山穷谷，岁时伏腊之所由为，未有一方一人而非孝、弟、慈、和以行乎其间者，则其习俗虽殊，而其性固不甚相远也。[①]

又说：

> 天下太平者非他，即人心和平之极也；人心之和平者非他，即《中庸》之各率其性，而为孝为弟为慈，平平而遍满寰穹，常常而具在目前也。此个人情，万古不变，却原是天命生生，万古流行而不已也。[②]

　　诚然，不同的地域和民族风俗各异，制度也不尽相同。但是，任何一个民族或国家都不会否认"孝、弟、慈"的基本价值和功能，否则，社会就失去了最起码的"黏合剂"，这是符合人性基本需要的伦理规范。因此，罗汝芳根据多年宦游四方的亲身经历认为，各地"习俗虽殊，而其性固不甚相远"，"未有一方一人而非孝、弟、慈、和以行乎其间"。从这个意义上讲，孝、弟、慈的伦理观念具有普世价值，只有人人服膺"孝、弟、慈"，才能导致"人心之和平"，而只有达到了"人心之和平"，才是实现天下太平的根本标志。

　　第二，罗汝芳一直积极地宣传由明太祖制定的"圣谕六言"，作为自己以德化民的基本价值准则。或许是看到人们习惯于将"孝、弟、慈"三原德限于家庭伦理生活的范围之故，罗汝芳有时便直接引用明太祖朱元璋立国之初定下的六条圣谕，进一步宣扬他的道德教化。所谓"圣谕六言"（有时又称"高皇六谕"），内容相当简明，即："孝顺父母，尊敬长上。和睦乡里，教训子孙。各安生理，毋作非为。"（教训，此处是教诲之意，

---

① 《罗汝芳集》，第 316 页。
② 《罗汝芳集》，第 234 页。

无责罚的含义在内）①"圣谕六言"比起罗汝芳常讲的孝、弟、慈来，已经突破了家庭伦理的范围，而涉及社会生活的各个领域，但是，它与孝、弟、慈"三原德"本质上并无二致，实际上仍是儒家伦理道德观在社会生活中的具体应用。对于"圣谕六言"，罗汝芳在乡约和讲会中宣讲起来也是不遗余力的，现存《罗汝芳集》中有三篇完整的乡约训语，其中的《宁国府乡约训语》就包含了罗汝芳详细地向民众解释"圣谕六言"的内容，兹引一段如下，便可窥见其全貌：

> 孝亲敬长，睦乡教子，是自尽性分的事。此"各安生理，毋作非为"二句，是远祸害的事。盖人生有个身，即饥要食，寒要衣，有个家便仰要事，俯要育，衣食事育，一时一刻不能少缺，若无生理，何处出办？便须去作生理……人生在世，须是各安其命，各理其生。如聪明便用心读书，如愚鲁便用心买卖，如再无本钱，便习手艺及耕田种地，与人工活，如此方才身衣口食，父母妻子有所资赖，即如草木之生地虽不同，然勤力灌溉，亦各结果收成。若生理不安，则衣食无出，饥寒相逼，妻子相闹，便去干那非理不善的事，求利未得，而害已随之，大则身亡家破，小则刑狱伤残，眼前作恶之人，昭昭自有明鉴。凡我会众各宜劝勉，以各安生理，毋作非为。②

从这段会语讲义中可见，罗汝芳面对百姓大众，能够用通俗易懂的言语来宣讲"圣谕六言"，把"各安生理，毋作非为"的道理讲得浅白而实在。在这些训语之中，没有子曰诗云，没有俳偶对仗，都是清楚明白的大实话，难怪各地百姓们听了之后，"咸依恋环听，不能舍去"。在明代，有一些地方官员也会对百姓宣讲"圣谕六言"，但大多是老生常谈，或者虚应故事，很少有谁能够像罗汝芳这样真诚而耐心地予以宣讲，因为罗汝芳是发自内心地相信"圣谕六言"对于社会治理和人格修养的重要意义，因此，讲起来便与众不同，如春风时雨，潜移默化，深入人心，真正起到了移风易俗的作用。

第三，在"孝、弟、慈"和"圣谕六言"之外，罗汝芳还进行一些其他方面的伦理道德的宣传和教化工作，总之就是为了戒恶而扬善，提升社

---

① 《宁国府乡约训语》，见《罗汝芳集》，第 752 页。
② 《罗汝芳集》，第 755 页。

会民众的道德水准，达到和谐有序的治世局面。例如，有一篇他亲笔撰写的《劝百姓二十条》，没有确切的时间记载，但是从行文内容上看，很像是他初为知县时发布的公告。其内容包含甚广，兹摘录几条如下：

> 劝吾民，要孝亲，原是父母生此身。承欢养志分内事，打骂劳苦莫怨嗔。
>
> 劝吾民，多积善，天公报应疾如箭。积善之家处有余，若还积恶天岂眷？
>
> ……
>
> 劝吾民，要守成，祖宗基业本难离；但愿儿孙多克肖，常将勤俭振家声。
>
> 劝吾民，莫赌博，家园荡尽声名恶；纵使场中局局赢，算来几个不零落？
>
> ……
>
> 劝吾民，要睦邻，邻居本是百年亲；出门举足常相见，礼义相先号里仁。
>
> 劝吾民，莫恃强，强梁好勇身早亡；齿先舌敝皆由硬，柔弱枝条生意长。
>
> ……
>
> 劝吾民，莫奸淫，坏了行止损了身；谁家妻子容人乱，胡不将心来比心？
>
> 劝吾民，莫溺女，男女一般俱莫去；若逢开元天宝间，众羡生男不如女。
>
> ……
>
> 劝吾民，勤生理，士农工商勤为美；大富由命小由勤，游手好闲身何倚？
>
> 劝吾民，莫怠惰，百事吾身总负荷；大禹当年惜寸阴，昼长何事只闲过？[①]

上述文字中，有些内容含有封建思想的糟粕，例如：对于父母之孝，"打骂劳苦莫怨嗔"，未免有愚孝之嫌；劝百姓为善，强调"天公报应疾如箭"的因果论，也不尽符合事实。但是总的来说，罗汝芳以十分通俗的语

[①] 《罗汝芳集》，第722页。

言，讲述了为人处世的实实在在的道理，即使到了今天，有些训诫仍然是发人深省，具有现实的道德启发意义。更应该看到的是，罗汝芳在这篇告示中，突破了士大夫的话语习惯，用通俗易懂的语言，把儒家思想渗透到民间百姓的心中，变成人们自觉的生活习俗和文化心理，应该说他对儒学民间化的贡献，是相当突出的。正因为如此，罗汝芳的治下，无论是一县、一府，还是一省之广，都能够达到"争斗渐息，几于无讼"，甚至于"一时有三代之风"①的治世局面。

除了为官之时，罗汝芳回到家乡，一样力所能及地坚持讲会和乡约制度，并随缘应化地予以施教。例如，他的父亲罗崇纲（号前峰）在家乡发起过一个"里仁社会"（古代二十五家为一社，社会，犹村里的讲会），在一些乡村儒者的支持下，延续了数十年，后来影响渐大，"通诸一乡一邑"。② 罗汝芳晚年致仕回乡，不嫌身份差别，一样参与这个"里仁社会"，并时常演讲于其间。有一次，讲会上聚集了百十余众，十分安静地听他讲学。罗汝芳就此场景，讲起了良知良能的道理，以启发乡里民众的道德自觉性，他说：

> 吾乡老幼，聚此一堂，有百十余众，即使宪司在上，也不免有些喧嚷。是岂法度不严，奈何终难静定？及看此时，或起而行礼，或坐而谈论，各人整整齐齐，不待分付一言，从容自在，百十之众，浑如一人……此却是何缘故？盖是吾人之生，不止是血肉之躯，其视听言动，个个灵灵明明，有一良知之心以主宰其中。往常乱走乱为，只是听行凭血肉，如睡梦一般，昏昏憒憒，不自觉知，以故刑罚也齐一不来。今日大家到此，听高皇帝圣谕，叫起孝父母、敬尊长等事，句句字字，触着各人本来的真心，则谁无父母，谁无兄弟，亦谁不曾经过孩提爱敬境界？今虽年纪或有老的，或有壮的，或尚幼的，固皆相去赤子已久，然一时感通，光景宛然，良知良能，如沉睡忽醒，则中心耿耿，便于血肉形躯顿尔作得主起。虽是旧时耳目，而视听却分外聪明；虽是旧时声口，而言辞却分外和顺；虽是旧时手足，而动止却分外敬谨。故自然不待拘检，而静定胜如官府在上，岂止一身受用！且其天机活泼，生生不已。③

---

① 《罗汝芳集》，第 926 页。
② 《罗汝芳集》，第 763 页。
③ 《罗汝芳集》，第 764 页。

罗汝芳的这一番言论，不像在宁国或腾越州等地的讲会，事先都已经准备好所讲的内容，完全是即兴而发，告诉"日用而不知"的乡邻父老，你们心中一样"有一良知之心以主宰其中"，往常不过如睡梦中迷失而已，现在"一时感通，光景宛然，良知良能，如沉睡忽醒，则中心耿耿，便于血肉形躯顿尔作得主起"。因此，这么多人聚在一起，"不待拘检，而静定胜如官府在上"，这都是自家心中的良知良能发挥了作用。如果将此良知良能推广应用，那么，此生便不虚度，而得个真受用，最终成就"大孝大弟之圣贤"①人格。

由是可见，罗汝芳以德化民的治世手段，既持之以恒，又灵活运用，既坚持了儒家的道德理念，又符合民众的实际生活需要，因此，在当时收到了良好的社会效果，推动了儒学的民间化，造就了相当数量的符合儒家思想规范的君子人格，对于当时的社会稳定和伦理建设起到了积极的促进作用。

四、罗汝芳政治哲学的内在思想与个人特色

从表面上看，罗汝芳"重德教而慎刑罚"的政治哲学，是儒家共有的治世理念，对于这一理念，罗汝芳本人谈不上有什么发展和创新。但是，如果我们回顾历史，不难发现，许多统治阶级的政治家阳儒阴法、杂用霸道，儒家思想在他们手中只是一个工具而已，其实他们内心未必真的相信儒家的治世理念。罗汝芳则不然，他是经过多年的思考和探索，最终坚定地选择了儒家思想作为自己安身立命的精神支柱，由此成就了自己达到"内圣"境界的修道事业。同时，他又将儒家的基本理念推广应用于社会治理实践中，由此而力图实现"外王"的理想抱负。从这个意义上讲，与同时期的一些政治家相比（如高拱、张居正等），罗汝芳称得上是一位醇儒，他的"重德教而慎刑罚"的政治哲学，具有相当深邃的思想内涵，值得后人像潜入深海一样去探究一番。

第一，罗汝芳怀有一颗真诚恻怛、仁厚慈爱之心，这是为政者以德化民的内因。罗汝芳对人的仁爱宽容，并不是政客们所用的谋略或伎俩，而是发自内心的真诚恻怛与仁厚慈爱，正如孟子所说："明于庶物，察于人伦，由仁义行，非行仁义也。"②

---

① 《罗汝芳集》，第 765 页。

② 《孟子·离娄下》

罗汝芳的一生，不仅担任过地方长官，而且还长期担任过刑部主事、郎中等司法职务，在云南也曾经代掌按察司一职，就是在这种以惩罚和管理囚犯为职责的岗位上，他也一样显示出一个儒者的真诚与仁厚。他曾经回忆："某提狱刑曹，亲见桎梏之苦，上至于顶，下至于足，更无寸肤可以动活，辄为涕下。"①应该注意，罗汝芳为犯人"涕下"，并非什么妇人之仁，而是在于他认为一些小民因为缺乏教育，结果无知而犯罪，这样才使得罗汝芳为之伤感。由于当时的刑部尚书"淡泉郑公亟称太湖之政，部事无大小悉与正之"，罗汝芳得以在自己的职权范围内，给予在押囚犯以一定的人道主义关怀，"前狱中每遇寒，无日不报囚死，夫子命具汤药、热饮食，时收放，囚乃不病"。②

当面对必须严惩的重刑犯人时，罗汝芳也尽量地少用极刑。嘉靖三十九年(1560)，罗汝芳主持判决，"止斩一人，绞一人，向多风霾阴晦，兹日独复晴煖。二山杨公同事叹曰：'今日非行刑，乃行仁也。'"③要知道，这个时候奸臣严嵩尚在台上，按照统治集团草菅人命的一贯作风，罗汝芳敢于做出这样的判决，是要顶住很大的压力的，非有真诚、慈爱的仁者胸怀，决不敢这样逆着潮流而行事。到了云南之后，罗汝芳一度代掌按察司之印符，此时朝廷掌权者是张居正，"江陵时欲多决重囚，巡按愚所李公托师详审，师开决数甚少。李曰：'不致取怒耶？'师曰：'此处利害得失，须较轻重。古之为囚求生道者何所不至，而敢希人意多杀戮乎？'"罗汝芳不仅判决死刑数额非常少，而且给予死刑囚犯必要的人道主义关怀，"临期捆缚，师为热汤饭，盛柴火，教以动念向善，俾一灵有归，不为世害，且得终吉。囚徒感泣，罔有怨詈"④。可以说，罗汝芳对待犯人，真是仁至义尽了。当然，他也因此触怒张居正，"比江陵见人数少，各坐罚俸。师语共事诸公曰：'罚俸自是不佞分内，独以累诸公，心不安耳。'诸公咸曰：'吾辈甚安。'师曰：'诸公安，不佞安矣。'"⑤罗汝芳虽然受到了罚俸的处分，但是心安理得，还赢得了同僚们的团结和拥戴。

对于仁义之道，是"安而行之"，还是"利而行之"，这是区别王道与霸道的关键之处，罗汝芳以其一生的从政实践，充分证明了他有着真诚恻怛与仁厚慈爱的胸怀，是一个名副其实的醇儒，正因为如此，他才孜

①《罗汝芳集》，第20页。
②《罗汝芳集》，第921页。
③《罗汝芳集》，第838页。
④《罗汝芳集》，第847页。
⑤《罗汝芳集》，第847页。

孜不倦地推行"以讲会、乡约治郡"的德教与仁政，为实现理想的治世局面而不懈地奋斗。

第二，罗汝芳之所以注重启发民众的道德自觉性，重德教而慎刑罚，是因为他笃信性善论的缘故，这也是他和同时代一些"阳儒阴法"的政治家的本质区别所在。有什么样的人性论思想，就会有着相应的治世之术。战国时期的荀子，相信人性本恶，又认为人可以通过教化而符合封建礼义的要求，因此他信奉"王霸并用"的政治主张，而其门徒韩非子，则坚持极端性恶论，认为人根本不可能通过教化而真诚为善，因此，主张以利禄诱惑和严刑峻法来治理国家。当汉代儒学跻升为官方意识形态之后，统治阶级内部仍然有许多人并没有全盘接受孔孟之道，他们口头上不说，实际上并不相信孟子的性善论思想，而是走"阳儒阴法"、"杂用霸道"的道路，这种内心真实思想，直至明代依然如故。开创了著名的"万历新政"的杰出政治家张居正，其实就是这样一个人物，因此他和罗汝芳始终政见不合。而罗汝芳则从小服膺圣人之说，对于孟子的性善论思想，是发自心底地认同，因此当他执政一方后，便按照自己的理解，重德教而慎刑罚，注重启发士民百姓的道德自觉性，由此收到了严刑峻法所不能取得的治理成效。关于人性善恶问题，罗汝芳明确地指出：

> 性善一著，是圣凡之关。只一见性善，便凡夫立地成圣。孔子以后，惟是孟子一人，直截透露，其他混帐，则十人而九矣。①
>
> 夫性善者，作圣之张本，能知性善，而圣贤乃始可谓人人可以为之也。②

至于如何看待现实社会中有人为恶的问题，罗汝芳说：

> 夫天命之有阴阳，人事之有善恶，总之曰："道二，仁与不仁而已。"然天以阳为主，而阴其所化；心以善为主，而恶其所变也。故仁之胜不仁，犹水之胜火，盖主者其所常存，而变之与化，则固其所暂出也。③

---

① 《罗汝芳集》，第210页。
② 《罗汝芳集》，第239页。
③ 《罗汝芳集》，第238页。

在此，罗汝芳以"天以阳为主，而阴其所化；心以善为主，而恶其所变也"为根据，表明性善是人类心灵的本然状态，这是"常存"的，任何恶的意念或行为只是"暂出"的，因此，只要教化得当、涵养得法，任何人都可以恢复先天原本的至善良知，都可以成为知义明理的圣贤君子。据此，罗汝芳才会对士民百姓说："盖是吾人之生，不止是血肉之躯，其视听言动，个个灵灵明明，有一良知之心以主宰其中……今虽年纪或有老的，或有壮的，或尚幼的，固皆相去赤子已久，然一时感通，光景宛然，良知良能，如沉睡忽醒，则中心耿耿，便于血肉形躯，顿尔作得主起。"①

除了对于一般百姓直接进行勉励之外，罗汝芳针对许多有文化基础、能够担当教化百姓之任的士大夫，则一再申言相信"性善论"的重要性。据史籍记载：某次讲会上，罗汝芳说："吾儒之学，本之心性，人性皆善，难说一无所知。顾在汝自担当耳。若肯担当，莫说是汝，即途人皆可以为圣贤；若不肯担当，莫说是汝，即是圣贤，亦不知其所终矣。"于是大众同声请曰："担当果是要紧，但须以何为先？"罗子曰："以信为先。盖圣贤垂世，决非相诳。若人性与圣贤有二，孟氏肯自昧本心，而断然谓其皆善也哉？……今惟出门一步，断然谓吾性为善，又断然谓圣贤为可学，便精神意气，忻跃奋扬。所性善端，如奇花瑞草，润逢甘露，芬芳一时竞发，虽欲罢而不能矣。"②

罗汝芳之笃信性善论，在历史上是十分罕见的。虽然今人亦难于论证人性善恶的问题，但是，罗汝芳的性善论思想，是他治世理念的根柢所在。只有怀着对人性的信任与期待，才有可能达到"人皆君子而比屋可封"③的治世局面，因此，罗汝芳说："圣贤者，人品之最贵，知其可为圣贤，而于人人乃始不以卑贱而下视之也；上人者，庶人之所瞻趋，知上视己以贵重，而人人又安忍共甘卑贱而不思振拔也哉？"④正是怀着这样一份道德理想主义的真挚情怀，罗汝芳在坎坷的仕宦生涯中不计个人的得失毁誉，一直以化民成俗、扬善止恶为己任，坚定地走到了生命的最后一刻。

第三，基于以上思想，罗汝芳以德化民的执政和教育实践中，表现出一个鲜明的个人特色，那就是：在道德教化中注重扬善而不侧重惩恶，

①　《里仁乡约训语》，见《罗汝芳集》，第 764 页。
②　《罗汝芳集》，第 282 页。
③　《王阳明全集》卷 7，第 257 页。
④　《罗汝芳集》，第 239 页。

他仅仅是通过教诲和劝导来启发人们心中的道德自觉性，从而自觉地戒恶而迁善。有一则故事非常耐人寻味，史载：

> 有巨室兄弟构争，其弟往诉于子（指罗汝芳）。子闻而痛哭流涕，请问其故。子曰："予不幸无兄，有则任其所甘心焉。予亦思兄而不得，是以重有感伤耳。"其弟大惭而回，叩首兄前，泣曰："适闻罗夫子言，不肖获罪吾兄久矣。"其兄闻言，亦不觉争忿顿释，造子谢教。兄弟愿终身师事之。①

后来，这则故事被明末清初的史学家万斯同简化之后，收入《明史稿·罗汝芳传》中，其后又被节录于清代张廷玉等编撰的《明史》。万斯同在《明史稿》还提道："（罗汝芳出为宁国知府），创开元会，集士民诲以孝弟忠信，罪囚亦令听讲，一郡翕然。"②对于囚犯，罗汝芳一样注重启发其道德自觉性，使之明白天理人伦的道理，这样，当其刑满释放之后，他们便能操持正业，重新做人，而不再像一般的惯犯一样屡次犯罪，成为社会的包袱。应该说，罗汝芳对于犯人的改造方式，即使在今天都值得司法部门学习和借鉴。

除了善待百姓之外，罗汝芳对于身边的官员僚属，也一样诲之不倦，决不以个人权势凌人之上，或滥施刑罚。史载：

> 子历守令藩臬，未尝坏一僚属。其不及者，委之以事，使之不惰；贪残者，谕之以祸，裨之自新。故迁善者日众，无所用其法也。③

需要指出，罗汝芳之"未尝坏一僚属"，并非是指对僚属中有大恶者也姑息迁就。他只是以一种对人性的信任与期待，劝化僚属，不纠小恶，使之都能改过自新，更好地投入到工作中而已。这既是一种仁爱之心，也可以说是一种政治智慧，正因为"未尝坏一僚属"，罗汝芳所到之地，僚属们都能积极地配合他的工作，而不至于造成不必要的矛盾和纠葛。于是，罗汝芳以其言传身教而赢得了下属官员的普遍拥戴，在云南时，当他因为判决死刑犯数额太少而罚俸时，众僚属跟着他一起罚俸，大家

---

① 《庭训记言行遗录》，见《罗汝芳集》，第 422 页。
② 《罗汝芳集》，第 874 页。
③ 《罗汝芳集》，第 420 页。

也都无怨无悔。

因为注重扬善而戒恶，所以，罗汝芳主持的讲会和乡约，与其他地方搞的乡约、讲会有了明显的区别。本来，乡约是乡村社会宗法自治以及儒学民间化的一种重要手段，而讲会则是贯彻乡约、传播儒学的形式。在罗汝芳之前，大儒王阳明就起草制定了著名的《南赣乡约》，并推广开来。一些真心相信理学的士大夫，也在其辖境或家乡订立乡约、举办讲会，目的就是为了改造人心，移风易俗。不过，在乡约和讲会推广开来之后，有些地方士绅，往往喜欢纠弹他人之过，于是在讲会上经常相互攻讦，本是为了扬善止恶的讲会，反而闹得彼此不痛快。有鉴于此，罗汝芳在他举办的讲会之上，从来不凭借自己的权势和名望去指责他人之恶，而是谆谆教诲，启发民众的良知，使之自觉地为善而去恶。因此，罗汝芳主持讲会时，民众特别爱听，"不待拘检，静定胜如官府在上"①。在滇西腾越州（今腾冲）的讲会上，与会者听毕后，皆曰："往见各处举行乡约，多有立簿以书善恶，公论以示劝惩，其约反多不行，原是带着刑政的意思在。若昨日，公祖只是宣扬圣训，并唤醒人心，而老幼百千万众俱踊跃忻忻向善而不容自己，真如草木花卉一遇春风，则万紫千红，满前尽是一片生机矣。"②

"他郡皆惩恶，此郡独赏善"，③ 这是时人对罗汝芳与众不同的治世方略的评价。罗汝芳运用这种扬善而戒恶的方式，收到了事半功倍之效，既体现出他的仁者胸怀，也表明他的治世之术已经达到炉火纯青的水平。

第四，罗汝芳在以德化民的执政和教育实践中，还有一个突出的思想特色，那就是厚古而不薄今，这一点，与一般儒家学者的观念迥然不同。本来，早在先秦时期，孔孟等儒家思想的创始人，倾向于崇古非今，以表达自己对社会现实的批判态度和对理想世界的美好寄托。以孔子为例，他最向往的是西周初年由周公制礼作乐而达到社会井然有序的状态，因此，他面对纷乱的春秋时代开出了自己社会改革方案。

　　　　子曰："周监于二代，郁郁乎文哉！吾从周。"④

当自己年事已高，理想无法实现之时，孔子也不免感慨，说："甚矣

---

① 《罗汝芳集》，第 764 页。
② 《罗汝芳集》，第 762 页。
③ 《罗汝芳集》，第 840 页。
④ 《论语·八佾》

吾衰也！久矣吾不复梦见周公！"继孔子之后，先秦儒家把尧、舜、禹的禅让时代称为理想的天下大治状态，把夏、商、周三代的圣王贤相和他们的治世功业视为最可效法的榜样。不知不觉中，复古倾向成为了儒家政治哲学的思想特征，而一些长期在野的思想家（不是指没做过官，而是指没有掌权用世的机会），更是习惯于厚古薄今，到了宋代理学兴起之际，这种思想倾向更为突出。例如，程颐曾说：

> 周公没，圣人之道不行；孟轲死，圣人之学不传。道不行，百世无善治；学不传，千载无真儒。[1]

又如朱熹，也有着相当明显的崇古非今的思想倾向。在他的心目中，只有三代以上的君主才是真正的圣君，只有三代以上的人民才是生活在理想社会中的人民。其实，三代以上的圣王都是历史传说中的人物，他们的美德和事迹都经过了后人的添加和美化，其真实性并不可靠。然而，在程颐、朱熹等道学家的心目中，只有三代以上的时期才是理想的社会。据此，他们对于西周之后的社会历史有过颇多的指责和非议，有的甚至罔顾事实。例如，朱熹站在道学家的立场上，把许多杰出的"后王"（如唐太宗）贬得一塌糊涂，他说：

> 唐太宗一切假仁借义，以行其私。[2]

又说：

> 唐太宗从谏，亦只是识利害，非诚实。[3]

又说：

> 太宗之心，则吾恐其无一念之不出于人欲也。直以其能假仁借义以行其私，而当时与之争者才能智术既出其下，又不知

---

① 《明道先生墓表》，见《二程集》，第 640 页。程颐在此意指，直到其兄程颢问世，才有真儒出现。
② 《朱子语类》卷 135，第 2906 页。
③ 《朱子语类》卷 134，第 2894 页。

有仁义之可借，是以彼善于此而得以成其功耳。①

对此，我们真的需要反问一下：如果唐太宗的确像朱熹所说的那样低劣，那么，宋朝的皇帝就没有一人有脸活在世上了。然而，一个学派的思想观念是有连贯性的，在程朱等先儒的影响下，一些儒者非常喜欢厚古薄今、品评时事，有的言论根本看不到社会历史发展的真实趋势，因此，难怪有人把这些喜欢"发思古之幽情"的儒者称为"冬烘先生"。

罗汝芳则不然，他既是一个有着深厚思想学养的儒者，又是一个有着多年执政经验的官吏，有着对社会生活的丰富经验和清醒认识。因此，他一方面坚持着对圣人之学的信奉，怀着对儒家道德理想主义的憧憬和追求，同时，并不厚古薄今，而是充分肯定他所处的时代的积极因素，鼓励学者从当下努力，一起为实现"人心和平之极"的真正太平世界而奋斗。

首先，罗汝芳肯定了明王朝疆域之广阔、国力之强盛。他说：

> 芳自弱冠登第以逮强仕……及部差审录而宣、大、山、陕，取道经由，至藩臬屯田而云、贵、川、广；躬亲巡历，不惟东南极至海涯，且西北直临塞外。每叹自有天地以来，惟是我明疆土宏廓，至尊君亲上，孝父从兄，道德虽万里而无处不一，衣冠文物，廉耻内外，风俗虽顷刻而无时不同。故前谓皇极之世，自尧舜三王以来，惟我明足称独盛。②

当然，罗汝芳的话有所夸大，论疆域之广阔，汉、唐和元代都超过了明朝，但是，明帝国的统一较之前朝的松散状态更加凝固，这是符合历史事实的。例如，贵州原属化外之地，至明成祖时正式设立了布政司，明政府可以进行直接有效的管辖，而不再是以前的宗藩关系。更重要的是明王朝在这些边疆地域实现了文化的统一，如衣冠文物、正韵官话，礼义观念等，正所谓"道德虽万里而无处不一"。因此，罗汝芳认为自己处在一个国力强盛的时代，正是实现儒家道德理想主义的最佳时机。

其次，罗汝芳盛赞明太祖的文治武功，特别是"圣谕六言"，为整个社会的伦理建设提供了简洁明确且具有可操作性的规范。他说：

---

① 《晦庵集》卷36，见朱杰人等主编：《朱子全书》，上海：上海古籍出版社，2002，第21册，第1583页。

② 《罗汝芳集》，第255页。

（芳）惟居乡官，常绎诵我高皇帝圣谕，衍为《乡约》，以作
会规，而士民见闻处处兴起者，辄觉响应。乃知大学之道在我
朝果当大明，而高皇帝真是挺生圣神，承尧舜之统，契孔孟之
传，而开太平于兹天下，万万世无疆也。①

这段话当然有过誉之处，如把明王朝的基业称作"万万世无疆"，未
免有点一厢情愿。但是，罗汝芳对于明太祖制定的"圣谕六言"评价甚高，
说它是"承尧舜之统，契孔孟之传"，这却是真心话。因为罗汝芳看到，
孔孟等人为人类社会设计的理想方案固然很好，但是却没有能力去实现
它，到了明代，四海重新归于一统，明太祖怀有使天下长治久安的理想
抱负，励精图治，精心设计，终于制定出了"圣谕六言"这样的道德规范。
只要天下人都能诚实遵守，太平盛世就可以到来并长久地保持。据此，
罗汝芳感叹道：

孔孟渴想乎千百余年，而《大易》、《春秋》竟成故纸；大明
转移于俄顷呼吸，而大统真脉皎日当天。②

又说：

有正便有邪，有诚便有伪，自古为然，岂独末世乃始纷乱？
但孔孟费多少气力，以放之闲之，于春秋战国竟无少补；我高
皇帝才止数言，而万年天日，一时顿然开朗。故芳敢谓：皇极
之世，惟我明今日方是。③

不仅如此，罗汝芳还对一些儒者厚古非今的思想进行了批判。例如，
他引述一些儒者的观点："前时皆谓千载未见善治，又谓千载未见真儒"
（前引程颐之语，历来被一些不满现实的儒者引用），他坦率地批评道：

古先多谓善治从真儒而出，若我朝，则是真儒从善治而出。

---

①　《罗汝芳集》，第 5 页。
②　《罗汝芳集》，第 255 页。
③　《罗汝芳集》，第 237 页。放，驱逐。闲，捍卫。语出《孟子·滕文公下》。这是孟子说
　　过的话，原文是："闲先圣之道，距杨墨，放淫辞，邪淫者不得作。"

> 盖我太祖高皇帝天纵神圣，德统君师，只孝弟数语，把天人精
> 髓尽数捧在目前；学问枢机，顷刻转回脚底⋯⋯此岂非圣治之
> 既善，而儒道之自真也哉！"①

又说：

> 故每惜儒生常谈，谓不睹三代隆盛，不思今日统驭之遍，
> 纪纲之同，又古昔圣贤徒劳想望，而莫获身亲见者也。②

罗汝芳说这些话是有根据的，他举自己亲身游历过的地方为证：

> 吴楚诸方，在春秋犹称蛮夷，不得上同中土；至川、贵、
> 云南，宋室俱至度外，究厥所由，惟以其言之躈舌，衣之左衽，
> 是非徒见其习而然？若我高皇圣化，则不论其左衽之何如，而
> 惟文物衣冠以统之；不论其躈舌之何如，而惟正韵官话以齐之，
> 是非独信其性善之近，而浑忘其习俗之远而然耶？③

因此，罗汝芳认为，"皇极之世，惟我明今日方是"。既然有了这样
良好的社会基础，那么正是儒家人士大有作为的时期。一个真诚的儒者，
应该乘此天下承平一统之际，推广伦理道德的教化，提升人们的思想境
界，以达到社会和谐安定的局面，这样方能巩固来之不易的承平之世，
真正实现"人心和平之极"，也就是儒家心目中理想的太平世界。

或许有人认为，罗汝芳之所以颂扬明太祖的功绩和他的"圣谕六言"，
完全是出于一种迎合当局的政治智慧。这种看法虽不无见地，但是并不
全面。明朝中后期，张居正执政时期，一度禁止民间讲学（张居正执政不
过十年，这一禁学令为时并不长）。有的儒者因讲学触怒张居正，被施以
人身迫害（如何心隐），但罗汝芳置若罔闻，照讲不误。史载：

> 戊寅，罗子以讲学去官。
> 或请曰："师以讲学罢官，盍少辍以从时好？"
> 罗子曰："先人所付家当，而我平生所事也，若之何舍之？

---

① 《罗汝芳集》，第234页。
② 《罗汝芳集》，第316页。
③ 《罗汝芳集》，第316页。

况今去官，于讲学也益宜。"

或曰："不为党祸惧乎？"

罗子曰："人患无实心讲学耳，人肯实心讲学，必无祸也。党人者，好名之士也，非实心讲学者也。"①

这段对话，在曹胤儒的《罗近溪师行实》中记作："我父师止以此件家当付我。我此生亦惟此件事干，舍此不讲，将无事矣。况今去官，正好讲学。"②由此可见，罗汝芳如果真的是一味迎合当局，他根本不必冒着危险、顶风讲学了。他内心是真诚地相信讲学传道的时代价值的，正如他曾经对徐阶所说："此时人材为急，欲成就人材，其必由讲学乎！"③在讲学过程中，罗汝芳不像何心隐等人一味地去批判现实、针砭时弊，而是充分肯定了明王朝统一而安定的历史功绩，肯定了明太祖"圣谕六言"教化人心的社会作用，在此基础之上再弘扬儒家的道德观念和修身思想。因此，他与何心隐、李贽等热衷讲学的知识分子的遭遇迥然不同，包括张居正在内的任何当政者都从来没有来找过罗汝芳的麻烦。这与其说是一种政治智慧，不如说是罗汝芳的建设性思维和何心隐等人的批判性思维之间的本质差别。特别值得一提的是，罗汝芳对于"圣谕六言"的信奉是持之终身的，到临终前，他与其孙罗怀智有过一段对话：

怀智问道。子曰："圣谕六言尽之。"

问功夫。曰："圣谕六言行之。"

请益。曰："圣谕六言达之天下。"

"如斯而已乎？"曰："六言达之天下，尧、舜、孔、孟，其犹病诸？"

智问修身。子曰："舍圣谕六言而修，是修貌也，非修身也。《中庸》曰：'修身以道，修道以仁。仁者人也，亲亲为大。'"

子谓智曰："圣谕六言，其直指吾人日用常行，不可须臾离之道乎！"④

---

① 《罗汝芳集》，第 384 页。

② 《罗汝芳集》，第 848 页。

③ 《罗汝芳集》，第 839 页。

④ 《罗汝芳集》，第 301 页。

由是可见，罗汝芳对于明太祖的"圣谕六言"是真诚信奉、终身服膺的。他认为，"圣谕六言"符合《中庸》的基本思想，既直指吾人日用常行，乃"不可须臾离之道"，又符合了儒家"修道以仁"、"亲亲为大"的伦理思想。因此，"圣谕六言"是贯通本体与工夫的至道之教，后人只需笃实践履就行了。罗汝芳晚年的这段话，虽不排除被其后人或门生修饰过，但是基本内容是明确无疑的，它充分体现了罗汝芳的伦理本位的价值观念和道德理想，也体现出罗汝芳"法后王"的历史观。比起传说中的先王先圣来，明太祖无疑是一位"后王"，罗汝芳对他的治国理念的充分肯定和高度重视，无疑是一种厚古而不薄今的明智态度，是一种承认社会进步趋势的历史观。比起那些盲目信奉"三代以上"理想社会状态的迂儒来，更具有清醒的现实主义精神。

第三节　罗汝芳政治哲学的历史评价

罗汝芳的政治哲学和治世理念，堪称一种很纯粹的儒家思想。那么，应该如何评价他的政治哲学的历史地位与意义？笔者认为，不能单从其思想本身和个人事功的层面来作分析，必须结合整个明朝甚至整个封建社会的历史发展趋势，才能看清它的本来性质和历史地位。

一、对于社会现实的清醒认识

罗汝芳是一个道德理想主义者，而且又有着很纯厚的心性修养，终其一生，他从不抱怨个人境遇或者借题发挥，但是，这不等于他对于明朝中叶的社会政治形势没有清醒的认识。诚然，翻遍整个《罗汝芳集》，几乎一处怨愤或指责的文字都见不到，但是，在偶然出现的只字片语中，我们仍然可以发现他对于社会实际的深刻忧虑。最典型的就是万历元年（1573）他奉诏进京待命，见到首辅张居正时的对话，史载：

> 翌日，（张江陵）招师，且约义河李公陪师，坐定。
>
> 江陵顾李，曰："近溪意气，视旧无异。"
>
> 师曰："不免伤感太多耳。"
>
> 江陵曰："何故？"
>
> 师曰："闾阎疾苦，不能一一上达也。"
>
> 江陵曰："即韩、范、欧、富，亦不能俱达也。"
>
> 师笑谓李大夫曰："某辈连宵欢呼庆幸，皆以老先生（指张居

正）受知主上，大用明时，即臯、夔、稷、契，将不能多让矣。"

江陵曰："然则尧、舜独不病博济耶？"

师曰："此自人言尧、舜耳。自鄙见视之，唐虞君臣，刻刻时时，必求博济也。"

江陵举酒不言……①

这段对话发生之时，是罗汝芳在家乡丁忧、赋闲长达八年，回到北京等待任用的时候。守制期间，罗汝芳亲眼目睹了许多民间的疾苦，作为赋闲在家的乡官，他无权过问或改变什么，因而"不免伤感太多"。他很清楚"闾阎疾苦，不能一一上达"的实际情况，好不容易有了一个面陈最高执政者的机会，因此，他见到首辅张居正之后，最渴望的就是把民间的实情讲给张居正听一听。孰料张居正对他打起了官腔，说什么"即韩（琦）、范（仲淹）、欧（阳修）、富（弼），亦不能俱达也"。对此，罗汝芳当然不敢苟同，于是展开了一场辩论。虽然两个人始终是笑谈席间，但是观念上却格格不入。最后，张居正"憾师之不顺己也，遂补师东昌"②。事实上，在明代中后期的所有首辅中，张居正属于勤政的一类，连他尚且时有怠惰、麻木之意，其余的辅臣、尚书们的情况就可想而知了，这样一来，广大百姓的疾苦忧患能指望谁来关心呢？

客观地讲，张居正当政时期是明朝中后期政治与社会形势最稳定的时期，罗汝芳只是个人受到一些排挤而已，这一时期的社会矛盾并不算尖锐。相比之下，在他出仕的前期，明王朝的内忧外患相对更为严重，作为一名在任官员，罗汝芳不可能不清楚社会的实际情况。例如，在对外关系上，从嘉靖中期开始，沿海倭寇大规模入侵劫掠，扰乱东南数省，残害百姓无数，直至嘉靖四十四年才得到彻底平息。而北方的鞑靼诸部，屡次侵扰边境，嘉靖二十九年（1550）甚至攻到京畿一带（史称"庚戌之变"），而大明王朝却束手无策。在内政上，嘉靖中期以后，以严嵩父子为首的奸党把持朝纲，大行贿赂，把朝廷政局搅得一团糟，成天在内宫烧丹炼汞的明世宗却置若罔闻，直至嘉靖四十一年才将严氏一党除去。这一时期，正好是罗汝芳登第出仕之时（他于嘉靖二十三年会试中第，三十二年通过殿试），此时的他学养深厚、见识广博，当然明白朝廷内外交困的实情。然而，作为一名品级较低的官员，他对此无能为力。因为不

---

① 《罗汝芳集》，第382页。

② 《罗汝芳集》，第383页。原文与此略有出入。

满于严氏一党专横跋扈的作风，罗汝芳曾经于嘉靖三十五年（1556 年）"欲弃官归，具疏终养"，结果被"座主存斋徐公力止之，乃已"。① 于是，他仍在北京的刑部任职，好在严氏父子看在同乡的份上，没有找过他的茬儿，否则罗汝芳很可能像杨继盛、沈炼等忠臣一样，遭到残酷的迫害。这一时期，罗汝芳的心情不可能舒畅，因为国势如此，他却无可奈何。严嵩倒台之后，徐阶升任首辅，罗汝芳的政治境遇顺畅了一些。但是，嘉靖皇帝在位，徐阶不敢对其弊政做较大的改革，而嘉靖帝去世之后，新登基的明穆宗（在位六年）同样喜好游玩挥霍，对于徐阶苦口婆心的劝谏根本听不进去，徐阶担任首辅不过两年，只好自请致仕。随后，朝堂之上为争首辅之位像走马灯式也上演了一出出闹剧，李春芳、高拱、张居正等数人"你方唱罢我登场"，直至万历皇帝登基之后，政治局势才算稳定下来。在此期间，罗汝芳因父丧回家丁忧，一住就是八年之久，按其自叙，原因是（其母宁氏）"令汝芳勿复仕"。② 如果这段话属实，那么说明有文化有见识的罗母对于朝廷混乱的政局十分了解，不想让年已五十的儿子有个闪失，所以不再让他出仕。如果说"勿复仕"是罗汝芳自己的意愿，那说明了他内心对于当时政局的失望和无奈。如果不是万历元年因新政需要，朝廷"当道引哀诏促师起复"，③ 罗汝芳后半生可能就这样终老田园、颐养天年了。

　　到了北京之后，因为不肯依附于得势的张居正集团，罗汝芳被平调到东昌府担任知府，不过数月之后，张居正一伙还是把他远远地打发到偏僻的云南去任屯田副使。到了云南之后，罗汝芳发现自己接手的是一个不折不扣的烂摊子，如前文所述：云南水利设施因为年久失修，几近废弛，"秧枯粮欠，军逃时所必至。遥度此弊，再越一二纪，滇将不成省矣"。④ 于是，罗汝芳不得不施展浑身解数，花费了很大的精力，才将云南的水利设施修复一新，"子粒收征倍常，逃者十还八九"。⑤ 对此，我们不能不产生一个疑问：罗汝芳到了哪里都要忙活一通，那么，在他之前，任何一位掌权的地方官员就没有想过要解决这些问题吗？这些官员大多数不也是读过圣人之书、通过科举考试而选拔上来的吗？由此可见，明代中期以后，官场的麻木漠然和敷衍塞责有多么严重！而像罗汝芳这

---

① 《罗汝芳集》，第 837 页。
② 《罗汝芳集》，第 636 页。
③ 《罗汝芳集》，第 841 页。
④ 《罗汝芳集》，第 414 页。
⑤ 《罗汝芳集》，第 414 页。

样的廉洁而能干的官吏又多么稀缺！客观地讲，罗汝芳鞠躬尽瘁的奉献精神堪称古今为官者的楷模。然而，即使如此，他也没有逃脱被张居正集团排挤出政坛的结局（虽然他自己毫不介意），一代循吏就这样悄然结束了自己的仕宦生涯，这不能不说是一个时代的悲剧。

在罗汝芳晚年，他曾与入室弟子曹胤儒有过一段对话，罗汝芳说："吾则以为真正仲尼，临终不免叹口气也。"①这句话曾经被一些学者误读，以为是罗汝芳评述孔子的理想报负难以实现之类的意思，其实这是一段关于工夫论的对话，此处不过是借孔子为喻罢了。然而，这句话倒真是有点像罗汝芳对于自己从政生涯的总结，那就是：他本来怀有经世济民、安邦定国的才能和抱负，但实际上远远没有实现自己的政治理想。因此，被诏令致仕之时，"不免叹口气"，这应该是他返乡之前心情的真实写照。②

令罗汝芳"不免叹口气"的另一原因是，他身为当世大儒，一直未能获得经筵进讲的机会，也就是说，他原本渴望把自己的满腹经纶讲给皇帝听，希望能够启发圣上之心，领悟孔孟治国之道，从而使天下百姓受惠。嘉靖四十四年（1565），罗汝芳进京入觐，他对友人王时槐说："诸君讲学，只三五巷谈，不足风世，得君相同心学道，寰宇受其福矣。"为此，他曾积极向首辅徐阶建议，"当劝主上以务学为急"，同时设法使皇帝身边的"诸大阉向学"。③ 这一建议当然很好，徐阶也在一定程度上采纳。然而，不过数年之后，遭到皇帝（明穆宗）和中官们反感的徐阶被迫"自请致仕"，遗憾地离开了政治舞台的中心，罗汝芳"经筵进讲"的梦想，失去了最有希望的介绍人。在他致仕之前，意外地碰上了后来成为入室弟子的新科进士杨起元，④ 杨起元闻近溪南归之后，"叹曰：'吾师且老，今若不尽其传，终身之恨也。'因访从姑山房而卒业焉。"⑤其求道之精神可谓至诚，因此成为罗汝芳非常器重的入室弟子。因为杨起元身居朝廷清要之位（中进士后授翰林院编修，后任国子监祭酒等职），罗汝芳便把经筵进讲的希望寄托在了杨起元身上。他曾对门人说：

---

① 《罗汝芳集》，第 294 页。
② 《罗汝芳集》中有《致仕偶兴》一诗（第 796 页），这应当是他情绪平稳之后的问心无愧、洒脱自如的真实心境，两者并不矛盾。
③ 《罗汝芳集》，第 857 页。
④ 杨起元（1547～1599 年），字贞复，号起元，万历丁丑进士，此年恰逢罗汝芳进京入贺，旋即致仕。
⑤ 《明儒学案》卷 34，第 806 页。

予自壮及老，尝梦经筵进讲，后得杨贞复，而梦不复矣。①

　　遗憾的是，罗汝芳的这一期望还是落了空。杨起元后来确实被召为"吏部侍郎兼侍读学士"，有了接近皇帝的机会，但是他"未上（任）而卒"②，年仅五十三岁。其实，这种遗憾并非偶然，而是迟早都要到来的。众所周知，杨起元所侍奉的万历皇帝在张居正去世后便没了管束，为所欲为，其荒淫程度超过嘉靖和隆庆二帝。即使杨起元多活几年，他所遭遇的结果最好不过是像前朝徐阶一样"自请致仕"而已，昏庸无道、懒惰异常的万历皇帝哪里会听得进他的忠耿直谏和谆谆教诲？如果多说几句，说不定还会招致杀头的厄运。从这个意义上讲，罗汝芳"经筵进讲"的梦想，注定是要"不免叹口气"的。

　　综上所述，罗汝芳的政治生涯，尽管有许多的闪光点，但是远没有达到他的理想境界。在二十多年的仕宦生涯中，罗汝芳对于社会现实一直有着清醒的认识，同时也怀有理性的忧患和深沉的无奈。只不过他是一个"知命"之人，只管做好自己该做的事情，完成自己的人生使命，至于治世成效和个人得失，他并不在意。由此我们不难发现，罗汝芳秉持的是重在建设而非批判的价值观念与思维方式，这是与何心隐、李贽等同代思想家截然不同的地方，或许，这就是一位达到圣者境界的大儒在当时应该采取的最恰当的人生态度。

二、罗汝芳治世事功与理念的历史反思

　　罗汝芳的治世实践，就其个案而言是出色的，甚至是非常感人的。他的政治作为堪称是儒家所崇尚的圣人气象的活注脚。但是如果我们把视野放宽到整个儒家政治哲学的历史命运来看，我们又不得不承认，罗汝芳治世事功的建树具有偶然性，结局带有几分悲剧性，而其治世理念，尽管思想崇高、内涵丰富，在封建专制社会中不可能得到真正的实现。

　　先秦的儒学是民间私学，无论孔、颜、曾、孟等人，在封建统治者面前都有着岸然挺立的人格，"道不同"则可以退隐林下而"不相为谋"。然而，进入汉代之后，以董仲舒、公孙弘等人为代表的汉儒，对于古代专制帝王作出了原则性的妥协，董仲舒以"王道之三纲，可求于天"③，为君主专制制度奉献出了宝贵的理论论证。从此，虽然形式上罢黜百家、

---

① 《罗汝芳集》，第 391 页。
② 《明儒学案》卷 34，第 806 页。
③ 《董仲舒集》，《春秋繁露·基义第五十三》，第 278 页。

独尊儒术，而实际上封建专制君主始终凌驾于儒学之上，两者一旦有了冲突，很少有儒学思想战胜专制君主的事例。如果君主因年幼或暗弱之故不能掌握朝政，外戚、宦官或权相必定取而代之，成为事实上的专制者。在政治学上，专制制度的特点是效率递减，即总体上君主一代不如一代，整个国家慢慢地走向腐朽和衰亡。在此过程中，官僚队伍的职业操守也是呈现递减规律。最后，整个官僚体制陷入结构性腐败之中，即使有个别人清廉忠直，也回天无术了。罗汝芳的从政生涯就是如此，他本有经天纬地之才，廉洁仁爱之德，却以其刚直不阿而见恶于专制的首辅张居正，使其才能所施局限于一府、一省而不再扩大，最后还被张居正"勒令致仕"，结束了仕宦生涯。而张居正本人，在执政的十年中虽然也颇见成效，但是一旦死后(1582)，便被翻脸无情的万历皇帝夺爵抄家，不仅其家族的命运可悲，就是整个改革的成果也很快付之东流。罗汝芳逝世于 1588 年，就在其离世后的 56 年，明王朝便灭亡了，而且是先亡于李闯，后亡于满清。从这个意义上讲，无论是堪称醇儒的罗汝芳，还是不太醇厚的张居正，其政治生涯都是一场悲剧。由此也可以推导出，只要是依附于君主专制制度而立身的儒家，其政治哲学与治世理念都有着固有的缺陷，其远大理想不可能有完满实现的一天。

历史的进程将圣王和专制时代渐渐地抛在了身后，民主与法治已经成为全球化的政治共识。在这种情况下，摆脱了对君主专制制度人身依附的儒学，反而获得了"浴火重生"的可能性，这也是 20 世纪以来，接受了民主和科学理念的新儒家能够长期屹立于现代学术之林的重要原因之一。值得注意的是，民主的政治制度不等于高尚的政治文明，新的政治制度的形成，可能一场革命之后就可以建立。而高尚、理智、成熟的政治文明，则必须通过教育熏陶的方式，经过长时间的努力，在政治家和广大民众中间逐步养成。这种培养、造就现代政治文明的历史实践，自然离不开有卓越见识和高尚风范的杰出人物的示范和推动。历史上的许多政治人物和他们的思想，都成为今天可资借鉴的榜样。罗汝芳的政治哲学与治世理念，他的仕宦经历与执政成就，也因此重新成为我们研究和效法的宝贵资源。从这个意义上讲，儒家的社会政治理论，依然有着历久弥新的时代价值，尤其是那些堪称圣贤的大儒们的政治智慧，更如一盏明灯，昭示着后人如何改造和完善社会制度的道路和方向。

第七章　罗汝芳的生命哲学与生死智慧

在罗汝芳的哲学体系中，生命哲学可以说是最富有特色的一个组成部分，如果没有了这一部分的思想，那么，罗汝芳就不可能引起人们如此高度的关注。他的生命哲学，以元典《周易》的生命观为源头，兼采释、道二教的思想，简明深邃，蔚为大观。而且，罗汝芳以知行合一的修道方式，充分践行了他自己所信奉的生命哲学和生死智慧，在当时就引起了轰动。因此，我们在研究罗汝芳的哲学体系时，一定要涉及并努力搞清这一核心问题。

第一节　死生昼夜常事——罗汝芳的生命观与生死智慧

生命是宇宙演化进程中最为奇特的现象，古往今来，许多哲人都发现了这一问题。《周易》中说："天地之大德曰生"，又说："生生之谓易"，表明了中国古代圣贤对于宇宙生命现象的基本判断。今天，当人们已习惯于用分子生物学的研究模式来探索生命奥秘时，往往忽略了古人在这一方面的独到发现。因此，我们反观一下古人对于生命的独到发现和思想见解，对于拓展和加深这一方面的认识，或许有着重要的思想启发意义。

一、"精气为物，游魂为变"的生命本质观

人的生命是如何构成的？这是一个许久已来困扰着人类自身的问题。对于这一问题，不仅有现代生物科学在运用基因工程等研究方式来试图揭开其中的奥秘，而且，古代中国人也通过自己的探索，早已给出了明确的答案。罗汝芳的生命观，就是以先秦儒家元典《周易》的基本思想为依据，兼纳释、道之说而展开的，具有独到的思想认识和清晰的理论脉络。他说：

> 吾人之生，原属阴阳两端，合体而成。其一则父母精气，妙凝有质，所谓"精气为物"者也；其一则宿世灵魂，知识变化，所谓"游魂为变"者也。精气之质，涵灵魂而能运动，是则吾人

之身也，显现易见而属之于阳；游魂之灵，依精气而归知识，
是则吾人之心也，晦藏难见而属之于阴。交媾之时，一齐俱到，
胎完十月，出生世间。①

上述话语大意是说：人的生命是由灵魂与肉体和合而成的，正如《周
易》中所说"精气为物，游魂为变"。"精气为物"来自于父母之精气，妙凝
有质，构成了人的身体，有形可见，这是生命"阳性"的一面；"游魂为
变"则来自于宿世灵魂，在男女交媾之时潜入胚胎之中，虽无形可见，但
构成了生命的精神本体，这是生命"阴"性的一面。孤阴不生，独阳不长，
只有通过"精气为物，游魂为变"这一阴阳和合的运动过程，才能产生现
实的生命形态。

罗汝芳的这段话，讲的是关于人的生命从何而来的问题，然而，人
们不可能不关注与此相连的另一个问题，有生则有死，那么，生命的去
处又是怎样的呢？对此，罗汝芳和门徒也展开过讨论，史载：

问："往日看《易经》……辄为迟疑不了。今将良知面目，贴
实思量，方知圣人言语，皆非空说道理也。"
罗子曰："精气为物，便指此身；游魂为变，便指此心。所
谓情状，即面目也，因魂能游，所以始可以来，终可以返，而
有生有死矣。然形有生死，而魂只去来，所以此个良知灵明，
可以通贯昼夜，变易而无方，神妙而无体也。"②

这段话仍然是对于相关经典话语的诠释。《周易》中说："《易》与天地
准，故能弥纶天地之道……原始反终，故知死生之说；精气为物，游魂
为变，是故知鬼神之情状。"③由于古代经典的语言简略深晦，语焉不详，
人们难以清晰地理解其中的内涵。在此，罗汝芳明确地讲出了相关的道
理，他认为，"精气为物，便指此身；游魂为变，便指此心"，生命的始
终是一个"始可以来，终可以返"的运动过程，只不过这个运动过程的真
正主体是人的精神本体（即灵魂），"形有生死，而魂只去来"。从另一角
度看，如果悟透了所谓游魂的内涵，其实也就是阳明心学所讲的"良知
灵明"而已，它是"可以通贯昼夜，变易而无方，神妙而无体"的，乃是人类

---

① 《罗汝芳集》，第 287 页。
② 《罗汝芳集》，第 70 页。
③ 《周易译注》，《系辞上》(四)，第 535 页。

生命的本质所在。

需要指出，"鬼神""游魂"等概念，后人一般都做了人格化的理解，因此容易产生迷信或其他的歧义。在此，只有运用中国古代的元气论，才能得到恰当的诠释和正确的理解。其实早在北宋，思想家张载就明确地指出了"鬼神"的含义，他说："鬼神者，二气之良能也。"①这就表明，所谓鬼神，不过是元气运动过程中的阴阳二性而已（大体而言，阴性主凝聚，阳性主发散），"游魂"的含义也不外于此，都是指元气在凝结或发散等运动过程中的产物。由于元气论到明代已广为人知（张载的学说还属于官方认可的理学思想），因此，罗汝芳等思想家不必从源头上再去费力地澄清"游魂""鬼神"的物质内涵，而是可以直接地运用这些范畴，来阐明自己的生命观。不过有的时候，他和王龙溪等心学大师偶尔也会从元气论的角度来诠释自己的思想观点，以帮助学者正确理解宇宙和生命的深邃内涵，他说：

> 吾夫子之赞《易》曰："乾知太始，坤作成物。"……要之，实一元之气，浑沦磅礴，浩渺无垠焉尔。是气也，名之为天则天矣，天固乾之所以始乎坤也；名之为地则地矣，地固坤之所以成乎乾也；名之为我则我矣，我固天地之所以成始而成终者也。夫合天地万物，而知其为一气也……是故君子由一气以生天生地，生人生物，直达顺施而莫或益之也，本诸其自然而已也。②

由此可见，生命的诞生与湮灭，本质上就是"一元之气"的运动变化过程，其趋势不过是"本诸其自然而已也。"其次，罗汝芳以"游魂"释"良知灵明"，他本人不觉得有什么难懂之处，然而今人却觉得费解。所幸的是，与罗汝芳同时的心学巨擘王龙溪，对此作出了明确的阐释，他说：

> 天地间一气而已。易者日月之象，阴阳往来之体，随时变易，道存其中矣。其气之灵，谓之良知，虚明寂照，无前后内外，浑然一体者也。③

又说：

---

① 《张子正蒙》，《太和篇》，第 94 页。
② 《罗汝芳集》，第 349 页。
③ 《王畿集》卷 8，《易与天地准一章大旨》，第 182 页。

通天地万物，一气耳。良知者，气之灵也。生天生地生万物，而灵气无乎不贯，是谓生生之易。①

"良知者，气之灵也"，这是王龙溪对于良知范畴所作的本体论层面的解释。如果用今天人们通晓的语词来理解，"元气"范畴可以从三个方面来理解，大致是：从物质方面讲，称为"精"；从能量方面讲，称为"气"（又写作"炁"）；从主宰和传递信息的角度讲，称为"神"。阳明心学所悟到的"良知"本体，属于"神"的范畴，是"气之灵"，本质上也是"元气"，只不过是最原始的先天之气，是人类心灵共同的先天本体。懂得了这一点，我们自然就可以将宋代张载的气本论和明代心学的"心本论"贯通起来，明白他们不过是从不同的角度在说同一事物。只不过是因为明朝士人的视觉焦点和思维方式与张载不同，才有气本论和心本论的生命观的表面差异。

罗汝芳的生命本质观，在今天的正统观念看来无疑是唯心的、迷信的。不过，他之所以得出这样的生命观念，并不是凭空捏造的产物。如前章所述，罗汝芳有着相当深湛的心学践履工夫，包括静坐体悟在内，已不让于当时的任何一位高僧名道之下。他对于自己静坐体悟的体验，几乎绝口不谈，原因是怕学者们堕入光景之中不能自拔，有时候，他在一些小品文中记述了一些人和事情，却充分显示出自身对于生命奥秘的真切觉知。例如，在《方从吾》一文中，他记述了自己的两个门人修道中的特殊体验：

（方从吾）弱冠，闻余谈学盱上，从吾不告家而来。时余游楚，期以岁暮乃返。从吾讯知，喜曰："先生返有定期，晤无难矣。"至除夕，果只身至，余奇之，乃馆于厅室。日午闭户静坐，余及儿辈谈学（于）厅事，从吾坐中闻之，俄若起身，出外就问，乃问言至再，而余一不答，心怼怼不平。又傍牵儿辈衣，而儿辈身不少动，心益怼甚，遂拳击儿辈，始自惊拳不能重，乃从室隙中疾入。倏然醒起，而身仍坐所也。余随语以《易》谓"游魂为变"之详，渐次开导，从吾遂有悟。归，力孝养，人颇

①　《王畿集》卷13，《欧阳南野文选序》，第348页。

服从。①

这段文字描绘的是门人方从吾静坐时出现的"元神出窍"的状况。方从吾以至诚之心来罗汝芳家中求学，被安排在厅堂边的小屋里住下。这天中午，他静坐时听到罗汝芳和儿辈们在厅堂之中谈学论道，他起身前往提问（其实是身体不动，而"元神"外出），不料罗汝芳一个字都不回答，只管讲自己的。方从吾有些气愤，"傍牵儿辈衣，而儿辈身不少动，心益忿甚，遂拳击儿辈"，这时他才发现，自己的拳头一点重量都没有，根本打不疼别人。他只好"从室隙中疾入"，此时"倏然醒起，而身仍坐所也"。这样一来，方从吾就迷惑不解了：说这是一场梦吧，可是罗汝芳的讲学内容听得清清楚楚（这是可以事后问清查明的），说这不是梦吧，可是自己的身躯根本没有离开原来的座位。他只好去向罗汝芳请教，孰料罗汝芳司空见惯，"随语以《易》谓'游魂为变'之详，渐次开导"，方从吾"遂有悟"，于是成为罗汝芳的忠实门徒。

俗话说：孤证不立，如果方从吾的体验是偶然的、个别的，那就不足以证明罗汝芳的生命观了。接下来，罗汝芳又记载：

> 后余北上，从吾送至淮安。舟遇泾县翟介石（名占）。语及前事，介石笑曰："占则殆有甚焉。"因述其成童以来不敢一人静坐，坐则神遂外出。出则与身亲行无异，若不远而复，幸矣；或境界殊常，贪恋移时，及精神归身，身则冷如寒冰，四肢麻木，许久方复如常。幸得先生作郡，闻性命相依之理，心觉安安，自后虽静坐，不出矣。②

翟介石是宁国府泾县人，在罗汝芳担任宁国知府期间从教于门下。他的精神本体十分活跃，每逢静坐"神遂外出"，"出则与身亲行无异"，如果"境界殊常，贪恋移时，及精神归身，身则冷如寒冰，四肢麻木，许久方复如常"。因此，他成年之后不敢一人静坐。碰到罗汝芳之后，"闻性命相依之理，心觉安安"，从此不再出现元神出游于外的情况。这两个例子，都讲述了一种人们在常规经验下无法体会到的情况，那就是元神（游魂）脱离了身躯，独自游离于天地之间。这种体验，固然能够使人们

---

① 《罗汝芳集》，第 574 页。
② 《罗汝芳集》，第 574 页。

加深对于生命奥秘的认知，但也可能会成为一种"光景"而引起追求，甚至误导学者步入歧途。因此，罗汝芳以"游魂为变"和"性命相依之理"教导门人，对此不必惊讶恐慌（当然更不要追求），这只是修道过程中出现的一种特异生命现象，有过这种体验的学者，对于生命构成的物质内涵，自然会有超出常人的深刻认识。

除了记述门人的体验外，罗汝芳对于"游魂为变""性命相依"的道理自然也有自己的亲历亲证。《罗汝芳集》中有一篇《张承勋》的短文，记载的就是他的亲历与见证，阐述的就是"生死不二，游魂为变"[①]的道理。此外，罗汝芳的生命本质观之所以不是妄言，还可以从他的临终表现中看出来，不过，这一临终表现笔者将专门列出加以探讨，在此就先不做介绍了。

二、"生则入圣，死则还虚"的生命价值观

既然明白了"精气为物，游魂为变"的生命本质问题，那么，一个人应该如何去生活，才能充分地实现上天赋予他的生命价值（古语称为"践形"）呢？对于这个问题，罗汝芳把生死连成一贯加以考虑，并给予深刻的阐述，其思想宗旨就是"生则入圣，死则还虚。"[②]他认为，这才是一个人应当走的生活之路，换句话说，只有这样，才能充分成就自己的生命价值。他说：

> 人能以吾之形体而妙用其心知，简淡而详明，流动而中适，则接应在（乎）现前，感通得诸当下。生也而可望以入圣，殁也而可望以还虚，其人将与造化为徒焉已矣。若人以己之心思而展转于躯壳，想度而迟疑，晓了而虚泛，则理每从于见得，机多涉于力为。生也而难忘以入圣，殁也而难冀以还虚，其人将与凡尘为徒焉已矣。[③]

在此，罗汝芳揭示了两条完全不同的人生轨迹。同样是"阴阳两端，合体而成"的生命，在赤子之初时差别也不大，可是后来，一种人是"以吾之形体而妙用其心知"，最终是"生也而可望以入圣，殁也而可望以还虚"，一生是"与造化为徒"，亦即符合宇宙演化发展的根本规律；另一种

---

① 《罗汝芳集》，第 584 页。

② 《罗汝芳集》，第 291 页。

③ 《罗汝芳集》，第 287 页。

人则是"以己之心思而展转于躯壳",最终是"生也而难忘以入圣,殁也而难冀以还虚",一生是"与凡尘为徒",违背了宇宙演化发展的根本规律。或许有人会问:"与凡尘为徒"只是一个比喻,无论是圣人还是凡人,纵有百岁寿命,不是都要死的吗?死了以后还有什么差别可言呢?对此,罗汝芳从"精气为物,游魂为变"的《易》理出发,肯定了佛教的生死轮回之说,他说:

> 后世只因认此良知面目不真,便谓形既毁坏,灵亦消灭,遂决言人死,不复有知。并谓天地神祇,亦只此理,而无复有所谓主宰于其间者。呜呼!若如此言,则今之祭天享地、奉先祀神,皆只叩拜一个空理。虽人之贤者,诚敬亦无自生;至于愚者,则怠慢欺侮,肆然而无忌矣。其关于世教人伦,甚非小小,故不敢不冒昧详说也。知我罪我,其共亮之。①

在《张承勋》一文中,他根据自己的亲历和亲证,得出了"观此,则释氏轮回之说,信不诬矣"②的结论。根据这一观点,凡俗之人在后天生活中,心灵受到了污染,又不知道自我保护其心灵生态,因此,他们灵魂的气质变得愈发污浊和紊乱,这样的灵魂(佛教称为"阿赖耶识",所指皆同)在人死后只能是在较低层次"元气"的环境中流转不已,可能诞生新的生命,或者为人类,或者为畜牲,像佛教经典描绘的那样在"六道"和"三界"③轮回不已,受尽生、老、病、死诸苦。反之,若是悟道之人(无论从儒、释、道哪个门径入手)其心灵的污染会被渐渐洗涤、净化,其心态的紊乱会渐渐得到平复,达到中和状态。这样的灵魂,在有生之年已然达到圣者的境界,到了死后,返还到宇宙"太虚"之中,跳出"三界"外,再无生死轮回可言,这便是罗汝芳所说的"生则入圣,死则还虚"的真实内涵。借用其门人的话来讲,罗汝芳所谓"与造化为徒""与凡尘为徒"的比喻,"皆非空说道理也"。④

既然明确了"生则入圣,死则还虚"的生命方向,因此,前文所述的罗汝芳的各种工夫理论都在这个思想体系中得以成立。无论是恪守孝、

---

① 《罗汝芳集》,第70页。
② 《罗汝芳集》,第584页。
③ 三界,是指无色界、色界和欲界;六道,是指欲界中的天、人、阿修罗、畜牲、饿鬼、地狱。
④ 《罗汝芳集》,第70页。

弟、慈，还是体仁寻源，无论是静坐涵养，还是日用格物，都是为了成就圣人的人格。孟子曾说："形、色，天性也；惟圣人然后可以践形。"①人的生命是一样的，都是"阴阳两端，合体而成"的产物，其身躯、容貌，也大致相同，但是，唯有圣人方能尽得为人之道，充分实现上天赋予人类的应有价值，因此，圣人是后代学者应当效法的人格榜样，学者从学之初就应该立下"必为圣人之志"。此外，我们还必须注意的是，尽管在生命本质的问题上，儒、释、道三家的思想有着内在的一致性，但是，儒家与释、道思想的不同之处在于——儒家非常注重现实人生，强调在现实生活中提升人格境界、实现灵魂的内在超越。《周易·系辞下》中说："天地之大德曰生。"孔子亦说："未知生，焉知死？"于是，重生成为儒家学者一贯的思想传统。只有很好地完成了自己的人生使命、走完自己的生命历程的人，才有资格真正面对超越生死的问题。因此，罗汝芳面对门徒讲学时，提倡的主要是如何在生中修道、体道，而不是像一般宗教徒那样天天渴望着超脱生死，除非门人主动问起，他一般不谈及此类事情。罗汝芳之所以强调孝、弟、慈"三原德"，注重伦理建设和道德修养，其实就是对于儒家"重生"的思想传统的自觉继承和大力弘扬。无怪乎心学宗祖王阳明曾说："大抵二氏之学，其妙与圣人只有毫厘之间。"②就是这"毫厘之间"的微妙差别，决定了罗汝芳是一位醇厚的儒者，而非释道之人。

三、"死生昼夜常事"的生死观

在揭示了"精气为物，游魂为变"和"形有生死，魂只去来"的生命奥秘之后，罗汝芳自然就会得出"死生（如）昼夜常事"的结论，这一思想和心学宗祖王阳明的观点完全一致。王阳明生前和弟子有过一段对话：

> 萧惠问死生之道。先生曰："知昼夜即知死生。"问昼夜之道。曰："知昼则知夜。"曰："昼亦有所不知乎？"先生曰："汝能知昼？懵懵而兴，蠢蠢而食，行不著，习不察，终日昏昏，只是梦昼。惟息有养，瞬有存，此心惺惺明明，天理无一息间断，才是能知昼。这便是天德，便是通乎昼夜之道而知，更有甚么死生？"③

---

① 《孟子·尽心上》
② 《王阳明全集》卷1，第36页。
③ 《王阳明全集》卷1，第37页。

客观地讲，王阳明的这番话还是有些晦涩，或许是因为眼前的弟子根器不够，他不便"发泄天机太过"①的缘故。罗汝芳则不然，当他面对真诚求教的学者时，敢于直白地讲出自己的看法，史载：

> 师过泰宁，士友会集。会中言有一年高士夫疾垂危而咸为感伤者。师曰："诸君不必过伤，死生昼夜常事耳。"在座（者）改容问曰："死生昼夜，古实有此语，然夜可以复昼，而死则岂能复生？"师曰："诸君知天之昼夜孰为之哉？盖以天有太阳，周匝不已而成之者也。心在人身，亦号太阳，其昭朗活泼，亦何能以自已耶？所以死死生生，亦如环如轮，往来不息者也。"有一年高者抚掌笑曰："不佞平生常以此系念，从今闻此，稍稍放心矣。"②

罗汝芳路经福建泰宁之事，发生在万历十五年（1587），此时他已经七十三岁了，应邀前往福建各地讲学。③ 在讲会中，罗汝芳为了宽解众人伤感于某位将逝者的情绪，直截了当地说："诸君不必过伤，死生昼夜常事耳。"有人不解，问："死生昼夜，古实有此语，然夜可以复昼，而死则岂能复生？"为解答这一问题，罗汝芳做了一个比喻，他说："诸君知天之昼夜孰为之哉？盖以天有太阳，周匝不已而成之者也。"同样的道理，"心在人身，亦号太阳，其昭朗活泼，亦何能以自已耶？所以死死生生，亦如环如轮，往来不息者也。"没想到，罗汝芳的这一番话，竟然解开了一位年长者的心结，他抚掌而笑，说："不佞平生常以此系念，从今闻此，稍稍放心矣。"

不过，"死生如昼夜常事"是个笼统之语，对于凡夫大众而言，"死死生生，亦如环如轮，往来不息"，就如同昼夜交替一般再平常不过，可是，对于修道者而言，这绝不是自己所希望达到的生命境界。如前所述，罗汝芳教诲门人的生命之道是："生则入圣，死则还虚。"可是，人的肉体生命终究是要消亡的，那么，这个"还虚"的主体究竟是指什么？其更确切的内涵又是怎样的呢？对此，罗汝芳为防止门人堕入光景、刻意追求之弊，平常罕言及此，但是，面对真诚求教的学者，他仍然透露了一些

---

① 语出《河南程氏外书》卷12，这是程颐和弟子尹焞的对话。见《二程集》，第440页。
② 《罗汝芳集》，第850页。
③ 相关记载可参见《罗汝芳集》，第681、850页。

端倪，史载：

> 问："今闻本来面目之说，方认得长生是指此个东西。然未有此个东西，如何下手修炼也？"
>
> 罗子曰："此个东西，本来神妙，不以修炼而增，亦不以修炼而减。其最先下手，只在自己能悟，悟后又在自己能好能乐，至于天下更无以尚，则打成一片，而形神俱妙，与道合真矣。"①

"此个东西"，便是能使修道者生命"还虚"的主体，它"本来神妙，不以修炼而增，亦不以修炼而减"，其实就是前文所说的元神（这是道家的范畴）②，心学称之为良知本体。通过修炼，一旦悟得，加以"直而养之，顺而推之"的保任工夫，修道者最终与周围环境"打成一片"，达到"形神俱妙，与道合真"的境界。对于修道工夫的最终结果，罗汝芳指出：

> 若善知善养……久之而身斯可以同天，同天则无始无终，我命在我，而寿夭更何足言也哉？③

这种"无始无终"的"同天"境界，用佛家的范畴来表述，便是一种"无生法忍"，其实也就是天人合一、无生无灭的状态。人必有生死，而对于证悟了先天"元神"的修道者而言，他的生命之"神"已经升华、返还于形而上的"太虚之气"，与"太虚之气"中的"神"复合为一，从这个意义上讲，他超越了生死轮回，"无始无终，我命在我，而寿夭更何足言也哉"？

由是可见，超越生死的主体决不是有形的肉体生命，而是指人的元神（良知本体）。这一思想，并不是罗汝芳的独到发现，而是整个阳明心学的共识。与罗汝芳同时闻名的另一位心学巨擘王龙溪曾说：

> 良知虚寂明通，是无始以来不坏元神，本无生，本无死。④

---

① 《罗汝芳集》，第 69 页。
② 儒、释、道均有发现，只不过叫法不同，如仁体、良知、本心、天命之性、真如佛性、本觉真心等。
③ 《罗汝芳集》，第 51 页。
④ 《王畿集》卷 5，《天柱山房会语》，第 119 页。

又说：

> 若夫超生死一关，生知来处，死知去处，宇宙在手，延促
> 自由，出三界、外五行，非缘数所能拘限，与太虚同体，亦与
> 太虚同寿，非思想言说所能凑泊，惟在默契而已。①

需要说明的是，元神是一个道家范畴，与"识神"相对。所谓识神，
就是人在后天生活中运用感性认识和理性思维方式来认知世界的一种意
识功能，亦即我们通常的意识状态，属于学而知之的范畴；而元神，则
是人类先天而有的一种直觉感悟式的精神本体，其功能属于生而知之的
范畴，一般人其实每天也在运用它，但是却不自觉，因此《周易》中说"百
姓日用而不知"②。作为心学宗祖，王阳明发现了它，把它称为"圣门正
法眼藏"和"千古圣学之秘"③，不过，囿于当时朱子学占据统治地位和大
多数弟子们的根器之故，王阳明谈起良知本体，多是从伦理道德的角度
来展开的，如："良知者，孟子所谓'是非之心，人皆有之'者也。是非之
心，不待虑而知，不待学而能，是故谓之良知……"④这种表述良知的模
式，有时确实会让一些拘泥于章句训诂之习的学者以为，所谓良知，不
过是一个道德范畴而已。所幸到了王龙溪、罗汝芳之时，阳明心学风行
天下，话语环境已大为宽松，他们有时候讲起"良知本体"来，敢于道出
"向上一机"⑤，王龙溪也才能够将儒家的良知范畴和道家的元神范畴（甚
至包括佛家的有关范畴）联系在一起，说破了其中"教虽分三，旨乃归一"
的生命奥秘。当然，无论是王龙溪，还是罗汝芳，谈起这种甚深境界的
话题时，都是比较谨慎的，如王龙溪曾对人说："因吾弟相信之至，略露
端倪。不然，人将以为妄矣。"⑥相比之下，罗汝芳在论及超越生死的问
题时更为谨慎，他只是根据门人的根器和诚心，有选择性地谈一谈，以
免学者刻意追求、堕入光景。他更多的是谈孝、弟、慈等伦理建设和道
德修养的问题，以促进社会风习的好转和道德水平的提高。但是在某些
时候，罗汝芳或有意、或无意间，会"发泄"出一些天机奥妙，让有志于
探索生命真谛的学者得到满意的答案。

---

① 《王畿集》卷12，《与殷秋溟》，第308页。
② 《周易译注》，《系辞上》（五），第538页。
③ 《王阳明全集》卷5，《与黄宗贤》，第199～200页。
④ 《王阳明全集》卷26，《大学问》，第971页。
⑤ 《王畿集》卷5，《天柱山房会语》，第119页。
⑥ 《王畿集》卷12，《与殷秋溟》，第308页。

综上所述，罗汝芳将一般人的生死视如"昼夜常事"，体现出他对于生命源流问题的透彻认识，同时，他也指明了"生则入圣，死则还虚"的真实内涵，那就是达到"无始无终，我命在我"的"同天"状态，这是一种"寿夭更何足言"的"无极"之境，亦即超越生死的修道"正果"。

四、罗汝芳的临终表现与其生死智慧的升华

与一般的思辨哲学不同，罗汝芳的生命观与生死智慧不是坐在书斋里靠纸上推导出来的，而是其多年修道实践的成果结晶。因此，他的生死智慧经得住实践的检验。在明代中期以后，凡是对于谈论性命之道的儒者，人们往往有一个有效的检验方法，那就是看一看这位当世名儒的临终表现，如果淡定从容，如归故宅，那么说明了这位名儒的学行一致，名副其实；如果临终前有犹疑、慌张、牵挂、哀叹等凡俗情绪的表现，那么，说明这位名儒对圣人之道的践履远远不够，以往属于言过其实。这种检验方式虽然仍是站在"生命的此岸"来评判一个儒者的道行，但是，在现实人生中，确实没有比这更好的方法来检验一个人的生命哲学是真是伪了。而且，在明代的诸多大儒中，只有为数不多的人经受住了这种严酷的"考试"，从而留下千载不朽的令名。

罗汝芳"自幼屡弱多病"，对此他常有回顾，在他乡试中举之后，其父罗崇绸告诫他："若获春第，宜就儒官以保弱体。"[1]并不希望他外出做官。可是，就是这样一付原本屡弱的身躯，后来竟然走南闯北，宦海飘零了二十余年，直至六十三岁才致仕回乡，实在经得住摔打。回到家乡后，罗汝芳基本上没有闲过，四处讲学传道，诲人不倦。一直到万历十五年（1587），他最后一次外出，应邀前往福建各地讲学。对此，他十分看重，在家信中说："此行为我一生大事，不比寻常。"[2]此时他已经七十三岁了。第二年（1588）农历六月，"从姑山崩一角，风拔大木百余株"[3]。按古代"天人感应"的迷信说法，这是哲人将逝的先兆。果然，"八月，师微疾。命门弟子来宿，日夕谈不倦"[4]。在别人看来是平常不过的"微疾"，罗汝芳却准确地预感到自己大限将至，因此，他抓紧最后的时间向门人传道解惑。其孙罗怀智记载道：

---

① 《罗汝芳集》，第657页。他回顾自己年幼多病的文字可参见第64、634页等处。
② 《罗汝芳集》，第681页。
③ 《罗汝芳集》，第850页。
④ 《罗汝芳集》，第851页。

万历戊子八月既望，子疾笃，训智旬日，皆非昔闻。智请曰："大人畴昔何不少露一机，仍待今日也？"

子笑曰："天地大道，本之化生，出之自然。若言说可以指陈，意见可以方度，俱为滞泥，堪作何用？故未至今日，汝我不得而速之；既至今日，汝我不得而迟之。"①

由是可见，罗汝芳利用最后的时光，为门人上好"最后一课"，既诚笃恳切，又淡定从容，丝毫没有考虑到个人的财产得失或身后评价之类的事情。八月中旬之后，他的病情日益加重，来探望的官员和士大夫们也络绎不绝。对于一些好友，罗汝芳坦率地表露了自己的心迹。史载：

八月二十八日，许旴川先生洛、丘厚山先生浙，问疾。师曰："我于尘事不着一毫，此心廓然矣。"②

这句话和心学宗祖王阳明临终前所说的"此心光明，亦复何言"③，几乎如出一辙，都表明了两位深造自得的心学大师临终前的胸中洒洒、磊落光明的心态。与王阳明在返乡途中病入膏肓的临终状态不同，罗汝芳有较充分的时间与诸友和门人告别，并以身示法，表现出真儒的风范。史载：

南城鲁四尹文视疾，请曰："老师疾，宜用玄门工夫。"师曰："玄门养生，寿仅百余；若此学得力，则自是而千年万年，千万年犹一息耳。"

孙怀义、怀智复恳如鲁四尹请。师曰："汝辈与诸友，着紧此学，便是延我性命于无穷。不尔，纵年历数百，何益哉！"④

客观地讲，门人和诸孙"用玄门工夫"疗疾的建议是出自一片好心，而且具有可操作性，因为罗汝芳早年"于释典、玄宗，无不探讨"，⑤对于道家的布气疗疾的一套方法绝不陌生。如果为了延年益寿，罗汝芳应

---

①　《罗汝芳集》，第 300 页。

②　《明德夫子临行别言》，见《罗汝芳集》，296 页。

③　《王阳明全集》卷 35，《年谱三》，第 1324 页。

④　《罗汝芳集》，第 296 页。

⑤　《罗汝芳集》，第 858 页。

该采纳这一建议。但此时的罗汝芳，已经心同太虚，廓然无碍，他已经完成了自己的人生使命，没有必要再在人世间苟延残喘地活着了。因此，他给门人的回答是："玄门养生，寿仅百余，若此学得力，则自是而千年万年，千万年犹一息耳。"这段话中，实际上隐含了一种"天人合一"的生命理念，那就是"生则入圣，死则还虚"，超脱了生死轮回，与天地等同，用他以往的话来讲，便是"同天则无始无终，我命在我，而寿夭更何足言也。"同样，他还劝勉诸孙："着紧此学，便是延我性命于无穷。不尔，纵年历数百，何益哉！"

八月二十九日中午，益王府左长史万言策（自称"楚同门弟"[1]，也是一位儒者）前来问疾。罗汝芳从容不迫，以礼相待，命家人备下纸笔，写下了八十一字的遗言，是关于道学宗旨和修养工夫的。原文如下：

> 此道炳然宇宙，原不隔乎分尘。故人己相通，形神相入，不待言说，古今自直达也。后来见之不到，往往执诸言诠。善求者，一切放下、放下，胸目中更有何物可有耶？愿同志共无惑焉。盱江七十四翁罗汝芳顿首书。[2]

这段话，我们在第五章分析过——罗汝芳告诫门人学者，善求（道）者，不要执诸言诠，而要用心体悟，方能明白此道"人己相通，形神相入"的奥妙。而修道的关键在于"一切放下"，胸中没有一物可以牵挂，眼中没有一物可为障碍，能达到这样的心态，则此道自然显露无余，炳然于天地宇宙之间。这是罗汝芳对于同代学人的最后教诲，也是最为恳切、质朴的实话。

问疾出来后，万言策在前庭碰见了另一位官员袁世忠（时任建昌总，人称袁都督）。两人谈起了罗汝芳的临终表现，万言策感慨地说：

> 先生当弥留之际，持志坚凝，言动不失故常，作书字势遒劲，行列端整。且计日反真，如归故宅，一切放下宗旨，进于忘言矣。[3]

在与罗汝芳晤谈之时，罗汝芳直截了当地告诉万言策说："予将弃兹

---

① 万言策：《临行别言跋》，见《罗汝芳集》，第 967 页。
② 《罗汝芳集》，第 299 页。
③ 《罗汝芳集》，第 851、967 页。

庐矣，幸可留两日，君当复来。"①这是罗汝芳对于自己生命终结的准确
预见。虽然万言策有点将信将疑，但是他此时已确知近溪将永别人间，
因此，对于罗汝芳的临终表现仍然感佩不已。他不仅对袁都督说了上述
那番话，而且多年之后，又把它写进了专门纪念罗汝芳的《明德夫子临行
别言》的《跋》中。他对于罗汝芳临终表现的评价是："先生当弥留之际，
持志坚凝，言动不失故常，作书字势遒劲，行列端整。"这种临终状态，
已经是一般人所望尘莫及的了。更为难得的是，罗汝芳"计日反真，如归
故宅"，可见其绝非空口论道，而是真正达到了"一切放下，进于忘言"的
圣者境界。孟子讲过一段话，阐述了修道者的诣境之别，他说："有诸己
之谓信，充实之谓美，充实而有光辉之谓大，大而化之之谓圣，圣而不
可知之之谓神。"如果对照这段话来看待罗汝芳的一生修行，那么，说他
达到了圣神"不可知"的境界，是绝不过分的。

　　由于准确预知自己的生命终点，罗汝芳在去世前从容不迫地与门人
交流了许多问题。其中，他和孙子罗怀智有过这样一段对话，史载：

　　　　孙怀智问："师去后，更有何神通？"
　　　　师曰："神通变化，此异端也，我只平平。"②

　　罗怀智问起这个问题是有原因的。因为罗汝芳的两个儿子罗轩和罗
辂（罗怀智之父）在九年前就已去世（1579），二人去世后有许多灵异之事
显现③，罗怀智亲身经历过数次。按当时人们的观念，只有修行达到了
相当水平的道人，死后才会显现神通灵异，因此，罗怀智好奇地问起祖
父，去世之后，更有何神通显现？罗汝芳是儒家中人，对待神通、光景
之类的东西一向持审慎的态度，有时则直接予以否定，或斥为"异端""异
教"，④ 因此，他在回答孙子罗怀智的提问时，坦诚地说："神通变化，
此异端也，我只平平。"罗汝芳的态度很明确，人"走"了就走了，没有必
要再显现什么神通变化来证明自己的存在，因为自己的人生使命已经完
成，"于尘事不着一毫，此心廓然"，还有什么拖泥带水的事情放不下呢？

　　不过，罗汝芳虽然拒绝了死后显现什么神通变化，却在临终之前有
意无意地做了一件令时人瞠目结舌的事情，其神奇的程度，比起世人所

---

　　① 万言策：《临行别言跋》，见《罗汝芳集》，第 967 页。

　　② 《罗汝芳集》，第 299 页。

　　③ 罗怀智：《二父行略》中的记述，见《罗汝芳集》，第 619 页。

　　④ 可参见《罗汝芳集》，第 118~119、302 页的两段文字。

崇尚的释道二教的神通法术来，有过之而无不及。史载：

> 九月初一日，师自梳洗，端坐堂中，命诸孙次第进酒，各各微饮。随拱手别诸生曰："我行矣，珍重、珍重！"
>
> 适远来新到二生，并诸生哭留。师愉色许曰："为诸君，我再盘桓一日。"乃复入室。初二日午刻，罗子命诸孙曰："扶我出堂，整冠更衣。"坐而逝。从午至申，坐不少偏，越日乃殓，颜色红活，手足绵软如生。①

对一般人来讲，能够没有太多的痛苦，平静地离开人世，就已经算是得了"善终"了。像罗汝芳的父亲罗炯，虽然也是一位诚笃的儒者，最终结局不过是"享年七十有六，卒于正寝"②，与常人无异。相比之下，罗汝芳不仅准确地预见了自己的大限，从容地料理好后事，而且竟然能够像拨动天平秤上的游码一样，对于自己的死亡时间予以"微调"。从上述记载来看，他并不是刻意为之的，而是因为"适远来新到二生，并诸生哭留"。这两位儒生从远道而来，刚到南城，罗汝芳就要离开人世，两人连什么问题都还没来得及请教呢，就要与罗汝芳诀别，这样撒手一走，未免有点不近人情，加上其他门生哭留，罗汝芳便爽快地答应道："为诸君，我再盘桓一日。"可以想见，在这弥足珍贵的一天时间里，新来的二位儒生和其他门人又得以请教多少思想问题，解决自己心头的疑惑！当然，大限之事终不可避免，罗汝芳第二天中午时分，还是与世长辞了。他的诀别方式也与寻常之人不同，"坐而逝，从午至申，坐不少偏"，足见其平素入定工夫的深厚。而且，"越日乃殓，颜色红活，手足绵软如生"，这也会令人联想到，罗汝芳的"元神"暂时还护持着自己的身躯，以使人们更完整地瞻养他的遗容，直到入殓之后，罗汝芳的"元神"才返还宇宙太虚，与天地融为一体。

或许有人会质疑，罗汝芳的临终表现，仅是个案，不足以证明其他理学家也具有这样的心性工夫和生死智慧。诚然，孤证不立，在此笔者仅举与罗汝芳同时代的两位有道高人的临终表现，以证明中国历史上儒释道三教都曾经达到的生命诣境和智慧高度。首先，与罗汝芳同时代的另一位心学大师王龙溪（1498—1583 年），他是心学宗祖王阳明的入室弟

---

① 《罗汝芳集》，第 299 页。
② 《先府君前峰公行状》，见《罗汝芳集》，第 657 页。

子，在阳明身后也成为世人公认的"同志宗盟"①，声望不在罗汝芳之下，与罗汝芳一齐并称为"二溪"，堪称阳明后学的两面旗帜。王龙溪年少时身体也很差，曾自叙："予禀受素薄，幼年罹孱弱之疾，几不能起。"但是，"闻学以来，渐知摄养，精神亦觉渐复渐充。五六十以后，亦觉不减强壮时"。② 当然，王畿所说的摄养，并非道家的养生之术，而是以养德和顺理为本，如他自己所说："养德养身，原无二学，乃是千圣相传秘藏。"③结果，王龙溪越到老越健康，活了八十六岁，近乎无疾而终。弟子查铎专门记下了龙溪的临终表现，以彰显其师的深邃道行，原文如下：

> 先生革于万历十一年六月初七未时。先生无大痛疾，未尝一日不衣冠，不饮食，不游坐，但革前四五日，微疾，食粥不饵饭。至革之日，早晨盥栉，冠唐巾，食粥从容，出寝室，端坐于琴堂之卧榻而逝。④

王龙溪不像乃师王阳明一样因为带病出征，劳累过度而卒。他一生处于天下承平之际，以讲学为事业，长寿至86岁。但是，寿考亦有大限到来之时，对此，他能有预感，"至革之日，早晨盥栉，冠唐巾，食粥从容，出寝室，端坐于琴堂之卧榻而逝"。走得安详平和，一派从容，足以使人窥见其平日所讲心性修养工夫端非虚语。查铎又记曰：

> 麟阳公尚以能生语，慰之，先生叹曰："尔谓我畏死乎？我无畏也，但此回与尔永诀，不妨再留坐话耳。"前二三日，忽出家堂，与嗣子应吉曰："汝有事但说，毋谓我能食，望我久存。我心了了，已无挂碍，即今可去，我即去矣。⑤

"我心了了，已无挂碍，即今可去，我即去矣"一语，可以说是王龙溪临终前心境的最好写照，与罗汝芳的"我于尘事不着一毫，此心廓然"之语意，可说是完全一致。此时的他心体洞彻，生无所恋，死无所惧，完成了一生修道、弘道的事业之后，坦然自若地离开人世，可以说是一

---

① 《王畿集》卷15，《自讼问答》，第431页。
② 《王畿集》卷5，《天柱山房会语》，第118页。
③ 《王畿集》卷12，《与殷秋溟》，第308页。
④ 《王畿集》：《附录四》，《纪龙溪先生终事》，第847~848页。
⑤ 《王畿集》，第847、848页。

个充分践行了"穷理、尽性以至于命"的儒家圣者。故而查铎叹曰：

> 观临革之际，先生气息奄奄，心神了了如此，自非能超脱
> 生死者，孰能与于斯？夫子谓"朝闻夕死，可矣。"惟先生
> 云云。①

其次，我们再来看一位与罗汝芳有着特殊交谊的人物胡宗正。胡宗正，字中洲，号清虚，浙江义乌人。② 年轻时曾师从罗汝芳学习举子业，罗汝芳发现他对于《易经》的理解特殊而深邃，非常人可比，转而拜他为师，专门研习易理，大有所得。后来，胡宗正抛弃了举子业，专心修道，成为一位兼通释道的高人。罗汝芳的两个儿子罗轩和罗辂，年轻时弃举子业，发心修道，拜胡宗正为师。胡宗正为他们分别取法名为一复和贯玄。③ 罗汝芳为人十分开明，并不介意二子弃儒归道，他自己与胡宗正也保持着正常的交往。万历七年(1579)八月，罗汝芳应两广总督刘尧诲（号凝斋）之邀，前往广东讲学，其弟罗汝振、二子罗轩，罗辂及胡宗正等多人偕同前往。

在行前，罗轩、罗辂已明确预感到此行"大限有数"④，但因相信宿世因果，仍执意前行。果然，到了广东肇庆，罗轩、罗辂相继染病而亡。⑤ 在罗轩已亡、罗辂病重之际，罗汝芳向胡宗正请教，孰料胡宗正坦然地说："兹岂独二令郎哉！吾亦将告行矣。此生此地，此会此时，千载实难多遇。此不勇往，痴莫甚焉。"⑥随后，胡宗正"约以十七（日）为告，先三日却食，惟饮雄黄、砒砂、蜜浆，云以洗洁内秽，遗命（其徒）具香料柴火，以俟焚尸。至前夕，沐浴衣巾，遗嘱处分家事毕……"完全是一派从容不迫，如归故宅的气象。近溪的弟弟罗汝振可能不太相信胡宗正就这么离世而去，"脉其手，讶曰：'一息四至，与无病者等。若此脱去，则真迁矣。'"这次诊脉的结果，证明了胡宗正并非像罗轩那样染病而亡，而是主动地与世永诀。果然，当天午后，胡宗正"起，进蜜浆数碗，把镜相照，大发狂笑，移时，趺坐瞑目。"第二天黄昏，罗辂亦亡。

---

① 《王畿集》，第 847、848 页。
② 《明儒学案》卷 35，第 820 页。
③ 《二子小传》，见《罗汝芳集》，第 619 页。
④ 《罗汝芳集》，第 617 页。
⑤ 罗辂是其因私下"焚香掌心"，为其兄祈祷而致"掌火攻心"，结果病亡。《罗汝芳集》第 617～618 页。
⑥ 《罗汝芳集》，第 618 页。

此事发生后，"时凝斋刘公，及（广东）三司诸公，莫不详闻，咸谓人间奇事，共笑以为稀观。"①

按今天的生命科学观点来看，罗轩和罗辂都属于染病而亡的，不足为奇。但是胡宗正的自定"归期"和"趺坐瞑目"之举，似乎有悖常理。时人只能推想：无论是儒、释、道中的任何人，只要道行高深，都可以达到超越生死的生命诣境。罗汝芳、王龙溪和胡宗正等人的临终表现，就是要证明他们的生死智慧是多年真修实践的成果结晶，而非一般理论思辨的产物。正如王龙溪所说："生知来处，死知去处，宇宙在手，延促自由。"用罗汝芳的话来讲，便是"同天则无始无终，我命在我，而寿夭更何足言也哉？"壮哉！龙溪，伟哉！近溪。他们以超凡的临终表现，证明了自己已然出神入化、与天为徒，其道行臻乎圣境矣。

第二节　理会性命——罗汝芳的生命教育思想

作为一位闻名于世的大儒，罗汝芳高度重视生命教育思想，他的生命教育理论建立在他的生命观和生死智慧的基础之上。在领悟了"精气为物，游魂为变"和"生则入圣，死则还虚"等相关理论之后，我们接下来便可以探讨罗汝芳的生命教育观。罗汝芳的生命教育理论可以用四个字来概括，那就是：理会性命。当然，围绕着这四个字，包含了无限丰富的思想内涵。

一、理会性命，为己之学

儒学创始人孔子曾说："古之学者为己，今之学者为人。"②这是一句见地非常深刻的话。罗汝芳的生命教育思想，其实质就是真正的为己之学，即教诲世人寻找到真正的自我，觉悟天地人的运动变化之"道"，在此基础上把握自己的命运方向和人生使命，用儒家经典的话来讲，也就是"穷理尽性以至于命"。③

关于性命之理，罗汝芳完全信奉儒家先圣的思想理念。他说："大约《中庸》只'天命之谓性'一句，把天地人精髓，一口道尽。"④众所周知，《中庸》开篇有三句话："天命之谓性，率性之谓道，修道之谓教。"其大意

---

① 《罗汝芳集》，第619页。
② 《论语·宪问》
③ 《周易译注·说卦传》，第613页。
④ 《罗汝芳集》，第226页。

是：上天赋予人类那个原本的心体，就叫作性；遵循这个性去生活便是道；修习这个道便是后天之教的内容。这三句话，言简意赅，内涵极其丰富。为了让学者明白先圣立教之旨，罗汝芳不厌其烦地对它作过许多诠释，他说：

> 夫天之为命，本只一理。今生为人为物，其分甚众……于万万不同之人之物之中，而直告之曰：大家只共一个天命之性。其欲信晓而合同也，势亦甚难也……于是（先圣）苦心极力说出一个"良知"，又苦心极力指在赤子孩提处见之……夫尽四海九州之千人万人，而其心性浑然只是一个天命，虽欲离之而不可离，虽欲分之而不能分，如木之许多枝叶而贯以一本，如水之许多流派而出自一源。①

这段话，表明了人类除了后天习性和个人禀性之外，还有一个共同的先天原本的心性，那就是天命之性。这是先圣对于人类心灵奥秘的揭示，一切促人求真向善的道德教育，其内在根据都来自于这样一个人人皆有的先天原本的心体。只是因为"道心惟微"之故，人们久已迷失了这一本心，因此，圣人立教，就是要让人找回这一迷失的先天本心来。为此，罗汝芳说：

> 四书五经中，无限说中、说和、说精、说明、说仁、说义，千万个道理，也只是表出这一个体段。前圣后圣，无限立极、立诚、主敬、主静、致虚、致一，千万个工夫，也只是了结这一个本来。②

正是为了觉悟这一天命之性，所以才有儒家先哲的各种理论、各种工夫，其实都是"殊途而同归，一致而百虑"。当然，在这些工夫理论中，学者必须明眼抉择，不可草率盲从，为此，罗汝芳说：

> 道非自道，只是率性；性非自性，只是天命。故道之所在，性之所在也；性之所在，天命之所在也。既天命常在，则一有

---

① 《罗汝芳集》，第 205 页。
② 《罗汝芳集》，第 206 页。

意念，一有言动，皆天则之毕察，上帝之监临，又岂敢不兢业
捧持，而肆无忌惮也哉！如此则戒慎恐惧，原畏天命。天命之
体，极是玄微，然则所畏工夫，又岂容草率？……噫！爱惜身
命，珍重机缘，千生万生，总在今日。①

概而言之，圣学工夫无非就是戒慎于当下一念，因为心中有"天则之
毕察，上帝之监临"，必须以戒慎恐惧的态度来对待自己生活中一言一
行。"爱惜身命，珍重机缘"的表现，就在于从当下做起（"总在今日"）。
遗憾的是，一些愚蒙之人既不懂得天命所在，也不晓得本性面目，纵情
恣意，任意妄为，辜负了人之为人的宝贵机缘，背道离德，造业无数，
致使此后"死死生生，亦如环如轮，往来不息"。为此，罗汝芳感叹道：

小人不知天命而不畏之，仰则谓太虚为茫昧，而祸福都无
所主；俯则谓民生为冥顽，而知能一无足观，肆言无忌，独逞
己长……②

这样的人生，虽然也可能长寿百年，但是，在宇宙大化流行的演进
过程中，不过是电光石火般的一瞬间而已，对于上天赋予人类的天命之
性，其实是一种绝大的浪费，用罗汝芳的话来说："生也而难冀以入圣，
殁也而难冀以还虚，其人将与凡尘为徒焉已矣。"因此，罗汝芳告诫门徒
学者："爱惜身命，珍重机缘，千生万生，总在今日。"
作为一个教育家，罗汝芳对于性命之道是高度重视、常谈不厌的，
有时，也会引起一些门人的不解，例如：

或问："天命之性，夫子何须屡屡讲说？"
罗子曰："正谓是我本有，故须大家讲求，恐其遗失也。譬
之贫人，原有祖爵，乃不自知，一旦因人指示，顷刻便可公侯；
不然，将贫屡终身矣。天性在我，明则圣，昧则凡。其贵贱视
祖爵之得失，又不啻万万，可不讲求而必得之耶！"③

在这里，罗汝芳像一些禅宗古德一样"老婆心切"，他告诉门人，因

---

① 《罗汝芳集》，第283页。
② 《罗汝芳集》，第236页。
③ 《罗汝芳集》，第344页。

为这个天命之性是你我本有之物，所以才需要大家去讲习求得。"天性在我，明则圣，昧则凡"，它的价值，比起公侯之类的祖爵来"不啻万万"，因此，怎么能够再让它迷失在此生当中呢？说到底，"理会性命"不是为了别人，而是为了自己，为了自己的生命能够达到它本该达到的高度，实现它应有的价值，这样的人生，"生则入圣，死则还虚"，才可以说是不枉过啊。

二、持畏死求生之心，以去理会性命

在明白了性命之道对于人类生命的重要性之后，必然有人要问：应该如何去理会性命，才能达到"生则入圣，死则还虚"的境界？是像朱子学派那样注重讲习讨论，还是像王门学者那样注重静坐涵养，抑或是采用其他方法？罗汝芳以为，各学派的方法均不无可取之处。但是，这些外在的形式都是次要的，关键是要以至诚的心态去理会性命之学，就像一般人在临终之前的畏死求生之心一样，有了这样的真切态度，方能实有所得；反之，执着于言诠、迷恋于章句、讲究外表修饰之类的做法，都是"与自家性命了无干涉"①，绝不可能达到超凡入圣的目的。由于这一问题事关重大，罗汝芳以其诲人不倦的风范，与门人学者展开过许多讨论，例如：

> （门人）问："不知性命要如何理会？"
>
> 罗子曰："若依旧套理会，莫说汝辈老成，即唤百十童生，命以'天命之谓性'一题，便个个可做成文章，其于性命之理，似亦了了。但就圣人分上言：五十方知天命，则圣人理会性命，如是之难，吾辈理会性命，如是之易。此岂圣人之质钝于吾辈哉？要之，吾辈之理会，非圣人之理会也。"
>
> 曰："吾辈固差矣，不知圣人当时，却是如何理会？"
>
> 罗子曰："若知危病之家之求医乎？仓皇急遽，西走东奔，旁询其故，则曰：'为救性命也。'夫性命二字，生死系焉……今须持畏死求生之心，以去理会性命，便自精神百倍，而圣人地位，方有可望矣。"②

---

① 《罗汝芳集》，第 303 页。
② 《罗汝芳集》，第 172～173 页。

罗汝芳的这段话，表明了理会性命绝不像童生秀才们应付科举考试一样，出一道题目，凡是能作出一篇八股文章来交卷，便算是合格通过。只有像家有急症患者的人去求医问药那样，真正把性命二字当成"生死系焉"的大事，才可能觉悟自己的性命本原。因此，大凡学者若要想觉悟性命之道，"须持畏死求生之心，以去理会性命"，这样一来，才是真为自家性命着想，"便自精神百倍，而圣人地位，方有可望矣"。

对于一些聪明颖悟的门人而言，"理会性命"的重要性自不待言，但是在现实生活中总有很多牵挂和拖累，令人难免忽略了理会性命的圣学工夫。对此，罗汝芳告诫门人，一定要严肃地对待自己的人生，不要让那些世俗的得失荣辱成为自己修道的障碍。有一段对话很耐人寻味，史载：

> 问："学为圣贤，极是好事，然极是难事，况一切身家之累，又其所不能免者，如何直遂得耶？"
>
> 罗子曰："人居世界，名为苦海，岂止秀才们事多为累！若至做官，其累又为甚焉。故明眼的人，先须分晓，从学问要紧处着力为之，则受累劳苦，虽与世界相同，而到头收拾算账，则迥出世界，而与一切混累过日者万万不同矣。"①

在这段问答中，罗汝芳教导门人学会从结局看起点，倘若一位明眼的学者懂得"从学问要紧处着力为之"，久而久之，自然超出尘俗之上，"受累劳苦，虽与世界相同，而到头收拾算账，则迥出世界，而与一切混累过日者万万不同矣"。在此，罗汝芳是借用佛家"不昧因果"的思想，教诲门人树立坚定的"学为圣贤"之志，真正地走好自己的人生之路。

明代中后期，虽然阳明心学已经风行天下，但是朱子哲学仍然占据着官方哲学的统治地位，章句训诂之习仍然影响着许多儒家学者。罗汝芳虽然熟读经典，早年甚至达到"理会经书，一字一句，不轻放过"②的程度，但是，悟道之后不再被经典的具体文辞所束缚。当时的儒家学者耿定向曾经评价他说："近溪子谈道，直指当下性真，令人反身默识，绝不效世儒詹詹然训解文义，譬则韩、白用兵，直捣中坚，不为野战者。"③因为有了对于圣学精神的深刻领悟，所以罗汝芳在理会性命的问

---

①　《罗汝芳集》，第364页。

②　《罗汝芳集》，第108页。

③　耿定向：《读近溪罗子集》，见《罗汝芳集》，第934页。

题上，特别反对引经据典、咬文嚼字的训诂作风。有一段对话充分表明了他的这一观念，史载：

> 或问："穷理？"
> 罗子曰："穷理不是向书册上盗得些话头便是。必要反身究竟，直穷自己生身立命之原，如《易》曰'穷理尽性以至于命'方是。"①

作为一个科举考场上的过来人，罗汝芳十分清楚当时一些俗儒专向"书册上盗得些话头"的学风弊端。因此，在理会性命的问题上，他主张要知行合一，切己自反，"必要反身究竟，直穷自己生身立命之原"，这样才有可能达到先圣所说的"穷理尽性以至于命"的终极目的。长期以来，士人儒学和官方儒学总是交织在一起，难分彼此，罗汝芳身为朝廷命官，也不便过多地指斥官方儒学的种种弊端。然而，在他生命的最后一年，"戊子(1588)春，命诸孙勿往都门应试"②，表明了罗汝芳把圣人性命之学和科举制度彻底分开的鲜明态度，使自己所弘扬的士人儒学和官方儒学从此分道扬镳。

除了与门人弟子谈论性命之道，有时候在适当的场合，罗汝芳也会和同僚、上司谈起"理会性命"的圣学工夫，以消除世人对于圣人之学的误解。有一则故事十分有趣，发生在罗汝芳初为太湖县令之时，兹引于此：

> 罗子令太湖时，日进诸生以性命之学，本府推府素迂之。一日代巡录囚，推府及罗子侍侧，推府因间调罗子于代巡，曰："罗尹乃道学先生。"
> 代巡遂顾之曰："目今看此临刑之人，这道学作如何讲？"
> 罗子敬对曰："他们平素不识学问，所以致有今日，但吾辈平素讲学，又正好不及他今日。"
> 推府方掩口而笑，代巡复诘之曰："如何不及？"
> 罗子曰："吾辈平时讲学，多为性命之谈，然亦虚虚谈过，何曾真切为着性命？试看他们临刑，往日种种所为，到此都用

---

① 《罗汝芳集》，第366页。
② 《罗汝芳集》，第831页。

不着，就是有大名位，有大爵禄在前，也都没干。他们如今都不在念，只一心要求保全性命，这等说来，他们真为性命之心苦切不过。吾辈平日所讲的性命道理，却是泛论，哪能及他们如此真切？忽尔无常一到，将若之何？辱承下问，甚是惶愧。"

代巡不觉嘉叹不已，推府亦敛容。

罗子复曰："念及生死临前，便是尽性至命的根本，又是出生入死的关头，能于此时直下透过，顿证无生；不然，转眼便是轮回。"

代巡悚然曰："说的极是。"①

推府，即一府之中协助办理司法案件的官员；代巡，是当时的巡按御史的别称。二人的实际权位均在知县之上（明代巡按御史的权力尤其大）。安庆府的推府因为罗汝芳"日进诸生以性命之学"，把他当成一个迂腐的儒生。于是，便在办案之时将罗汝芳推荐给代巡听用，并借机刁难、取笑他。这位代巡原先也并不认同罗汝芳的性命之学，因此，借因犯临刑为题，问罗汝芳"目今看此临刑之人，这道学作如何讲"？孰料，罗汝芳胸有成竹，一番话说得二位官员对他刮目相看，其内容无非是：如果人们能够像临刑之死囚一样"真为性命""苦切不过"，所讲的性命道理才能成为自己真正的受用。就在"代巡不觉嘉叹不已，推府亦敛容"之时，罗汝芳又补充了一句："念及生死临前，便是尽性至命的根本，又是出生入死的关头，能于此时直下透过，顿证无生。不然，转眼便是轮回。"这实在是画龙点睛之笔，说到了人人都可能面对的生命结局。于是，代巡已经不再是"嘉叹"，而是"悚然"，连忙点头道："说的极是。"

从这则故事，一方面我们可以看出罗汝芳的学问工夫善于通权达变的特点，他善于随时随地，借景抒情，把自己的性命之学讲述得生动而灵活，改变了上司和同僚对他的误解。另一方面，我们又不得不承认，罗汝芳讲的句句都是大实话，平时泛泛而论的讲学，哪里赶得上死囚临刑前的"真为性命之心"？因此，每个学者都务必引以为戒，"持畏死求生之心，以去理会性命"，如果懂得断然抛开身外之物的束缚，那么，便"能于此时直下透过，顿证无生"；反之，如果被各种欲念缠绕不已，那么，光阴似箭，"转眼便是轮回。"惜乎如此透彻的性命之道，加之罗汝芳一生不遗余力地大肆宣讲，在当时，能懂者自然搞懂了，不懂者还是陷

① 《罗汝芳集》，第293页。

在"利欲胶漆盆"中不能自拔，诚如罗汝芳自己所述："醒眼人，决不做梦。梦中人，安能语醒眼事！"①

三、孝、弟、慈，以尽人道

虽然在性命之学上，罗汝芳的思想与释道二教有着内在的一致性，但是，与一般宗教徒总是梦寐以求超脱生死、到达彼岸世界的心态不同，儒家的性命之道始终坚持以明人伦、尽人道为立足点，罗汝芳的生命教育观也继承了儒家这方面的思想传统，从这个意义上讲，他是一位真正的醇儒。

关于重生的哲学理念，自先秦伊始，儒家先圣就表现出这方面的显著特点。孔子在世时曾说："未知生，焉知死？"《周易·系辞上》说："生生之谓易。"《系辞下》又说："天地之大德曰生"。这一系列论述，都表明了儒家一贯重视现实人生，把对生死的超越内化于现实人生的有关作为之中。只有很好地完成了自己的人生使命，走完自己的生命历程的人，才有资格真正面对超越生死的问题。因此，罗汝芳面对自己的门徒，提倡的主要是如何在生中修道、体道，而不是像一般宗教徒那样天天渴望着超脱生死、到达彼岸。在讲学过程中，他特别强调的是：要在现实生活中发掘和践履自己天赋的孝、弟、慈等道德理念(亦即"仁体"的具体内涵)，尽心尽力地修习人伦之道，这样方能生无所愧，死无所憾，达到"生则入圣，死则还虚"的境界。

关于这一儒家独有的生命哲学理念，罗汝芳结合先秦儒家经典，有过许多论述，他说：

> 夫仁，天地之生德也。天地之德也，生为大；天地之生也，人为大。②

又说：

> 盖天地之大德曰生，是生之为德也，脉络潜行，枢机统运，上则达乎重霄，下则通乎率土，物无一处而不生，生无一时而或息。③

---

① 《罗汝芳集》，第 366 页。
② 《罗汝芳集》，第 374 页。
③ 《罗汝芳集》，第 322 页。

又说：

> 宇宙间，其一心矣乎！夫心，生德也，活泼灵莹，融液孚通，……生之谓仁，生而一之之谓心，心一则仁一，仁一则生无弗一也。①

又说：

> 大哉乾元，生天生地，生人生物，浑融透彻，只是一团生理。②

上述言论都表明，罗汝芳继承了先秦儒家的思想传统，重视以人为本，强调以生为仁。显然，只有在生的状态下，人们才能有所作为、有所创造，才能构建起丰富多彩、和谐有序的大千世界，而宗教徒们成天盼望死后往生"极乐世界"，虽然也表现出对于超越生死的渴望，但是，忽视了现实的人生，错过了生命的当下，却不是一种明智的做法。一个没有过好今生的人，其人没有完成应尽的人生使命，其心灵也没有得到应有的磨炼和净化，这样的灵魂，即使死后也无法升华到宇宙之中，与太虚融为一体。因此，虽然同样是以超越生死为目的，罗汝芳教诲门人的修道工夫，却是在生前尽好应该完成的人道，能尽人道者，方能上同天道，"同天则无始无终，我命在我，而寿夭更何足言也哉？"尽人道以达天道，这可以说是儒家生命教育思想的一贯宗旨。

《中庸》开篇即说："天命之谓性，率性之谓道。"可见，这个"人道"的来源，便是所谓天命之性，儒家把它概括为一个"仁"字，到了罗汝芳这里，又具体化为孝、弟、慈"三原德"。罗汝芳的弟子熊傃曾经总结：

> 吾师以孝、弟、慈尽人物之性，其即孔子一贯之旨乎？性一而已。一何在？一之于孝、弟、慈也。儒先皆谓一不可说，以予观之，安在其不可说也。孔子引其端，而吾师竟其说矣。③

---

① 《罗汝芳集》，第 340 页。
② 《罗汝芳集》，第 28 页。
③ 《近溪先生一贯编序》，见《罗汝芳集》，第 952 页。

这一总结对于概括罗汝芳的哲学思想来说，是相当精辟的。罗汝芳讲学传道的一生，讲述孝、弟、慈的内容不计其数，在整部《罗汝芳集》中的相应文字也不胜其烦。在前文中，笔者详述了罗汝芳对于孝、弟、慈"三原德"的论述，有的是从理论层面来讲的，有的是从他亲身经历来讲的，都是为了证明孝、弟、慈的重要性，兹不赘述，仅举一二例如下，他说：

> 究竟其明明德于天下，原非他物，只是孝、弟、慈三者，感乎联属，浑融乎千万人为一人，贯通乎千万世而为一世已尔。①

又说：

> 若泛然只讲个德字，而不本于孝、弟、慈，则恐于民身不切。②

总之，孝、弟、慈"三原德"的发掘和践履，在罗汝芳的生命教育思想中有着重要的地位，它既是道德哲学的范畴，又是生命哲学的表征。如果把罗汝芳的生命哲学比喻为树根，而把道德哲学比喻为树干，那么，孝、弟、慈"三原德"就好比从根部一直向上流动、直至树干和枝叶的水分，失去了水分的滋养，整个生命之树，从枝叶、树干、最终到根部，都要枯萎掉。罗汝芳始终坚信孝、弟、慈"三原德"的普世价值，认为这是"天下原有的三件大道理，古先帝王的三件大学术"③，只要人人都按照孝、弟、慈的要求去尽伦尽性、推广应用，那么，天下可由此而达到真正太平的世界，正如他自己所说：

> 此个孝、弟、慈，原人人不虑而自知、人人不学而自能，亦天下万世人人不约而自同者也。今只以所自知者而为知，以所自能者而为能，则其为父子兄弟足法而人自法之，便叫作"明明德于天下"，又叫作"人人亲其亲、长其长而天下平也"。④

---

① 《罗汝芳集》，第 216 页。
② 《罗汝芳集》，第 152 页。
③ 《罗汝芳集》，第 109 页。
④ 《罗汝芳集》，第 108 页。其中的两句经典文句分别出自《大学》和《孟子·离娄上》。

从这个意义上讲，发掘和践履孝、弟、慈，不只是一种道德修养，也是"理会性命"的工夫所在。它可以使学者明白自身心性的先天内涵，自觉地践行人伦之道，从而达到上同"天道"的目的，这也是罗汝芳所倡导的"生则入圣，死则还虚"的性命之学的一个重要组成部分。当然，儒家这种注重道德修养的工夫论，如果强调过度，有时未免使人背上沉重的伦理包袱，只能尽于人伦，却无法达到上同天道的目的，因此，历来需要释、道二教的生命智慧的补正。这一点，罗汝芳未必没有看到，虽然典籍中对此没有明确记载，但是，阳明心学在王阳明身后分化为许多流派，百花齐放，各有所长，就证明了任何学说体系都不是尽善尽美的，罗汝芳的生命教育思想也不例外。

综上所述，罗汝芳的"理会性命"的思想，是一种真正的为己之学，他主张学者应以畏死求生的真诚态度去严肃对待人生，自觉地把握生命的走向，觉悟心灵中先天原本的性体，从而达到"生则入圣，死则还虚"的目的。其次，罗汝芳主张在现实人生中发掘和践履孝、弟、慈等美德，这是天命之性的具体内涵，只有笃实地践行人道，才能上同天道，才能达到"上下与天地同流"①的圣者境界。这种重视现实人生和伦理道德的观念，也使得罗汝芳的生命教育理念与佛道二教的相关思想有了本质的区别。

第三节　罗汝芳的生命哲学与佛道之关联

从罗汝芳的生命哲学可以看出，他的思想与佛道二教的某些思想有着内在的一致性。这样不免使人产生疑问：是罗汝芳偷偷搬运了释、道二教的相关理论，还是儒、释、道三教在生命智慧上本身有着某些共识？为解决这一问题，我们有必要来探讨一下罗汝芳的生命哲学和佛道思想之关联，以澄清罗汝芳生命哲学思想的来源，并搞清明代儒、释、道三教思想融合的有关情况。

一、罗汝芳的生命哲学与道家之关联

道教是中国的本土宗教，其理论源头比较复杂，既有先秦老庄的道家思想，又有古代的神仙方术、符咒术数等掺杂在内，思想体系宏富而

---

① 语出《孟子·尽心上》。

博杂。东汉时期，开始出现了原始道教，如张道陵创立的五斗米道、张角的太平道。到了南北朝时期，道教渐渐为统治阶级所认可，从原来的民间宗教演变为官方宗教。在唐代，由于统治阶级的大力提倡，道教的组织规模达到了鼎盛状态。此后，道教的影响力有所衰微，但思想理论继续深入发展，名道辈出。在宋明时期，出现了《悟真篇》《性命圭旨》等著名的道教内丹修炼的经典，还有张伯端、王崇阳、白玉蟾等以内丹修炼而闻名的道家高士。道教思想中固然有很多迷信成分，不过，就其内丹修炼而言，实质上是中国古典生命科学的探索与实践，其理论和技术对于今天人们祛病养生的健康事业，有着积极的思想启发意义。

道教思想从诞生之初，就与儒家思想有过争执和互补，但相互补正是大趋势。到了明代，儒、道之间的互补和融会已经相当明显，凡是社会上知名的儒家学者，鲜有不通读几部道家经典者。怀有执著的求真向道精神的罗汝芳，更是对于道家经典和修炼法术有着深刻的了解，与道教中的高士们也有过密切的交往。因此，他的思想中不自觉地带有了一些道教思想的痕迹。

首先，罗汝芳自会试得第之后，便积极主动与道教中人交往，向他们学习道教的相关思想理论。他会试得第后，不就廷试而归，到处"寻师问友，周游四方者十年"①，据他自己回忆：

> 予会试告归，实志四方。初年游行，携仆三四人，徐而一二人，久之自负笈，不随一价。凡海内衿簪之彦、山薮之硕、玄释之有望者，无弗访之。②

这样一来，罗汝芳具有了相当广阔的学术视野，使他得以博采众家之长，成就自己的学问和道行。在这十年的访学过程中，最典型的事例就是拜道士胡宗正为师以研习《周易》了。胡宗正，字中洲，号清虚，浙江义乌人，年轻时亦曾修习举子业，曾拜罗汝芳为师，但是终于弃儒归道，成为一位颇有修行的道家高人。据载："浙中士绅翕然宗之，陶念斋、王龙溪俱纳贽受教。"③从此项记载我们不难窥测，能让"一代儒宗"④

---

① 《罗汝芳集》，第 829 页。
② 《罗汝芳集》，第 835 页。
③ 《明儒学案》卷 35，第 820 页。
④ 这是李贽对王龙溪的评价，原文是"圣代儒宗，人天法眼。"见张建业主编：《李贽文集》第一卷，《焚书》卷 3，《王龙溪先生告文》，北京，社会科学文献出版社，2000，第 113 页。

王龙溪"纳贽受教"的人，绝非等闲之辈。罗汝芳对于胡宗正也有类似的印象，他后来回忆道：

> 但有《易经》一书，却贯串不来。时又天幸，楚中一友来从某攻举业。他谈《易经》，与诸家甚是不同，后因科举辞别，及在京得第，殊悔当面错过。皇皇无策，乃告病归侍老亲。因遣人请至山中，细细叩问，始言渠得异传，不敢轻授。某复以师事之，闭户三月，亦几亡生，方蒙见许。①

当然，无论是王龙溪，还是罗汝芳，拜胡宗正为师，都不可能像他们各自拜王阳明、颜山农那样，视为性命之皈依。罗汝芳和胡宗正之间，长期便是这种亦师亦友的关系。但是，能够拜自己从前的举业弟子为师，这本身就显示出罗汝芳虚心求道的精神和开放通达的心态，也显示出他并没有一般腐儒那样狭隘固执的门户之见，善于向释老中人汲取"道"的智慧。正如唐代韩愈所谓："是故无贵无贱，无长无少，道之所存，师之所存也。"②

对于罗汝芳拜胡宗正为师，其门人弟子都予以如实的记述，并无丝毫隐讳。如其孙罗怀智记述道："戊申，学《易》于胡宗正，息心三月，始悟未尽前矣。"③其入室弟子曹胤儒记载更详，可见于《罗近溪师行实》一文中④，此略。除了罗汝芳本人，他的两个儿子罗轩和罗辂，后来也都弃儒归道（其实是释道兼修），四处参访高人，胡清虚自然成为他们重点求教的对象之一，"二子敬事为师"。⑤ 胡清虚也很高兴地收下了这两个弟子，并为他们取了道号，罗轩法名一复，字以复初；罗辂法名贯玄，字以玄易。⑥ 思想开通的罗汝芳并不禁止仅有的两个儿子弃儒修道，虽然有时对于胡清虚也会"犹惑其怪诞"，⑦ 但是却始终保持着与这位清虚道长的交往和友谊。到了万历七年（1579）罗汝芳和他的两个儿子及胡宗正等一行人应邀前往广东讲学，二子染疫病终于肇庆。此时，胡清虚有感于弟子罗轩平素求道之诚挚和视死如归的洒脱，决定自己也于此地离

---

① 《罗汝芳集》，第53页。
② 韩愈：《师说》，见《古文观止》，长沙，岳麓书社，1988，第506页。
③ 《罗明德公本传》，见《罗汝芳集》，第829页。
④ 《罗汝芳集》，第835页。
⑤ 《二子小传》，见《罗汝芳集》，第616页。
⑥ 《二子小传》，见《罗汝芳集》，第619页。
⑦ 《二子小传》，见《罗汝芳集》，第616页。

开人世。罗汝芳的弟弟罗汝振为其诊脉，发现他根本没什么病兆，惊讶地说："一息四至，与无病者等，若此脱去，则真仙矣。"①果然，胡宗正按照自己所说的时间，"趺坐瞑目"，刻期而卒，充分显示出一位有道高士的深邃道行。当然，这种"刻期观化"②的工夫，罗汝芳后来其实也掌握了。

其次，罗汝芳由于对道家经典和相关工夫的深入掌握，在他的讲学过程中，有时不自觉地把一些道教内丹修炼的词汇脱口而出。例如，有一次他对门人讲起《易》理，说：

> 当初伏羲仰观俯察，近取远求，只是一点落纸而已。此落纸的一点，却真是黑董董而实明亮亮，真是圆陀陀而实光烁烁也。要之，伏羲自无画而化有画，自一画而化千画，夫子将千画而化一画，又将有画而化无画也。③

这段文字笔者不予评述，只是指出一点，"圆陀陀而实光烁烁"一语，实际上是一个典型的道家修炼工夫的表述，反映的是内丹修炼的某种产物和相关景象。此语至迟已出自南宋道士白玉蟾的《修仙辨惑论》一文：

> 天仙之学，如水精盘中之珠，转漉漉地，活泼泼地，自然圆陀陀，光烁烁……夫此不可言传之妙也，人谁知之，人谁行之？④

后来，道教中人经常运用此范畴，来表述内丹修炼的所得和景象，如刘一明（悟元子）⑤曾在《金丹四百字解》一文中写道：

> 当真知灵知二药生于玄窍，即须乘时下手，猛烹急炼，锻去后天气质之性……自然产出一粒玄珠，圆陀陀、光烁烁，通

① 《二子小传》，见《罗汝芳集》，第618页。
② 《明儒学案》卷34，第760页。
③ 《罗汝芳集》，第23页。
④ 王宗昱等编著：《中国宗教名著导读·佛道教卷》，北京，北京大学出版社，2004，第205页。
⑤ 刘一明（1734—1821年），号悟元子，山西曲沃人，全真道龙门派第十一代宗师。

天彻地无遮碍矣。①

当然，明代儒家学者引用道教内丹词汇并不鲜见。但是，罗汝芳随口引用"圆陀陀、光烁烁"一语，足见其对于道教经典和修炼方术的熟悉。况且，他引用此语并非只有此一次或一词而已，又如：

> 盖伏羲当年亦尽将造化着力窥觑……忽然灵光爆破，粉碎虚空，天也无天，地也无地，人也无人，浑作个圆团团、光烁烁的东西，描不成，写不就，不觉信手秃点一点，元也无名，也无字，后来却只得叫他做乾画，叫他做太极，此便是性命的根源。②

这段文字中，除了用道教内丹的词语来描述太极的景象是"圆团团、光烁烁"之外，还有一处涉及内丹修炼的词语："粉碎虚空。"这一词语，已经是对于内丹修炼的甚深境界的描述了。仅举一例以作旁证，在明代中期，一本著名的丹道修炼的典籍《性命圭旨》已经渐渐流传开来，这是一位不知名的道教高士为阐述其师尹真人的内丹修炼思想而撰写的著作。其中，在修道者达到炼神还虚的层次（这已是凡俗之人不可思议的境界）之后，再往上，应当如何修炼呢？作者引元代道士李清庵③和门徒的对话：

> 门人问："脱胎后还有造化否？"
> 清庵曰："有造化在。圣人云：'身外有身，未为奇特，虚空粉碎，方露全真。'所以脱胎之后，正要脚踏实地，真待与虚空同体，方为了当。"④

随后，作者又对"粉碎虚空"一语作了阐释，他说：

> 乃至于粉碎虚空，方为了当，何以故？盖本体，本虚空也，

---

① [宋]张伯端著，王沐校释：《悟真篇浅解》，附录《金丹四百字解》，北京，中华书局，1990，第211页。
② 《罗汝芳集》，第81页。
③ 李道纯，字元素，号清庵，别号莹蟾子，宋末元初道士，生卒年不详，著有《中和集》等。
④ 傅凤英注译：《性命圭旨》，台北，三民书局，2005，第472页。

若着虚空相，便非本体；虚空，本粉碎也，若有粉碎心，便不
虚空。故不知有虚空，然后方可以言太虚天地之本体；不知有
粉碎，然后方可以言太虚天地之虚空。①

这些文字，非有甚深丹道修炼体会者，不敢妄测其意，故此笔者亦
不予评述。而罗汝芳则不然，他自从会试得第后，不就廷试而归，十年
间参访同道，"凡玄释之有望者，无弗访之"，其间得到过一些道教高士
的指点，研读过一些著名的道教典籍，这是再正常不过的事情。因为这
方面的学识很熟、造诣很深，所以他在自己的讲学过程中不自觉地把一
些道教内丹修炼的词语无意中脱口讲了出来，也是很自然的事情。罗汝
芳引用道家词语的次数还不止这些，再如"光岳元神，浩然还复充塞，至
宝辉焰，赫尔朗照乾坤"②，等等，为避免本著篇幅冗长或偏离主题，故
不再引述。仅此，我们已经足以窥见罗汝芳对于道教思想的熟悉，他的
生命哲学中，无疑浸润着道家思想的智慧。

二、罗汝芳的生命哲学与佛教之关联

佛教虽是外来宗教，但是至唐代完成了中国化进程之后，便成为中
国传统文化的重要组成部分，以其博大深邃的思想理论和精湛圆融的修
行工夫，对中国古代士大夫的精神世界的构建，产生了长期而重要的影
响。对于一心求真向道的罗汝芳而言，他不可能对佛教（尤其是禅宗）采
取漠视的态度，相反，罗汝芳本人（及其部分亲眷）对佛教思想和工夫有
着深邃的体悟，在他前半生的讲学传道中，也经常体现出佛教思想的某
些痕迹。

首先，我们来看一下罗汝芳家庭中的佛教氛围。如前所述，罗汝芳
的父亲罗崇纲是一位比较纯粹的乡间儒者，但是，罗汝芳的母亲宁氏，
却是一位既有儒家文化修养，又颇通佛教修行工夫的妇女。一方面，宁
氏对于很多儒家经典"悉能通其大义"，她能够以这些文化修养为基础，
当好孩子的启蒙老师。罗汝芳回忆，自己幼时"晨夕经史，多母口授"。
然而，宁氏的贤德不止于此，她同时是一位深谙禅定工夫的居士。罗汝
芳回忆，到了晚年（指罗汝芳回乡为父丁忧之时），其母"是时久已玩心太
虚，性地融彻，日惟瞑目静坐。汝芳侍之，移时不接一语。间叩焉，则

---

① 傅凤英注译：《性命圭旨》，台北，三民书局，2005，第477页。
② 《罗汝芳集》，第56页。

曰:'此际此心,空空洞洞已尔。'"①单从这段记载来看,一个家庭妇女,足不出户,其心性工夫却能达到"玩心太虚,性地融彻"的境界,足见其修行已入"甚深"境界。更令人惊叹的是,宁氏像其他得道的高僧一样,能够预见自己的生死去来,据罗汝芳回忆:

> 如是三载,忽食顷,集诸妇语曰:"人生苦欲多寿,即千龄,与此日何殊?"随呼婢设浴具。浴毕,持笄栉钥,置高所,婢曰:"明取不复劳乎?"笑曰:"吾不复用此矣。"夜半疾坐,端坐,鼻流双筯而终……至所终,得七十九岁。"②

若从这段记载来看,宁氏已经远不止是一般的佛教信徒,而是一位超越生死、修成正果的民间居士。众所周知,得道者未必就出名,如果宁氏不是因为养育了一位当时名闻天下的儿子罗汝芳,历史上没有谁会记载下这样一位默默无闻的得道女性的姓名和事迹。

除了其母宁氏外,罗汝芳的两个儿子罗轩和罗辂也是深受佛教影响的人物。罗汝芳回忆:"二子从孕及生,从生及长,动止性灵,温醇淡泊,无一事或逆于心,亦无一物足动其意。居常独恋恋祖妣,食顷未或少离。盖余母尝茹素,与儿性为相适云。"③或许由于深受祖母的影响,成年之后,罗轩和罗辂弃举业而修道,但是并未离家(类似于"火居道士"),而且释道兼修,具有很深的禅定修行工夫。由于罗汝芳宦海飘零之故,罗轩、罗辂二人和父亲相聚的时间并不多,罗汝芳对他们的道行深度也不甚了解。直至六十三岁致仕回乡,二子才有充裕的时间和他一起谈佛论道。有一次,罗汝芳让二子"各言履历,勿讳平生",二子便如实地讲述了自己的一些修道和参访的经历。其中,"(罗轩)述己操持,尝在浙江寺中吃水斋三月,日惟红枣七枚,久则昏睡尽却,心曲玲珑,出入侯门相第,等诸渔樵,了无分别。至久寓烟霞,窅然自失,不记世为何代,身为谁氏。"罗辂亦"语有同然",他自叙"渠时久坐,尝入定中,气脉停止,安乐何极!至览群籍,旁晓诸家,其伎俩法术殆难穷究。"④

二子不仅如实地向父亲表述自己的修道经历,而且大胆地向父亲推荐佛教经典。例如,罗轩曾经在其父罗汝芳面前讲说佛教有关经典,"即

---

① 《先母宁太安人墓志铭》,见《罗汝芳集》,第 638 页。
② 《罗汝芳集》,638 页。
③ 《二子小传》,见《罗汝芳集》,第 614 页。
④ 《二子小传》,见《罗汝芳集》,第 614 页。

在余前，举《法华经》当读。又云：'此经难悟。'再叩之，则曰：'止，止，勿言。此佛语也，儿岂能贤于佛哉！'"①受到儿子的影响，罗汝芳曾经在乘舟入广的途中，"每晨兴，斋沐焚香静坐，余展卷共读《法华经》数品，讽咏吟哦，津津不置。曾未旬日，余自觉慧性顿殊往昔，乃信'止、止'之言为不虚也。"②后来，当罗轩在广东肇庆染病，"自占难起，惟嘱余（指罗汝芳）力进此道"。③ 身为人子，罗轩竟然在临终前嘱咐自己的父亲"力进此道"，可见其修道之至诚，并且确实达到了相当的水平，否则不敢在一代大儒面前说这样的话。

其次，除了罗家具有比较浓郁的佛教文化氛围之外，罗汝芳本人早年"凡玄释之有望者，无弗访之"的经历，也使得他与许多佛门高僧有过深入的思想交流。罗汝芳的虚心和坦诚，使得他从佛门高僧那里获得了良多的教益，得到了很高的评价。此处仅举两例以为证，史载：

> 一衲子访先生。临别，先生求教。
> 衲子曰："没得说，你官人常有好光景。有好光景，便有不好光景等待，在俺出家人只这等。（犹言'视同一般无二。'）"
> 先生顿首以谢。④

这段对话，衲子告诉罗汝芳不可持有分别心，否则，"有好光景，便有不好光景等待"。罗汝芳虚心地听取了这一忠告，此后，他对于个人仕途中的得失进退，从来不以为意。相比之下，与他同时的高拱、张居正等人，虽然才十出众，颇有作为，但是都不得善终，其生命智慧比起罗汝芳来，其实差得很远。有时候，罗汝芳碰上一些高僧，善于用特殊方式来点化学者，罗汝芳以其虚心和坦诚，得到了这些高僧对其修道工夫的首肯。史载：

> 先生与诸公请教一僧，僧曰："诸公皆可入道，惟近溪不可。"先生问故。僧曰："载满了。"先生谢之。将别，僧谓诸公曰："此语惟近溪能受，向诸公却不敢进。"⑤

---

① 《二子小传》，见《罗汝芳集》，第 616 页。
② 《二子小传》，见《罗汝芳集》，第 616 页。
③ 《二子小传》，见《罗汝芳集》，第 617 页。
④ 《明儒学案》卷 34，第 804 页。
⑤ 《明儒学案》卷 34，第 805 页。

在这段对话中，此僧人开头故意用言语试探罗汝芳，罗汝芳仍然虚心地向其请教，当此僧人正话反说，讲明原故之后，罗汝芳依旧坦诚地向其致谢。结果，这位僧人临走时说出了真心话："此语惟近溪能受，向诸公却不敢进。"其语的隐含之意是：诸公之中，唯有罗近溪最可入道。

由于对佛教理论和工夫有着精深的研究与造诣，因此，罗汝芳在讲学传道的过程中，有时为了考察和点化学者，不惜采用禅门"公案"的方式，机锋锐利，不落迹象，语言微妙，启人顿悟。这种借用禅门公案的教学事例，在罗汝芳一生中并不鲜见。例如，罗汝芳在家丁忧时，居住在从姑山中。门徒曹胤儒来参学求教，罗汝芳对他不止一次地进行考察和点化，史载：

> 次日，相携山游。高下跻陟顷，师遽问曰："赤子不虑而知之知，与圣人不思而得之知，吾子今何似？"
>
> 儒对曰："只此应师之知便是。"
>
> 又问曰："有思虑否？"对曰："无。"
>
> 又曰："能终无思虑否？"对曰："往者不追，来者不逆。"
>
> 又曰："当下如何？"曰："平平地。"
>
> 又曰："忽不平平地，如何？"曰："平平地。"
>
> 已而思泉黄君、太湖南沙罗君以礼亦至。师迎谓曰："日与曹子几番问证，似能先立乎其大。"
>
> 儒对曰："荷师口生。"
>
> 师曰："然，然。子令尊令堂，生子仅七尺已耳。予生子，弥宇宙矣。"①

这段对话，有的地方虽然可以用理性思辨来加以诠释，但本质上是一种自然而然、行云流水般的应答，若拘泥于言诠思辨，反而不能领会其妙谛和意趣。显然，这种对话与《五灯会元》等禅宗典籍所记载的公案极其相似，是毫无疑问的，它表明了罗汝芳对于禅门工夫和接引方式十分熟悉，能够自如地运用到自己的讲学传道中来。又如：嘉靖甲子冬（1564），罗汝芳北上进京入觐，路过南京时，与管志道、曹胤儒等诸生相聚，有过这么一场对话：

---

① 《罗汝芳集》，第396页。

罗师曰："圣人如何去做？"

志道接语曰："近承宗师面命，将此点明体，时时提醒。"

罗师曰："此语近之，然如何唤作明体？"

……时察院门口，有击鼓报入者。罗师因鼓击问儒曰："闻否？"

儒对曰："闻。"

又问曰："寐时闻否？"曰："不闻。"

又问："若人一旦捐馆时闻否？"曰："不闻。"

又问："寐时、死时，此耳在否？"曰："在。"

罗师笑曰："此虽近于异教家话，然究竟寐时、死时，此耳现在，如何不闻？看来闻者是你，便是明体。人有此而闻，有此而生，不然便是死人。今人都将耳目口体奉事，却不将此明体照管，便是枉了此生，孟子所谓'先立乎其大'如是。"

儒时怫然。①

这段对话主要是关于如何认知自己的"明体"（即良知本体），其论证过程也颇类似于禅宗公案中的师徒对答，因此，连罗汝芳自己都承认，这种点化方式"近于异教家话"，亦即禅宗公案中的机锋交错、棒喝兼施。当然，这段对话的内涵大致可以用逻辑思维予以辨析，与完全直觉体悟式的禅门宗风还是有所不同的。不过，通过这两则对话（当然不只这些）可知，罗汝芳在讲学传道的过程中借禅语、扬禅机，这一思想特色已经毋庸置疑了。

除了借禅语、扬禅机之外，罗汝芳有时候还直接引用佛教的生命哲学观（即佛教各派公认的思想）来阐述自己的观点，体现出其生命智慧的佛学思想痕迹。如前所述，他在与代巡和推府二位官员谈论死囚临刑有何学可讲时，直截了当地表达："念及生死临前，便是尽性至命的根本，又是出生入死的关头，能于此时直下透过，顿证无生，不然，转眼便是轮回。"代巡听了悚然曰："说的极是。"②上述"无生""轮回"等观念，完全是佛教生命哲学的范畴，罗汝芳身为儒者，运用起来丝毫不觉得有何不妥，表明了他对于佛教生命哲学的认同和吸纳。由于较多地使用佛学范畴及禅宗的机锋妙语，有时候，罗汝芳的这种讲学方法也遭到了一些大

---

① 《罗汝芳集》，第392页。

② 《罗汝芳集》，第293页。

儒的委婉批评。例如，王龙溪曾经与人说：

> 近溪兄主盟一方，吾道尤幸。闻提省人颇涉禅家因果，中
> 人以下以此作接引阶梯，坚其信道之心，亦是权法。其上根敦
> 行之士，不能相谅，或不免于有疑，抑或不可以不慎也。惟只
> 时时提省良知……更觉省力无弊耳。①

在阳明后学的诸儒中，王龙溪的思想是开放通达的，他对罗汝芳的
评价一贯很高，曾赞曰："真颜氏子复出也。"②他之所以委婉地批评罗汝
芳讲学"颇涉禅家因果"，估计确实是罗汝芳在此前的讲学中较多地以佛
教的生命观来启发学人，因而被广为流传的缘故。不过，不必以为王龙
溪所言是在否定佛教的生命哲学，他只是认为应该从阳明心学的基本理
念"致良知"出发去教诲门人"时时提省良知"，这样方能"更觉省力无弊"。
事实上，王龙溪对于佛学也是深得其中"三昧"，他曾经对"夫子良知之教
与佛教同异"的提问答道：

> 良知，性之灵，心之觉体。佛是觉义，即心为佛。致良知
> 即是开佛知见，同异未暇论也。③

由是可见，龙溪和近溪一样，其生命哲学也是贯通儒释、深邃圆融
的。通过以上所述，或许有人会联想到一句学术界常说的话："心学通
禅。"在此需要重新辨析一番。所谓心学通禅，过去多以为是心学搬运、
盗用了佛教的理论和范畴，来重新包装儒家思想，因此心学的实质是佛
学。这样的认识其实是偏颇的，所谓心学通禅，正确的理解应该是：作
为儒家一翼的心学思想，在探索宇宙和生命奥秘的过程中，达到了与佛
家（当然还有道家）某些深层次的共识。面对同样的宇宙、同样的生命，
不同的学派和思想者，以同样真诚的态度，百虑而一致，殊途而同归，
这也是一件情理之中的事情。正如张伯端在《悟真篇》的序言中所说："教
虽分三，道乃归一。"④经过近千年的思想磨合，儒释道在某些方面达成
了共识，这是水到渠成的结果，一点也不令人惊讶。

---

① 《王畿集》卷12，《与贡玄略》，第317页。
② ［明］赵志皋：《近溪罗先生墓表》，见《罗汝芳集》，第928页。
③ 《王畿集》卷20《亡室纯懿张氏安人哀辞》，第650页。
④ 《悟真篇浅解》，《自序》，第2页。

就儒家的发展历程而言，自西汉之后，儒家思想登上了官方意识形态的宝座，人们只重视其政治哲学和道德哲学的思想内涵，而对于其生命哲学的思想智慧，却较少予以关注。事实上，在先秦时期，儒家先哲对于宇宙和生命现象是富有探索精神的，被誉为"群经之首"的《周易》一书中，就包含了许多关于宇宙和生命哲学的天才智慧和深邃思想。由于秦代焚书坑儒的暴政和汉代儒学关注重点的转向，本来就残缺不全、"语焉不详"的儒家典籍中关于宇宙和生命哲学的思想就这样越发不为人们重视，儒家的生命智慧就这样渐渐地被湮没了。反倒是外来的佛教和在野的道家一直把对生命哲学的关注持续下来，并加以深入研究和大力弘扬。因此，谈起生命哲学和生死智慧来，几乎所有的话语权都被佛家和道家把持了。直到北宋，由于社会环境等各项因素的促进，周敦颐、程颢等人，得以深入挖掘儒家思想中固有的生命哲学的思想要素，并予以弘扬，渐渐地才使人们重新认识到儒家生命哲学的存在和价值。由于已经和释道哲学磨合了千年之久，因此，这时候的儒家学者，很自然地运用一些佛道范畴和理论来表述自己的思想，这是由当时的话语环境决定的，其实再正常不过了。打个比方：今天中国社会中有一些学者笃信儒家思想，他们在表述自己的思想观点时，用的都是白话文，甚至可能运用一些时下流行的网络语言，如"雷人""给力""装萌"，我们决不会因为他们用了白话文或者网络用语，就否认了他们的基本思想属于儒家范畴。在历史上，周敦颐、程颢等人运用了佛教概念或思维方式，陆九渊、王阳明也不例外，而且对于儒家生命哲学研究得越深，就会发现儒、释、道之间确实有很多可以相互融通之处，这是一种对于宇宙和生命本来面目的共识。在王阳明身后，由于社会思想环境进一步宽松，因此，王龙溪、罗汝芳等人更得以对佛、道思想兼收并蓄，旁征博引，除了极少数腐儒，没有什么人会怪罪他们。从这个意义上讲，"心学通禅"并不是一件坏事，它开拓了儒家学者的眼界，活跃了他们的思维方式，对于探索真理，追求生命的自由境界，其积极意义是不言而喻的。因此，罗汝芳的生命哲学从佛教思想中汲取了有益的养分，这是促成他的思想趋于博大精深的重要原因。

三、罗汝芳晚年对佛道态度的变化

尽管在生命哲学上吸纳了许多佛家、道家的思想，但是，罗汝芳的哲学体系始终是以儒学为本位的。当自己的哲学思想趋于成熟之后，这种博采众长的求道过程也就悄然地结束。此时的罗汝芳，修行已臻化境，其心性工夫较之任何一位高僧或名道都不逊色，而且对于佛道二教的弊端看得也越发清楚，因此，到了罗汝芳晚年，他对于佛道的态度有了一些微妙的变化，这是我们在研究罗汝芳的生命哲学思想时应该注意的问题。

第一，罗汝芳对于儒家与佛道二教之异同看得十分透彻。晚年时，他的孙子罗怀智问起"吾儒与二氏之同异"，罗汝芳答道：

> 吾心原自虚寂，原自感应。二氏知虚寂而废感应，世人逐感应忽虚寂。惟吾儒自虚寂中感应，故不逐物，在感应里虚寂，故不落空。①

这段概括十分精辟。佛道二教中的一般人物，认识到人类心性先天原本的虚寂状态，但是为了求取这一心性本体，避世务，弃人伦，躲到深山老林中去修行，因此罗汝芳称之为"废感应"；而一般世俗之人，只认识到后天事物的存在和价值，追名逐利，忙忙碌碌，完全不知道心中还有先天本体这样的"至宝"，因此罗汝芳称之为"忽虚寂"。其实，先天之本体和后天之事物各有其相应的价值，无先天则后天失其本源，无后天则先天无以显现，一个明智通达的修道者应当是借假修真，在后天生活中修证先天本体，只有这样，才能在更高的层次上回归先天化境。因此，罗汝芳指出，真正的儒者应当是"自虚寂中感应，故不逐物，在感应里虚寂，故不落空。"罗汝芳的这番话并非空言，事实上，王阳明、罗汝芳等许多旷世大儒的一生就是这么度过的。当然，无论是释、道、儒中的哪一派，如果能够抛弃门户之见，以真诚的求道精神去探索宇宙和生命的真谛，最终都会殊途同归，处理好"虚寂"和"感应"之间的关系。

第二，罗汝芳对于佛道二教中的偶像崇拜和对神通法术的追求表示了否定的态度。这一态度，不必等到晚年，在他一生中都是旗帜鲜明的。史载：

> （门人）问："先生如何绝口不谈仙佛？"罗子曰："非是我不说仙佛，只因无仙佛可说。"②

---

① 《明德夫子临行别言》，见《罗汝芳集》，第 302 页。
② 《罗汝芳集》，第 293~294 页。

作为学贯三教的大儒，罗汝芳不会不知道"仙""佛"的原本含义。仙，古汉语写作"僊"，与"遷（迁）"同音，表示可以从固定形态中变化的生命，反映了古人对于追求生命自由的渴望。至于佛的范畴，《六祖坛经》中有言："佛者，觉也。"凡是通晓佛法大义的都知道，所谓佛，指的是觉悟了宇宙真理，实现了生命自由的人，并不具有造物主和神灵偶像的含义。但是，自南北朝之后，佛教进入"像法时代"，人们塑造出越来越大、越来越精致的各种佛像，然后跪下去顶礼膜拜，祈求佛祖保佑自己往生极乐世界，或者此生荣华富贵、顺利通达。道教对神仙的崇拜也经历了一个大致类似的过程，显示出中国人对于宗教信仰的实用主义观念。到了明朝，佛教已进入所谓的末法时代，这种把佛陀当神仙偶像看待的风气更有甚焉，罗汝芳深谙其中之弊，因此，尽管他讲学过程中也会借禅语、扬禅机，但是"绝口不提仙佛"，堵塞任何可能导向偶像崇拜的途径。有的门人对此不解，问起缘由，他便直截了当地说："非是我不说仙佛，只因无仙佛可说。"可惜的是这位门人根器有限，没有继续问下去，否则，罗汝芳必然会讲出一番道理，让他明白自己对于仙佛范畴的认识误区。

除了偶像崇拜外，佛、道二教中有些人还比较崇尚神通法术，并以此夸大炫耀。客观地讲，有些奇特的神通，就是现代高度发达的科学理论也无法解释或复制，对于古人而言更觉得神乎其神，这不免引起了一些儒家学者的好奇或羡慕。因此，有人便与罗汝芳讨论起相关的问题，史载：

> （门人）问："有人山中静养，百事不理，久之，遂能前知未来，此正吾辈不能及他处。"罗子曰："若不及他，到不妨；到妨着要及他也。"曰："他能前知，亦是其心明了，如何到有妨？"罗子曰："正为他有个明了，所以有妨。盖有明之明，出于人力，而其明小；无明之明，出于天体，而其明大。譬之，暗室张灯，自耀其光，而日丽河山，反未获一睹也。"①

作为一个兼通儒释道三教的学者，罗汝芳自己多年静坐涵养，并非没有特异体验，然而，他却认识到了"大道平常，小术神异"的道理。因此，他明确地告诉门人：不要羡慕那些出现了特异神通的人，"盖有明之明，出于人力，而其明小；无明之明，出于天体，而其明大。"如果执著

---

① 《罗汝芳集》，第118～119页。

于神通小术，那么，就会出现一种本末倒置的结果，好比"暗室张灯，自耀其光，而日丽河山，反未获一睹也。"大道本身就像太阳照耀山河一样，人人可见，如果执著于"暗室张灯"的那一点光亮，其实还是堕入"鬼窟活计"之中了。

第三，因为有了对于佛道二教的清醒认识，到了晚年，罗汝芳已经不把一般意义上的佛道理论放在眼里，因为他早已经超越了这个层次，"取长弃短，迳有定裁"，① 不用再像从前那样到处虚心求教了。从"无我"到"有我"，在探索真理的道路上，罗汝芳完成了一个否定之否定的跋涉历程。这种思想的确立，明晰地表现在他临终前与嫡孙罗怀智的对话中，史载：

> 智问："吾儒辟二氏为异端，非与？"
>
> 罗子曰："端者，端倪也，谓似是而非，行事俱与圣贤相同，其所异者，间不容发，特端倪尔。何也？杨氏为我，吾儒古之学者为己，非为我乎？墨氏兼爱，吾儒与万物一体，非兼爱乎？子莫执中，吾儒允执厥中，非执中乎？故曰似是而非也。若二氏，则各立门户，与吾儒黑白方圆之不相入，是异教，非异端也，安用辟？"②

在这段对话中，罗汝芳指出了异端与异教的区别。他认为，像"杨氏为我""墨氏兼爱""子莫执中"之类的思想，亦有与吾儒相通之处，其差别十分细微，因此需要人们擦亮眼睛，仔细辨别，这才是所谓异端。而佛、道二教，各立门户，宗旨与吾儒"黑白方圆之不相入"，完全是异教，根本不用辟除，因为人们很容易看清它们与圣人之学的差别，不会受它的诱惑。这段话，与罗汝芳过去对佛、道二教的开放兼容的态度差别很大，令人怀疑它是不是罗怀智蓄意编造的。但仔细想一想也并不奇怪，过去的罗汝芳，因真诚求道、求博采众长之故，对释子羽流虚心接纳，纵有不合也能求同存异。到了临终前，他已经无所顾忌，把自己的学术观点明确地表达出来，这也是一件很正常的举动。如果临终前再不表明态度，那么，反倒说明罗汝芳修道一生，对于真理没有如实地掌握了。当然，任何语言表述都是有局限性的，"安用辟"一语，是指对那些深入掌握了

---

① 王时槐：《近溪罗先生传》，见《罗汝芳集》，第 858 页。
② 《明德夫子临行别言》，见《罗汝芳集》，第 302 页。

圣人之学，足以范围三教的学者来讲，佛、道思想中的负面因素不足为虑，但是，对于一般的学者而言，搞清儒学与佛、道之间的本质差别，从而正确抉择自己的人生和学术方向，这种辨别真伪的学问工夫还是必不可少的。

众所周知，罗汝芳一生中与释、道二教中的各种人物交往颇多，人称"缁流羽客，延纳弗拒"，不过，到了临终前，他却给后代留下了与以往做法完全不同的遗嘱。据其孙罗怀智记载：

> 师语诸孙曰："我归后，游方僧道，一切谢却。我本不在此立脚，但因其贫济之耳。力量有大小，汝曹自斟酌之。"①

这段话表明，罗汝芳自己认为，"我本不在此（指佛道二教）立脚"，因此，去世之后，家族后裔不必因为过去自己接济僧道的做法而接续这一传统，如果诸孙中有接济贫困僧道的个人愿望，可以根据自身力量的大小，斟酌而为，不必勉强。这段遗嘱的内容，与罗汝芳以往的做法可谓大相径庭，但也不难理解，罗汝芳以这种方式向世人（特别是那些对他有过误解的士大夫）表明，自己乃是孔孟之道的信奉者，这一原则立场问题是不容含糊的。

关于罗汝芳在晚年澄清自己的学术性质，与释、道二教划清界限的做法，其友人王时槐在他辞世后有过一段精辟的记述，他说：

> 先生早岁于释典玄宗，无不探讨，缁流羽客，延纳弗拒，人所共知，而不知其取长弃短，迄有定裁。今《会语》出晚年者，一本诸《大学》孝、弟、慈之旨，绝口不及二氏。伯愚（罗怀智，字伯愚）尝私阅《中峰广录》，先生一见辄持去，曰："汝曹慎勿观此，禅家之说，最令人躲闪（不及），一入其中，如落陷阱，更能转头出来，复归圣学者，百无一二，戒之哉！惟潜心《大学》孝、弟、慈之旨，足矣。"②

这段评述，表明了罗汝芳晚年已经超越了一般佛道的理论水平，"取长弃短，迄有定裁"，成为坚定的儒家圣学的信仰者。他清楚地看到了

---

① 《罗汝芳集》，第298页。
② 王时槐：《近溪罗先生传》，见《罗汝芳集》，第858页。

佛、道二家之说对于学者可能造成的思想危害，因此，他一方面在修订自己的《会语》中"一（概）本诸《大学》孝、弟、慈之旨，绝口不及二氏"；另一方面，又告诫自己的孙子罗怀智对于佛道经典"慎勿观此"，"惟潜心《大学》孝、弟、慈之旨，足矣"。这一切举动，都是为了向世人澄清对自己学术性质的误解，并向后人指出了一条通向真理和自由境界的"康庄大道"。

　　由于罗汝芳前半生曾广泛学习释道二教乃至乡贤野隐、各门各派的思想学术，因此，确实有人怀疑他的思想学问"大而无统，博而未纯"。对此，罗汝芳辩驳道："大出于天，机原自统；博本乎地，命亦自纯。"①这是一句发自内心、底气十足的自我评判。如果罗汝芳像那些固守门户之见的腐儒一样，不肯虚心向高僧名道学习，不能从玄宗释典中汲取必要的思想营养，那么，他的眼界将十分狭隘，即使儒学造诣再高，也不能洞晓释、道二教及诸学派的内蕴和弊端，只有像他这样既入乎其中，又出乎其外，才能成为一位博大精深的儒者。而且，罗汝芳在一生为官从政和讲学传道的历程中，始终坚持着儒家思想的道德本位，忠孝立身，堪作楷模，积极入世，造福百姓，传播圣学，流荫后代，完成了自己应尽的历史使命，从这个意义上讲，他又堪称一位醇儒。综合罗汝芳一生求道与弘道的奋斗生涯，我们可以把他誉为"博大的醇儒"。如果有人非要以罗汝芳的思想构成和来源比较复杂为由，质疑他是否坚持儒家思想本位，那么，我们不妨"迁就"这种观点，把罗汝芳称为"博杂的醇儒"好了。这一看似矛盾的称谓，其实恰恰显示出罗汝芳思想的个人特色和高明之处。总之，不管怎么给他定位，明清之际有一些"汝芳之学亦近释"②的评价，其实是对罗汝芳哲学思想不甚了了而作出的粗率评判，都是不足为信的。

---

① 邹元标：《近溪罗先生墓碑》，见《罗汝芳集》，第 931 页。
② 见《罗汝芳集》，第 875 页。另见《明史》亦沿袭此说。

第八章 罗汝芳的独到学术见解综述

本章所述的，是罗汝芳的一些不太复杂又具有个人思想特色的学术观点，因其篇幅较小，因此将其汇入一章之中分节论述，各节之间没有必然的逻辑联系。主要包括：罗汝芳对于宋明理学诸先哲的评价，罗汝芳的易学观和元气论，罗汝芳关于《大学》和《中庸》的独到认识，罗汝芳与宋儒不同的解经之论，还涉及罗汝芳讲学内容的一些细小的瑕疵。这些思想见解虽然不像前面章节所述的内容那么突出重要，但仍不乏真知灼见。通过此章的探讨，我们能够发现罗汝芳思想中更多的富有启发意义的闪光点。

第一节 对宋明理学诸先哲的评价

作为儒家"圣学"思想的自觉传承者，罗汝芳在讲学过程中难免要涉及对于儒家诸先哲的评价。特别是自南宋以后，宋明理学内部形成程朱理学和陆王心学两大流派，一直争议不断，身处明代中后期的思想繁荣的环境中，罗汝芳更无法回避这一问题。不过，罗汝芳自从学问根基树立牢固之后，对于朱熹、陆九渊、王阳明等先辈大儒的认识堪称清晰而圆融，超越了以往学者在朱陆或朱王之间挑剔、指责的风气，给人以中肯而理性的印象。

一、对朱熹与陆九渊的评价

作为理学思想的集大成者，朱熹在宋明理学史上的重要地位，谁也无法忽视。尽管罗汝芳的哲学思想基本上以心学为本位，但是，他从不否认朱熹对于传承儒家思想的重要贡献和历史地位。他说：

> 懋哉！子朱子之有功圣门也，学固得其大方矣。孟子曰："大匠诲人必以规矩。"又曰："大匠不能使人巧。"夫匠立成器，士志圣神，其精至于无迹，妙入于难穷，取诸智巧焉，则均也。然器非规模，巧将安施？道非六经，智将奚措？朱子之于学，余固未能悉其善巧何如，至所为言，必先之读书，读书必先之

> 六经，则真吾圣门之大匠也，其功顾不宏且远耶？故规矩诚立，
> 而巧之不精，学之咎也。胥求以巧，而规矩弗先，教之讹也。①

这段评述中，罗汝芳既肯定了朱熹"学固得其大方"的思想造诣，又肯定了他在传承圣人之学中的重要贡献，把他誉为"真吾圣门之大匠也"。罗汝芳曾经说过："盖先王立教，本是欲人之皆为圣人。但不明性善，则无根源；不法先圣，则无规矩。"②根据这一原则来判断，朱熹在教育事业上的贡献主要在于："至所为言，必先之读书，读书必先之六经。"这其实就是立下"法先圣"的规矩，如果没有这一规矩，人人只会师心自用、莫衷一是，其行为必然是背离先圣之道，其学说也将令后辈学者不知所从。因此，"规矩弗先，教之讹也"，朱熹的毕生努力正好使人避免了这一学习道路上的陷阱。不过，罗汝芳的话中也包含了另一层意思，他含蓄地说："朱子之于学，余固未能悉其善巧何如。"又说："规矩诚立，而巧之不精，学之咎也。"这就表明，如果把圣人之教当成一成不变的东西来对待，而未能得其"善巧"，以成自我之受用，那也是对于圣人之学的误解。众所周知，程朱理学越到后来，就越发僵化，罗汝芳的这段话，表明了他对于官学化的程朱理学的内在缺陷的清醒认识。

其次，罗汝芳有一段话，以自己的格物思想为基准，对于朱子学和阳明心学的不足之处都作出了点评，他说：

> 孔子一生求仁，……于是取夫六经之中、至善之旨，集为
> 《大学》一章，以为修齐治平规矩，所谓格也。其旨趣，自孟子
> 以后知者甚少。宋有晦庵先生见得当求诸六经，而未专以孝、
> 弟、慈为本；明有阳明先生见得当求诸良心，亦未先以古圣贤
> 为法。③

这段话中，罗汝芳点明"宋有晦庵先生见得当求诸六经，而未专以孝、弟、慈为本"，这里包括两个方面的思想内涵，首先，朱子学思想博大，内容庞杂，偏重于"道问学"一翼，罗汝芳以为他没有抓住圣人之学的要害。罗汝芳是一个坚定的性善论者，他相信"仁为万善之长，识仁为

---

①　《罗汝芳集》，第 375 页。
②　《罗汝芳集》，第 246 页。
③　《罗汝芳集》，第 5 页。

学者之先"①，"孔门宗旨，在于求仁"②。就"仁体"而言，孝、弟、慈乃是其中先天内涵的"三原德"，不学而知，不虑而能，因此，要想"求仁"，关键是要体认和践履孝、弟、慈，以此为修学之本，而朱子学虽然内容丰富，凡六经之说无不言及，但是没有抓住这一关键。因此，不能给人以明晰的思想指导，反而把人引导到"道问学"的知识论的道路上去了。其次，罗汝芳以为朱熹等人对于性善的体认还不到位，自身既不能笃信人性本善，便抓不住教人学以入圣的关键，因此，所教内容庞杂而未免含糊，令学者脚跟不稳。他说：

> 乐正子以后，则孟子此路真脉断绝不谈。及宋时，乃得诸儒兴起，中间也不免疑信相伴，至有以气质来补德性，说是有功于孟子，看来还是于性善有未吻合。③

众所周知，将"气质之性"和"天命之性"并立的命题是北宋理学家张载率先提出的，朱熹继承了这一思想，还予以高度评价，说是"极有功于圣门，有补于后学"④。但是，罗汝芳认为，用气质之性的说法来补充天德良知（即天命之性），其实还是与性善之说"有未吻合"，起码是对于孟子的性善论相信未至，不能自觉地致其良知，发挥先天善性的应有功能。因此，朱熹等人虽然晓得学问的规矩"当求诸六经"，但是始终没有真正抓住人类先天的至善之性这一本源，不懂得着重从孝、弟、慈等心性显露的端倪处去指导人们觉悟本性，应用并推广良知。从这个意义上讲，朱熹的学术思想虽然"博学于文"，实际上未能"约之以礼（此指德性）"，不能不说是一种遗憾。

概而言之，罗汝芳尊重朱熹，但是绝不迷信朱熹。他不仅在学术理念上指出了朱熹的不足之处，在一些具体问题上，如《大学》本为一章，不分经传等问题上，更是明确表达了与朱子学完全不同的观点（前文已述，此略）。这一切，都体现出罗汝芳实事求是、唯道是从的"真儒"本色。

---

① 《罗汝芳集》，第 317 页。
② 《罗汝芳集》，第 387 页。
③ 《罗汝芳集》，第 154 页。
④ 见张立文：《宋明理学研究》，北京：中国人民大学出版社，1985，第 249 页。

二、对于朱陆之争的评价

有了对于朱熹的明确评价之后，罗汝芳便能根据自己的这一看法，来评判相沿已久的朱陆之争的问题。史载：

> （门人）问："朱陆论学不合，何也？"
>
> 罗子曰："二先生气禀不同，以己律人，各有持也。如晦翁原是浑厚之质，便要天下人皆从闻见钻研而入；象山原是英敏之资，便要天下人皆从德性超悟而入。岂知人各所禀不一，有不可尽以己律之者？"
>
> 曰："然则何如（当作'如何'）合一也？"
>
> 罗子曰："学于古训，晦庵所以开万世群蒙；先立乎大，象山所以善读《孟子》也，且与孔子'博学于文，约之以礼'相合。"①

在这段对话中，罗汝芳指出了朱、陆二人分歧的思想由来，即"二先生气禀不同，以己律人，各有持也"。根据这一个性差异，朱熹教人，"皆从闻见钻研而入"，实际上走上了"道问学"的道路，而陆九渊则"要天下人皆从德性超悟而入"，明显以"尊德性"为本。然而，天下之人个性复杂多样，因此，二人所教"有不可尽以己律之者"。听了这话，门人进一步发问：应该如何去和会朱陆，各取所长呢？对此，罗汝芳的回答简明扼要："学于古训"，以先圣为法，这是朱熹之所长；而"先立乎大"，发明自己先天至善的本心，这是陆九渊之所长，既继承了孟子的根本精神，又合乎孔子的思想。从这段文字中，我们不难发现，虽然罗汝芳没有明显地贬朱崇陆，但是，将陆九渊的思想与孔孟相提并论，体现出他对于陆九渊的实际推崇。事实上，罗汝芳一生讲学传道，就是以一种"先立乎大"的心学理念为支柱的，他更加倾向于陆九渊的思想学说。

当然，如果说仅凭这一段对话，就断定罗汝芳更倾向于陆九渊的学术理念，是远远不够的，我们还可以来看看其他的证据。关于朱陆之争，历来将其概括为"尊德性"和"道问学"两条治学理路的差异，史载：

> 朱元晦答平甫书云："……今子静所说尊德性，而某平日所

---

① 《罗汝芳集》，第373页。

闻，却是道问学上多。所以为彼学者，多持守可观，而看道理
全不仔细。而熹自觉于义理上不乱说，却于紧要事上多不得力。
今当反身用力，去短集长，庶不堕一边耳。"先生（指陆九渊）闻
之曰："朱元晦欲去两短，合两长，然吾以为不可。既不知尊德
性，焉有所谓道问学？"①

可见，把朱陆之争概括为"道问学"与"尊德性"的理念差异，是朱、
陆在世时自身即有的看法。陆九渊的见解是：当以尊德性为先（本），"既
不知尊德性，焉有所谓道问学？"对于这一观点，身处明代中期的罗汝芳
明确地表示了对象山的支持，他屡次提起相关的问题，说：

> 今士人有志向往者，将欲从事于问学之道，宜先归宗于德
> 性之尊，未有德性之不尊，而问学之能道也。②

又说：

> 试观《中庸》之道问学，必先之尊德性。尊之为言，即尊信
> 也。故德性不尊，则所学将徒学矣。然尊而非信，则其尊又岂
> 实尊也哉？③

从上述引文中，我们不难发现，在"尊德性"与"道问学"的关系问题
上，罗汝芳没有丝毫的含糊，而是坚持了自己的一贯立场，明确地站在
陆九渊一边，体现出鲜明的心学思想特色。

不过，罗汝芳对于陆王心学阵营中事实上存在的一味师心自用、贬
低读书作用的风气颇不以为然，并且对此进行了必要的批评指正。他说：

> 儒先有谓："六经，圣人之注脚"，是为逐心词章者激而言
> 之也。某尝依孟子"诵其诗，读其书"，学《礼》，玩《春秋》，尚
> 论古人于从姑山房，觉来一字一金，言言皆救性命良方，非纸
> 上之闲言也。窃敢谓：《诗》《书》《礼记》《春秋》，皆圣贤之精蕴，

---

① 《陆九渊集》卷36《年谱》，第494页。

② 《罗汝芳集》，第315页。

③ 《罗汝芳集》，第309～310页。

悟者得之。"①

这段话中的"儒先有谓：六经，圣人之注脚"一语，指的是陆九渊曾经说过的"学苟知本，六经皆我注脚"②和"六经当注我，我何注六经"③之类的话。罗汝芳认为，这是陆九渊为了"逐心词章者激而言之也"。事实上，学者应该潜心阅读先圣传下来的经典，因为这些经典之言"一字一金，言言皆救性命良方，非纸上之闲言也"。善于读书者，"五经"虽厚，自有可观之处，"皆圣贤之精蕴，悟者得之。"关于学者要认真读书这一观点，是罗汝芳从自己多年的治学经历中得出来的切身体验，他曾回顾：

> 幸父师教诏，每责令理会经书，一字一句，不轻放过。故遵奉久久，不觉于孔圣心源，稍有契悟。④

有鉴于此，对于先圣经典的作用，罗汝芳明确地宣称：

> 天下之人，只为无圣贤经传唤醒，便各各昏睡。虽在大道之中，而忘其为道，所以谓"百姓日用而不知"。⑤

当然，罗汝芳强调经典的作用，并不是令学者像程朱理学的门徒那样去寻章摘句，皓首穷经，时人也评价他"（谈道）绝不效世儒詹詹然训解文义"⑥，而是旨在让学者深入体会圣贤经传中的精神义理，从而唤醒自己的良知良能，指导自己做好学为圣人的工夫。在深层的修道体悟上，罗汝芳实际上认同"言不尽意"，他明确说过："此心此学，真是只可默识而不可言求，只可意会而不可形索。"⑦然而，对于初学者而言，"不法先圣，则无规矩"，不读先圣之书，更无从晓得这些规矩的具体内涵，因此，读书对于学者的意义仍是不容忽视的。由此，我们可以体会到罗汝芳治学思想中的朴素辩证法。

顺便说一句，陆九渊讲过"六经皆我注脚"的话，并不等于陆九渊本

---

① 《罗汝芳集》，第 287 页。
② 《陆九渊集》卷 34《语录上》，第 395 页。
③ 《陆九渊集》卷 36《年谱》，第 522 页。
④ 《罗汝芳集》，第 108 页。
⑤ 《罗汝芳集》，第 143 页。
⑥ 耿定向：《读近溪罗子集》，见《罗汝芳集》，第 934 页。
⑦ 《罗汝芳集》，第 106 页。

人忽视读书,他曾说:"人谓某不教人读书,如敏求前日来问某下手处,某教他读《旅獒》《太甲》《告子》'牛山之木'以下,何尝不读书来?只是比他人读得别些子。"①很难设想,一个考中了进士的儒家学者,会懒得读书?这显然是时人的误解和歪曲。陆九渊真正反感的是:"今之学者读书,只是解字,更不求血脉。"②从这个角度讲,罗汝芳和先哲陆九渊之间,并没有实质上的思想分歧。事实上,陆九渊是一个知识阅历丰富,堪称博学多能的人,我们今天切不可因为其一句警世之言,就把他同那些不学无术的心学末流混为一谈。

三、对王阳明的评价

在明代,王阳明堪称心学宗祖,罗汝芳对于王阳明的态度,一方面绝不吝惜赞美之辞;另一方面,坚持自己的独立精神和自主思考,并不简单地盲从附和,显示出一个"惟道是从"的真儒的人格风范。

从家学渊源上讲,罗汝芳的父亲罗崇纲算是王阳明的再传弟子,而且,罗崇纲曾将《传习录》等经典传授给罗汝芳研习,并获得一定的思想启发。如前章所述,罗汝芳年轻时,曾闭关临田寺,修习先儒的各种工夫,结果"病于心火",得了重病。此时,"赖先君旧领阳明先生之教,觉儿用功致疾,乃示以《传习录》一编,不肖手而读之,其病顿愈,而文理亦复英发。"③当然,此时的罗汝芳并没有完全放下执着制欲之病,因此,读了《传习录》,事实上只是"病虽小愈,终沉滞不安"④,直到二十六岁在南昌碰到颜钧之后,才算真正解决了这一身心顽症。可见,罗汝芳年轻之时与阳明心学并非完全契合,虽然史籍没有明确记载他何时真正服膺阳明心学,不过,大致算来,最早是在皈依颜山农之后,最迟是在会试得第后游学四方的十年间,这也是他学问工夫渐趋定型、成熟的时期。到了学问根基牢固之后,罗汝芳在讲学过程中,涉及对王阳明的评价之时,便毫不掩饰地表达出对于这位心学宗祖的敬佩,例如,他说:

> "我明幸生阳明,真是电掣雷轰,星辉日耀,不惟及门高弟借以入圣超凡,而闻风兴起者,亦自可以化顽铁而作精金

---

① 《陆九渊集》卷 35《语录下》,第 446 页。李伯敏,字敏求,陆九渊的门人。
② 《陆九渊集》卷 35,《语录下》,第 444 页。
③ 《罗汝芳集》,第 231 页。
④ 《罗汝芳集》,第 52 页。

也已。"①

又说:

> 至我太祖高皇帝挺生圣神……遂致真儒辈出,如白沙、阳
> 明诸公,奋然乃敢直指人心有个良知,以为作圣规矩,英雄豪
> 杰,海内一时兴振者,不啻十百千万,诚为旷古圣事。②

又说:

> 入我皇明,尊崇孔颜曾孟,大阐求仁正宗。近得阳明先生
> 发良知真体,单提显设,以化日中天焉,宁非斯文之幸而千载
> 一时也哉?③

由是可见,在罗汝芳的心目中,王阳明不仅是一位"真儒",而且是一位功绩伟大的圣学传承者。由于他"直指人心有个良知,以为作圣规矩",结果使得"英雄豪杰,海内一时兴振者,不啻十百千万";他的"致良知"之说,其影响如同"电掣雷轰,星辉日耀",不仅"诚为旷古盛事",而且更是"斯文之幸"④。罗汝芳认为,王阳明的思想学说,不仅点化了亲炙门下的学者,而且其言其书,还鼓舞教诲了许多闻风之士,因此他才称赞道:"不惟及门高弟,借以入圣超凡,而闻风兴起者,亦自可以化顽铁而作精金也已。"总之,在罗汝芳心目中,王阳明是一位功勋卓著、千载罕见的真儒。

罗汝芳的这一见解,必然引起当时一些博览众家的学者们的疑虑。对此,罗汝芳也耐心而细致地予以解释,史载:

> 问:"阳明学问,似微与诸儒不同,何如?"
> 罗子曰:"岂惟阳明为然?即宋时诸儒学问,亦难尽同。如
> 周子则学在主静,程子则学在主敬,朱子则学在穷致事物之理。
> 至我朝阳明先生,则又独谓在致其良知。此虽各有所见,然究

其宗旨，则皆志于学圣，故少有不同，而不失其为同也。盖圣
之为圣，释作通明。如周子说：'无欲则静虚动直，静虚则明，
明则通。'显是主于通明也；程子说：主敬则'聪明睿智皆由此
出'，亦是主于通明也；朱子说：'众物之表里精粗无不到，而
吾心之全体大用无不明'，亦是主于通明也。是三先生之学皆主
于通明，但其理必得之功效，而其时必俟诸持久。若阳明先生
之致其良知，虽是亦主于通明，然良知却即是明，不属效验；
良知却原自通，又不必等待。况从良知之不虑而知，而通之圣
人之不思而得；从良知之不学而能，而通之圣人之不勉而中，
浑然天成，更无斧凿。恐三先生如在，亦必当为此公首肯而心
契也已。"①

　　这段论述虽然较长，但逻辑十分清晰。罗汝芳认为，以宋代的周敦
颐、程颐和朱熹为例，三先生的学术思想虽然有所不同，"然究其宗旨，
则皆志于学圣"，而"圣"的含义便是通明，抛开具体的语言表述形式外，
"三先生之学皆主于通明"，因此实质上是殊途同归的。王阳明的致良知
之说也是主于通明，以求学为圣人。与此"三先生之学"相比，"良知却即
是明，不属效验；良知却原自通，又不必等待"，致良知之教已然高出一
筹。而且，致良知之教是彻下彻上的工夫，"从良知之不虑而知，而通之
圣人之不思而得；从良知之不学而能，而通之圣人之不勉而中"，只要觉
悟良知、应用并推广良知，必然达到圣人境界，这一学问工夫真可谓"浑
然天成，更无斧凿"。因此，罗汝芳认为，如果周、程、朱三先生还在，
也必然对于王阳明的致良知之教"首肯而心契也"。在此，罗汝芳实际上
将王阳明看成是一人抵三贤的大儒，能够涵盖周、程、朱等前哲的思想
学说，应该说没有比这更高的评价了。

　　尽管对阳明心学衷心服膺，然而，罗汝芳还是指出了他所认为的王
阳明思想的不足之处，那就是前文所述的：

　　　　孔子一生求仁……于是取夫六经之中、至善之旨，集为《大
　　学》一章，以为修齐治平规矩，所谓格也。其旨趣，自孟子以后
　　知者甚少。宋有晦庵先生见得当求诸六经，而未专以孝、弟、
　　慈为本；明有阳明先生见得当求诸良心，亦未先以古圣贤为法。

---

　　① 《罗汝芳集》，第110页。

在罗汝芳看来，"不明性善，则无根源；不法先圣，则无规矩"①。如果不懂得首先研读四书五经，悉心领会先圣的思想，那么，在彻悟心体之前，难免走上"只以寻常任气作用误认良知"②的道路，换句话说，也就变成了游谈无根、师心自用的狂妄之徒了。因此，罗汝芳教导弟子体认良知，特别注重从儒家经典中找根据，而孝、弟、慈"三原德"，恰恰出自《大学》一篇中，乃是先圣所指示的人人不学而能、不虑而知的天性。

在此需要指出，罗汝芳对于王阳明思想的微辞，实际上是对于与他同时的阳明后学中的不良学风的批评，因为王阳明本人其实从未忽视过以古圣贤为法，例如，他在诗中写道："只从孝悌学尧舜，莫把文章学柳韩。"③又说："欲识浑沦无斧凿，须从规矩出方圆。"④可见王阳明对于孝悌等道德规范（即"规矩"）的重视。王阳明的致良知之教，旨在教人活读圣贤书，最终能够体悟到自家的"无尽藏"（即先天良知）。因为时代是在发展变化的，每个人所面对的环境也不尽相同，因此，只有依靠和应用自己的先天良知，才能很好地解决个人所面临的各种问题，正所谓"万里由来吾具足，六经原只是阶梯"⑤。反之，如果一味死守先圣经典，不知道根据变化了的实际情况来决定自己的行为方向，那么，便是"抛却自家无尽藏，沿门持钵效贫儿"⑥了。从这个意义上讲，罗汝芳为其一贯注重伦理本位和道德建设的学术理念所囿，对于良知的体认深度，实际上不及心学宗主王阳明。不过，他的"不法先圣，则无规矩"的思想，对于明代中后期日渐混乱的王学末流而言，依然有着积极而必要的救正作用。

概而言之，不管罗汝芳对于阳明心学有什么样的不同见解，对于王阳明本人，他是由衷敬佩，并给予了非他人可及的高度评价的。

第二节　罗汝芳的易学观与元气论

《周易》是儒家的五经之一，又被誉为"群经之首"。作为当时已名闻天下的大儒，罗汝芳不可能忽略《周易》一书，在年轻时，他曾经对《周

---

① 《罗汝芳集》，第 246 页。
② 《明儒王一庵先生遗集》卷 1《会语续集》，第 173 页。
③ 《王阳明全集》卷 20《示诸生三首》（三），第 791 页。
④ 《王阳明全集》卷 20《别诸生》，第 791 页。
⑤ 《王阳明全集》卷 20《林汝桓以二诗寄次韵为别》，第 786 页。
⑥ 《王阳明全集》卷 20《咏良知四首示诸生》（四），第 790 页。

易》下过苦功，形成了自己的易学观。在上一章，我们在介绍罗汝芳与道士胡宗正的交往时，实际上已经讲述了罗汝芳年轻时钻研《周易》的求道历程，因此本章不再赘语。较之宋明理学的其他思想家而言，罗汝芳的易学观具有显著的个人特色，成为他整个哲学体系中的一个重要组成部分。

一、《易》为五经之原

罗汝芳高度看重《周易》一书在整个儒学理论体系中的地位，把它视为整个儒学体系的思想源头。他曾说：

> 先儒曰：《易》，其（乃）五经之原乎！不明乎《易》而能通五经者，难且甚矣。①

虽然此处的先儒并未确指何人，但是，凡有一些易学常识的人都知道，把《周易》看作五经之原，是儒家历来持有的观念。因为在所谓"五经"之中，《易经》的成书时间是历时最长的，从上古传说的伏羲画卦，经过失传了的夏代《连山》、商代《归藏》，再到文王、周公，六十四卦和三百八十六爻方才齐备，再加上孔子和其他先秦儒者的毕生心血，才形成了后来的《十翼》（即《易传》），至此，整个《周易》的卦象和文字体系才算完备。比起其他的内容上各涉一端的先秦经书来，《周易》是最为广博深奥的一部经典，对于哲学的认识论、本体论、价值论和行为论等诸方面无不涉及，为人们认识宇宙和自我生命之道提供了深邃有益而且体系化的思想指南。对此，罗汝芳明确指出：

> 先儒谓《易》为五经祖，则《书》之政事、《诗》之性情、《礼》之大本、《春秋》之大义，言言皆自伏羲画中衍出，非《易》自为《易》，各经自为各经。总之，皆自身心意知，通之天下国家。②

这段话表明，《周易》所述，"皆自身心意知，通之天下国家"，与其他的经典相比，它的思想内容不仅广博，而且的确具有源头性的意义。罗汝芳的这种观点并非个人一管之见，即使是儒学创始人孔子，对于《周

① 《罗汝芳集》，第81页。
② 《罗汝芳集》，第287页。

易》的重视程度也是超出于一般经典之上的。《史记》明确记载：

> 孔子晚而喜《易》，序象、系、象、说卦、文言。读《易》，韦编三绝。曰："假我数年，若是，我于易则彬彬矣。"①

《论语》也有相关记载，"子曰：'加我数年，五十以学《易》，可以无大过矣。'"

由此可见，《周易》在儒家经典中具有无可替代的重要地位，罗汝芳绍述"易其五经之原"的观念，实际上是对儒家思想"真血脉"的正确把握。据此，罗汝芳明确地告诫门人学者要潜心研习《易经》，他说：

> 欲明此心，须先见易，欲求见易，必在遇人。某至冥顽，于世情一无所了，但心性话头，却是四五十年分毫不改。盖缘起初参得人真，遇得又早，故于天地人物，其神理根源，直截不留疑惑。②

如前所述，罗汝芳此处所说的"参得人真"指的就是道士胡宗正。当初罗汝芳不耻下问，拜自己的举业弟子为师，才领会得《周易》之奥义，从而达到"于天地人物，其神理根源，直截不留疑惑"的境界。因此，他希望弟子们也要访名师，习《易》理，虚心求教，只有这样才能参透天人性命之道。

二、《易》以求仁

关于《周易》的基本内容，人们一般都沿袭一个传统的说法："《易》以道阴阳。"③这一句话虽然来自《庄子》杂篇，但实际上是魏晋时期的玄学家们假托庄子之口对《周易》一书所作的概括，这个说法，一直得到儒家学者的认同。如宋代朱熹说："易只是个阴阳。庄生曰'易以道阴阳'，亦不为无见。"④但是，古代先圣将《周易》代代传承，难道只是为了讲清宇宙间阴阳变化之理数吗？特别是晚出的《易传》，它所阐发的思想宗旨又是什么？难道只是阐释一套冷冰冰的阴阳转化的象数体系吗？对于这个

---

① 《史记》卷47《孔子世家》，北京，中华书局，1959，第1937页。
② 《罗汝芳集》，第203页。
③ 《庄子·天下第三十三》，见《庄子浅注》，第492页。
④ 《朱子语类》卷65，第1436页。

问题，罗汝芳进行了深入的思考，在胡宗正的指点之下，他终于有了彻悟，史载：

> （师）遂执贽愿为弟子。宗正乃曰："易之为易，原自伏羲泄天地造化精蕴于图画中，可以神会，而不可以言语尽者。宜屏书册，潜居静虑，乃可通耳。"师如其言，经旬不辍……如是坐至三月，而师之《易》学，恍进于未画之前，且通之于《学》《庸》《语》《孟》诸书，沛如也。①

根据上述记载，罗汝芳研究《易》理，不仅"恍进于未画之前"，而且"通之于《学》《庸》《语》《孟》诸书，沛如也"，通过《周易》的核心理论，把整个儒家思想都贯通在一起，那么，他所悟的《易》理究竟是什么呢？这一点，罗汝芳自己有着明确的阐释，他说：

> 《易》，所以求仁也。盖非易无以见天地之仁，故曰："生生之谓易，"而非复无以见天地之易，故又曰：复其见天地之心，夫大哉乾元！生天生地，生人生物，浑融透彻，只是一团生理。吾人此身，自幼至老，涵育其中，知见云为，莫停一息，本与乾元合体，众却日用不著不察，是之谓道不能弘人也。②

在这段话中，有一句可以说是理解整段论述的锁钥，那就是"大哉乾元！生天生地，生人生物，浑融透彻，只是一团生理。吾人此身，自幼至老……本与乾元合体"。这句话表明，乾元（实质即元气）的本性乃是"一团生理"，而人物之生，"自幼至老，涵育其中"，都是乾元之气运动变化的结果，因此，才有"天地大德曰生"、"生生之谓易"的说法，乾元之气的这种生养万物而"莫停一息"的规律，便是"仁"德的本体之源。为了继承乾元之气的生生不息之理，圣人才以仁德教诲众人，因为仁的基本含义就是爱人，也就是促进万物的生长发育，能够关心、爱护他人才是符合"天地万物一体之仁"的行为准则。从这个意义上讲，圣人传《易》的宗旨是为了求仁，而且，要想真正明白"仁"的来源，就必须深入研习《易》理，因为"非易无以见天地之仁"。

---

① 《罗汝芳集》，第835页。
② 《罗汝芳集》，第28页。

既然"仁"是乾元之气的根本特性，那么，也同时就是乾元之气赋予人类的天命之性了。有基于此，罗汝芳将《周易》和《中庸》等先秦儒家元典中的根本道理贯穿到了一起，他说：

> 孔门宗旨，浑然只是一个"仁"字。此"仁"字，溯其根源，则是乾体纯阳，生化万类，无一毫之间，无一息之停，无一些子之昏昧，贯彻民物，而名之曰：天命之性也；本其发端，则人人不虑而自知孝，不学而自能弟，不教而养子，自心求而中，默顺帝则，莫识莫知，名曰：率性之道也。①

罗汝芳的这段话，解答了当时许多学者不能将"四书五经"中的各种宗旨和道理会归一处的学术难题。他明确地告诉学者，"此'仁'字，溯其根源，则是乾体纯阳，生化万类……而名之曰：天命之性也"。既然知道了"性"之所在，那么，从这个天命之性出发而决定自己的行为方向，"不虑而自知孝，不学而自能弟，不教而养子，自心求而中"，就解决了安身立命的价值准则问题。只要自觉地遵循这一"天命之性"，"默顺帝则，莫识莫知"，这便是后天的率性之道，也就意味着自己走在了合乎天命的人生道路上。关于乾体（太极）、仁体和天命之性相等同的问题，罗汝芳并不只这一处论述，有时候，他还以形象生动的语言描述古代圣人对这一问题的参悟，他说：

> 天命之谓性，正孔子所谓默而识之，所谓知天地之化育，又所谓五十而学《易》，知乎天命者也。盖伏羲当年亦尽将造化着力窥觑……忽然灵光爆破，粉碎虚空，天也无天，地也无地，人也无人，浑作个圆团团、光烁烁的东西，描不成，写不就，不觉信手秃点一点，元也无名，也无字，后来却只得叫他做乾画，叫他做太极，此便是性命的根源。三代圣人如文王、周公，俱尽心去推衍拟议，及到孔子又加倍辛勤，韦编之坚，三度断绝，自少而壮，自壮而老，直至五十岁来，依然乾坤混沌，贯通一团，而曰："天命之谓性"也。②

---

① 《罗汝芳集》，第157页。
② 《罗汝芳集》，第81页。

总之，《周易》一书，是儒家所有价值观念的本体论根源，特别是乾元之气"生生不已"的特性，衍生出了后天丰富多彩的大千世界，也衍生出了纵横交错、秩序井然的社会伦理关系。儒家的一切道德观念，都可以在《易》理中寻找到深厚的本体论根据，儒家的各类经典，也都可以在《周易》中找到共同的理论源头。罗汝芳非常感慨地说：

> 故予自三十登第，六十归山……经历久远，乃叹孔门《学》《庸》，全从《周易》生生一语化将出来。盖天命不已，方是生而又生；生而又生，方是父母而己身，己身而子，子而又孙，以至曾而且玄也，故父母兄弟子孙，是替天命不已显现个肤皮；天命生生不已，是替孝父母、弟兄长，慈子孙，通透个骨髓。直竖起来，便成上下今古，横亘将去，便作家国天下。①

在这段话中，罗汝芳明确地表述道："孔门《学》《庸》，全从《周易》生生一语化将出来"，《周易》的基本原理，乃是对"天命不已"的描摹和推衍，"直竖起来，便成上下今古，横亘将去，便作家国天下"，真正是贯通天人性命之道，是儒家先圣的各类思想的理论源头。

在阐明了《周易》的奥义以及它和儒家其他经典的关系等问题之后，罗汝芳便觉得自己的学问已是有源之水，有本之木，由此，他大大地增强了传播真理、弘扬圣学的信心和热情。对此，他晚年回顾道：

> 但有《易经》一书，却贯串不来。时又天幸，楚中一友（指胡宗正）来从某攻举业。他谈《易经》，与诸家甚是不同，……因遣人请至山中，细细叩问，始言渠得异传，不敢轻授。某复以师事之，闭户三月，亦几亡生，方蒙见许。反而求之，又不外前时孝悌之良，究极本源而已。从此一切经书皆必归会孔孟，孟子之言皆必归会孝弟，以之而学，学果不厌；以之而教，教果不倦；以之而仁，仁果万物一体，而万世一心也已。②

这段白描性的语言并不难理解，不过，其后半段中透露出来的思想却很耐人寻味。罗汝芳研读《周易》，终于发现其中的道理"不外前时孝悌

---

① 《罗汝芳集》，第 233 页。
② 《罗汝芳集》，第 53 页。

之良，究极本源而已"，至此，他已将儒家所有的经典和理论贯通为一体，左右逢源，随处可取，"以之而学，学果不厌；以之而教，教果不倦……"这段看似随口而说出的话语，其实包含了很深刻的内涵。在先秦时期，孔子曾自谓："若圣与仁，则吾岂敢？抑为之不厌，诲人不倦，则可谓云尔已矣。"公西华曰："正唯弟子不能学也。"①北宋理学奠基人程颢则说："仁者以天地万物为一体，莫非己也。"②对照前辈圣人所讲的话，我们不难发现：由于参透了《易》理，得到了源头活水的滋养，罗汝芳在此后的修道和讲学中能够做到"学果不厌，教果不倦"，有一种"万物一体，而万世一心"的信念，这种发自内心而讲的一番感受，实际上表明了他已臻于圣者的人格境界。

三、《易》乃一气之运化

虽然明白了"《易》以求仁"的圣学宗旨，但是，人们仍然不禁要问：所谓《周易》中的阴阳变化的象数和道理，究竟是以什么物质实体为基础的？这一问题，其实早在北宋时期就已经由理学家张载予以解决，那就是"太虚即气"的元气论。到了明代，张载的思想已经被广泛传播，而且统治阶级也认可它为官方哲学的组成部分，因此，罗汝芳不必再赘述此类问题。不过，由于对张载元气论的认同与熟悉，在某些时候，罗汝芳仍然会用元气论思想来阐释《周易》中的相关原理，从而破除了人们对于乾坤、阴阳等范畴的神秘主义猜测，还其朴素唯物主义的本来面目。例如，他说：

> 吾夫子之赞《易》曰："乾知太始，坤作成物。"……要之，实一元之气，浑沦磅礴，浩渺无垠焉尔。是气也，名之为天则天矣，天固乾之所以始乎坤也；名之为地则地矣，地固坤之所以成乎乾也；名之为我则我矣，我固天地之所以成始而成终者也。夫合天地万物，而知其为一气也……是故君子由一气以生天生地，生人生物，直达顺施而莫或益之也，本诸其自然而已也；乘天地万物，以敷宣一气也，充长成全而莫或损之也，亦本诸其自然而已也。③

---

① 《论语·述而》

② 《二程遗书》卷二上，第65页。

③ 《罗汝芳集》，第349页。

在这段话中，罗汝芳明确指出，所谓"乾知太始，坤作成物"①的过程，实际上就是"一元之气"的运动变化而已。"夫合天地万物，而知其为一气也"，天地万物虽然形态各异，千姿百态，但都是元气的特殊表现形态。简而言之，元气在运动过程中有阴阳二性，阴性凝聚，阳性发散，"阳变阴合而生金木水火土"②，由此进一步衍生发展，显形成为我们这个时空无限、丰富多彩的后天宇宙。这种"由一气以生天生地，生人生物"的宇宙演化史，是一种自然而然的运动过程，主张效法天道的儒家，无疑应该"本诸其自然"，作为自己的道德规范和行为准则。当然，儒家所讲的"本诸其自然"和道家所讲的"道法自然"是有差别的。道家所讲的自然法则实际上是一种无为原则，而儒家则是依据《周易》所揭示的"乾体纯阳，生化万类"、"只是一团生理"的本来规律，积极顺应并促成万物的生长发育，这便是仁德，亦即是天命之性的表现。由是可见，罗汝芳的易学观，并没有什么"圣不可知"的神秘主义色彩，而是坚持了朴素唯物主义的元气论，把《周易》阴阳大化的奥秘清楚明白地向世人揭示出来。

关于《易》理乃"一气之运化"的思想，罗汝芳还有过一些论述，如："孔门宗旨，止要求仁，究其所自，原得之《易》，又只统之以'生生'一言。夫不止曰'生'，而必曰'生生'，'生生'云者，生则恶可已也……固皆一气之运化而充塞乎两间……"③细读原文，其中不乏深刻省人之处，不过，此类言语内容大致相同，笔者也就不再重复阐释了。

综上所述，罗汝芳的易学观，其特色突出表现在三个方面：第一，揭示了《易》以求仁的宗旨，把仁体、乾体、天命之性等范畴贯通起来，使整个儒家思想的价值观和道德规范有了统一的本体论根源。第二，以"《易》为五经之原（祖）"的思想，把儒家丰富各异的经典著作统一在《易》学的思想体系之中。第三，用元气论来解释宇宙阴阳变化的道理，克服了《易》学研究中的神秘主义倾向，坚持了朴素唯物主义的立场。虽然罗汝芳没有专门的易学著作存世，但是，他的简明而深邃的易学观，一样给后人以深刻的思想启迪。

---

①　《周易译注》，《系辞上》（一），第527页。知，犹"为"。
②　周敦颐原著，陈克明点校：《周敦颐集》卷1《太极图说》，北京，中华书局，2009，第4页。
③　《罗汝芳集》，第277页。

第三节 罗汝芳论《大学》与《中庸》

《大学》和《中庸》是由宋代朱熹选定的所谓"四书"中的两部，在儒家思想史上的地位却十分重要。在明代的科举考试制度中，四书属于必考课程，而五经只要任选一经参加考试即可，因此，任何读书人都不敢怠慢四书，尤其是《大学》本是一篇字数不多的短文，而《中庸》也不过是分为三十三章的长文而已，其实都不够一部书的厚度，因此，每个读书人都可以把《大学》和《中庸》背得滚瓜烂熟。但是，不同的人阅读儒家经典的动机是不同的，有的读书人，只为金榜题名，科考过关之后就把四书五经扔到一边去了，有的读书人，却终身服膺，深入思考，越是《大学》和《中庸》这样的短文，越是琢磨不休。例如，江右名儒邹守益，因为觉得《大学》和《中庸》的宗旨似乎不一，困惑不已，即使高中探花之后，此问题也一直萦绕心头，直到碰到大儒王阳明，才解决了心头的疑惑，随即拜阳明为师，并成为阳明心学的笃信者。① 罗汝芳也是这样一位真诚研习儒家经典的士大夫，他经过自己多年的思考，对于《大学》和《中庸》这样的经典，形成了自己独到的见解，与前辈儒学权威有所不同，因此，我们有必要来看一看罗汝芳对于《大学》和《中庸》的某些论述。

一、《大学》《中庸》皆孔圣亲作

在经学思想上，罗汝芳沿袭了阳明心学（尤其是泰州王艮）善于独立思考、不随人脚跟转的学风。他本着求真明道的至诚态度（而不是出于标新立异的动机），对于儒家经典切己反思、深入思考，达到了"理会经书，一字一句，不轻放过"②的钻研深度，因此，得出来的感受自然会与前儒（特别是朱熹这样的理学权威）有所不同。例如，他曾说：

> 《大学》原只是一章书，无所谓经，无所谓传也，亦所无从缺，无所从补也……则一章书首尾原自相应，亦自完全，何容补凑！③

这句话，明显否定了朱熹对于《大学》一书所作的经传分疏的必要性。

① 其事记载于《明儒学案》卷 16《江右王门学案一》，第 333 页。
② 《罗汝芳集》，第 108 页。
③ 《罗汝芳集》，第 9 页。对此他还有一番论证，就在该页，此略。

不过，由于否认《大学》有经传之分其实是自王阳明始之的，因此，罗汝芳的这一观点还算不上独到的认识，只不过显示出他不迷信官方权威的独立思考的精神罢了。真正显示出他对于《大学》和《中庸》的独到见解的，还是他的关于这两部经典皆孔子亲作的观点。

按照四书编纂者朱熹的说法，在《大学》一书中，"经一章，盖孔子之言，而曾子述之。其传十章，则曾子之意而门人记之也。"①也就是说，《大学》一书中"经"一章，乃孔子所作，而"传"十章，都是曾子（参）所作。至于《中庸》一书的作者，朱熹明确地说："《中庸》何为而作也？子思子忧道学之失其传而作也。"②也就是说，这是孔子的孙子子思（姓孔名伋，字子思）的著作。由于先秦历史相隔久远，加上秦代焚书坑儒对于文化典籍的破坏摧残，朱熹的这一观点，其实也并没有绝对可靠的史料根据③，但是，自从程朱理学被定为科举考试的功令之后，人们便相沿此说，渐渐习惯于把它当成了定论。然而，对于研读经典达到深入骨髓程度的罗汝芳而言，他反复品味《大学》和《中庸》二篇经典，发现它们实际上并非出于多人之手，完全是孔子一人亲手完成的作品，因此，他在一次讲会上，明确地道出了自己的观点，史载：

> 问者曰："《大学》系曾子所作，《中庸》系子所作，何得世次亦无序耶？"
> 罗子曰："二书所作，果相传如是。但窃意，孟子每谓愿学孔子，而七篇之言多宗《学》《庸》，则此书信非孔圣亲作不能，而孔圣若非五十以后，或亦断难着笔也，盖他分明自说五十而知命。今观《中庸》，首尾浑全是尽性至命，而《大学》则铺张命世规模，以毕大圣人能事也。故《中庸》以至诚、至圣结尾，而《大学》以至善起头，其脉络似彰彰甚明。自揣鄙见，或亦千虑一得，而非敢凿空杜撰也。试共思之。"④

这段话不仅表明了罗汝芳的观点——"此书信非孔圣亲作不能"，而且表达了罗汝芳对于这一问题的深入思考，那就是"孔圣若非五十以后，

---

① 《四书集注·大学章句集注》，第7页。
② 《四书集注·中庸章句集注》，第21页。
③ 《史记·孔子世家》说："尝困于宋，子思作《中庸》"（第1946页），这大概是最早的史料依据。
④ 《罗汝芳集》，第11页。

或亦断难着笔也"。因为孔子曾自称"五十而知天命",如果没有过五十岁,孔子也尚未懂得"天命之谓性,率性之谓道"的奥义,因此绝对写不出《中庸》这样的著作。至于《大学》和《中庸》两篇经典之间的关系,罗汝芳认为,《中庸》是尽性至命之作,而《大学》则是"铺张命世规模,以毕大圣人能事也。"从思想意旨上看,《中庸》的结尾处,恰恰是《大学》的开头处,两者之间有着彰明较著的脉络关联,都是孔子本人思想智慧的结晶。因此,《大学》和《中庸》都是孔圣本人的著作,后人不必因为孔子说过"述而不著"的话,就否定了孔子曾经写过这样两篇凝结着他的智慧心血的重要作品。

当然,凡是通读过《大学》的人都知道,书中有"曾子曰"等字样,从逻辑上不好解释《大学》乃孔子亲作,这一点,罗汝芳在三十三岁觉悟"格物"之义后,和他的父亲探讨这一问题时曾经论及,史载:

> 曾大父(指罗崇纲)曰:"书中有'曾子曰'三字,似出其门徒所记录然者。"
>
> 祖(指罗汝芳)曰:"《大学》所取文字,未尝专主。如俗谚、舅犯、如孟献子,随意引用。则曾子之云,安知非俗谚、舅犯、孟献子之类乎?"[①]

可见,罗汝芳对于《大学》一书的作者问题,经过了深思熟虑,考虑到了各种可能存在的情况。以笔者一管之见,《大学》中凝结了孔子本人的思想,这是毫无疑问的,同时不排除经过多人之手(包括曾子及其门徒)增删修补,最终成为《礼记》一书中所保存的《古本大学》的模样。

从论证角度来看,罗汝芳的观点并没有充分的史料依据,他完全是根据自己多年研读《大学》和《中庸》两部经典的深刻领悟而展开论述的,如他自己所说:"自揣鄙见,或亦千虑一得,而非敢凿空杜撰也。"人们当然可以说罗汝芳"凭己意断经",但是,在相关史料严重不足的情况下,有人在学术上提出一种新的见解和思路,我们至少应该以宽容的态度对待。所幸的是,明代中后期,学术氛围比较宽松(比王阳明在世时要宽松,比明初更为宽松活跃),人们已经普遍厌恶呆板僵化的章句训诂之学,因此,罗汝芳提出这一观点,并没有引起很多激烈的反对意见,能够以一家之言屹立于学术思想的丛林之中。因此,罗汝芳不只一次在讲

---

① 《罗汝芳集》,第406页。

学中谈到了这一观点，例如：

> 盖圣人作《中庸》，是五十学《易》之后，直见乾坤之体……
> 认定个天命流行，人性皆善，无反无侧，荡荡平平也。①

又说：

> 孔子自十五志学，千辛万苦，好古敏求，才成得《大学》一
> 书，其书乃仁天下万世之极则，视其他泛论之言不同。②

最有意思的是，罗汝芳发挥了他善讲善喻的特长，以比喻的方式道出了孔子亲作《大学》一书的心理动机。他说：

> 故《大学》一书，是孔子平生竭力六经而得的受用，如病人
> 饮药已获奇效，却抄方遍施，以起死回生乎千百万众也。③

由是可见，罗汝芳对于孔子亲作《大学》与《中庸》两篇经典著作是深信不疑的。他坚定地认为，孔子经过多年的刻苦学习，在遍览六经之后，"直见乾坤之体"，明白了天命本性之所在，这就是他"五十而知天命"的"闻道"的飞跃，由于对于天人性命之道已经了然于胸，能够做到以一个"仁"字将天德、王道贯穿起来，因此，他便把自己的学问心得编次成书，虽然篇幅很短，但是已将毕生心血凝结于此，可作为"天下万世之极则"，或者说作为一付能够"起死回生乎千百万众"的药方，传之于后世。

综上所述，罗汝芳以《大学》《中庸》为孔子亲作的观点，虽然论证并不充分，但是却发人深省。今人或许只有像孔子本人所说"默而识之，学而不厌"，进一步深入研读经典，才能领会其易简而深邃的思想妙谛。

二、《中庸》在《大学》之先

关于四书的学习次序，朱熹曾有一些阐释，他说：

> 学问须以《大学》为先，次《论语》，次《孟子》，次《中庸》，

---

① 《罗汝芳集》，第13页。
② 《罗汝芳集》，第22页。
③ 《罗汝芳集》，第28页。

《中庸》工夫密，规模大。①

又说：

> 先看《大学》，次《语》《孟》，次《中庸》，果然下工夫，句句
> 字字，涵泳切己，看得透彻，一生受用不尽。②

朱熹的说法并非个人一己之见，他是继承了北宋程颐的观点而立论
的，例如，程颐与门人唐棣彦有过一段对话，史载：

> 棣初见先生，问："初学如何？"曰："入德之门，无如《大
> 学》。今之学者，赖有此一篇书存，其他莫如《论》《孟》。"③

据此，朱熹在《大学章句》之篇首说："子程子曰：'《大学》，孔氏之
遗书，而初学入德之门也。'于今可见古人为学次第者，独赖此篇之存，
而《论》、《孟》次之。"④由于程朱理学后来上升为官方哲学，同时是科举
考试的指定教程，因此，明代儒家学者一般都把朱熹的《大学》为"初学入
德之门"的说法奉为定论，很少有人去怀疑这种说法是否可靠。然而，对
于衷心服膺儒家先圣之学的罗汝芳来讲就不同了，在多年的钻研学问的
过程中，他发现，真正对于初学入门者起到立德筑基作用的，是《中庸》
而非《大学》，《大学》乃是接着《中庸》而展开的王道之说，是"铺张命世规
模，以毕大圣人能事"的著作。对此，他与门人之间有过多次的探讨，
史载：

> 问："《大学》自有先后之序，如何必先《中庸》？"
> 罗子曰："吾人此身，与天下万世原是一个，其料理自身
> 处，便是料理天下万世处。故圣贤最初用功，便须在日用常行，
> 日用常行只是性情喜怒，我可以通于人，人可以通于物，一家
> 可以通于天下，天下可通于万世。故曰：人情者，圣王之田也。
> 此平正田地，百千万人所资生活，却被孟子一口道尽，说人性

---

① 《朱子语类》卷 14《大学一》，第 222 页。
② 《朱子语类》卷 14《大学一》，第 222 页。
③ 《二程遗书》卷二十二上，第 332 页。
④ 《四书集注·大学章句》，第 5 页。

皆善。若不先认得日用皆是性，人性皆是善，荡荡平平，了无差别，则自己工夫，已先无着落处，又如何去通得人，通得家国，而成大学于天下万世也哉？"①

在这段论述中，罗汝芳告诉门人："圣贤最初用功，便须在日用常行，日用常行只是性情喜怒。"而且，由一己之性情可以通之于人物、天下乃至万世之后，由此可见，"人情者，圣王之田也"，这是学者为学立基的起点。因此，学者必须先从自家性情上去体会调理，"穷理尽性以至于命"，然后才能推广应用开来；反之，如果"自己工夫，已先无着落处"，那么，"又如何去通得人，通得家国，而成大学于天下万世也哉？"从这个意义上讲，学者入门之始，应当先学《中庸》，然后才是《大学》。

关于《大学》与《中庸》之间在思想宗旨上的关联，罗汝芳曾和门人专门探讨过这个话题，史载：

> 问："《大学》工夫次第详明，果是入德之门？"
> 罗子曰："《中庸》《大学》，当相连著看。若论入德，先到《中庸》，观三十三章明说，可以入德。所谓德者，盖至诚至圣而浑然天德，所以曰：'上天之载，无声无臭，至矣。'而《大学》则接过以为至善，却是经纶立本，而知化育之一大规模。合而言之，《中庸》则重天德，而《大学》则重王道也。"②

在这段对话中，罗汝芳指出：如果真正搞懂了《中庸》三十三章，便明白了"天命之性"的核心道理，即是入德的工夫已备，换句话说，便是"至诚至圣而浑然天德"，这是《中庸》一书的结尾所期望达到的目的；而《大学》一书，正好将此视为明德、至善，用一句话就把《中庸》的宗旨概括了："大学之道，在明明德，在亲民，在止于至善"，这便是《大学》的开篇。然后，《大学》从此推广延伸开来，"铺张命世规模"，涉及家国天下等许多方面，阐述的正是"王道"的基本思想。所以，《中庸》和《大学》，正是圣人思想的连贯性的两个方面，"《中庸》则重天德，而《大学》则重王道也"。

罗汝芳之所以敢讲《中庸》在《大学》之先的观点，是很有底气的。因

---

① 《罗汝芳集》，第 11 页。
② 《罗汝芳集》，第 216 页。

为对于《中庸》和《大学》的思想内容，他作过深入细致的研究和对比，发现了很多思想内容上的连贯之处。比如，他发现了《中庸》三十三篇中有许多未尽之处，恰恰在《大学》一书中予以补齐；《中庸》没有讲明白的地方，恰恰是《大学》把它们给阐述清楚了。为此，他说：

> 此今细心看来，《大学》一篇相似，只是敷演《中庸》未尽的意义。如《中庸》说庸德庸言，而《大学》则直指孝悌与慈，为天生明德也；《中庸》说修道以成教，而《大学》则直指兴仁兴让，为与民相亲也；《中庸》说身心处，或略家国；说家国处，或略身心，而《大学》则直指本末只是一物，终始只是一事，而中间更无缝隙也……芳不量力，主张兹说，极知妄诞，但联络文势，颇为贯串，查对石刻古文，亦觉不相背戾……知我罪我，幸共鉴诸！①

对于这段论述，不熟悉《大学》和《中庸》这两篇经典的人，可能无从相信或是怀疑，但是，对于罗汝芳这种勇于揭示圣人之说真面目的钻研精神，后人只能表示出敬佩的态度。可巧的是，在罗汝芳讲学的过程中，他的《中庸》在《大学》之先的观点，有时也会得到一些学者在考据方面的佐证。史载：

> 问："《中庸》比之《大学》似更深奥？"
>
> 罗子曰："先贤亦云：《大学》为入道之门。但以鄙见臆度，则义理勿论，而其次序则当先《中庸》而后《大学》。"
>
> 时坐中有一习《礼记》者愕然曰："先生岂常细观《礼经》篇目耶？盖二书，虽宋时选出，而现存篇次，则果《中庸》先而《大学》后也。"②

这段话意思清晰浅显，无须诠释。只是顺便说一句，《中庸》和《大学》均为《礼记》中的名篇，就是今天出版的《礼记》一书中，《中庸》一篇也确实排在《大学》之前，这一客观事实，非十分熟悉经典者根本注意不到。虽然《中庸》和《大学》在《礼记》一书中的编次先后不足以充分说明问题，

---

① 《罗汝芳集》，第248～250页。
② 《罗汝芳集》，第11页。

但是，它至少可以说明罗汝芳对于儒家经典的用心之深，他是一个真正试图把圣人经典的内在精神和相互关联彻底搞清的儒者，对于任何权威性成说，都不肯盲然地接受，一定要经过自己的深入思考才敢得出结论。就这一探索真理、独立思考的精神而言，罗汝芳可以说继承了阳明心学的"真血脉"。

三、"中庸"释义

有的学人可能会怀疑，罗汝芳在《大学》和《中庸》等经典问题上与正统的程朱理学公开"唱反调"，是不是也像颜钧、李贽等人那样故意标新立异、哗众取宠呢？当然不是。罗汝芳就是这样一个人，他在思想上与程朱理学的不同之处，从不隐讳，至于与朱熹等先儒的相同之处，他也一贯坚持不渝。这一点，在如何理解"中庸"一词的含义的问题上，表现尤为突出。

在编纂《中庸章句》时，朱熹首先表述了自己对"中庸"范畴内涵的诠释，他说："中者，不偏不倚、无过无不及之名。庸，平常也。"①随后，他也引述了程颐的话："不偏之谓中，不易之谓庸。中者，天下之正道，庸者，天下之定理。"②显然，朱熹和程颐关于"庸"的解释有所不同，因此当时便引起门人的疑问，朱熹也做过耐心的解释，史载：

> 问："明道以'不易'为庸，先生以'常'为庸，二说不同？"曰："言常，则不易在其中矣。惟其常也，所以不易。但'不易'二字，则是事之已然者。自后观之，则见此理之不可易。若庸，则日用常行者便是。"③

对于这一问题，朱熹还进一步解释说：

> 惟其平常，故不可易；若非常，则不得久矣。譬如饮食，如五谷是常，自不可易。若是珍羞异味不常得之物，则暂一食之可也，焉能久乎！庸，固是定理，若以为定理，则却不见那平常底意思。今以平常言，则不易之定理自在其中矣。④

---

① 《四书集注·中庸章句》，第25页。
② 此言原本出自《二程遗书》卷7《二先生语七》，第148页。从口气上看更像是程颐的话。
③ 《朱子语类》卷62，1323页。此处之"明道"，当更以"伊川"为妥。
④ 《朱子语类》卷62，1324页。

客观地讲，程颐释"庸"为不易之定理，没有说明原委，有独断论的倾向。朱熹释"庸"为平常，本身是颇有道理的，但为了弥合与程颐之间的理论缝隙，不惜委曲迁就，尽量让自己的解释与程颐的观点统一起来，显示出他的谨慎态度和章句训诂之癖。罗汝芳就没有这么多思想顾虑了，面对朱熹传下来的"四书"等经典，"众皆以为是，苟求之心而未会焉，未敢以为是也；众皆以为非，苟求之心而有契焉，未敢以为非也"，① 因此，当他对于朱熹以"平常"释"庸"的观点深有契焉之时，他便不只一次地对门人谈及此问题，告诉人们要准确理解"中庸"的内涵，理解先圣传道后世的良苦用心。例如：

> 盖中庸名篇，原是平常而可通达者也。②

又说：

> 此书须要先体认"中庸"二字，盖中庸二字，即是平常二字也。③

在说明这一诠释的理由时，罗汝芳说：

> 曾不思量，天命率性，道本是个中庸，中庸解作平常，因平常之人所共由也，且须臾不可离，固寻常时刻所长在也。④

又说：

> 今且论天下，中从何来？乃民受天地之中以生也；庸从何名？乃中等平常之人也。今此中等之人，名以庸常之辈者，又岂不谓各随己性，而简易率直也哉？⑤

---

① 《王阳明全集》卷 21《答徐成之》，第 809 页。
② 《罗汝芳集》，第 12 页。
③ 《罗汝芳集》，第 149 页。
④ 《罗汝芳集》，第 171 页。
⑤ 《罗汝芳集》，第 247 页。

罗汝芳的论述表明，中庸之道不是什么深奥难懂的玄理，而是可以落实在每个平常人的日常生活之中的行为法则，任何平常之人（也就是通常所谓愚夫愚妇），对于中庸之道都"可以与知焉""可以与能焉"，而且随时随地都能够判定自己的行为是否符合"不偏不倚"的公正立场和"无过无不及"的火候尺度，从这个意义上讲，"中庸之道"不可须臾离也。由此，罗汝芳才敢大胆地宣称："中庸解作平常，因平常之人所共由也，且须臾不可离，固寻常时刻所长在也。"可见，在"中庸"二字的训释问题上，罗汝芳坚持"惟道是从"的原则，保持了和先儒朱熹完全一致的观点。

和朱熹纯用理性分析、注重文字训诂的做法相比，罗汝芳对"中庸"二字内涵的领悟，更像是在心灵深处"体贴"入微而自然流淌出来的，因此，他的某些训释比起朱熹来，更有思想深度，善于把儒家经典中的各种理论融会贯通起来，体现出儒家先圣思想"一以贯之"的整体性。例如，他说：

> 庸以中为体，而其性斯达；中以庸为用，而其命乃显，故庸在百姓日用，原今古一样，更无得说所谓家国天下，未有一人外却孝、弟、慈，而能生养成立者也。①

又说：

> 盖统天彻地，尽人尽物，总是一个大道，此个大道就叫作中庸。中庸者，平平常常，遍满乎寰穹，接连乎今古。良知以为知而不假思索，良能以为能而绝无勉强，无昼无夜，其灵妙从虚空涌将出来，乃为天命之性；无昼无夜，其条理就事务铺将出去，乃为率性之道。②

在一般人的心目中，中庸之道不过是一种方法论而已，未见得有多么深刻。然而，孔子之所以说"中庸其至矣乎"，就是因为"中庸之道"本是天命之性的自然要求，也即是率性之道的根本法则。要真正做到"中庸之道"，就要如实地体认自己的天赋本性，亦即包含着孝、弟、慈"三原德"在内的先天仁体，这便是"中"的本体论内涵，所以说"庸以中为体，

---

①　《罗汝芳集》，第236页。
②　《罗汝芳集》，第230页。

而其性斯达";要想充分发挥出这一先天仁体的价值,就要从平平常常的百姓日用中去体认和践履,诚所谓"中以庸为用,而其命乃显",于是,中庸之道便"遍满乎寰穹,接连乎今古",其实它就是人们的良知良能,只要按照这一法则做下去,从生硬到熟练,从勉强到自如,人人都可以体会到中庸之道的虚空灵妙和自成条理。

从罗汝芳这些几乎不假思索的论述可以看出,他对于中庸之道的深刻理解和灵活应用,绝实非只会那些章句训诂的俗儒可比,显然,对于同样一个问题,用大脑去机械地思考和用心灵去切实地感悟,即使得出的结论相同,其思想深度和内在灵性也必然有天壤之别。

第四节　罗汝芳的解经与宋儒不同之处

"四书五经"是明代科举考试的功令,也是儒家思想主要的文字载体。因此,如何理解和诠释这些经典,是明代儒家学者不可回避的学术任务。在"四书五经"之中,"四书"的地位又明显在"五经"之上,是孔孟思想的核心体系,因此,罗汝芳对于四书的注重,自是不言而喻。由于罗汝芳以独立自主、惟"道"是从的态度去钻研四书,因此,自然会得出一些与宋儒(主要是朱熹)的不同之看法,特别是体现在对一些经典文句的诠释之上。

一、对"四书"的高度重视

对于明代的知识分子而言,"四书"是人人可以背得滚瓜烂熟的经典。很多读书人在科考过关之后,便把这些经典扔在一边,对于其中的精神义理再也懒得去潜心体会。罗汝芳则不然,他是一个真诚求"道"的儒家学者,因此,终身对于"四书"都保持着极大的热情和高度的重视。

罗汝芳曾经回忆,年轻时因修习工夫不当,结果患了重病,后来在南昌遇见颜钧,才"如脱缰锁,病遂愈"[1],并且在治学道路上改弦更张,"从此回头,将《论语》再来细读,真觉字字句句重于至宝,又看《孟子》,又看《大学》,又看《中庸》,更无一字一句不相照映。"[2]这种重新研读、用心体会"四书"的经历,与以往只是把它们当作教科书来读的做法,所得的收获当然是天壤之别,他渐渐将"四书"的精神融会贯通,最终达到

---

① 《颜钧集》卷9《附录一》,第82页。
② 《罗汝芳集》,第52～53页。

信手拈来、左右逢源的自如境界。因此，"四书"在罗汝芳思想中的地位是其他典籍无可比拟的，他在讲学传道的过程中，对于"四书"的一贯强调也远非他人可及。

罗汝芳曾说："惟此《学》《庸》《语》《孟》，则是圣贤心法之所在，生平学术之所存，而亦国家之所责备吾侪，以竭力而深造之者也。"①正因为他将四书视为"圣贤心法之所在，生平学术之所存"，因此，他主张天下所有读书人一定要用心去阅读四书，而不是用脑袋机械地记忆，只有这样，才能将其中圣贤相传的"真血脉"汲取出来。他说：

> 予愿吾侪有志之士，将孔门四书，自首至尾，彻底掀翻，果见天地之性，不外孝悌……则爱己之心爱人，爱人之心爱己，自将勃然不容已。芳实亲历此个境界，故切切为诸君愿之。②

在正面施以教诲之后，罗汝芳也委婉地批评了当时很多读书人自以为对"四书"十分熟悉，不愿深读的观念，他说：

> 窃观今时同志……间一二肯读书者，于子史诸家，便著精神，于《论语》《孟子》反枯淡冷落，叩之则曰："此个章句，我几久晓了，何待今日赘赘耶？"噫！五谷之味，固难比海错珍羞，而要延躯命，则舍此不能。③

在此，罗汝芳用了一个生动形象的比喻，那就是孔孟思想犹如五谷，"五谷之味，固难比海错珍羞，而要延躯命，则舍此不能"，相比之下，佛道及诸子百家的很多思想犹如"海错珍羞"，味道虽然不错，但是，真正能让人维持生命基本营养的，只能是儒家思想这样的"五谷"之味。因此，读书人真正要深究领悟的，还是"四书"这样的儒学核心经典。

罗汝芳对四书的重视，并不是只说给他人听听而已，他自己对于四书也是经常把玩、温故知新的。最有名的事例便是万历元年(1573)他告别赋闲，奉旨回到北京，与首辅张居正之间的一段对话，史载：

> 师会江陵张公，江陵问山中功课。师曰："读《论语》《孟

---

①　《罗汝芳集》，第 235 页。
②　《罗汝芳集》，第 53 页。
③　《罗汝芳集》，第 53 页。

子》，视昔稍有味耳。"江陵默然。①

　　此时，张居正和罗汝芳约有八年②没有见过面了，当张居正问起罗汝芳在从姑山中读了什么书时，没想到罗汝芳的回答竟是"读《论语》《孟子》，视昔稍有味耳"。这句话表明，罗汝芳是真诚信奉孔孟之道的儒者，所以才对四书等儒家经典百看不厌，常读常新。与之相比，这八年间，张居正经历了多少朝廷高层的明争暗斗，他自己又用了多少不可告人的心计，才爬上了内阁首辅的宝座，听了这话，张居正岂能不自汗颜？于是，他只好默然无语。

　　当然，后人不能因为这一次对话就否定了张居正的历史功绩，但是，相比之下，罗汝芳如此重视"四书"，说明了他才是一个真正服膺孔孟之道的醇儒。

二、罗汝芳解"四书"与朱熹不同之处

　　明代知识分子所读的四书，都是经朱熹点校、注释的《四书集注》。由于朱熹"道问学"的个人思维方式所限，因此，他对于孔孟言论的诠释，往往带有一些汉儒的呆板僵化或者个人的偏浅失当之处。这一问题，明代许多儒家学者都曾经发现，从王阳明开始，王龙溪、罗汝芳等大儒都在讲学中予以尽可能纠正。这一纠偏工作是很重要的，孔子曾说："不知言，无以知人。"如果对于先圣本人的言辞都理解错误，那么，对于先圣的思想精神的领会就可能南辕北辙了。因此，罗汝芳在必要的时候，仍然大胆地讲出自己对四书中某些文句的理解，指明了朱熹等宋儒的解经之误。

　　罗汝芳曾说：

　　　　诸友若要理会孔孟经书，做孔孟门中人品，先要晓得孔孟之书之言，与今时诸家讲套集说不同。诸说所论的道理，另是一样道理；诸说所论的工夫，却另是一样工夫，与孔子、孟子所论的道理、所用的工夫，真如天渊之相远，又如水火之相反。决不可以今时诸家集说，去解《论语》《孟子》，亦不当谓《论语》

《孟子》，即是今时诸家集说之所云也。①

这段话，虽然没有点出其人的姓名，但是凡通读四书的读书人都知道，"今时诸家讲套集说"，首先所指的就是朱熹编撰的《四书集注》。罗汝芳明确地指出，"孔孟之书之言，与今时诸家讲套集说不同"，孔子、孟子所说的道理和工夫，与"诸说所论的道理（和工夫）"，"真如天渊之相远，又如水火之相反"。虽然罗汝芳说这段话的口气十分平和，但是，这段话其实颇有振聋发聩的效应，因为它等于向世人宣称：包括朱熹在内的许多"诸家讲套集说"，根本没有抓住孔孟之道的核心要领，因此，学者要改弦更张，重读经典，用自己的心灵去体悟四书中所传达的儒家先圣的真精神。

基于上述立场，罗汝芳在讲学过程中，时不时地重新诠释了四书中某些文句、概念的内涵，表明了与朱熹等宋儒截然不同的独到见解。例如：

> （门人）问："不迁怒，不贰过，可是不违仁否？"
>
> 罗子曰："颜子好学纯一，其乐体常是不改，乐体不改，则虽易发难制之怒，安能迁变其圆融不滞之机耶？其明体常是复以自知，明常自知，则过未尝行，虽微露于恍惚之中，自随化于几微之顷，又安足以疑贰其洞彻灵莹之精耶？……孔子要形容颜子善学而难为言，故借怒不迁以显其乐体，借过不贰以显其知体也。学者但将孔、颜论学处细细对过，便自见得此难以口舌争也。"②

这段论述，涉及的是《论语·雍也》中的一段对话，原文是哀公问："弟子孰为好学？"孔子对曰："有颜回者好学，不迁怒，不贰过。不幸短命死矣。今也则亡，未闻好学者也。"对于其中的"不迁怒，不贰过"一语，朱熹的解释是："怒于甲者，不移于乙，过于前者，不复于后，颜子克己之功至于如此，可谓真好学也矣。"③单从字面上看，朱熹的解释即是通常不迁怒于人之意，也可以成立，但是，这种泛泛而谈的诠释对于深入研习先圣思想的醇儒来说，是无法满足的。明代心学家王龙溪就曾经质

---

① 《罗汝芳集》，第 193～194 页。
② 《罗汝芳集》，第 192 页。
③ 《四书集注·论语集注》，第 120 页。

疑道：

> 颜子一生好学，只有"不迁怒，不贰过"六个字，此是孔门
> 第一等学术。迁与止相对，贰与一相对。颜子之心常止，故能
> 不迁；常一，故能不贰，所谓未发之中也。若如后儒所解，原
> 宪以下诸人皆能之，何以谓之绝学？①

显然，王龙溪的质疑是很有道理的。虽然朱熹的训释已广为人知，
至今"迁怒于人"的成语仍为我们常用，但问题在于，难道颜子就只是这
个水平吗？如果真的是这样，那么，孔子门下，能够做到"不迁怒，不贰
过"岂不是大有人在？"原宪以下诸人皆能之"，颜子比他们又能高到哪里
去？孔子何以叹息"今也则亡，未闻好学者也"？因此，王龙溪对于"不迁
怒"的解释是："颜子心常止，怒即旋释，故能不迁，犹无怒也。"②与王
龙溪的诠释相近，罗汝芳对于颜子"不迁怒"的解释是："（颜子）乐体常是
不改，乐体不改，则虽易发难制之怒，安能迁变其圆融不滞之机耶？"两
人的说法除了措辞略有差异之外，其思想本质上是一致的。不仅"二溪"
所见略同，泰州学派的王栋（1503－1581）对这段话的诠释也与之相近，
他说：

> 颜子有见于怒之难制，于此戒惧，而不使之迁，夫子所以
> 称其好学。不迁云者，心性本体，不因怒而有迁也。好学之人，
> 时时刻刻心有真宰，虽当发怒之时，亦自有未尝发者，寂然不
> 动，自作主张，故其轻重权衡，适中其节，过之即化，气和心
> 平，本体澄然略不摇撼。夫何迁动之有？③

由此可见，罗汝芳对于"不迁怒"一语的理解，与明代诸多心学思想
家的认识是一致的。三位大儒共同的诠释体现了他们对于儒家心性之学
的深刻体悟，远远超出了朱熹单从字面训诂的水平。又如：

> （门人）曰："《论语》不厌不倦之言，凡再出，然对公西华，
> 却曰：可谓云尔已矣，若自任甚易；及默而识之，却曰：何有

---

① 《王畿集》卷7《华阳明伦堂会语》，第162页。
② 《王畿集》卷7《龙南山居会语》，第168页。
③ 《明儒王一庵先生遗集》卷1，第177页。

于我哉！又若自量甚难。敢请其故？"

　　罗子曰："同是孔子一人之言，又同载在《论语》一篇之中，岂有一处说得如是之易，一处又说得如是之难之理？……吾人厌学厌教，只是未见意趣。若果默识得其中妙趣，则如知酒味之美者，自然喜人共饮；知棋著之高者，自然好人同下，虽欲罢而不能矣。其于不厌不倦，又何有哉？何有，解作不难，正与可谓云尔相合而不相背也。"①

　　这段论述的出典，分别是《论语·述而》中的两段对话。其一是：子曰："默而识之，学而不厌，诲人不倦，何有于我哉！"其二是：子曰："若圣与仁，则吾岂敢。抑为之不厌，诲人不倦，则可谓云尔已矣。"公西华曰："正唯弟子不能学也。"在这两段对话中，孔子都提到了"学而不厌，诲人不倦"一语，但前者说"何有于我哉"，后者说"则可谓云尔已矣"。对此，朱熹的解释是：

　　　　何有于我，言何者能有于我也。三者已非圣人之极，而犹不敢当，则谦而又谦之辞也。②
　　　　可谓云尔已矣者，无他之辞也。③（意即只不过如此罢了）

　　针对朱熹的解释，有的学者不免怀疑：为什么孔子的同样一段自我评价，朱熹却做了完全不同的训释呢？这里虽然不存在什么深刻的思想分歧，但是至少在语意领会上是令人费解的。对此，罗汝芳决不取乡愿之态，而是明确地讲出了朱熹训释经典的不当之处，他认为："同是孔子一人之言，又同载在《论语》一篇之中，岂有一处说得如是之易，一处又说得如是之难之理？"正确的理解应该是："所谓何有，解作不难，正与可谓云尔相合而不相背也。"用今天的话来讲，"何有"相当于"何难之有"，孔子一生求"道"，已经"默识得其中妙趣"，因此，无论是学还是教，都能够不厌不倦，"欲罢而不能"。在别人看来挺难坚持的事情，在孔子自己看来，何难之有？不过如此罢了。这两段话，都体现出孔子在谦逊的同时有一种"志于道"的自我肯定。经过罗汝芳这样一解释，门人心中对于朱熹的权威说法的疑惑，也就迎刃而解了。再如：

---

　　① 《罗汝芳集》，第129页。
　　② 《四书集注》，第134页。
　　③ 《四书集注》，第145页。

　　问："《论语》'时习'之'时'字，旧作'时时'，而先生必曰'因时'者，何也？"

　　罗子曰："圣人之学，工夫与本体，原合一而相成也。时时习之，于工夫似觉紧切，而轻重疾徐，终不若因时之为恰好。盖因时，则是工夫合本体，而本体做工夫，当下即可言悦，更不必再俟习熟而后悦。"①

　　这一段对话，指的是《论语》开篇的那段名言：子曰："学而时习之，不亦说（同'悦'）乎？"对此，朱熹的解释是：

　　既学而又时时习之，则所学者熟，而中心喜说，其进自不能已矣。②

　　应该承认，朱熹的这段解释，既无思想的偏差，也无逻辑上的毛病。但罗汝芳认为，这种解释实际上将圣人之言理解得肤浅了。"时"字正确的训释应该是"因时"，其理由是"时时习之，于工夫似觉紧切，而轻重疾徐，终不若因时之为恰好"。如果懂得因时而习，那么，"则是工夫合本体，而本体做工夫，当下即可言悦，更不必再俟习熟而后悦。"如果有人爱咬文嚼字，进一步发问："时"的含义又是什么？虽然这一段对话中没有言及，但是，罗汝芳经常讲到的一个命题就是："当其可之谓时。"这是一句引自《礼记·学记》的名言，原文是"大学之法，禁于未发之谓豫（预），当其可之谓时"。③罗汝芳对于这句古训"心有戚戚焉"，所以经常引用。根据这一思想，"学而时习之"中的"时习"，就是要根据具体的情况来采取相称的行为措施，通过这种灵活而圆融的修习方式，把圣人所传的"道"予以切身的体悟，如果践履笃实，那么，往往"当下即可言悦"，因为所做工夫合乎心灵之先天本体，当下便可得其受用，"更不必再俟习熟而后悦。"单从字面上看，罗汝芳和朱熹的解释各有各的道理，并无对错之分，然而，这不是一个通过理性思辨可以定是非的问题，大凡做过修道工夫的学者都知道，罗汝芳的这番解释，是一种有着真修实践经历

---

①　《罗汝芳集》，第79～80页。

②　《四书集注》，第65页。

③　《五经全译·礼记》，第341页。罗汝芳经常引用此语，在《罗汝芳集》第25、104页等处均有相应原文。

的过来人的深切体悟，比起朱熹的平常阐释来，其思想深度是不可同日而语的。

有时候，即使是一些很细小的文字训释上的问题，罗汝芳也明确地亮出自己的观点，目的就是为了让学者更准确地理解先圣经典的微言大义。例如：

> 罗子曰："吾夫子此个仁、恕，即一时把天下后世俱贯彻了……当时只亏了仪封人，一见夫子，便说夫子不曾失位，只其位与人不同，正是木铎天下后世之位也。朱子以'将'解作'将来'之将，而不知当作'殆将'之将，所以把仪封人独得之见，亦与子贡一类看了。"①

这里所说的仪封人之事，是指《论语·八佾》中所载的孔子周游列国时的一段往事，原文是：仪封人请见。曰："君子之至于斯也，吾未尝不得见也。"从者见之。出曰："二三子，何患于丧乎？天下之无道也久矣，天将以夫子为木铎。"对此，朱熹本人的解释为：

> 木铎，金口木舌，施政教时所振，以警众者也。言乱极当治，天必将使夫子得位设教，不久失位也。封人一见夫子而遽以是称之，其所得于观感之间者深矣。②

凡通晓历史者皆知，孔子周游列国十三年，政治上始终没有被各国诸侯所任用，朱熹所做"天必将使夫子得位设教，不久失位也"的训释是不符合史实的，因此，仪封人所说的"天将以夫子为木铎"不应该是这个意思。罗汝芳根据自己对《论语》一书的深刻体会，认为"（仪封人），一见夫子，便说夫子不曾失位，只其位与人不同，正木铎天下后世之位也"。也就是说，仪封人认识到了孔子作为思想家和教育家的历史功绩，远远超越了作为政治家的社会价值。因此，"将"字应该作"殆将"（犹言"大概"）来理解，也就是说：上天大概是要把夫子当作木铎来使用，让人们都听一听他的讲学传道，明白做人的道理吧。罗汝芳的这一训释并非个人一管之见，当时即有学者采取类似的见解，如泰州学派的嫡传王襞

① 《罗汝芳集》，第131页。
② 《四书集注》，第95页。

(1511—1587年)在给友人的信中曾说:

> (孔子)辙环天下,盖欲木铎乎天下,上而邦君卿大夫,下
> 而士庶人隐者,莫不欲接而与之,以通乎大道。①

在这段话中,王襞除了将"木铎"一词用作动词之外,他的见解与罗
汝芳可以说完全一致,即孔子周游列国的目的并不是(至少不只是)为了
求得他国君主的任用,在仕途上谋得一官半职,而是为了广泛传播自尧
舜以来的圣人之学,让人们明白做人的道理,以及由此推广应用的治世
之道。在诸侯割据纷争且交通和通信条件极不发达的春秋晚期,孔子要
想扩大圣人之学的影响力,必须走出国门,像"木铎"一样地把儒家学说
传播于天下各地。今天,如果人们能够潜心体会一下王襞和罗汝芳的共
同观点,那么,不仅会认同他们的诠释,而且必然加深对于孔子及其学
说的理解。

俗语说:后来居上,青胜于蓝。罗汝芳对于朱熹训解"四书"中一些
失误的纠正,前提必然是他对于朱熹所编撰的《四书集注》的熟读强记和
深入思考,加上自己深湛的心学工夫的体认,只有这样,他才能发现朱
熹注释中的各种细微的问题。由其惟"道"是从的真性情决定,罗汝芳将
朱熹著作中的各类问题一一指出,并不是存心求异,哗众取宠,而是为
了让后代学者慎思明辨,去伪存真,如实地体会圣人经典的本意。比起
罗汝芳的其他思想来,这些解经之说确实并不起眼,但是,同样丰富了
儒学思想的宝库,并且启发后人学会独立思考、慎思明辨,因此仍然具
有不可泯灭的学术贡献。

第五节 白璧微瑕——罗汝芳讲学内容的某些瑕疵

任何伟大的思想家,在其著作中都会或多或少地留下一些瑕疵,这
是谁也避免不了的,就像朱熹一生著述堪称宏富,到了明代,许多儒家
学者纷纷指出他的著作中的"硬伤"和"暗痕",表明了所谓"大儒"和常人
一样,都会犯粗疏或片面性的错误。虽然罗汝芳敢于指出朱熹学说中的
不当之处,但是,他自己在长达数十年的讲学生涯中,也不知不觉地留
下了一些瑕疵,有的是纯粹的口误,有的是不恰当的夸张之语,有的时

---

① 《明儒王东厓先生遗集》卷1,《上道州周合川书》,第220页。

候，囿于其哲学立场所限，还有解经不当之处。当然，这些瑕疵的存在，并不能掩盖罗汝芳哲学思想的深邃与光辉。出于学术研究的严谨性，我们在此要指摘罗汝芳讲学内容的某些瑕疵，正如王阳明所说："夫道，天下之公道也；学，天下之公学也，非朱子可得而私也，非孔子可得而私也。天下之公也，公言之而已矣。"①

一、口误与夸大之处

俗语说：言多必失，罗汝芳在世之时，虽然号称"舌胜笔"，但是讲学次数多了，自然也免不了有口误和夸大之处。如果我们细致地阅读他的著作，在感受其思想润泽的同时，也会发现极少数这样的瑕疵。

首先，罗汝芳在某次讲会上曾说道：

> 心之精神之谓圣，此《礼经》夫子之训，而一言以尽天下之道者也。②

这里存在一处引用错误，"心之精神之谓圣"一语，并不出自《礼经》，无论是《周礼》《仪礼》还是《礼记》，都没有这句话。这句话的真实出处，首先是来自西汉儒者伏胜所著的《尚书大传》，其中有"子曰：'心之精神是谓圣'"③一语，但是，此语因是出自伏胜的《尚书大传》中的话，究竟是孔子所说，还是秦汉之际儒者的假托，已无从知晓。随后，在三国时代王肃(195—256)为了反对前代郑玄的经学观点，搜集并臆造资料，伪造了《孔丛子》一书，书中有一段"名言"，原文如下：

> 子思问于夫子曰："物有形类，事有真伪，必审之。奚由？"子曰："由乎心，心之精神是谓圣。推数究理，不以物疑，周其所察，圣人难诸！"④

虽然"心之精神是谓圣"一语广为人知，王阳明还曾经化用此语，提出了"心之良知是谓圣"⑤的著名命题，但是，它究竟是否为孔子本人所

---

①　《王阳明全集》卷2，第78页。

②　《罗汝芳集》，第73页。

③　(汉)伏胜：《尚书大传》卷2，见《四库全书》经部书类，第68册，第405页。

④　旧题(汉)孔鲋撰：《孔丛子》卷上《记问第五》，上海，上海古籍出版社，1990，第16页。亦作"心之精神是乎圣。"

⑤　《王阳明全集》卷8《书魏师孟卷》，第280页。

说，已不得而知，而且，即使是孔子本人说过的话，也绝非出自于《礼经》一书中。可见，罗汝芳在无意之中，犯了一个引用方面的错误。

又如，罗汝芳有一次曾经对门人说：

> 孔子谓："不追既往，不逆将来"，工夫紧要，只论目前。①

这段话旨在强调当下一念的重要性，本身是极有道理的，但是，引述"孔子谓'不追既往，不逆将来'"一语，却是明显的口误。这句话其实出自《论语·微子第十八》），原文是："楚狂接舆歌而过孔子曰：'凤兮凤兮，何德之衰？往者不可谏，来者犹可追。已而！已而！今之从政者殆而！'孔子下，欲与之言，趋而辟之，不得与之言。"由是可见，这句话并非孔子之语，而是外表有点疯颠的楚国隐士接舆所说的。罗汝芳虽然博闻强记，但是人的记性总免不了有出错之时，他把楚国隐士接舆的话误作孔子的圣人之语了。

又如，罗汝芳有一次曾说：

> 汉高祖只是一代英主，且云："为天下者不顾家"，况圣人仁天下之志……则其一身之贫贱富贵，又安足系累毫发也哉！②

这段话的本意是用英雄豪杰的气概与圣人的博大胸怀做一比较，体现圣人丝毫不将贫贱富贵系累于心的至德与卓识。不过，所引汉高祖刘邦的"为天下者不顾家"却有悖史实，因为这话并非出自刘邦之口，而是另一位当事人项伯所说的，据《史记·项羽本纪》所载：

> （项王）为高俎，置太公其上，告汉王曰："今不急下，吾烹太公。"汉王曰："吾与项羽俱北面受命怀王，曰'约为兄弟'，吾翁即若翁，必欲烹而翁，则幸分我一杯羹。"项王怒，欲杀之。项伯曰："天下事未可知，且为天下者不顾家，虽杀之无益，只益祸耳。"项王从之。③

可见，"为天下者不顾家"一语，乃是项羽的叔父项伯情急之下为救

---

① 《罗汝芳集》，第 97 页。

② 《罗汝芳集》，第 148 页。

③ 《史记》卷 7《项羽本纪》，第 328 页。

刘邦之父太公而讲的。当然，这句话很贴近于刘邦的性格，但是，这毕竟是项伯所讲的，而非刘邦亲口之言。罗汝芳在此，又出现了一次记忆失误。

除了这种明显的口误之外，罗汝芳在讲学过程中，有时还出现了一些有违客观事实的夸张之处，如果以慎思明辨的眼光去看待，确实不太恰当。

例如，罗汝芳有一次回顾自己研读《论语》的心得时说：

> 芳初读时，苦其淡然无味⋯⋯间有悟处，乃通身汗浃，始知天生孔孟，为万世人定魂魄，立性命，从之则生，违之则死也，自此以后，非《语》《孟》二书，辄厌入目。①

这段论述，我们丝毫不怀疑罗汝芳的真诚，他对于《论语》《孟子》的赞誉确实是发自内心的，说"天生孔孟，为万世人定魂魄，立性命"也不算过分。不过，说世上之人对孔孟的思想"从之则生，违之则死"，就未免太不符合客观事实了。罗汝芳曾经在云南为官，还指挥过对缅甸酋长莽哒喇的战争，并获得胜利。在云南数年，罗汝芳对于境内外蛮夷的情况已经十分熟悉，有时候，他甚至说过"盖夷，兽类也。不可以中国之治治之也"②的话，显然，境内外的诸多蛮夷没有听过孔孟之语，不是照样生息繁衍了几千年吗？也并没有"从之则生，违之则死"啊？如果说缅甸一带的番邦还算中华文化圈内的成员，或多或少地受过儒家思想的影响，那么，在明代中叶已经乘帆西来的葡萄牙、西班牙等殖民者，则是完全不受孔孟思想约束的，他们不是照样"纵横海上无所忌"，国力十分强大吗？据《明史》记载：自嘉靖元年开始，明朝官军便开始与葡萄牙殖民者发生军事冲突，时断时续，互有胜负。最后，嘉靖三十六年（1557），葡萄牙人用强占与贿赂并行的手段，硬行租占了澳门一地，筑起炮台，设立官员，如同独立王国一般，日暮西山的明王朝也只好默认这一事实。这些红番夷人只信上帝，不信孔孟之说，不也是照样横行于海上，国势日隆吗？这一时期，罗汝芳开始担任朝廷命官，持续二十余年，与外夷的贸易和冲突等情况，他是可以从官府的邸报上看到的，换句话说，他对于中华之外的南洋及西洋诸国的情况，绝非一无所知。可见，罗汝芳

---

① 《罗汝芳集》，第 109 页。

② 《丙子云南武举程策》，见《罗汝芳集》，第 709 页。

讲人们对于孔孟之道"从之则生，违之则死"的说法，未免过于夸张，太不符合当时海外诸国的实际情况了。

有一次，罗汝芳为了赞誉明太祖的文治武功，说：

> 每叹自有天地以来，惟是我明疆土宏廓，至尊君亲上，孝父从兄，道德虽万里而无处不一，衣冠文物，廉耻内外，风俗虽顷刻而无是不同，故前谓皇极之世，自尧舜三王以来，惟我明足称独盛。[①]

这段话中，"自有天地以来，惟是我明疆土宏廓"，"自尧舜三王以来，惟我明足称独盛"两句，也是夸张过甚。具备历史常识的人都知道，在明王朝之前，至少汉、唐和元代的疆域要广于明帝国。例如，西域一带约二百万平方公里的土地，两汉时期曾经受过中央王朝的管辖，专设有西域都护一职，行使宗主之权；在唐代，专设有安西都护府和北庭都护府，并大批驻军，对于西域一带的管辖更为直接紧密，其势力一度伸至今天中亚的咸海。因此，论疆土宏廓，明王朝并非最为广大。至于国家的综合实力，在汉代，汉武帝曾经发起三次大规模进攻匈奴的战役，把匈奴打到大漠以北，至汉元帝时期，呼韩邪单于主动向汉朝求和，才赢来昭君出塞的民族和解局面。至于唐代，自唐太宗打败东突厥之后，北方各少数民族一致臣服于大唐，唐太宗在世时即有"天可汗"的称号，被尊为各族部落的共主。相比之下，明王朝的国势就远不如汉唐两代了。明朝前期，曾经多次征伐退走大漠的蒙古残部，但互有胜负，因此逐步改进攻为防守。到了1449年土木堡之变后，明朝国势已衰，完全采取了被动防御的战略。大漠以北的鞑靼部、瓦剌部，经常南下骚扰，有时甚至打到京畿一带，明政府也往往束手无策。直到隆庆五年（1571），俺答汗封贡之后，北方边疆的局势才基本稳定下来。由是可见，"自尧舜三王以来，惟我明足称独盛"的说法，是明显夸大其词的。

罗汝芳讲学中还有一些口误与夸大不实之处，相信其他研究者亦有所发现，在此就不必一一赘述了。

二、解经未必当处

罗汝芳敢于指出朱熹解经中的一些失误，但是，他自己在解经过程

[①]　《罗汝芳集》，第255页。

中也存在极少数瑕疵，如果仔细阅读其书，我们不难发现这些问题。

例如，罗汝芳和他的弟子曾有过一段对话，史载：

> （门人）曰：“细领所言，以质诸孔孟，果于鬼神之德，未尝
> 不叹其盛……但樊迟问智，却说：‘敬鬼神而远之。’则鬼神又在
> 所必远也，意又何如？”
>
> 罗子曰：“夫子于鬼神，深叹其德之盛，岂有相远之理？窃
> 意‘远’字不作去声，正是幽深玄远，如《中庸》引诗所谓‘神之格
> 思，不可度思’之云也……语意更觉妥帖。”①

这段论述所涉及的，是孔子与门徒樊迟的一段对话：“樊迟问知。子
曰：‘务民之义，敬鬼神而远之，可谓知矣’。”对于孔子的观点，朱熹注
释道：“专用力于人道之所宜，而不惑于鬼神之不可知，知者之事也。”②
应该说，朱熹的这一解释还是比较恰当的，它反映出儒家对待鬼神等未
知事物的理性态度和重视现实人事的人文关怀。但是，罗汝芳却不以为
然，他认为“远”字不作去声，不是疏远之意，而是“幽深玄远”之意。如
果结合《罗汝芳集》中这段对话的上下文来看，罗汝芳因为笃信《周易》中
的“精气为物、游魂为变”之说，对于鬼神的崇敬态度十分明确，因此，
他反对这种疏远鬼神的主张。就罗汝芳自身思想的一致性而言，把“远”
字训为“幽深玄远”之意是可以理解的，但是，经他这样一解释，语意就
显得缴绕迂远了。结合原文来看，孔子何必说“敬鬼神而远之”，直接说
“敬鬼神而祭之”（或者只说“敬鬼神”三字）不就行了吗？因此，罗汝芳一
反人们习惯的“敬鬼神而远之”的训释，其实是执于自己固有思想的一种
曲解，反而没有朱熹的注解更直白、恰当。

又如，罗汝芳曾与门人谈起一段孔子的原话，史载：

> 问曰：“谁能出不由户，何莫由斯道也？如何孔子复有
> 此叹？”
>
> 罗子曰：“圣人此语，正是形容良知无须臾离处，如曰人皆
> 晓得由户，则其终日所行，何莫而非斯道也！”③

---

① 《罗汝芳集》，第71页。
② 《四书集注》，第128页。
③ 《罗汝芳集》，第335页。第418页重复出现。

这里所涉及的孔子之语，也出自《论语·雍也》），原文是子曰："谁能出不由户？何莫由斯道也？"朱熹对于这句话的解释是："言人不能出不由户，何故乃不由此道邪？怪而叹之之辞。"①这段话或许是孔子周游列国之时，碰上一些愚顽之人或不快之事后发出的感慨，有的门徒一向重视孔子的微言，因此偷偷记录了下来。应该说，这种感慨其实是很正常的，并非怨天尤人的牢骚之语，也无碍孔子的圣人形象，朱熹的解释与原文之意并无相悖之处。然而，罗汝芳的解释就不同了，他的理解是："人皆晓得由户，则其终日所行，何莫而非斯道也！"细心的读者不难发现，加了"而非"二字，原话的意思就全变了，因为"莫"和"非"二字连用，双重否定就变成了肯定的语气，这样一来，孔子的"何莫由斯道也"的感叹就变成了"何莫而非斯道（人人都经由此道）"的肯定之语了。从最基本的语言训诂来看，罗汝芳的解释是违背原意的。

罗汝芳之所以这样不自觉地曲解了孔子的原话，或许是因为在他心目中，孔子是个"大圣人"②，世事洞彻，天德纯粹，怎么会发出一些无可奈何的感慨呢？因此，他有意无意地把孔子的原话朝着充分肯定的方向去理解，其实，这是削足适履之举，意在把孔子完美化。然而，过分的美化反而给人们心目中孔子的形象蒙上了一层虚幻不真的印象，其实是没有必要的。

除了《论语》外，罗汝芳有的时候对于《孟子》的解释也有过当之处。例如，他曾和门人探讨"大人不失赤子之心"的话题，门人问："大人不失赤子之心，其说维何？"罗汝芳对此进行了一番阐释，最后，他说：

> 据我看，孟子此条，不是说大人方能不失赤子之心，却是说赤子之心，自能做得大人。若说赤子之心，止大人不失，则全不识心者也。且问问天下之人，谁人无心？谁人之心，不是赤子原日的心？③

"大人者，不失其赤子之心者也"，出自《孟子·离娄下》。按照一般的理解，孟子的这句话，说明了赤子之心就是大德之人的心灵基础，因此，要想修德成圣，就应当"求其放心"，把自己迷失的赤子之心找回来。但是，罗汝芳却说："孟子此条，不是说大人方能不失赤子之心，却是说

---

① 《四书集注》，第 126 页。
② 《罗汝芳集》，第 11 页。这个词他经常使用，出现于《罗汝芳集》中多次。
③ 《罗汝芳集》，第 196 页。

赤子之心，自能做得大人。"在逻辑上，犯了倒果为因之过。的确，大人与常人都具有赤子之心，但是，由于后天环境失其所养，以及人们为物欲所诱等因素的干扰，很多人不知道自己有一颗先天"良贵"的赤子之心，从这个意义上讲，赤子之心被掩盖了，或者说走失了，用孟子的话来说，就叫作"有放心而不知求"。正因为如此，才需要圣贤对世人进行教化，教化的内在根据便是这一赤子之心（亦即"天命之性"），这便是"率性之谓道，修道之谓教"。然而，即使如此，现实生活中也不是每个人都可以找回赤子之心，成为大德之人的，否则，社会上就没有那么多犯罪行为和悖德之事，而是"人皆君子而比屋可封"①了。因此，罗汝芳训释孟子之语为"孟子此条，不是说大人方能不失赤子之心，却是说赤子之心，自能做得大人"，是不太符合客观实际的，既体现出他心中过分的道德主义幻想，也显示出中国古人不太讲究形式逻辑的学术弊端。

罗汝芳之所以会出现一些解经之误，原因有二：一是他对于孔孟之道的笃信，已经超过了必要的理性限度，因此解释起先圣语录来，有追求完满的唯美倾向，结果反而胶柱鼓瑟、所言失当。二是罗汝芳对于儒家经典的笃信和尊奉也超出了必要的理性限度，因此，他内心中存有把《论语》《孟子》等经典解释得一清二楚、完美无缺的潜在愿望。殊不知"四书五经"都是经过秦始皇焚书坑儒之后的幸存品，本身就残缺不全，经过了汉儒及历代儒者的增补修饰，并不完全可信。在这一方面，心学宗祖王阳明的态度就要清醒、灵活得多了，他在中年之时，就和高徒徐爱探讨过诸经籍的真伪繁简问题，显示出明辨通达、睿智理性的求实精神。据《传习录》记载：

> （先生曰）："今之《礼记》诸说，皆后儒附会而成，已非孔子之旧。至于《春秋》，虽称孔子作之，其实皆鲁史旧文……"（徐）爱曰："著述亦有不可缺者，如《春秋》一经，若无《左传》，恐亦难晓。"先生曰："《春秋》必待《传》而后明，是歇后谜语矣，圣人何苦为此艰深隐晦之词？《左传》多是鲁史旧文，若《春秋》须此而后明，孔子何必削之？"②

在这段话中，王阳明明确指出："今之《礼记》诸说，皆后儒附会而

① 《王阳明全集》卷7《重修山阴县学记》，第257页。
② 《王阳明全集》卷1，第8页。

成，已非孔子之旧。至于《春秋》，虽称孔子作之，其实皆鲁史旧文。"一下子就颠覆了《礼记》和《春秋》两部经典的权威性，表明了当时通行的这两部经典的版本可信度并不高，至少不能完全盲目地相信这是圣人所传。其次，王阳明的论证也是颇有道理的，因不是本著所涉及的问题，有兴趣的读者可以自去研读《传习录》中的相关原文，此不赘言。

又如：

> 爱又问："恶可为戒者，存其戒而削其事，以杜奸，何独于《诗》而不删郑、卫？先儒谓'恶者可以惩创人之逸志'，然否？"
> 先生曰："《诗》非孔门之旧本矣。孔子云：'放郑声，郑声淫。'又曰：'恶郑声之乱雅乐也。郑、卫之音，亡国之音也。'此本是孔门家法。孔子所定三百篇，皆所谓雅乐，皆可奏之郊庙，奏之乡党，皆所以宣畅和平，涵泳德性，移风易俗，安得有此？是长淫导奸矣。此必秦火之后，世儒附会，以足三百篇之数。盖淫逸之词，世俗多所喜传，如今闾巷皆然。'恶者可以惩创人之逸志'，是求其说而不得，从而为之辞。"①

这段对话中，王阳明又否定了《诗经》一书的完全可信度，表明"《诗》非孔门之旧本矣"，而且，他还委婉地批评了朱熹在《论语·为政》的注释中"凡《诗》之言，善者可以感发人之善心，恶者可以惩创人之逸志"②的说法。王阳明解释其原因道："此必秦火之后，世儒附会，以足三百篇之数。盖淫逸之词，世俗多所喜传，如今闾巷皆然。"而朱熹等儒者为了能够把《诗经》解释得完整通畅，因此，道出"恶者可以惩创人之逸志"的说法，其实，不过是"求其说而不得，从而为之辞"的牵强附会罢了。

正因为王阳明并不盲从经典，他最终自家体会出"致良知"三字作为自己的学术宗旨。任何人在任何时候，即使没有先圣经典在手，面对陌生的新情况，只要真诚地问问自己的良知，根据良知的指点，自然能够找到合理而恰当的解决途径。相比之下，罗汝芳在解经方面有些拘泥固执的表现，与朱熹反而相似，说明了他对于"千圣本无心外诀，《六经》须

---

① 《王阳明全集》卷1第10页。
② 《四书集注》，第75页。这是朱熹对孔子自叙"诗三百，一言以蔽之，曰'思无邪'"的注释。

拂镜中尘"[1]之道理的体认"尚隔一尘"[2]，比起心学宗祖王阳明来，不能不说是一种倒退。

当然，自古瑕不掩瑜，罗汝芳在讲学中的口误与夸大之辞，解经中的牵强固执之处，并不能掩盖他对儒学（尤其是心学）思想的深刻体悟和真知灼见。任何人都免不了犯一些小错误，这些瑕疵的呈现，剥落了古代圣贤头上的光环，反而让我们感受到他们的真实存在和有血有肉的人格魅力。

从第二章到第八章，我们广泛探讨了罗汝芳哲学思想的多方面内容，从理解他的哲学思想之"锁钥"——格物新论开始，遍及他的政治哲学、道德哲学、教育哲学、生命哲学以及他的易学观、解经论等多层次的内容。由此可见，罗汝芳的哲学思想是何等的博大精深！不过，在如此宏富的思想体系中，我们始终能够抓住一个活泼泼的精神脉络，那就是：罗汝芳是一位笃信圣人之道的醇儒，他的基本价值观念都是孔孟等先圣思想的体现和延伸。当然，"醇儒"不等于"纯儒"，在明代，由于儒释道三教的融会贯通，学者的视野普遍非常广阔，思维也十分活跃，一个真正令人敬佩的大儒，如果枯守着儒家"定于一尊"的门户之见，不懂得用佛道及诸子思想来充实、拓新儒家的固有思想，那么，注定无法与同样博大深邃的佛道思想相抗衡，更不用说让儒家思想真正占据广大群众和士人的头脑了。因此，罗汝芳博采众长，吸纳和借鉴了佛道及诸子的某些有益思想，来充实和拓展儒家固有的某些"语焉不详"的理论，使得儒学原有的思想资源得到进一步的发掘和弘扬，在明代中后期仍然居于三教之首的地位，从这个意义上讲，罗汝芳对于儒学一脉历史生命的延续是功不可没的。正因为他思想的博杂，才造就了他学问的博大；正因为他人品的醇厚，才造就了他真儒的风范，因此，通过本著的介绍，我们澄清了笼罩在罗汝芳头上的那些含混不清的评价，把他定位为"博杂的醇儒"（实即博大），这样一个逻辑上看似有些矛盾的称谓，恰恰显示出中国文化的多元构成和罗汝芳哲学思想的宏大渊厚。正是因为有了这种交融互补和精严抉择兼备的开放心态，中国文化的基本精神才得以传承和延续，至今仍然以一派雄姿屹立于世界民族之林。

---

[1]　《王阳明全集》卷20，第787页。
[2]　《王阳明全集》卷6《寄邹谦之》，第201页。

第九章　罗汝芳哲学的横向考察与历史意义

在哲学史研究中，对于一个思想家的思想，如果单就其本身做一番深入的探讨，固然对于揭示该思想家的思想特质很有益处。但是，倘若能够进一步把这一思想家放在相应的社会环境中做一番考察，特别是与同时代其他著名的思想家做一番比较，将会更有助于后人拓宽对于这位思想家的思想特征的横向认识。因此，本章前三节，笔者将把罗汝芳的哲学思想分别与同时代另外三位引领风骚的人物——颜钧、王畿和李贽的思想理论相比较，揭示出其主要的异同之处，再进而综述罗汝芳哲学的历史意义，这样的研究模式，或许能够帮助我们在更具宽度和深度的层面上理解罗汝芳哲学思想的历史意义。

第一节　罗汝芳与颜山农哲学思想之比较

如前文所述，颜山农与罗汝芳是一对关系密切的师徒，二人有过生死相救的交谊，情义深笃，绝非儒林中的泛泛之交。同时，二人均是当时阳明后学中十分有名的"讲学大老"①，其思想在当时的社会有着广泛的影响。就是这样两位有着直接师承关系的师徒，其思想上固然有许多相同之处，同时也存在一些微妙的差别。通过对颜、罗二人思想观念和个性差别的分析，我们不难看出二人在心性工夫和理论建构上的实际诣境。

一、颜山农的生平履历

颜钧(1504—1596)，字子和，号山农，又号耕樵，后来因避万历皇帝朱翊钧之讳，更名为铎，江西永新县人。出身在一个耕读传家的普通儒者家庭，其父做过苏州常熟训导②，在颜钧十七岁那年就病逝了。颜钧年少时"心性冥昧，世事亦无所知……人皆目为痴儿"。③ 为其作传者

① "大老"一词出自《明儒学案》卷32，第704页。
② 颜钧著，黄宣民点校：《颜钧集》卷4《履历》，北京，中国社会科学出版社，1996，第32页。
③ 罗汝芳：《揭词》，见《颜钧集》卷5《著回何敢死事》附文，第44页。

亦曰："为儿时不慧，十九读《孟子》，弥日不成诵。"①他自己也回顾说："习时艺，穷年不通一窍。"②不过，颜山农有一个会读书的次兄，名叫颜钥，曾中举，早年入白鹿洞书院学习，受到阳明心学的熏陶。在颜钧二十四岁那年，颜钥从白鹿洞书院听讲归来，带回了一些学习笔记，其中，有心学宗祖王阳明的一段语录，颜钧读了，颇有感触，他回顾说："农见触心，即晚如旨，垂头澄思，闭头默坐，竟至七日七夜。"随后自觉"襟次焕然豁达，孔昭显明，如化日悬中天，如龙泉趵江海"。③ 用禅宗的术语形容——他开悟了。随后，他又在山中静修九个月，"归见兄钥等，陈性命之学，皆惊"。见其学问开窍，颜钥以兄长的身份，"迫令就试"，可是，颜钧叹曰："人生宁遂作此寂寂，受人约束乎！"④索性抛弃了举业之路，按照自己所理解的圣人之道来治学，倒也过得有滋有味。随后，在颜母的帮助下，他聚集了同族老少约七百人，给他们讲解儒家的伦理道德，"讲耕读正好做人，讲做人先要孝悌，讲起俗急修诱善，急回良心"，结果收效甚好，于是他借机"立为萃和之会"，目的就是使"人人亲悦，家家协和"。⑤ 不久，颜母病逝，颜山农守孝在家，"泣血三年毕，辞家出游访道"。⑥ 此后，他足迹遍布大江南北，"忽遇一师，徐卿波石，讳樾，字子直"，⑦ 徐樾是泰州学派创始人王艮（号心斋）的入室门徒，心性修养的功夫很深。在跟从徐樾修习三年之后，颜山农又被徐樾直接推荐到王艮门下学习。对于在王心斋门下的学习心得，颜钧用一幅对联来形容："千古正印，昨日东海传将来；四方公凭，今朝西江发将去"⑧。可见，他此时已颇具古之"狂者"的风范和棱角。离开王心斋后，颜山农开始了独自一人在大江南北的讲学生涯。嘉靖十九年，庚子（1540），颜山农来到省会南昌，贴出《急救心火榜文》的榜告，会讲于豫章同仁祠中，听众多达一千五百人。其中，乡试落第的罗汝芳碰巧前来听讲，颜山农针对罗汝芳的病况，阐述了"制欲非体仁"的道理，并提出"体仁之妙，即在放心"的观点，令罗汝芳恍然大悟，顽疾亦消。从此，罗汝芳诚心实意地跟着颜山农修习，虽然后来自成一体，但是师生之情谊持续终生。

① 贺贻孙：《颜山农先生传》，见《颜钧集》卷9《附录一》，第82页。
② 《颜钧集》卷3《自传》，第23页。
③ 《颜钧集》卷4《履历》，第33页。
④ 贺贻孙：《颜山农先生传》，见《颜钧集》卷9《附录一》，第82页。
⑤ 《〈颜钧集〉卷3自传》，第23页。
⑥ 罗汝芳：《揭词》，见《颜钧集》卷5，第44页。
⑦ 《颜钧集》卷3《自传》，第25页。
⑧ 《颜钧集》卷3《自传》，第25页。

颜钧是一个典型的狂者，又具有"儒侠"的性格。按照黄宗羲的记载，"(山农)颇欲有为于世，以寄民胞物与之志"，① 就身份而言，他连个秀才都不是，而且不能忍受举业的束缚，早就摒弃了科举之道。因此，颜钧的讲学活动，实际上带有觉民行道，并为自己扩大社会影响的目的，当条件许可时，他还积极参与时事政治活动，施展儒侠的抱负。通过多年的讲学传道，颜山农的抱负在一定程度上有所实现。例如，嘉靖中晚期，倭寇横行于东南沿海，颜山农曾应其门徒程学颜之邀，于嘉靖三十六年前往浙直总督胡宗宪幕下参赞军务，依其计策，重创倭寇，"倒溺百千倭寇于海"②，胡宗宪为其奏功，禀性高傲的颜钧不屑担任指挥使一类的中下级官员，飘然而去，依旧浪迹于市井寰俗之中。

在多年的南北游走中，颜山农结交了许多著名的士大夫，还包括一些位高权重的官员，但是，他性格直率，经常出语不逊，搞得别人下不来台。连他的弟子罗汝芳也承认，"(颜)见人有过即规正之，虽尊贵大人不少贬阿。故与往来者，甚受其有益身心，久则不能堪。盖与人为善，如是其急急也。间有闻其名未亲见者，或骇以为狂悖不经"③。其本传则明确记载："先生性峭直，尝为上徐华亭及张江陵书，皆有所指斥，诸公不悦。"④其中，颜山农大概与南直隶提学耿定向的思想冲突最为激烈，最终使耿定向忍无可忍。嘉靖四十五年(1566)，耿定向通过太平府当涂县知县龚以正，诱骗颜山农到太平府讲学，开讲三日后，派兵丁将颜山农擒获，打入大牢。他们擒获颜山农的罪名是：因颜山农曾经接受过巡抚何迁(号吉阳)所赠的一艘官船，所以给颜山农戴上盗卖淮安官船的罪名。虽然这项罪名是强加于人的，但是，颜山农性格上喜欢招摇过市，接受了何迁的座船后，很可能没有去掉官船的一些标记，容易被人误认，因此授人以口实。从这个意义上讲，颜山农的性格是招致这次牢狱之灾的直接内因。在狱中，颜钧被严刑拷打，"刑棒如浆烂，监饿七日，死三次。继遭瘟痢，共将百日，叩不死"⑤。本来他是要被判死刑的，经过罗汝芳的鼎力援救，三年后，从死刑减为发边充戍至福建邵武。在福建，他又遇到抗倭名将俞大猷，俞大猷知道颜钧的才能，把他聘为幕僚，"计擒山寇韦银钧，有功"。俞大猷为其奏功，颜钧不要封赏，惟求免戍而归

---

① 《明儒学案》卷32《泰州学案一》，第703页。
② 《颜钧集》卷3《自传》，第27页。
③ 罗汝芳：《揭词》，见《颜钧集》卷5，第44页。
④ 贺贻孙：《颜山农先生传》，见《颜钧集》卷9《附录一》，第82页。
⑤ 《颜钧集》卷3《自传》，第28页。

里，这一年是隆庆五年（1571），他已经六十八岁了。回到家乡，颜钧安心静养，不再外出，偶尔与高徒罗汝芳等人往来，并整理了一些自己的思想心得，今本《颜钧集》中的许多文字，都出自他晚年手笔。显然，历经人事沧桑的颜钧，不敢再像从前那样锋芒毕露，所作文字大多显得比较平和（仍不免自我夸大之处）。因此，今人在研究颜钧的思想实况时，不能完全以他晚年的文字为准，而要结合其生平实际，否则就模糊了颜钧一生大部分思想与活动的真实情形。颜山农是一个长寿的思想家，九十三岁辞世，在明代著名的理学家中，只有湛若水的享年（九十五岁）比他长一些。

二、颜山农与罗汝芳的师生之谊

颜山农一生广收门徒，然而交谊善始善终者却为数寥寥。当他在南京身陷囹圄之际，竟然发现"当难三年，江北数千门徒，受教受惠者甚多，且有随从一年至三年者，竟无一人寄间相慰"[1]，这令颜山农颇为伤感。其门徒之著名者，如：程学颜（？—1571 年），虽然为人"善悟善学"，可是，"竟为无嗣多娶丧生"；[2] 又如：何心隐（1517—1579），因不满颜的生活失检，早年与山农断交绝义；只有罗汝芳，从来不计较颜山农学行的某些不足，只看重颜的恩情和长项，诚心实意地把他当作自己的父师对待。

嘉靖二十三年（1544），三十岁的罗汝芳会试得中，却不就廷试而归里。当年秋季，即随从颜山农出游讲学，先至泰州安丰场拜谒王艮祠，随后会讲于泰州、如皋、扬州等地，直到第二年方返回故里。此后，罗汝芳仍然经常与颜山农来往，或请之来南城休憩，或与之出游四方，拜访当世名儒，直至嘉靖三十二年（1553），罗汝芳殿试高中，从此宦海飘零，因地域阻隔，师徒二人的交往才不得不减少。不过，即使做官之后，罗汝芳亦曾与颜山农数度相会，其一是在嘉靖三十五年（1556）进京入觐时，途遇乃师，邀之一同前往北京，二人一齐参加了由徐阶倡议的灵济宫讲会。当然，颜山农对此记作"时徐少湖名阶，为辅相，邀铎主会天下来觐官三百五十员于灵济宫三日"，[3] 未免自我夸张。其二是在 1557 年，罗汝芳北上赴刑部主事之任时，途经直隶河间府，又遇颜钧，颜钧应河间知府陈大宾之邀，在此聚众讲学，师徒得以再会，"同聚两月"。此后，

---

① 《颜钧集》卷 3《自传》，第 26 页。
② 《颜钧集》卷 3《自传》，第 27 页。
③ 《颜钧集》卷 3《自传》，第 26 页。

师徒二人天各一方，互无过从。

1565年夏，罗汝芳从宁国知府任上回乡丁忧，一住就是八年。第二年（嘉靖四十五年），他在家乡听说了颜山农因被诬"盗卖官船"而下南京大狱一事，"涕泣如伤父"，① 随后，变卖家产，"称贷二百金，同二子及门人买舟往救"。② 到了南京之后，罗汝芳四处打点，特意写了《柬当道诸老》一文，请求一些掌权的官僚朋友从中出力，尽早赦免颜钧。经过罗汝芳尽心竭力的斡旋，一些南直隶的士大夫也纷纷解囊相赠，为颜山农凑齐了"补赃出险"③所需的三百五十两银子，终于在三年后使其减刑出狱，流戍邵武。在这三年期间，罗汝芳对于颜钧"百计调护，倾囊济赈"，充分尽到了一个弟子的情意。对此，有人不解，问："山农不及子，何也？"师曰："山农先生在缧绁之中，而讲学不倦，虽百汝芳岂及哉！"④就罗汝芳而言，岂能不知颜山农行不掩言、招摇过市的性格？但是，他从来不计较颜山农的这些个性缺陷，只是认定当初自己被颜山农"体仁之妙，即在放心"的一声棒喝，从身心交瘁的困境中解脱出来，实在有如父母再造之恩，因此，必须全力解救恩师于危难之中。在罗汝芳看来，尽管颜山农在学行上存在一些不足，但是，他的思想"能晢孔孟宗旨，发先儒之所未发"，⑤ 而且，"居家孝友，与人为善，鬻衣装以给生徒之费，忍饥寒以周骨肉之贫，求之古人，亦不多得"，⑥ 是一个至诚儒者，因此，以孝、弟、慈作为人性本原的罗汝芳，自然愿意在颜山农身上尽心践履他的孝悌之道。

颜山农出狱之后，罗汝芳仍然多方予以照顾。他于1573年（万历元年）曾经短暂地担任过山东的东昌知府，从福建免戍而归的颜山农一度来此探望他。此时，颜山农依然不改从前"轻财好施，挥金如土"⑦的性格，当然，此时他一文不名，只会让罗汝芳替他疏财仗义。他对罗汝芳倒真是从不见外，"视先生家若内库，随取随厌（满足）"，史载：

> 罗公为东昌太守，先生来，呼之曰："汝芳为余制棺，须百金。"罗公为取俸钱出，即散与贫者。又命之曰："汝芳为余制

---

① 《颜钧集》卷5《著回何敢死事》，第43页。
② 曹胤儒：《罗近溪师行实》，见《罗汝芳集》，第840页。
③ 《颜钧集》卷5，《著回何敢死事》，第43页。
④ 曹胤儒：《罗近溪师行实》，见《罗汝芳集》，第840页。
⑤ 罗汝芳：《柬当道诸老》，见《罗汝芳集》，第677页。
⑥ 罗汝芳：《柬当道诸老》，第678页。
⑦ 贺贻孙：《颜山农先生传》，见《颜钧集》卷9，第83页。

棺，须百金。"太守故廉，不能更具百金，则蚤起，瞷其尚寝，跪床下白之。先生诟怒，不得已，（太守）称贷以进。取之出，又散与贫者。"①

颜山农性格豪宕不羁，经常将金帛之类的东西视为"道障"，有时候他以此来试探一下罗汝芳的修行，也未尝不可，但是，把身为堂堂知府的罗汝芳逼得向人借贷，来满足他扶贫济困的心愿，这未免也太过分了。可是，就像俗语所说："一物降一物"，笃信孝、弟、慈"三原德"的罗汝芳偏偏能够无怨无悔地满足颜山农的要求，而且持续终生，这样的师徒之情实在是古今罕见。史载："汝芳既罢官，钧亦赦归，汝芳事之，饮食必躬进，人以为难。"②又载曰："先生归田后，身已老，山农至，先生不离左右。一茗一果，必亲进之。诸孙以为劳，先生曰：'吾师非汝辈所能事也。'"③要知道，罗汝芳罢官之时，已经年届六十三岁，自己也是花甲之人了，但是，他对于颜山农的侍奉，就像对待亲生父母一般，而且事事亲为，不让儿孙代劳，在他的心目中，不如此不足以体现自己对颜山农的尊敬。对于这种做法，后人视之为"愚孝"亦不为怪。对此，时人邹元标感叹道："夫颜横离口语，学非有加于先生，而终身事之不衰，生之缧绁，周之货财，事之有礼，此祖、父不能必之孝子慈孙，而得之先生。嗟呼！即此天地可格，鬼神可动，矧曰其他？"④当然，罗汝芳尊敬颜山农，并不只是一味地愚孝，他确实看到了颜山农身上有着非同一般的智慧和道行，因此乐意为他"隐恶而扬善"，⑤有时，他特意对一些名儒表明自己对于颜山农的尊崇，例如：他对周怡（谥恭节）⑥说："山农与（某）相处，余三十年。其心髓精微，绝难诈饰。不肖敢谓其学直接孔孟，俟诸后圣，断断不惑。不肖菲劣，已蒙门下知遇，又敢窃谓门下，虽知百近溪，不如今日一察山农子也。"⑦

就颜山农自己而言，他虽然至老没有完全改掉行不掩言的狂者性格，但是，对于罗汝芳的一片赤诚孝心，却是完全感受到了，因此，他在晚

---

①　邹元标：《近溪罗先生墓碑》，见《罗汝芳集》，第931页。

②　《明史》卷283《儒林二》，北京，中华书局，1974，第7276页。

③　《明儒学案》卷34《泰学案三》，第761页。

④　邹元标：《近溪罗先生墓碑》，见《罗汝芳集》，第931页。

⑤　语出《中庸》第六章，这是孔子称誉舜帝的话。

⑥　周怡（1506~1569年），字顺之，号讷溪，宁国府太平县人，进士，《明儒学案》卷25有传。

⑦　《明儒学案》卷32，第704页。

年的《自传》等文章中，称道罗汝芳"自少淳庞，性笃孝友"①，"始终一致，不倦于学，堪作老侣"。② 概括而言，颜山农有了罗汝芳这样一位高徒，的确是一生的幸运，他与罗汝芳的终生交谊，也昭示后人，堪为古今传奇。

三、颜山农与罗汝芳的思想相近之处

作为有着直接师承关系的师徒，罗汝芳和颜山农的哲学思想自然有着许多相近之处，带有泰州学派的共同特点。简要概括如下：

第一，颜山农与罗汝芳都抱有一种真诚的道德理想，并把这种理想寄托于通过伦理教化进行的社会改造。如前文所述，颜山农在二十四岁时，因从其兄颜钥处看到了王阳明的几句语录，闭关兀坐七日，"神智顿觉，中心孔昭，豁达洞开，天机先见"，③ 他以自己所悟的道理讲给母亲和哥哥听，深得嘉许。于是，在母亲的帮助下，颜山农集合本家族"众儿媳、群孙"和"乡间老壮男妇"几近七百余人，开始讲述儒家的伦理道义，收到良好的效果，"果见人人亲悦，家家协和，踊跃奋励"（同上）。在此基础之上，他成立了"三都萃和会"（三都，是颜钧一家所在的乡名，颜钧原籍为永新县三都乡中陂村④）所谓三都萃和会，是一个带有乡约性质的民间自治组织，主要的功能就是用儒家思想来教化乡间百姓。据颜钧自述："会及一月，士农工商皆日出而作业，晚上皆聚宿会堂，联榻究竟。会及两月，老者八九十岁，牧童十二三岁，各透心性灵窍……众皆通悟，浩歌散睡，真犹唐虞瑟瞷，喧赫震村谷，间里为仁风也。"⑤三都萃和会是颜钧从事儒家的伦理教化的第一次社会实践，在朴实的乡民中间产生了热烈的反响和长期的成效，据罗汝芳记载："会中启口劝勉，罔非祖训六条，至今四十年如一日也。"⑥由是可见，三都萃和会并没有因为三年之后颜山农的离去而停止。如果没有在家乡宣传儒家伦理教化的显著成功，颜山农一生也不可能如此热衷于讲学传道。正是因为受到儒家思想的深刻熏陶，颜山农怀抱一种道德化的社会理想和热情，跃跃欲试，毅然走出了永新这个偏僻的小邑。

同样，作为门徒的罗汝芳亦终身怀有这种道德化的社会理想，并且

---

① 《颜钧集》卷5《著回何敢死事》，第43页。

② 《颜钧集》卷3《自传》，第27页。

③ 《颜钧集》卷3《自传》，第24页。

④ 《颜钧集》卷4《履历》，32页。

⑤ 《颜钧集》卷3《自传》，24页。

⑥ 罗汝芳：《束当道诸老》，见《罗汝芳集》，第677页。

把它付诸一乡、一县、一府甚至一省的治世实践与伦理教化中。他一直以孝、弟、慈"三原德"和"圣谕六言"为基本内容，充满热情地对士子学人和普通百姓进行伦理道德的教化宣传。罗汝芳认为：

> 若泛然只讲个德字，而不本之孝、弟、慈，则恐于民身不切，而所以感之、所以从之，亦皆漫言而无当矣。①

又说：

> 明德只是个良知，良知只是个爱亲敬长，爱亲敬长而达之天下，即是兴仁兴义，而修、齐、治、平之事毕矣。②

有鉴于此，他终身不懈地宣讲孝、弟、慈"三原德"，认为这就是修、齐、治、平的基础，就是兴仁兴义的事功。当他在宁国担任知府时，特意为当地民间订立乡约，并且规定"木铎老人每月六次，于申明等亭宣读"③，不出数月，"教化大行，远迩向风"④，特别是在他的知府大堂之上，经月不闻鞭朴之声，倒是天天有士民父老和他探讨道德学问，因此，有人把他的大堂戏称为"翰林院"，在民间广为流传的说法则是"太守以讲会、乡约治郡"⑤。

除了孝、弟、慈是自家体贴出来的格物心得，罗汝芳和颜山农的相同之处，还在于都很重视明太祖朱元璋传下来的"圣谕六言"。今本《颜钧集》中，专门录有《箴言六章》一文，记载的是颜钧以四言骈文和七绝诗句来阐述"圣谕六言"的文字，虽无甚深奥义，道理却明白晓畅，谨录其中几段如下：

> 人为我兄，我为人兄。兄弟手足，血脉贯通。通则安泰，滞则疽痈……要免人慢，敬自我先。尊敬长上，圣谕劝贤。⑥
> 人之生理，自心与身。礼法养心，衣食养身……男子外勤，女人内助。内外勤助，身心自富。衣食日足，礼义日兴。各安

----

① 《罗汝芳集》，第152页。
② 《罗汝芳集》，第158页。
③ 《罗汝芳集》，第751页。
④ 《罗汝芳集》，第838页。
⑤ 《罗汝芳集》，第922页。
⑥ 《颜钧集》卷5《箴言六章》，第39页。

生理，圣谕叮咛。①

其诗之一曰：

> 和睦族邻莫斗争，好人劝解必须听。常施方便依天理，敬老怜贫阴骘深。②

又曰：

> 劝君勤俭度年华，谨慎长情莫谎奢。须信家由勤俭起，莫言勤俭不肥家。③

这些言辞，与罗汝芳在《宁国府乡约训语》中所阐述的"圣谕六言"的思想内容几乎没有什么差别，由是可见，颜山农与罗汝芳二人，在以伦理道德教化人心，达到和谐有序的理想社会的治世理念上，完全一致。正因为有这样的共同语言，所以他们才能保持终身的师徒之谊。

第二，颜山农和罗汝芳都注重在民间传播儒学，这种平民化的儒学传播方式，奠定了儒家思想在中国传统社会中的基础地位。颜钧是泰州学派的传人，从王艮开始，泰州学派就特别注重在民间传播儒家思想，是儒学民间化的成功典范，颜钧自然也继承了这一传统。颜山农的大半生，都在大江南北讲学传道，听众人数众多，身份各式各样，的确具有孔子所说"有教无类"的气魄。仅一二例便可窥其全貌。1557年，颜钧应河间知府陈大宾（号见吾）的邀请，来到沧州、河间一带讲学，当地官员"召州县官吏、师生、民庶近八千人，斋道、禅林亦聚数千，听铎绪皙圣学中正以作人，保身善世，从心率性，如此聚会，凡三月。"④在此期间，恰逢罗汝芳北上就职（刑部主事），干脆停下来和他相聚两月之久。当颜钧离开之际，"陈守及州县官吏师生三千众，追送泣别"。⑤纵然颜钧的记述有所夸大，但是这次讲会的规模之大和时间之久，却可见一斑。1566～1569年，已过花甲的颜山农身陷南京狱中。虽然身受大刑，但是

---

① 《颜钧集》卷5《箴言六章》，第41页。
② 《颜钧集》卷5《箴言六章》，第40页。
③ 《颜钧集》卷5《箴言六章》，第41页。
④ 《〈颜钧集〉卷3自传》，第26页。
⑤ 《〈颜钧集〉卷3自传》，第26页。

"左右囚友，俱就护救，渐渐调养，竟获安恬"，[①] 身体康复之后，颜钧又发挥自己善于讲论的特长，"日与诸囚论学不倦，诸囚有启悟者。狱中尝(有)白光达阛扉外，司寇怪之。"[②]能够面对囚徒们讲学，颜山农真是把泰州学派的教化精神贯彻到底了。当然，狱中讲学的收效也是显著的，当颜钧出狱之时，"监侣八十五人，送别牵衣，号哭动天，临监主政与狱官皆恻然流涕"，[③] 这种场景，或许印证了阳明心学的一个基本理念——良知人人皆有，一旦觉悟，便不可胜用。

在面向底层民众传播儒家思想方面，罗汝芳与颜山农的见解和作为几乎一模一样。在宁国府任知府时(1562—1565)，他"创开元会，集士民诲以孝弟忠信，罪囚亦令听讲，一郡翕然"。[④] 从时间上看，罗汝芳令囚犯们听讲，学习做人的道理，比颜山农在狱中讲学还早了几年。师徒二人身份虽然不同，但是能够面对处于社会最底层的对象开讲，其理念却是根本一致的。如前章所述，罗汝芳后来在云南任职期间，走遍云南各地，除了积极教导儒生士子外，还利用赶场的时间，在演武场等地，面向数以万计的普通民众开讲，由于调度得当，整个演武场"万象拱肃，寂若无人"，[⑤] 加之所讲内容则深入浅出，直切人心，引得众父老百姓"咸依恋环听，不能舍去"。[⑥] 致仕回乡之后，罗汝芳又继续参与自己的父亲罗崇炯创立的"里仁社会"，不嫌自己与乡间百姓的身份差别，依然孜孜不倦地讲学于其间，原因就在于他笃信"善政不如善教之得民"，就是要唤醒乡党百姓心中沉睡已久的良知良能。

自从汉代儒学成为官方哲学之后，儒学并没有在民间绝迹。历代皆有一批学识渊博的儒者，坚持不懈在民间推广儒家的和伦理思想和道德观念，使得原本来自民间的儒学，又从朝堂返回了民间。在明代，王心斋、颜山农和罗汝芳等人，一脉相承，注重在大众之中传播儒学，使儒家思想渗透于广大民众的日常生活，因此，儒学在中国传统社会扎下了深厚的根基。这种平民化的儒学及其传播模式，渐渐蔚为中国文化发展历程中一道特殊的风景。

第三，颜山农和罗汝芳都以简易活泼的方式来宣讲儒学。儒学的平民化同时就意味着传播方式的简单化和随意化。本来，陆王心学一直有

---

① 《〈颜钧集〉卷3自传》，第28页。
② 贺贻孙：《颜山农先生传》，见《颜钧集》卷9，第83页。
③ 《颜钧集》卷4，《履历》，第35页。
④ 《明史稿·罗汝芳传》，又见《罗汝芳集》，第874页。
⑤ 《腾越州乡约训语》，见《罗汝芳集》，第759页。
⑥ 《腾越州乡约训语》，见《罗汝芳集》，760页。

追求易简工夫而摒弃烦琐哲学的思想传统，陆九渊曾说："易简工夫终久大，支离事业竟浮沉"。① 王阳明晚年，曾面对众多江右弟子说："工夫只是简易真切，愈真切愈简易，愈简易愈真切。"②他还在诗中委婉地批评俗儒道："尽道圣贤须有秘，翻嫌易简却求难。"③到了王艮那里，这种易简工夫更被进一步放大，成为与百姓寻常日用合而为一的事情。在这一方面，王艮有很多著名的言论，如："圣人经世只是家常事"，④ "圣人之道，无异于百姓日用"，⑤ "愚夫愚妇与知能行，便是道。"⑥他还说："此至简至易之道，视天下如家常事，随时随地无歇手处，故孔子为独盛也。"⑦受王艮的影响，文化底子较薄的颜山农进一步以简化和随意的方式来阐释儒学，完全超出了官方儒学和士人儒学的理论范围。其中，最为典型的做法是：他把本为篇名的"大学"和"中庸"四个字单独拆解出来，然后将此四字颠来倒去，各自成为独立的哲学范畴，构成了他的所谓"大中之学"。开始，天下人闻之，皆曰："此老好怪也。"⑧就是他的入室弟子程学颜刚刚听闻，也说："此老真怪也。"后来，与颜钧交往已久，"感悟隐思，渐次豁如，不觉自释其明辨，乃知此老竭力深造，自得贯彻"，完全服膺了颜钧的"大中之学"。对于这四个字，程学颜代其师诠释道：

> 自我广远无外者，名为大；自我凝聚圆神者，名为学；自我主宰无倚者，名为中；自我妙应无迹者，名为庸。合而存，存一神也……故不达此四字之严，亦莫知晰尼父之独致。⑨

颜钧认为，"大中学庸，学大庸中，中学大庸，庸中学大，互发交乘乎心性，吻合造化乎时育"，⑩ 他通过将"大、学、中、庸"四个字分门别类地加以诠释，然后建构起一种全新的"大中之学"。这种简化儒学的随意之作，也只有敢于"赤手搏龙蛇"⑪的泰州学派的传人能够为之，颜山

---

① 《陆九渊集》卷34《语录上》，第427页。
② 《王阳明全集》卷35《年谱三》，第1309页。
③ 《王阳明全集》卷20，《示诸生》（三），第790页。
④ 《王心斋全集》卷1《语录》，第5页。
⑤ 《王心斋全集》卷1《语录》，第10页。
⑥ 《王心斋全集》卷1《语录》，第6页。
⑦ 《王心斋全集》卷1《语录》，第17页。
⑧ 程学颜：《衍述大学中庸之义》，见《颜钧集》卷9，第76页。
⑨ 程学颜：《衍述大学中庸之义》，见《颜钧集》卷9，第76页。
⑩ 《颜钧集》卷6，《耕樵问答》，第49页。
⑪ 黄宗羲评语：《明儒学案》卷32《泰州学案一》，第703页。

农无疑更是其中的翘楚。既然敢于按自己的体悟随意地解释经典，那么，他传给世人的儒家思想，当然不会像程朱理学那样呆板僵化，甚至连心学前辈王阳明、王龙溪等人身上残留的"头巾气"都彻底洗掉了。颜山农的讲学传道，完全是深入民间，随缘自主，以最简单的方式和浅俗的言语来传递他所体认的圣人之道。

受其师影响，罗汝芳在民间讲学传道时，也是尽量以通俗简洁的语言来阐述儒家先圣的思想。翻开他的《劝百姓二十条》、《腾越州乡约训语》、《里仁乡约训语》等篇章，文字通俗浅白，几乎就是古代的白话文，就是在这种深入浅出的讲解中，把儒家思想的伦理道德观念阐述得清清楚楚。当然，面对士大夫群体时，罗汝芳仍然会引经据典，言之有故，文雅而辞丽，义明而理畅，这也表明他深谙因材施教的道理，所以体现出截然不同的论学风格。而且，罗汝芳能够将儒家的基本伦理思想浓缩为孝、弟、慈"三原德"，并辅以"圣谕六言"加以宣讲，同样体现了他希望简化儒学理论，把握其核心宗旨的思想动机。从社会效果来看，这种简化儒学理论的做法有助于学者从汗牛充栋的儒家经典文库中解脱出来，以知行合一的方式去践履先圣的心法，以达到作圣成贤的目的，因此，这种简易活泼的宣讲方式是受到当时士民各阶层欢迎的。

四、颜山农与罗汝芳的思想相异之处

虽然深受颜山农影响，但是，罗汝芳的哲学思想实际上是自家长年探索、体贴出来的，因而自成一体，并不袭蹈颜山农的足迹。如果细究其思想脉络，我们自然会发现二人思想的许多重大相异之处。

第一，罗汝芳并不苟同颜山农率性任情的人性论和行为方式。由于今本《颜钧集》中收录的多是颜钧晚年自我整理过的文字，因此，我们不太容易看出颜山农一生中豪宕不羁、行不掩言的狂者风范。但是实际上，他大半生的确是一个率性任情的狂简之士，思想和行为的缺陷不少，也因此给他带来了许多诟病和牢狱之灾。根据黄宗羲的评述：

> 其学以人心妙万物而不测者也。性如明珠，原无尘染，有何睹闻？著何戒惧？平时只是率性所行，纯任自然，便谓之道。及时有放逸，然后戒慎恐惧以修之。凡儒先见闻，道理格式，皆足以障道。此大旨也。[①]

[①] 《明儒学案》卷32，第703页。

其实，黄宗羲在此处还是把颜山农高估了，有时候，颜山农根本忽略了戒慎恐惧的修养工夫，完全是"率性所为，纯任自然"，他的高徒何心隐，就是因见其生活行为不检点，与之断交绝义。除了生活方式外，颜山农待人不分贵贱长幼，经常以师自居而无情训斥，弄得一些有身份的士大夫颜面上很难堪，因此，黄宗羲记载道："世人见其张皇，无贤不肖皆恶之，以他事下南京狱，必欲杀之。"①只有罗汝芳一人，只记取颜钧的恩情，钦佩他的智慧，从来不计较他的任性和怪诞。对于罗汝芳而言，当年在南昌初见颜钧时，一番"制欲非体仁"的教训确实属于对症之良药，因为它令罗汝芳学会先找到"仁体"的源头，而后再去修理后天气质的"沟渠"，从而摆脱了勉强、生硬的修行方式。不过，对于颜山农本人而言，找到了仁体的源头，却不知道疏浚后天习性的"沟渠"，乃是他修行的不足之处。据黄宗羲记载："（颜山农）尝曰：'吾门人中，与罗汝芳言从性，与陈一泉言从心，余子所言，只从情耳'。"②如果这句话确实是颜山农所说，那么，可见其思想体系与内心世界的复杂性。因为他的性情论不是体用、本末一致，而是可以拆分重构的，因此，颜山农有时候"误以情识之知为良知"，③甚至"只以寻常任气作用误认良知"，④造成了许多讲学或生活中的失误，结果遭至身陷囹圄的三年灾祸，从内因上讲，这纯粹是他咎由自取。

在这一问题上，罗汝芳充分汲取了颜山农的教训，他"率性"而不"任情"，坚持以自己体悟到的孝、弟、慈"三原德"为"天命之性"的根本内涵，以遵循此天性为原则，去做好自己的各项事业，从来不认同恣意纵情的思想观念和生活方式。相反，他特别注重后天之习，认为只要坚持为善去恶的道德修养，就可以完全改变不良的个人气质。对此，他有过很多精辟的论述，例如：

> 德性虽赋诸天，扩充全资乎己。⑤
> 相远原起于习，习则原出于人。⑥
> 若只见得怵惕恻隐之端，而不加扩充之功，亦只是闪电光，

① 《明儒学案》卷 32，第 704 页。
② 《明儒学案》卷 32，第 703 页。
③ 王栋：《明儒王一庵先生遗集》卷 1《会语正集》，第 152 页。
④ 王栋：《明儒王一庵先生遗集》卷 1《会语正集》，第 173 页。
⑤ 《罗汝芳集》，第 310 页。
⑥ 《罗汝芳集》，第 312 页。

而难以语于太阳照也已。①

同时，他以自己终日的勤恳劳作现身说法，明确指出：

> 天下之事，只在于习，习惯（成）自然，虽欲倦寂不能也。②

对于气质之性，罗汝芳也明确指出了通过后天修习加以改变的必要性。他说："变化气质，是为学第一件事，不然，讲说无益。"③对于不加节制的欲望之危害，罗汝芳也有十分清醒的认识，他说：

> 此欲原是无厌足的东西，若稍放一步，便贪求非所当得……究其根源也，皆是各要出头做人，但起初由身家一念嗜欲中来，末流遂不可救药。④

正因为对于节制欲望、改造气质等后天修习工夫予以高度的重视，所以，罗汝芳没有重蹈颜山农的覆辙，而是以一种端庄、朴素和淳厚的面貌展现在世人的面前。例如，在门人、听众面前，罗汝芳"未尝以师席自居"⑤，而是平等交往，循循善诱，人们或许可以贬损罗汝芳很迂腐，但是从来没有人把他和狂放不羁的颜钧混为一谈。他讲学一生，诲人不倦，从奸相严嵩到独揽朝纲的张居正，没有哪位当权者因此对他进行残酷的人身迫害。从这个意义上讲，青出于蓝而胜于蓝，罗汝芳的道行功夫后来远远胜出了颜山农。

第二，颜山农热衷于宗教神秘主义的传道方式，而罗汝芳则自觉疏离了这样一种教育方法。颜山农青年时期的"开悟"，本身就始于一次带有宗教神秘主义色彩的闭关体验。在他二十四岁之前，因为学行不佳，"人皆目为痴儿，家则视为荡子"⑥，不过，因为偶然看到次兄颜钥从白鹿洞书院带回来的听课笔记，上面记录了王阳明的一段语录："精神心

---

① 《罗汝芳集》，第402页。
② 《罗汝芳集》，第347页。
③ 《罗汝芳集》，第86页。
④ 《罗汝芳集》，第141页。
⑤ 罗怀智：《罗明德公本传》，见《罗汝芳集》，第832页。
⑥ 《箕当道诸老》，见《罗汝芳集》，第677页。

思，凝聚融结，如猫捕鼠，如鸡覆卵。"①他受到启发，开始闭关静坐，他自己回忆道："匹夫喜激丹灵，即俯首澄虑，瞑目兀坐，闭关七日，若自囚，神智顿觉，中心孔昭，豁达洞开，天机先见，灵聪焕发……"②随后，他又到山中静修了九个月，"益大悟"，③回到家中，他把自己的所悟讲给哥哥颜钥等人听后，都被他这种类似天启的智慧给震惊了。这闭关七日的修炼实践对于颜钧而言，奠定了他一生道行工夫的基础（尽管并非了悟），对此他也颇为自得。后来，他不仅在晚年整理的文集中多次回顾这一段经历，而且把这种闭关修炼的方法作为基本经验传授给门人弟子。例如：他在《耕樵问答》一文中，以自问自答的形式，阐述了"七日闭关法"（原文标题）这样一种具有可操作性的修炼方式。在文中，他以《论语》中孔子所说"一日克复，天下归仁"和《周易·复卦》中"七日来复，利有攸往"为经典根据，详细叙述了闭关修炼的方法，在此谨摘录部分文字如下：

> 即是敦敦打坐，默默无语，缚目不开，塞耳不听，两手擒拿，两足盘旋，回思内省，肫肫凝结，自己精神，融成一片，胸次抑郁，若醉懵愁苦，不可自解以放松，如此忍耐一日二日，不上三日，即自顿冲然，潜伏孔昭之灵洞开，焕发启明，如东日之出见，如龙泉之滚趵……④

这种七日闭关法，与佛教修行中的"打禅七"很相似，与道教的内丹修炼亦可贯通。客观地讲，它可以激发人的潜能，令人体悟到日常经验和理性思维所不能领会的超时空的智慧。但是，有此一悟后并不等于所有的修行就结束了，其实还需要长时期的保任工夫，在道德原则和自然法则的指导之下，改造自身的气质和习性，使修道者的心灵高度净化，和谐宁静，这样才达到觉行圆满的境界。对颜钧而言，他缺乏的是"开悟"之后长期的笃实修行，并没有真正达到德智双全的圣者境界，但是，颜钧对此并不自觉，而是自以为已经穷尽天人性命之奥妙了。在他出山讲学之后，一直把自己的这种修炼体验作为一种成功经验来加以传授。

---

① 此段语录是王阳明所书的《示弟立志说》，原文与此稍有不同，见《王阳明全集》卷7，第260页。

② 《颜钧集》卷3《自传》，第24页。

③ 贺贻孙：《颜山农先生传》，见《颜钧集》卷9，第82页。

④ 《颜钧集》卷6，《耕樵问答·七日闭关法》，第54页。

罗汝芳自然也受到其熏陶，在静坐体悟方面也颇有造诣，同样达到了"开悟"的境界。如前文所述，他曾经自述过这种体验：

> 予初年也将自己本心，勉力探讨……忽尔一时透脱……且尤未尝一处或有纤毫而不玄洞虚通也。其时身家境界，果然换过一番，稍稍轻安自在，不负平生此心。[1]

不过，当罗汝芳的道行根基牢固之后，发现许多耽于静坐的学者经常存在"玩弄光景"的毛病，因此，他在讲学过程中，对于静坐工夫讲得并不多，有时还针对一些学者的静坐之通弊而加以贬责，特别重视"破光景"的问题。他曾经多次指出，修道过程中不可"沉滞襟隔，留恋景光"[2]，对于任何美妙、特异的境相，"有也不觉其益，无也不觉其损"[3]，相反，在日常生活中，要踏踏实实地按照先圣所传的规矩去做，这样才能步入圣学的正轨。

颜山农不仅以带有宗教神秘体验的方式来证悟自己的心体，而且大半生都喜欢以神秘怪诞的方式来讲学传道，似乎不如此不足以体现他道行的不同凡响。例如：他在1544年秋，携同罗汝芳等门人在泰州安丰场王艮祠前会讲，讲学过程中，"上格冥苍，垂悬大中之象，在北辰圆圈内，甚显明，甚奇异"。引得他和会讲者十分惊讶，认为是"上苍果喜铎悟通大中庸之肫灵"，于是，"庆乐无涯，叩头起谢师灵"。[4] 其实，这不过是一种比较罕见的自然现象的巧合而已，与"上苍"之喜好根本无关，今天的天文学完全可以准确预报比这更特殊的天文景象，但是，当时的颜山农颇以此为自得，因为在迷信思潮比较盛行的时代，这种众人共见的奇异景象可以为他"翕徕千百余众，欣欣信达"，他当然乐于宣扬此种异象所包蕴的"人文"内涵了。又如：颜山农在讲学过程中，有时候会失去理性自控力，出现了类似于禅门机锋式的自发动功，令人瞠目结舌。史载："先生机辨响疾，双目炯炯，问难四起，出片语立解。往往于眉睫间得人……尝与诸大儒论天命之谓性，众方聚讼，先生但舞蹈而出。"[5]时人李贽亦转述耿定向之语曰："昔颜山农于讲学会中忽起就地打滚，

① 《罗汝芳集》，第355页。
② 《罗汝芳集》，第268页。
③ 《罗汝芳集》，第223页。
④ 《颜钧集》卷3《自传》，第26页。
⑤ 《颜钧集》卷9，第83页。

曰：'试看我良知！'士友至今传为笑柄。"①当然，对封建礼教颇有叛逆精神的李贽并不以此为耻，而是赞许地说："当（其）滚时，内不见己，外不见人，无美于中，无丑于外，不背而身不获，行庭而人不见，内外两忘，身心如一，难矣，难矣。"②无论颜山农这么做是否属于有意为之，这种狂者风范的行径一方面起到了哗众取宠的作用；另一方面也加剧了人们对他的学行人品的争议。

与之相比，罗汝芳虽然对于宗教神秘主义式的体验并不比颜钧少，但是，他以儒家特有的理性精神，自觉地将这些神秘体验从自己的讲学内容中尽量剥离和淡化。除了"破光景"的教诲之外，罗汝芳还告诫门人："（从今）只将圣人学问，只当家常茶饭，实实受用。"③具体做起来，无非就是在日常生活中，敬慎于当下一念，笃实地按照儒家先圣所定的道德规范去为人处事。罗汝芳认为"不明性善，则无根源；不法先圣，则无规矩。"④这一点与颜钧喜欢肆意纵情的做派，显然泾渭分明，显示出罗汝芳暗暗消除颜钧讲学内容中有关瑕疵的自觉意识。而且，罗汝芳认识到，"除却当下，便无下手（处）"⑤，说白了，这也就是践行王阳明所提倡的"致良知"的工夫。因为生命是由无数个"当下"时刻构成的，只有不放过当下，按照自己的良知去"直而养之，顺而推之"，这才是笃实的心性修养工夫。因此，罗汝芳并不推崇所谓神秘体悟，而是强调后天心性修养的重要性，不管开悟不开悟，只要工夫得当，"久久成熟，不觉自然有个悟处"⑥。当然，罗汝芳对于颜钧的工夫论还是有所汲取和借鉴的，对于修行已有一定造诣的学者而言，由于没有书本成说可以"指示头脑"，罗汝芳认为，应该按照"浑身视听言动，都且信任天机自然"⑦的道理，去指导自己的学问工夫继续深入，如果达到了"心地坦荡，浑沦顺适"⑧的状态，那么，这便是修行的正常受用和成功标志，应该贯彻到底，直至天人合一的圣者境界。

第三，颜山农具有颇为鲜明的"御天造命"的思想，重视发挥人的主

---

① 李贽：《答周柳塘》，见《李贽文集》第一卷，《焚书》，第 255 页。
② 李贽：《答周柳塘》，见《李贽文集》第一卷，《焚书》，第 255 页。
③ 《罗汝芳集》，第 171 页。
④ 《罗汝芳集》，第 246 页。
⑤ 《罗汝芳集》，第 402 页。
⑥ 《罗汝芳集》，第 136 页。
⑦ 《罗汝芳集》，第 223 页。
⑧ 《罗汝芳集》，第 202 页。

观能动性，而罗汝芳则更崇尚"顺天休命"①的人生哲学。颜山农出身于民间，是一个来自社会底层的知识分子，和他的老师王心斋一样，不通过自己大胆艰苦的努力，根本无法改变自己的处境，更谈不上改造社会。因此，他们必然不满足于儒家固有的"顺天休命"的思想传统，而是积极发挥儒家刚健自强的价值理念，进而突破了正统儒家的理论界限，提出"御天造命"的命题，成为中国哲学史上的独树一帜的思想理念。在这方面，泰州学派的创始人王艮首先提出了"造命"的思想。他借用孔子周游列国的旧事来立论，说：

> 孔子之不遇于春秋之君，亦命也，而周流天下，明道以淑斯人，不谓命也。若天民则听命矣，故曰"大人造命"。②

王艮所说的"天民"，出自《孟子·尽心上》，指的是像伊尹、吕尚那样的人物，"必其道可行于天下，然后行之，不然，则宁没世不见知而不悔"③。而孔子则不然，虽然终身不遇明君，却能够周流天下，像"木铎"一样警诫世人，教授他们为人处世之理、治国安邦之道。从"明道以斯淑人"的角度而言，孔子没有甘于像伊尹、吕尚一样做一个隐士，而是在直接的政治事功之外开创了文化教育这种影响更为久远的事业，因此，孔子才真正称得上是"大德之人"，他完成了自己独到的使命，也创造了自己特殊的命运。根据这种"大人造命"的理念，王艮直至晚年病重之时，仍然鼓励门人徐樾（字子直）说："我今得此沉疴之疾，我命虽在天，造命却由我。子直闻此，当有不容已者。"④

受王心斋影响，出身社会底层的颜钧更是提出了"御天造命"的思想，连王艮对于"我命在天"的思想底线都突破了。这种高度重视人的主观能动性的思想，直至晚年也没有改变，他在《自况吟》中说：

> 羲皇尧舜先天始，文武孔周后法伦。我欲斯人生化巧，御天造命真精神。⑤

---

① 语出《周易·大有卦》，休，用如动词，使之美善。参见：《周易译注》，第131页。
② 《王心斋全集》卷1《语录》，第9页。
③ 朱熹注语，见《四书集注》，第506页。
④ 《王心斋全集》卷2《诗文杂著》，第53页。
⑤ 《颜钧集》卷8，第67页。

又如：

> 学聚以时庸也，则为御天造命，愤乐在中，无入而不自
> 得焉。①

直至晚年八十岁时，颜山农仍然坚定地禀持着"御天造命"的思想，以此为自己一生的精神血脉所在。在八十寿辰答谢罗汝芳的诗中，他说：

> 八十年来万欲休，精神活泼久忘忧……立己达人宗孔业，
> 沿生造命遂心筹。此为乐在神渊底，不是宣尼敢妄俦？②

又说：

> 夜枕神藏线月穿，穿心微显隐几研……此为昼夜通知道，
> 独擅御天造命权。③

由是可见，颜山农对于自己"御天造命"的思想颇为自负。当然，没有这一思想理念的支撑，颜山农不可能从一个默默无闻的乡野村儒变成海内知名的讲学大老，而且他也确实帮助过相当一批士庶人等解决了安身立命的思想问题。不过，如果我们把"天"理解为一种社会发展的必然规律，那么，"御天"之说就显得十分张狂。在颜山农心中，经常忽略了孟子所说的"顺天者存，逆天者亡"④的道理，因此，他不顾当时社会生活的实际情况，一味地按照自己的主观臆想来行事，最终碰得头破血流，如果不是有罗汝芳这样的至诚高徒全力营救，那么，他可能早就死在南京刑部的公堂之上了。

相比之下，罗汝芳则是一个服膺儒家"顺天休命"思想的至诚君子，他精通易学，自觉遵循《周易》中先圣所阐发的哲理去为人处世，因而是一个知命和顺命之人，和颜山农的"御天造命"的观念有着本质的区别。罗汝芳一生总是按照社会生活的固有规律来行事——从秀才至举人，再到进士；从知县升任知府，从知府再到参政，该做什么便做什么，既不

---

① 《颜钧集》卷2《论大学中庸》，第17页。
② 《颜钧集》卷8《答谢门人溪》，第69页。
③ 《颜钧集》卷8《答谢门人溪》，第69页。
④ 语出《孟子·离娄上》。

冒进，也不逃避。当然，当他自己有决定权时，他也是一个敢于"造命"之人，十年不赴廷试，周游天下，不辞辛苦，寻师问友，一意求学，这种举动令天下士人从万分惊讶到衷心佩服。同时，罗汝芳在多年的官场生涯中，既能够坚持原则，不失大节，又能够审时度势，适当变通。在他初入仕途之时，适逢奸臣严嵩当道，他敢于保持节操，绝不与之同流合污，十余年间，始终没有陷入严嵩一党的人事圈子；如果碰到某些上司与之作梗，他也能够逆来顺受，安于命运的调度。张居正把他远遣至云南，他欣然前往；巡抚王凝不支持他的水利方案，他就自己设法筹款，终于完成金汁、银汁二沟的修复工程。云南丰收之后，竟连一直视其为"迂儒"①的巡抚王凝也对他改变了看法。当然，罗汝芳这种不与世抗争的做法，有时也会留下遗憾，对于缅甸酋长瑞体的招安计划，就是因为巡抚王凝的严令阻拦而告废的。但是，反过来一想，在明代的官场体制中，如果罗汝芳对王凝的命令置之不理，一意想去招抚缅酋瑞体，最终很可能被张居正、王凝一党抓住把柄，或许招来杀身之祸也未可知。对于自己不能决定的事情，罗汝芳坦然地顺应；对于能够有所作为的事情，罗汝芳积极地奋斗，全力地创造，因此，他能够以一个儒学思想家和教育家的身份载入史册，虽然不能改变大明帝国最终覆亡的命运，但是，却为中华民族的文化血脉和民族精神的传递发挥了承前启后的重要作用。

第二节　罗汝芳与王龙溪哲学思想之比较

与罗汝芳同时，有一位心学巨擘，即是王龙溪。因为罗汝芳别号近溪，所以人们喜欢将其并称为"二溪"。"二溪"都是当时民间讲学的翘楚，如同士人儒学中的"双峰"，论其学养与声望，阳明后学中很难有谁能超出二溪之上，其思想亦互相辉映，交映成趣。如果把二溪之学阐明，则阳明后学的主要理论成果和修道诣境自可昭然若揭。限于本节之篇幅，我们在此仅对比分析王龙溪和罗汝芳这两位心学"双峰"的思想特色和工夫理论之差异，以促进我们对于罗汝芳哲学思想的横向考察达到更加清晰和广泛的目的。

一、王龙溪的生平及其与罗汝芳的交往

王畿(1498—1583)，字汝中，号龙溪，浙江山阴(今绍兴市)人，世

---

① 杨文举：《云南军功疏略》，见《罗汝芳集》，第1001页。

人惯以其别号称之，就像对其师王阳明的称谓一般。王龙溪出身于一个家境殷实的官僚地主阶级家庭，二十岁即高中举人，在家乡成为读书人的榜样，"士望之为去就"。① 1521年夏，平定宸濠之乱的王阳明回到家乡省亲，因其父王华全家早已从余姚迁至山阴县光相坊②，因此，王阳明便来到绍兴定居，于是，和王龙溪成为住在一个坊中的邻居。天资聪颖的王龙溪有感于王阳明的学问和事功的非凡，便率先拜其为师（与此同时，余姚人钱德洪亦纳贽拜师）。虽然拜师很早，但是，王龙溪对于阳明心学的体认也有一个逐步深入的过程。他于嘉靖二年（1523）以旧有的心态和方法去参加会试，结果落第而归。对此，他做了真诚的反思："学贵自得，吾向者犹种种生得失心，然则仅解悟尔。"于是，他烧掉了官府所发的路券，"而请终身受业于文成。"对于这样一位真诚求教的弟子，王阳明自然非常喜欢，史载："文成为治静室，居之逾年，遂悟虚灵寂感通一无二之旨"。③ 转眼三年过去，王龙溪又面临着再次会试的考验，他本人已经不想参加科举考试了，但是，身为老师的王阳明反而劝他进京赴试，王阳明说："吾非欲以一第荣子，顾吾之学，疑信者犹半……（此番）觐试，仕士咸集（京师），（吾）念非子莫能阐明之，故以嘱子，非为一第也。"④受老师之命，王龙溪和钱德洪二人便结伴同行，入京应试。他们二人以很轻松的心态参加考试，结果双双榜上有名。可是，由于看到"枋国大吏多不喜学"的朝廷内幕，王龙溪对钱德洪说："此非吾与君仕时也，且始进而爽信于师，何以自立？"钱德洪也表示同意，于是，二人收拾行囊，在数以千计的应考举子瞠目结舌的注视之下，飘然离开京师。不知是否巧合，这种视功名如浮云的做法，十八年后罗汝芳又照原样重做了一回，由是可见，王龙溪与罗近溪都是在实践上（而非一般的理论上）真心服膺圣人之学的诚笃君子。

回到家乡，王龙溪和钱德洪帮助王阳明教授初及门的弟子，被人们称为"教授师"。⑤ 与"性格沉毅"的钱德洪相比，"公（指龙溪）性坦夷宽厚，其与人言，或未深契，从容譬晓，不厌反复，士多乐从公"，⑥ 可

① 徐阶：《龙溪王先生传》，见吴震编校：《王畿集》附录四，南京，凤凰出版社 2007，第823 页。
② 当时，绍兴府城中有山阴和会稽两个县的县治，因此，王阳明晚年就住在绍兴城中。
③ 徐阶：《龙溪王先生传》，见《王畿集》附录四，第823 页。
④ 徐阶：《龙溪王先生传》，见《王畿集》附录四，第823 页。为方便读者理解，此处对原文略作修饰和删节。
⑤ 王畿：《绪山钱君行状》，见《王畿集》卷20，第585 页。
⑥ 徐阶：《龙溪王先生传》，见《王畿集》附录四，第824 页。

见，王龙溪的教学水平明显超出了钱德洪，正因为如此，在王阳明身后，王龙溪当仁不让地拥有了"同志宗盟"①的地位。王龙溪深信王阳明的良知之学，同时又具有独立的思考和判断能力，因此，他认为王阳明时常所说的"四句教"是权法而非定本，从根源上讲，心、意、知、物皆是无善无恶的（又称"四无说"）。钱德洪对此有不同意见，持"心、意、知、物皆有善有恶之论（又称"四有说"）。二人便于1527年农历九月八日夜向即将出征广西的王阳明求证。孰料，王阳明并没有责怪王龙溪不接受自己的"四句教"，反而指出："四无之说"乃是为上根人立教的，而"四有之说"则是为中根以下之人立教的，钱王二人"若能各舍所见，互相取益，使吾教法上下皆通，始为善学耳"②，这便是宋明理学史上著名的公案——"天泉证道"。在途经江西时，王阳明对前来会面的众多江右弟子说："吾有向上一机，久未敢发，近被王汝中拈出，亦是天机该发泄时。吾方有兵事，无暇为诸君言，但质之汝中，当有证也。"③这番话，表明了王阳明对于王龙溪"超悟"之境的嘉许，也因此奠定了他在后来的王门诸派中无可动摇的宗盟地位。

公元1529年，王阳明去世，面对在朝奸臣和乡间恶少的迫害，王龙溪和钱德洪等众弟子不顾安危，全力救护王阳明的幼子，妥善安排王阳明的家事。因此，他们再次放弃了进京殿试的机会，直至1532年（嘉靖十一年），钱、王二人才如期赴试，获得了进士资格。他们淡泊功名的态度，赢得了士大夫阶层的交口称赞，由此亦可见，王龙溪和晚出的罗汝芳实际上具有共同的价值观念。步入仕途后，王龙溪由于不肯依附于当朝权贵，④一直在闲曹散史的位置上度日，没有什么政治作为。由于不肯入彀于首辅夏言的人事圈子，深为夏言所恨，嘉靖二十一年（1542），夏言唆使部下借官员考核之机，将年仅四十二岁的王龙溪（时任正五品的兵部武选清吏司郎中一职）罢了官，其为官时间不过十年而已。为此，时人感慨道："龙溪名虽高，仕乃竟不达。"⑤归隐之后，王龙溪反而像脱离牢笼的鸟儿一般自由自在，从此，他专心以讲学传道为事业，据《明儒学案》记载：从四十二岁至八十六岁去世，"先生林下四十余年，无日不讲

---

① 《王畿集》卷15《自讼问答》，第431页。类似的称谓在《王畿集》中时常出现，都是时人对他的评价。

② 王畿：《绪山钱君行状》，见《王畿集》卷20，第586页。

③ 徐阶：《龙溪王先生传》，见《王畿集》附录4，第825页。

④ 《明史》所说"王畿在官弗免干请，以不谨斥"的说法是以讹传讹之误，笔者将在另著中阐明，此略。

⑤ 周汝登：《王畿传》，见《王畿集》附录4，836页。

学，自两都及吴、楚、闽、越、江、浙，皆有讲舍，莫不以先生为宗盟。年八十，犹周流不倦。"①尽管后来许多居官显赫的王门学者纷纷向朝廷推荐他，"欧阳公德居礼部，唐公顺之抚淮扬时，俱欲装疏引用，龙溪闻而止之"。显然，王龙溪已经放弃了得君行道的政治抱负，专心"以讲学淑人为务"。② 周流天下，不辞劳苦，把自己的后半生都奉献给了讲学传道的心学事业。

与罗汝芳一样，王龙溪的心性修养工夫极高，晚年已臻化境。八十六岁临终之前，他先与门人赵麟阳说："我心了了，已无挂碍，即今可去，我即去矣"。③ 到了万历十一年（1583）农历六月初七日未时，王龙溪"早晨盥栉，冠唐巾，食粥从容，出寝室，端坐于琴堂之卧榻而逝"，走得一派从容安详，显示出他的心性修炼已达到超越生死的境界。王龙溪能够如此坦然自若地离世，堪称一个完美践履了"穷理、尽性以至于命"④之古训的儒家圣者，为此，他的门人查铎特意写下了《纪龙溪先生终事》一文以为纪念。

论起在王门中的辈分，王龙溪要比罗汝芳高出许多。他和王艮（号心斋）同为王阳明的门下高足，而王心斋一传至徐樾（号波石），再传至（颜钧），三传方至罗汝芳，即使因为颜钧曾直接师事王心斋而减去一辈，王龙溪也可以称得上罗汝芳的师叔祖。不过，好在晚明时期的士大夫阶层思想已经比较开通，不太在意谁在王门中的地位和辈份高低，因此，罗汝芳和王龙溪之间并没有什么不可逾越的障碍，最终二人成为相互取益、交修共进的道友。

说起罗汝芳和王龙溪的直接交往，史籍中明确记载的并不算多。最初，罗汝芳作为心学阵营中的晚辈，对于早已成名的王龙溪尚属于仰事而求教的水平。在他会试得中、不就廷试而归之后，除了跟着颜钧继续修习之外，还四处拜访高人，其中包括许多王阳明的亲传弟子、当时已称名儒的王门学者，如聂双江、罗念庵、邹东廓等人，罗汝芳自己回忆：

> 初年游行……久之自负笈，不随一价。凡海内袊簪之彦、
> 山薮之硕，玄释之有望者，无弗访之。及门惟以折简通姓名，

---

① 黄宗羲：《明儒学案》卷20《浙中王门学案二》，第238页。按：原文"两都"，当为"南都"。

② 周汝登：《王畿传》，见《王畿集》附录4，第836页。

③ 查铎：《纪龙溪先生终事》，见《王畿集》附录4，第847～848页。

④ 语出《周易·说卦传》。

或以为星相士，或以为形家，或通或拒，咸不为意。其相晤者，
必与之尽谈乃已。①

从这段回忆来看，按照王龙溪的名气，加之当时他已归隐林下，罗
汝芳很有可能前去拜访过他，或许是机缘未到，王龙溪并未与之相见，
或者即使相见亦未曾深谈。到了嘉靖二十九年庚戌（1550），罗汝芳奉母
命前往北京应试，乘船至扬州，"约龙溪王公、绪山钱公大会于留都天坛
道观，竟不果行"。② 这一次，王龙溪、钱德洪都没有应邀前来赴会，原
因亦不得而知，或许是他们对罗汝芳不太了解，不想前来；或许误会罗
汝芳亦沾染其师颜山农（甚至包括整个泰州学派）的张狂之气，不愿前来。
总之罗汝芳为了苦等他们，连考期都误了，只有礼部官员赵大洲等人与
罗汝芳相见，通过这次讲会，赵大洲对罗汝芳的学行有了深刻的认识，
他感叹道："罗君傥在孔门，与曾参氏颉颃矣。"

不过，东流之水总有相会之时，到了嘉靖晚期，罗汝芳出任宁国知
府。此时，王龙溪四处讲学，皖南宣城的"水西讲会"已经成为他和门徒
们聚讲的"根据地"，该地正好在罗汝芳的管辖之下。所谓"水西讲会"，
原是由王龙溪的门徒贡安国（字玄略，宣城人）发起的，王龙溪回忆说：
"水西之有会，玄略实开其基。宣、歙间，士类斌斌兴起者，无虑数百
辈，多玄略有以启之，居然山中教授师也。"③在贡安国的倡议之下，其
他的门徒如查铎（泾县人）、周怡（太平县人）等人亦积极参与其中，于是
水西讲会蔚成一时之风尚。王龙溪应邀，经常赴会讲学，因此，罗汝芳
便通过近在治下的龙溪门徒再次发出诚挚的邀请。有感于罗汝芳的精诚
之邀，王龙溪终于应允前往宁国府与罗汝芳会面，并为当地士民讲学，
这一年，已经是嘉靖四十三年（1564），适逢罗汝芳虚龄五十之际，对此，
王龙溪记载道：

> 甲子暮春，予以常期赴会宛陵，（罗）侯大集六邑之士友长
> 幼千余人，聚于至善堂中。先命歌童举乐合歌，以兴众志。侯
> 离席率众，作而言曰："……先生之学，渊源有自，幸蕲一言，
> 以诏多士……"予辞不得命，请以一体之说，与诸士共筹之。④

---

① 《罗汝芳集》，第 835 页。
② 《罗汝芳集》，第 836 页。
③ 《王畿集》卷 19，《祭贡玄略文》，第 579 页。
④ 《王畿集》卷 2，《宛陵会语》，第 43～44 页。

这次聚会为时十二天①，罗汝芳与王龙溪相互之间再无什么隔碍，二人"晨夕证悟，颇尽交修"。而且，王龙溪得以亲眼观察罗汝芳以讲会、乡约治郡的成效，他评价说："观菁莪之化，闻弦诵之声，若身际武城而游中阿之曲，可谓千载一时矣。"②这段话中隐含了一个典故，孔子的弟子子游(姓言名偃)担任武城宰时，以礼乐为教，《论语·阳货》记载："子之武城，闻弦歌之声。夫子莞尔而笑，曰：'割鸡焉用牛刀?'子游对曰：'昔者偃也闻诸夫子曰："君子学道则爱人，小人学道则易使也。"'子曰：'二三子! 偃之言是也。前言戏之耳。'"可见，孔子对于学生子游能以礼乐治邑的做法是颇为赏识的，在此，王龙溪把罗汝芳比作圣人之徒，同样肯定了他"以教化代刑政"的治世之道。

从现存史料来看，宁国之会以后，王龙溪和罗汝芳的交往次数并不多，或许是二人均承担着明道淑人的重任，无暇再密切过从之故。不过，每逢偶有往来，罗汝芳总是给王龙溪留下深刻的印象。据王龙溪的门徒赵志皋记载：

> 岁丁卯，先生(指罗汝芳)周流天下，遍访同志，洒然临予浙，与公(指王龙溪)剧谈竟夕，相得甚欢，聆其的谈仁旨，毅然身为己任。公叹曰："真颜氏子复出也。"③

能够把罗汝芳比作孔门第一高足颜回，恐怕是王龙溪对于晚辈同人的最高评价了。虽然罗汝芳和王龙溪天各一方，讲学传道，但是，他们的思想宗旨相同，学术见解相近(或相通)，做的完全是共同的事业，因此，心心潜通，相映成辉，对于晚明儒学的发展和传播都起到了重要的推动作用。

二、王龙溪与罗汝芳的思想侧重之差异

由于师门辈分关系，罗汝芳不便对王龙溪作什么公开的评价(即使讲过也不会收录在会语之中)，因此，我们在《罗汝芳集》和《王龙溪全集》等

---

① 王龙溪在《寿近溪罗侯五袠序》中记叙此事，说："浃辰，复过水西"，浃辰即为十二日，当时的讲会一般都以十天左右为期，由是可知二人相会时间之长短。原文见《王畿集》卷14，第395页。

② 《王畿集》卷14《寿近溪罗侯五袠序》，第395页。

③ 赵志皋：《近溪罗先生墓表》，见《罗汝芳集》，第928页。

典籍中所见，只有王龙溪对于罗汝芳的各种评价。通过这些评述，我们不难发现，罗汝芳与王龙溪在学术大旨上完全一致，但是，二人在讲学传道的过程中，既有各自的侧重点，又有一些微妙的思想差别。

从学术宗旨上讲，王龙溪和罗汝芳都继承并弘扬王阳明开创的"致良知"之说。作为王阳明的嫡传弟子，王龙溪经常告诫门人要深刻理解王阳明的良知之教，笃实践履这项作圣成贤的工夫，他说：

> 先师信手拈出良知两字，无思无为，以直为动，乃性命之枢，精一之宗传也。于此信得及，悟得彻，直上直下，不起诸妄，方不为幸生耳！①
> 良知，即所谓明德；致良知，昭德之学也。②
> 尧舜姬孔，只是致良知。良知，尽性之学，性尽则命亦自至。③

王龙溪关于"致良知"的论述非常多，此不赘述。作为心学传人，罗汝芳亦高度评价并重视王阳明的致良知之教，如前所述，他以王阳明一人抵三贤（周敦颐、程颐和朱熹），认为"致良知"之说有其绝妙之处，即"从良知之不虑而知，而通之圣人之不思而得；从良知之不学而能，而通之圣人之不勉而中，浑然天成，更无斧凿。"因此，"恐三先生如在，亦必当为此公首肯而心契也已。"④关于良知之说，罗汝芳还有很多论述，如：

> 良知原自明白，虽欲动情胜，亦有枉其是非，以作好作恶者，然其知毫发不能自瞒。可见性之发用，虽为物迁，而明觉真体，毕竟廓然无累。⑤
> 故圣人之教天下，不是能令吾人于良知良能之外，别有增益，只是以先知觉后知，以先觉觉后觉，如用火锻矿，则矿一过火，便即是金。吾人既觉，则即我本性，便是圣。⑥

---

① 《王畿集》卷17《直说示周子顺之》，第498页。
② 《王畿集》附录1《大象义述》，第665页。
③ 《王畿集》卷10《答谭二华》，第268页。
④ 《罗汝芳集》，第110页。
⑤ 《罗汝芳集》，第357页。
⑥ 《罗汝芳集》，第105页。

不过，罗汝芳和王龙溪关于"致良知"之说，其认识上仍有微妙的侧重点之差异，概而言之，同样是致良知的圣学工夫，龙溪重觉悟和超脱，近溪重伦理和教化，通过他们的一些论述便可以看出这种差异。例如，当王龙溪的妻子张氏问及："（阳明）夫子良知之教与佛教同异"之时，他回答说：

> 良知，性之灵，心之觉体。佛是觉义，即心为佛。致良知
> 即是开佛知见，同异未暇论也。①

在此，王龙溪不惮于"启矍昙之秘"②，直接将良知之觉与佛教之觉相贯通，明言"致良知即是开佛知见"，显示其注重觉悟、会通三教的思想倾向。不仅如此，王龙溪还说：

> 夫人之所以为人，神与气而已矣……良知者，神气之奥，
> 性命之枢也。良知致，则神气交而性命全，其机不外乎一念之
> 微。安此者谓之圣，修此者谓之贤，悖此者谓之不肖，不可以
> 不慎也。③
> 良知者，破除习气之利刀，纵有窃发，一照即破。④
> 良知者，人心之灵体，平旦虚明之气也。操心即是致之之
> 功，操则存者，随时随处练习此心，复其本来活泼之机而已。⑤

综上所述，王龙溪注重良知作为心性明觉之体的作用，希望门人学者能够通过"致良知"的工夫，恢复这种人心先天原本的状态。与之相比，罗汝芳更为注重致良知之教的伦理内涵和教化功能，他说：

> 明德只是个良知，良知只是个爱亲敬长，爱亲敬长而达之
> 天下，即是兴仁兴义，而修、齐、治、平之事毕矣。⑥

又说：

---

① 《王畿集》卷20《亡室纯懿张氏安人哀辞》，第650页。
② 《明儒学案》卷32，第703页。此为黄宗羲之评语。
③ 《王畿集》卷17《同泰伯交说》，第508页。
④ 《王畿集》卷17《尚贤以德说》，第506页。
⑤ 《王畿集》卷15《册付养真收受后语》，第438页。
⑥ 《罗汝芳集》，第158页。

> 夫良知者，不虑不学，而能爱其亲，能敬其长也。故《大
> 学》虽有许多功夫，然实落处，只是上老老而民兴孝，上长长而
> 民兴弟。①

由是可见，罗汝芳认为，良知的根本内涵"只是个爱亲敬长"，也就
是良知孝、弟、慈"三原德"的浓缩。能够将此爱亲敬长之心推之天下，
便是在实践圣人所说的"兴仁兴义"的事功，于是，修、齐、治、平等所
有圣学目标都包含在"爱亲敬长"的良知"种子"之中了。

当然，"二溪"关于"致良知"之说的侧重点之差异是相对的。作为阳
明心学的嫡传，王龙溪并不否认良知学中的伦理道德意义。例如，他亦
曾经说过："良知者，心之灵气，万物一体之根，遇亲自知孝，遇长自知
悌，遇赤子入井自知怵惕，遇堂下之牛自知觳觫，肯綮低昂，感触神应，
无非全吾一体之用。"②同样，罗汝芳也从不否认"致良知"之教中蕴含的
生命觉解的内涵，他在这方面的言论前文已多有论述，此处不再赘言。

三、王龙溪对于罗汝芳讲学的点评

从总体上讲，王龙溪对于罗汝芳致力于讲学传道的教育事业，评价
是积极肯定的。当他应邀来到宁国府与罗汝芳会面时，在考察了罗汝芳
以讲会、乡约治郡的治理成效之后，欣然提笔写道：

> 迩者君出守宁国，兴文学以饰吏治，群六邑之彦，晨夕聚
> 处，谆谆以古道相切磨，烨然风动。大都发明良知之旨，而致
> 谨于一念之微，不为外感所摇夺，此一体之义，而千圣学
> 脉也。③

在这段话中，王龙溪肯定了罗汝芳能够"发明良知之旨"的教法，认
为这是符合"千圣学脉"的"古道"。这种评价，表明了王龙溪能够将罗近
溪视为同道，澄清了时人对于泰州学派门徒某些作风的误解，至少将罗
汝芳其人同颜山农等人的狂者气象区别了开来。不仅如此，王龙溪还充
分肯定了罗汝芳在传道方法上的机动灵活和立竿见影。他说：

---

① 《罗汝芳集》，第188页。
② 《王畿集》卷13《赠宪伯太谷朱使君平寇序》，第370页。
③ 《王畿集》卷14《赠前峰罗公寿言》，第399页。

　　　尝观使君教人，使人当下识取，不作拟议，不涉安排，不
　　间以凡心，盖一念真机，神感神应，非人力可得而与也……使
　　君以此得悟，即以此教人，出之有本，不徒声音笑貌之为，是
　　故六邑之人，皆能信使君之心，熏炙于道义，而感之尤速也。①

　　能够运用"使人当下识取"良知本心的教法，前提必须是传道者本身
已经对良知本体有了真切的体悟，这样方能以所学而成所教，令很多学
者在儒学门墙内体会到类似于禅宗"顿悟"的效果，所以王龙溪才说："使
君以此得悟，即以此教人，出之有本。"这段话，可以看作既是王龙溪对
于罗汝芳自身所学的充分肯定，又是对其灵活透彻之教法的嘉许。
　　当然，即使千圣同堂合席，对于某些问题的看法也不可能完全一致。
王龙溪和罗汝芳之间，在某些具体修道方法上的认识，还是有一些细微
差异的。最典型的莫过于他和儒者耿定向探讨的那段话，引述如下：

　　　楚侗子曰："昔有问罗子守中之诀者，罗子曰：'否，否。
　　吾人自咽喉以下，是为鬼窟。天与吾此心神，如此广大，如此
　　高明，塞两间，弥六合，奈何作此业障、拘囚于鬼窟中乎？''然
　　则调息之术如何？'罗子曰：'否，否。心和则气和，气和则形
　　和，息安用调？''吾人寓形于内，万感纷交，何修而得心和？'罗
　　子曰：'和妻子，宜兄弟，顺父母，心斯和矣。'向闻之，跫然叹
　　赏，此玄宗正诀，不独伯阳皈心、释迦合掌，即尼父复生，当
　　首肯矣！"②

　　这段话亦被记录在罗汝芳门人熊偀所编纂的《近溪罗先生一贯编》的
末尾，是罗汝芳与一位游姓大夫所说的，前文已有引述。由于罗汝芳高
度重视伦理建设和道德修养，因此，有时候他完全摒弃可操作性的调息
之术，认为只要"和妻子，宜兄弟，顺父母"，就能够达到"心和则气和，
气和则形和"的目的，并且断言"吾人自咽喉以下，皆是鬼窟"，得出了
"息安用调"的结论。罗汝芳的这段话，如果只是针对游大夫等人的情况
而言，那么不失为一种高明的启示，但是，由于耿定向把它抬升到"玄宗

────────────

①　《王畿集》卷14《寿近溪罗侯五袭序》，第396页。
②　《王畿集》卷4《答楚侗耿子问》，第100页。

正诀"的高度，因此不免走向另一种极端，即否认了一切可操作性的修道方法的必要性，只剩下道德修养之类的老生常谈，势必为许多视野开阔的儒家学者所不能苟同。为此，王龙溪摒弃世俗常见的"乡愿"心态，提出了不同意见，他说：

> 守中原是圣学，虞廷所谓道心之微，精者精此，一者一此，是谓"允执厥中"。《中庸》曰："喜怒哀乐之未发谓之中，发而中节谓之和。"情反于性，谓之还丹，不为养生，而养生在其中矣。夫学问只是理会性情，吾人此身，自顶至踵，皆道体之所寓，真我不离躯壳，若谓咽喉以下是鬼窟，是强生分别，非至道之言也。调息之术，亦是古人立教权法。教化衰，吾人自幼失其所养，精神外驰，所谓欲返其性情而无从入。故以调息之法，渐次导之，从静中收摄精神，心息相依，以渐而入，亦以补小学一段工夫也。息息归根谓之丹母，若只以心和、气和、形和，世儒常谈，笼统承当，以为玄宗正诀，无入悟之机，岂惟尼父不肯，欲二大士皈心合掌，不可得也。①

关于这段话的内涵，前文已有具体分析，此不赘述。它至少表明一点，罗汝芳有时出于强调伦理道德的目的，在教法上有过中失当之处，容易陷入"世儒常谈，笼统承当"的窠臼。相比之下，王龙溪的"权法"之说却显得圆融而灵活，既符合儒、释、道三教的修行实际，又始终抓住"学问只是理会性情"的关键之处，保持了与罗汝芳思想本质的一致性。

由于辈分远远高出罗汝芳，王龙溪可以无拘束地对罗汝芳讲学中的某些瑕疵进行批评和指摘。当然，这种批评和指摘属于高手之间的冷眼旁观善意规谏，而非不同门派之间的攻讦和争论，因此，对于学术的发展还是有建设性意义的。从王龙溪对于罗汝芳的道行和讲学的若干瑕疵的指摘，我们可以看出有明一代儒家学者对于思想学术的体察入微，正如黄宗羲所评述的那样——"牛毛茧丝，无不辨晰，真能发先儒之所未发。"②

首先，在宁国府相会之后，王龙溪对于罗汝芳的道行一方面有了充分的肯定，但是对于一些潜在的不足也看得很清楚，史载：

---

① 《王畿集》卷4《答楚侗耿子问》，第101页。
② 黄宗羲：《明儒学案·发凡》，第17页。

楚侗子送先生(指王龙溪)至新安江……楚侗子曰:"罗近溪常谓:'当下承当得便是了。'细细勘来,觉他还有疏脱时在。"先生曰:"近溪之学,已得其大,转机亦圆。自谓无所滞矣,然尚未离见在,虽云全体放下,亦从见上承当过来,到毁誉利害真境相逼,尚不免有动。他却将动处亦把作真性笼罩过去,认作烦恼即菩提,与吾儒尽精微、时时缉熙工夫,尚隔一尘。此须觌体相观,非可以口舌争也。"①

　　这段对话发生在嘉靖四十四年(1565)春季,当时王龙溪前往留都南京与李遂、耿定向(号楚侗)等儒者相会,临别时,耿定向虚心地向王龙溪请教了若干问题,其中包括对于罗汝芳道行的评价。王龙溪指出:"近溪之学,已得其大,转机亦圆。"这是值得肯定之处,不过,其心性修养"尚未离见在",有时"从见上承当过来",与儒家先圣所传的"时时缉熙工夫"尚隔一层,究其内心,"到毁誉利害真境相逼,尚不免有动"。王龙溪的评价可谓入木三分,足见其在宁国府相会时与罗汝芳的交流不是泛泛而谈,不过,王龙溪的评价是否合乎事实,以笔者目前的心性修养和学问功力,尚无法予以判定,只好如实引述,至于如何论断,且付之阙如,以待来者了。

　　其次,王龙溪有时会在书信中对人们转述的一些罗汝芳的讲学内容予以指摘,表示出不同的见解。例如,他曾对门人贡安国说:

近溪兄主盟一方,吾道尤幸。闻(近溪)提省人颇涉禅家因果,中人以下以此作接引阶梯,坚其信道之心,亦是权法。其上根敦行之士,不能相谅,或不免于有疑,亦或不可以不慎也。惟只时时提省良知,从一念不可欺、不容昧处,默默体究,高者俯而就,下者跂而及,至微而彰,至近而神,以共进此道,更觉省力无弊耳。②

　　在此,除了因为罗汝芳时任宁国知府,王龙溪客气地称其为"近溪兄"之外,对于罗汝芳"提省人颇涉禅家因果"的教法,王龙溪提出了微辞。他认为这样做只能适用于中人以下的学者,对于"上根敦行之士"则

　　① 《王畿集》卷4《留都会纪》,第90页。
　　② 《王畿集》卷12《与贡玄略》,第317页。

易引起误会，因此，他主张"惟只时时提省良知，从一念不可欺、不容昧处，默默体究"，这样才是适合不同根器的各类学者的共进之道。诚然，罗汝芳有时讲学确实引述了一些佛教因果报应、生死轮回之类的观点，但如前文所述，这既是他的真实思想，又是他面对众学者关于生命本质困惑的简洁回答，因此，王龙溪的评价未必合乎实际情况，罗汝芳的教法并非就是对致良知之教的疏离。

再如，王龙溪在给门人冯纬川的信中对于罗汝芳关于修道者悟境的表述提出了异议。他说：

> 近溪《会语》发明《中庸》未发之旨，自是近溪所见，未免过于分疏。其云："解离尘俗，觉得澄湛安闲，不为好恶驰逐，却将此体涵泳夷犹，率为准则依据。"此非但认虚见为实际，纵使实见，亦只成二乘沉空守寂之学，才遇些子差别景界，便经纶宰割不下。曾谓吾儒经世之实学，而可作如此见解耶？先师谓"未发在已发之中，已发在未发之中"，不论有事无事，只是一个致良知工夫，统括无遗。物是良知感应之实事，良知即是心之本体、未发之中也。明道云："动亦定，静亦定"，动静者，所遇之时，定即是良知之体也。近溪所见，还从禅宗中来，吾儒致知格物之旨尚未莹彻。①

如果单就王龙溪所引述的罗汝芳的话语来看，他的批评是有道理的，但是，我们必须理解古人所说"言不尽意"的道理，罗汝芳的一句话，只能说清楚一个问题，不可能面面俱到，因此，王龙溪批评他"近溪所见，还从禅宗中来，吾儒致知格物之旨尚未莹彻"的说法，未必客观。值得注意的是，罗汝芳晚年一贯强调学者要"破光景"，自己绝不会落入"二乘沉空守寂之学"的境地，因此，"解离尘俗"和"澄湛安闲"的提法都只是有针对性的一时之言，而王龙溪把它当成了定论，这种评价应该离实际情况较远，属于对罗汝芳思想的误会。由于古代交通和通信条件不便，更由于学者之间的投缘与否，因此，免不了一些学术见解的歧异，这也是造成思想界门派林立的原因之一。当然，王龙溪关于"不论有事无事，只是一个致良知工夫，统括无遗"的说法本身无误，他和罗汝芳的思想分歧，如果得以当面真诚地探讨，应该是可以得到解决的。

---

① 《王畿集》卷10《与冯纬川》，第244页。

综上所述，王龙溪和罗汝芳之间，在学术思想上大同而小异，属于心学阵营内部细微而次要的思想分歧。他们二人互相肯定，互相推崇，为阳明心学在晚明的传播和发展都作出了重要的贡献。

第三节　罗汝芳与李贽哲学思想之比较

与罗汝芳同时，还有一位被人称为"异端之尤"的思想家并世而兴，他就是李贽。虽然从师门沿革上讲，罗汝芳和李贽同属于泰州学派的传人，两人之间也有不错的交谊，但是，二人的思想观念和价值追求完全不同，李贽的思想理论实质上是独树一帜的，具有反理学、反礼教的鲜明特征。不过，由于李贽在个性和思想上极其复杂甚至矛盾，他对于罗汝芳的学行从未说过一句微辞，反而是尊崇有加。因此，比较这样两位同时代而又思想迥异的人物，对于拓宽理解罗汝芳的哲学思想，具有横向考察的重要意义。

一、李贽的生平及其与罗汝芳的交往

李贽（1527—1602），本名载贽，因避明穆宗朱载垕之讳，改为贽，号卓吾、宏甫，又号温陵居士，福建泉州南安人。其祖父是经商的穆斯林，其父则为教书先生。李贽少小受父命读书，但是性格倔强难化，对于正统理学素来反感。二十六岁时，他事先背诵好几百篇八股文的范文，进入考场后"但作缮写誊录生，即高中矣"[1]，从此成为举人，因此，他十分鄙视当时的科举制度，认为这根本不足以选拔有真才实学的人才。根据当时的官吏制度，举人也可以入仕（不过要申请候补，所得职位多为州县学官，品级较低），为了养家糊口，李贽也申请入仕，于嘉靖三十五年（1556）被任命为河南辉县教谕。三十四岁时，升任南京国子监博士，三年后改为北京国子监博士，到了嘉靖四十五年（1566），又改任礼部司务。隆庆四年（1570），李贽调任南京刑部员外郎，在南京待了七年之久。在此期间，他和许多著名学者过从甚密，如拜泰州学派的王襞为师，与赵贞吉、耿定理、焦竑等成为好友，与罗汝芳也是在这一时期认识的。当时，罗汝芳已经从宁国知府的位置上卸任，回乡丁忧，因为颜山农入狱一案，前往南京为其打点斡旋，在南京住了很长时间，因此南京的士

---

①　李贽：《焚书》卷3《卓吾论略》，见张建业主编：《李贽文集》第一卷，北京，社会科学文献出版社，2000，第79页。

大夫与之交往是很正常的事情。不过，从现在《颜钧集》来看，焦竑、王
襞都应罗汝芳的请求为颜山农捐了一点钱以"助银完赃"。(焦竑二两、王
襞五钱)①但是，李贽却分文未出，可以想见，李贽和颜山农都属于个性
张狂之人，因此二人并不投缘，所以李贽对颜钧的牢狱之灾冷眼旁观，
一毛不拔。

　　万历元年(1573)，当罗汝芳奉诏入京听用时，路过南京，二人再次
相会，李贽表达了自己"终当披剃"②的愿望，《罗汝芳集》中对此有简略
的记载。万历五年(1577)，五十岁的李贽意外地被任命为云南姚安知府，
他前往云南就任。此时，恰巧罗汝芳还在云南担任参知政事一职，算是
李贽的上级，不久即离任前往北京(贺万寿节，随即致仕)。因此，李贽
和罗汝芳在云南又短暂地相会，正好赶了个一头一尾，罗汝芳还写过一
首《赠李卓吾太守》③的诗，虽然只是应酬唱和之作，也体现出二人的真
挚交谊。在云南姚安府任职期间，李贽采取的为政方针是："一切持简
易，任自然"④，政绩还算不错。不过，三年任期满后，李贽已经厌倦了
苦熬资历的官场生涯，坚决辞官归隐，开始了专门从事讲学和著述的在
野生活。他曾应好友耿定理之邀，到湖北黄安(后至麻城)等地长期居住，
流寓麻城期间，他在芝佛院中自行落发，成为一个没有度牒的"和尚"，
从此，他名为出家而不断荤腥，身居佛堂却挂孔子像，⑤ 行为乖张，出
言无忌，在讲学中对程朱理学和封建礼教进行了大胆的抨击和嘲讽，以
至于后来麻城一带的乡绅士大夫以"异端惑世"、"宣淫"等罪名，捣毁了
他居住的芝佛院，使得他不得不暂避到山中。万历二十九年(1601)，李
贽又应友人之邀前往通州居住，因为通州离北京甚近，因此统治阶级不
能容忍李贽进一步宣扬他的思想学说，第二年，在明神宗的亲自过问下，
以"敢倡乱道，惑世诬民"⑥的罪名将其逮捕入狱。李贽入狱后，坦然自
若，照样读书吟诗，不过，因为清楚自己已为最高统治集团所不容，不
久在狱中自尽，享年七十六岁。

---

① 颜钧：《著回何敢死事》，见《颜钧集》，第45页。凡助银完赃者，颜山农都一一做了记
　录。
② 《罗汝芳集》，第402页。
③ 《罗汝芳集》，第824页。
④ 顾养谦：《顾冲老送行序》，《李贽文集》第一卷，《焚书》卷2《又书使通州诗后》附文，
　第72页。
⑤ 从李贽所著《题孔子像于芝佛院》一文可知，他并不怎么尊崇孔子，此举只是为了"从
　众"，见《李贽文集》第一卷，《续焚书》卷2，第95页。
⑥ 《明神宗实录》卷369，见"中央研究院"历史语言研究所校印：《明实录》，第6919页。

李贽虽然博通经史，但是明显超出了儒家思想的范畴，"非名教所能羁络"。① 事实上，他把自王阳明以来兴起的思想解放运动进一步发扬，几至顶峰，成为一个反理学、反礼教的启蒙思想家。如果从一般意义上推论，李贽和罗汝芳的思想应该是相互对立的，然而，罗汝芳却是李贽心悦诚服的屈指可数的几位名儒之一。这是因为，李贽的思想构成十分复杂，至少在生命哲学和道行工夫上，他对王阳明、王龙溪为代表的心学一派的思想表示认同，进而接受了佛教禅宗思想。虽然他本人的修行水平并不高，属于"行不掩言"的狂者，但是，他对于凡是有深厚的修行功力的学者，却表现出真诚的推崇。从现存文献史料来看，他对于王龙溪和罗汝芳二人至为钦佩，对于王龙溪，他称之为"圣代儒宗，人天法眼，白玉无瑕，黄金百炼"②。至于对罗汝芳，李贽又别有一番感情。罗汝芳属于泰州学派的传人，道行深湛，融通三教，李贽与之在南京接触之后便深有感受，加上李贽也属于泰州学派王襞之门徒③，因此，他对于罗汝芳的推崇不在王龙溪之下。万历十六年戊子(1588)冬，当罗汝芳逝世的消息姗姗来迟地传到湖北麻城时，李贽听后简直懵了，因为在他的印象中，"吾观先生骨刚气和，神完志定，胜似王(龙溪)先生。王先生尚享年八十六，先生即不百年，亦当九十，决不死也。"④怎么这样一个工夫深邃的大儒在七十四岁时就辞世了呢？此后数月，李贽头脑一直处于浑浑噩噩之中，连给罗汝芳设位祭奠之事都忘在了一边，旁边有好友提醒他该怎么做，他却"默不应，不知所以应也。"事后他才体会到，"余自闻先生讣来，似在梦寐中过日耳，乃知真哀不哀，真哭无涕，非虚言也。"⑤直至第二年春分之时，李贽才从悲痛和茫然中清醒过来，于是，他如实地记下了自己这一段时间的心情和对于罗汝芳的追思，命之为《罗近溪先生告文》。在文中，李贽借好友僧深友之叙述来回顾：

> 某自从公(指李贽)游，于今九年矣。每一听公谈，谈必首及王先生，以及(罗)先生……忆公告某曰："我于南都得见王先生者再，罗先生者一。及入滇，复于龙里得再见罗先生焉"。然此丁丑以前事也。自后无岁不读二先生之书，无口不谈二先生

---

① 《明儒学案》卷 32，第 703 页。

② 《王龙溪先生告文》，见《李贽文集》第一卷，《焚书》卷 3，第 112 页。

③ 李贽坦言："心斋之子东崖公，贽之师。"见《李贽文集》第一卷，《续焚书》卷 3，第 85 页。

④ 《罗近溪先生告文》，见《李贽文集》第一卷，《焚书》卷 3，第 115 页。

⑤ 《罗近溪先生告文》，见《李贽文集》第一卷，《焚书》卷 3，第 115 页。

之腹。令某听之，亲切而有味，详明而不可厌。①

如前文所述，李贽与罗汝芳在南京会面恐怕不止一次，但应有深谈与浅谈之别，给李贽留下深刻印象者或许只有这一次，故李贽有如此之说。从这段话中可知，李贽"无岁不读二先生之书，无口不谈二先生之腹"，对于李贽这种"非圣无法"的人来讲，这实在是太罕见了。但是，李贽就是这样一个真性情的人，他既敢于怀疑一切权威，但是遇到了自己衷心服膺的圣者，仍然会心悦诚服（能不能学到则是另外一码事），因此，他对于王龙溪和罗汝芳的推崇之情是发自内心的。在《告文》中，李贽充满感情地写道：

> 今余亦既老矣，虽不曾亲受业于先生之门，而愿买田筑室厝骸于先生之旁者，念无时而置也，而奈何遂闻先生死也！②

对于罗汝芳讲学传道的一生，李贽同样给予了高度的评价，他说：

> 车辙所至，奔走逢迎，先生抵掌其间，坐而谈笑。人望风采，士乐简易，解带披襟，八风时至。有柳士师之宽和，而不见其不恭；有大雄氏之慈悲，而不闻其无当……力而至，巧而中，是以难及；大而化，圣而神，夫谁则知？盖先生以是自度，亦以是度人。③

由是可见，李贽对于罗汝芳的讲学水平及社会反响是颇为认可的。李贽自己也是终身讲学不辍的学者，曾在思想界掀起过巨大的波澜，不过，他如此赞扬罗汝芳的讲学精神，体现出他内心对于"道"的真诚向往，能用"大而化，圣而神"的古语来评价近溪，可见罗汝芳在他的心目中地位之高了。不仅如此，在罗汝芳去世之后，李贽罕见地为其作传，名为《参政罗公》，④ 在简要记述罗汝芳生平的字里行间，透出了对罗汝芳的景仰之情。

---

① 《罗近溪先生告文》，见《李贽文集》，第一卷，第115页。
② 《罗近溪先生告文》，见《李贽文集》，第一卷，第116页。
③ 《罗近溪先生告文》，见《李贽文集》，第一卷，第116页。
④ 《罗汝芳集》，第868页。

二、李贽与罗汝芳哲学思想之迥异处

从表面上看，罗汝芳和李贽同属于泰州学派，都属于王心斋的流脉，二人的思想应该有较多的相融之处。其实不然，李贽是个反理学、反礼教之人，除了在生命哲学和修道工夫上对罗汝芳诚心尊崇之外，李贽和罗汝芳的思想差异是显著而巨大的，在此，笔者无意做全面的分析，只对比几项重要的思想观念，便可以发现李贽和罗汝芳在哲学思想上绝非"同道之人"。

第一，人性论之差异。罗汝芳是一个坚定的性善论者，虽然他清晰地目睹了明朝中后期的许多丑恶之事、奸猾之人，但是，他始终认为性善是人性的本源，否则，后天的教育就失去了作圣成贤的人性论基础。据此，他说：

> 夫性善者，作圣之张本，能知性善，而圣贤乃始可谓人人可以为之也。①

又说：

> 不明性善，则无根源；不法先圣，则无规矩。②

罗汝芳一生孜孜不倦地从事于"明道淑人"的教育事业，其思想根据就在于充分肯定人性（指天命之性）皆善的深层理念。与之相比，李贽完全摒弃性善论的说法，而是明言"人心本私"的思想观念，他说：

> 夫私者，人之心也，人必有私，而后其心乃见；若无私，则无心矣。③

对此，李贽还举例说："如服田者利有秋之获，而后治田必力；居家者利仓积之获，而后治家必力；为学者利进取之获，而后举业之治也必力。"④李贽的结论是："虽圣人不能无势利之心"，"势利之心亦吾人禀赋

---

① 《罗汝芳集》，第239页。
② 《罗汝芳集》，第246页。
③ 《藏书·德业儒臣后论》，《李贽文集》第三卷，第626页。
④ 《藏书·德业儒臣后论》，《李贽文集》第三卷，第626页。

之自然。"①不能说李贽的讲法没有道理，他出身于商人之家，又在官场混迹多年，亲眼目睹了许多口谈尧舜之道的士大夫为追逐名利而做出许多龌龊之事。因此，他在与官僚学者耿定向辩论的过程中，曾经不无讽刺地说：

> 试观公之行事，殊无甚异于人者……自朝至暮，自有知识以至今日，均之耕田而求食，买地而求种，架屋而求安，读书而求科第，居官而求尊显，博求风水以求福荫子孙。种种日用，皆为自己身家计虑，无一厘为人谋者。及乎开口谈学，便说尔为自己，我为他人；尔为自私，我欲利他……以此而观，所讲者未必公之所行，所行者又公之所不讲，其与言顾行，行顾言何异乎？以是谓为孔圣之训可乎？②

或许是念及从前与耿定向之弟耿定理的交情，李贽此处的嘲讽还是比较平和的，有时候，他直斥某些封建官僚缙绅的做派是"阳为道学，阴为富贵，被服儒雅，行若狗彘然也"③。简而言之，李贽以一生的所见所闻为依据，认定"夫私者，人之心也"，性善论在他心中是没有地位的。

第二，价值观念和伦理思想的差异。既然禀持不同的人性论，李贽和罗汝芳之间在价值观念和伦理思想上也就必然存在着泾渭分明的差异，这种差异进而影响到二人治学目标的根本不同。罗汝芳认为，

> 孝亲敬长，睦乡教子，是自尽性分的事。④

又说：

> 天下太平者非他，即人心和平之极也；人心之和平者非他，即《中庸》之各率其性，而为孝为弟为慈，平平而遍满寰穹，常常而具在目前也。此个人情，万古不变，却原是天命生生，万古流行而不已也。⑤

---

① 《道古录》卷上，见《李贽文集》第七卷，第358页。
② 《答耿司寇》，见《李贽文集》第一卷，《焚书》卷1，第28页。
③ 《三教归儒说》，见《李贽文集》第一卷，《续焚书》卷2，第72页。
④ 《罗汝芳集》，第755页。
⑤ 《罗汝芳集》，第234页。

在罗汝芳心中，孝、弟、慈"三原德"是人性（情）固有的先天内涵，后天教育的根本目标就是要将这种先天德性阐发明白，使之发挥在后天生活的效用。当有人问他："吾人寓形于内，万感纷错，何修而得心和？"罗汝芳回答说："和妻子，宜兄弟，顺父母，斯和矣。"①罗汝芳是这么说的，也一直是这么做的，对父母而言，他是孝子；对师长而言，他是恪尽礼义的高徒；对妻子吴氏而言，他是体贴的丈夫；对两个儿子而言，他是一个开明的慈父，所以罗汝芳才敢于明言："和妻子，宜兄弟，顺父母，斯和矣。"

与之相比，李贽是一个不恋家也不顾家之人，追求的是一种个人的自由自在。他自三十岁离开家乡，外出做官，除了三十多岁时两度回家奔丧守孝之外，长年流离在外，自称"流寓客子"，②就是家里来人苦劝他也不想回去。他"中年得数子，皆不育"，自后"虽无子，不置姜婢"，完全摒弃当时人们以无后为忧的伦理观念。云南姚安知府任满后，他辞官归隐，却不回家乡，对朋友说："我老矣，得一二胜友，终日晤言以遣余日，即为至快，何必故乡也！"③于是，他带着妻女来到湖北黄安，依附于好友耿定理居住，后来，妻子、女儿思念故乡，他就把她们打发回去，自己仍然留在湖北。当家乡的亲人们屡次差人和书信来劝他回乡时，他一怒之下，干脆给自己落发剃度，以示决不回乡的态度。对此，他在给友人的信中说明了原委：

> 其所以落发者，则因家中闲杂人等时时望我归去，又时时不远千里来迫我，以俗事强我，故我剃发以示不归，俗事亦决然不肯与理也。又此间无见识人多以异端目我，故我遂以异端以成彼竖子之名……④

李贽的观念和行为，与罗汝芳所倡导的"孝亲敬长，睦乡教子"之道实在相去万里，这是因为，他从内心并不接受罗汝芳所说的"各率其（天命之）性，而为孝为弟为慈"的伦理观念，只是希望自己能够不受拘束，自由自在。正因为如此，李贽和罗汝芳的治学修道目标也是南辕北辙，迥然不同。罗汝芳虽然博通三教，在治学修道的根本目标上，却始终坚

---

① 《罗汝芳集》，第 386 页。
② 《李贽文集》第一卷，《焚书》卷 4《豫约·感慨平生》，第 173 页。
③ ［明］袁中道：《李温陵传》，见《李贽文集》第一卷，《续焚书》附文，第 131 页。
④ 《李贽文集》第一卷，《焚书》卷 2《与曾继泉》，第 48 页。

持儒家本位，他说："吾辈为学，盖学圣也。"①又说："圣门宗旨，的在求仁。"②当有人问他："怵惕恻隐，便是圣贤否？"他明确地回答："此是圣体，扩而充之，便是圣贤。"③这些话，表明了罗汝芳对圣人之学的坚定信仰。在此基础上，罗汝芳认为，须以先圣为法，才能达到作圣成贤的目标，他说："不明性善，则无根源；不法先圣，则无规矩。"④对于这样的治学目标和标准，李贽当然无法认同，而是明确表示对于以孔子为人格榜样的怀疑，他说：

> 夫天生一人，自有一人之用，不待取给于孔子而后足也。若必待取足于孔子，则千古以前无孔子，终不得为人乎？⑤

从逻辑上讲，李贽的质疑无可非议，谁也驳不倒他，不过，从其内心而言，李贽反感的是受到任何伦理道德和行为规范的束缚，他是一个追求个性自由的知识分子，对此，他有过十分清楚的自述，他说：

> 缘我平生不爱属人管……我是以宁飘流四外，不归家也……只以不愿属人管一节，即弃官，又不肯回家，乃其本心实意。⑥

对于用所谓圣人之道及其规范来教导后人，李贽更是觉得不可接受，他说：

> 夫天下之民物众矣，若必欲其皆如吾之条理，则天地亦且不能。是故寒能折胶，而不能折朝市之人；热能伏金，而不能伏竞奔之子。何也？富贵利达所以厚吾天生之五官，其势然也。是故圣人顺之，顺之则安安。是故贪财者与之以禄，趋势者与之以爵，强有力者与之以权，能者称事而官，懦者夹持而使。有德者隆之虚位，但取具瞻；高才者处以重任，不问出入。各

---

① 《罗汝芳集》，第 17 页。
② 《罗汝芳集》，第 16 页。
③ 《罗汝芳集》，第 402 页。
④ 《罗汝芳集》，第 246 页。
⑤ 《李贽文集》第一卷，《焚书》卷 1《答耿中丞》，第 15 页。
⑥ 《李贽文集》第一卷，《焚书》卷 4，《豫约·感慨平生》，第 173 页。

从所好，各骋所长，无一人不中用，何其事之易也！①

李贽这段话，一方面表明了他承认"富贵利达，所以厚吾天生之五官"的价值观，体现了一种市民阶层的价值取向；另一方面，表明了他对个性自由的追求和向往。李贽认为，"夫天下之民物众矣，若必欲其皆如吾之条理，则天地亦且不能"，显然，他反对以一种共同的价值尺度和道德准则去规范人们的行为，他推崇的是"各从所好，各骋所长"的个性自由，以为这样可以使得"无一人不中用"。当然，李贽的这一思想具有空想性，任何社会都必然存在一些基本的共同价值观念作为社会成员的行为规范，希望"各从所好，各骋所长，无一人不中用，何其事之易也"，这只能是一厢情愿的幻想，如果真的这样去实行，必然会使社会陷入极度混乱，结果将是"无一人中用"。李贽的这一思想，或许算是无政府主义思想在中国古代的早期萌芽吧。由是可见，罗汝芳和李贽在价值观念、伦理思想和治学目标等方面具有截然不同的倾向。好在李贽的反理学、反礼教的思想，主要是在与官僚学者耿定向的争论中表现出来的，而在与罗汝芳相处时，并没有深入谈及这方面的问题（或许是有意避开的），因此，二人的友谊并没有因为价值观念的迥异而受到什么影响。

第三，对待儒家经典态度的不同。罗汝芳是一个虔诚的儒者，对于儒家经典，深入钻研，颇有心得，因此十分看重儒家经典对于传承圣人精神的历史意义。在这方面他有很多积极评价的言论，例如：

　　天下之人，只为无圣贤经传唤醒，便各各昏睡，虽在大道之中，而忘其为道，所以谓："百姓日用而不知。"②

又如：

　　惟此《学》、《庸》、《语》、《孟》，则是圣贤心法之所在，生平学术之所存，而亦国家之所责备吾侪，以竭力而深造之者也。③

不仅如此，罗汝芳也坦然承认自己曾经对儒家经典刻苦钻研，因此

---

① 《李贽文集》第一卷，《焚书》卷1，《答耿中丞》，第16页。
② 《罗汝芳集》，第143页。
③ 《罗汝芳集》，第235页。

能够契会浸润于经典中的圣人精神，他说：

> 某至不肖，幸父师教诲，每责令理会经书，一字一句，不
> 轻放过，故遵奉久久，不觉于孔圣心源，稍有契悟。①

如前文所述，正因为对于儒家经典有着十分深入的研究，罗汝芳才能够得出关于儒家经典的独立思考的结论。例如，关于《中庸》和《大学》两部经典的作者问题，他言之凿凿地说："二书所作，果相传如是。但窃意孟子每谓愿学孔子，而七篇之言多宗《学》、《庸》，则此书信非孔圣亲作不能，而孔圣若非五十以后，或亦断难着笔也。"②关于《学》、《庸》作者究竟是谁，在此无须详辨，由此足以看出，罗汝芳对于儒家经典的深思明辨和推崇重视。

相比之下，李贽是以玩世不恭的方式考中举人的，加上倔强难化的性格，因此，对于儒家经典缺乏起码的尊重，他说：

> 夫《六经》、《语》、《孟》，非其史官过为褒崇之词，则其臣
> 子极为赞美之语。又不然，则其迂阔门徒，懵懂弟子，访忆师
> 说，有头无尾，得后遗前，随其所见，笔之于书。后学不察，
> 便谓出自圣人之口也，决定目之为经矣，孰知其大半非圣人之
> 言乎？纵出自圣人，要亦有为而发，不过因病发药，随时处方，
> 以救此一等懵懂弟子、迂阔门徒云耳。药医假病，方难定执，
> 是岂可遽以为万世之至论乎？然则《六经》、《语》、《孟》，乃道
> 学之口实，假人之渊薮也，断断乎其不可心语于童心之言
> 明矣。③

必须承认，李贽的言论中有一些确实道出了历史的真相。明代思想家对于儒家经典可靠性的怀疑，自王阳明就已经开始，王阳明曾对弟子徐爱说：

> 今之《礼记》诸说，皆后儒附会而成，已非孔子之旧；至于

---

① 《罗汝芳集》，第108页。
② 《罗汝芳集》，第11页。
③ 《李贽文集》第一卷，《焚书》卷3《童心说》，第93页。

《春秋》，虽称孔子作之，其实皆鲁史旧文……①

又说：

《诗》非孔门旧本矣……此必秦火之后，世儒附会，以足三百篇之数。②

上述这些话语，王阳明并不仅仅是凭一己之见而妄下独断，在《传习录》中还有令人信服的论证过程，由此足见王阳明对于儒家经典的权威性并不盲从。到了他晚年，提出了"致良知"的学术宗旨，并说："吾平生讲学，只是致良知三字"③，王阳明之所以提出"致良知"作为"圣门正法眼藏"，④ 除了个人的深邃体悟之外，恐怕还与世儒所传的儒家经典的可靠性不高有关。阳明心学经过数十年的传播与弘扬，到李贽之时已经传遍大江南北，李贽对于阳明心学的态度是"虽倔强，不得不信之矣"，⑤ 虽然他未必得到阳明心学的真传，但是将其敢于怀疑权威和教条的精神充分汲取，因此，他对于儒家经典的态度，已经变得十分轻视，认为这无非是"迂阔门徒，懵懂弟子，访忆师说，有头无尾，得后遗前，随其所见，笔之于书"的产物，其社会效用不过是"道学之口实，假人之渊薮"而已。对于阳明心学对待经典的态度，罗汝芳并不认同，曾经有过一个婉转的批评，他说：

宋有晦庵先生见得当求诸六经，而未专以孝、弟、慈为本，明有阳明先生见得当求诸良心，亦未先以古圣贤为法。⑥

虽然罗汝芳对王阳明十分推崇，但是并不掩饰自己对于阳明心学的某些瑕疵的真实看法，他认为，王阳明抓住了良知这个核心要领，但是没有告诫学者要以古圣贤为法，确乎是其不足，因为"不法先圣，则无规矩"，人们不知道如何进入圣贤的门墙。既然明确要以先圣为法，那么，认真阅读、领会圣人所传的经典则是必不可少的功课。对于儒家经典，

① 《王阳明全集》卷1，第8页。
② 《王阳明全集》卷1，第10页。
③ 《王阳明全集》卷26《寄正宪男手墨二卷》，第990页。
④ 《王阳明全集》卷5《与邹谦之》之二，第178页。
⑤ [明]李贽：《阳明先生年谱后序》，见《王阳明全集》卷41《序说·序跋》，第1064页。
⑥ 《罗汝芳集》，第5页。

既要深入钻研，又要独立思考，罗汝芳自己是这么做的，然后又以此为经验，传授给他的门人。与之相比，儒家经典在李贽的头脑中几乎没有什么权威性可言，他说：

> 咸以孔子之是非为是非，故未尝有是非耳……夫是非之争也，如岁时然，昼夜更迭，不相一也。昨日是而今日非矣，今日非而后日又是矣。虽使孔夫子复生于今，又不知作如何非是也，而可遽以定本行罚赏哉？①

又说：

> 人之是非初无定质，人之是非人也亦无定论。无定质，则此是彼非并育而不相害；无定论，则是此非彼亦并行而不相悖矣。②

在当时，敢于说出"不以孔子之是非为是非"的观点，是需要极大勇气的，因为这已经触动了封建时代统治阶级的价值观念的核心基础，无怪乎李贽被视为"异端之尤"，最后会被明神宗亲下诏狱，身死狱中了。不过，虽然李贽敢于"解构"孔子和儒家经典的权威性，却不能提出更为科学的真理观，他的"是非无定质、无定论"的口号，如果推广开来，只能会给社会思想造成更大的混乱，这一点，后代学人一定要同时引起注意。

总之，李贽对于儒家经典不屑一顾的态度和罗汝芳对于儒家经典推崇与虔诚的态度形成了鲜明的对比。如前所述，好在二人没有就此问题而发生过正面的争论，因此也没有影响到他们之间的友谊。

三、李贽与罗汝芳哲学思想的形同实异处

或许有人会问：李贽和罗汝芳同属于泰州学派，又能够成为朋友，思想上总有某些相似或契合之处吧？诚然，近溪和卓吾能够成为朋友，如果思想上完全没有接合点，那是不可想象的。但是，需要注意的是，即使是在这些形式上相同或相近的思想观念中，仍然潜藏着微妙而实质

---

① 《李贽文集》，第二卷，《藏书·世纪列传总目前论》，第 7 页。
② 《李贽文集》，第二卷，《藏书·世纪列传总目前论》，第 7 页。

的分歧，因此，李卓吾自是李卓吾，罗近溪自是罗近溪，一个是理学和礼教的叛逆者，一个是理学和礼教的维护者，二人的人生轨迹是完全不同的。

作为泰州学派的传人，李贽和罗汝芳提出过一些相似的思想命题，并与先师王艮的思想一脉相承。例如，王艮曾经说过：

> 圣人之道，无异于百姓日用。凡有异者，皆谓之异端。①

对于这句话，后人将其概括为"百姓日用即道"②，对此，李贽和罗汝芳都从不同角度对其进行了阐发。先看李贽的相关言论，他说：

> 穿衣吃饭，即是人伦物理；除却穿衣吃饭，无伦物矣。世间种种，皆衣与饭类耳，故举衣与饭而世间种种自然在其中，非衣饭之外更有所谓种种绝与百姓不相同者也。学者只宜于伦物上识真空，不当于伦物上辨伦物，故曰："明于庶物，察于人伦。"③

这段话，其实是王艮"百姓日用即道"思想的延续，但是，王艮还指出："百姓日用条理处，即是圣人条理处。圣人知，便不失；百姓不知，便会失。"④相比之下，李贽只强调"穿衣吃饭，即是人伦物理；除却穿衣吃饭，无伦物矣"，已经没有了王心斋重视后天修习、旨在"明善复初"的思想内涵，把穿衣吃饭当成了人伦物理的全部内容，完全是市民阶层的意识体现。相比之下，罗汝芳提出的著名命题"捧茶童子是道"⑤，倒是更加贴近王艮的原意，因为他让听众明白了：所谓"道"，并不神秘，"固平常人所共由也，且须臾不可离，固寻常时刻所长在也"⑥。因此，人人可修，人人可得，而且就在日常生活中处处体现。但是，罗汝芳从来不主张学者陷入到生活琐事中去，更反对把富贵利达作为人生追求的目标，他曾经告诫自己的后辈：

---

① 《王心斋全集》卷1《语录》，第10页。
② 黄宗羲语：《明儒学案》卷32《泰州学案一》，第710页。
③ 《李贽文集》第一卷，《焚书》卷1《答邓石阳》，第4页。
④ 《王心斋全集》卷1《语录》，第10页。
⑤ 《罗汝芳集》，第44页。
⑥ 《罗汝芳集》，第171页。

> 须要晓得：富贵多便造业多，富贵有时消散，罪业永远相
> 随。人在世间，只有衣穿，有饭吃，不被人打骂，便过得日子，
> 便好干办自己前程。各人早些得手，便是各人本事。①

可见，罗汝芳以修道成圣为人生终极目标，绝不像李贽那样认同市民阶层以富贵利达为人生价值取向的观点。即使从形式上相似的两个命题中，我们仍然能够发现罗汝芳和李贽哲学思想的内在而微妙的差异。

又如，罗汝芳常讲"赤子之心"，李贽则提出了"童心说"，在形式上这两个命题确实很相近，可是，如果深入分析一下，就会发现二人的思想理念有着本质的差异。先来看罗汝芳所宣讲的"赤子之心"，他说：

> 夫赤子之心，纯然而无杂，浑然而无为，形质虽有天人之
> 分，本体实无彼此之异，故人生之初，如赤子时，与天甚是
> 相近。②

再来看一看李贽的"童心说"，他认为：

> 童心者，最初一念之本心也。若失却童心，便失却真心；
> 推失却真心，便失却真人。人而非真，全不复有初矣。③

如果研究者止步于此，便会觉得罗、李二人的思想十分接近，然而，进一步研读紧随其后的言论，就会发现二人思想内涵的本质差异。罗汝芳说：

> 奈何天生而静后，却感物而动，动则欲已随之。少为欲间，
> 则天不能不变而为人，久为欲引，则人不能不化而为物，甚而
> 为欲所迷且蔽焉，则物不能不化而为鬼魅妖孽矣。此等田地，
> 其喜怒哀乐，岂徒（违）先天之则，亦且拂人之性；岂惟拂人之
> 性，亦且造物之殃。④

---

① 《家报十纸》（十），见《罗汝芳集》，681 页。
② 《罗汝芳集》，第 124 页。
③ 《李贽文集》第一卷，《焚书》卷 3《童心说》，第 92 页。
④ 《李贽文集》第一卷，《焚书》卷 3《童心说》，第 92 页。

李贽则说：

> 其长也，有道理从闻见而入，而以为主于其内而童心失；
> 其久也，道理闻见日以益多，则所知所觉日以益广，于是焉又
> 知美名之可好也，而务欲扬之而童心失；知不美之名之可丑也，
> 而务欲以掩之而童心失。夫道理闻见，皆自多读书识义理而
> 来也。①

由此可见，罗汝芳认为赤子之心的丧失是由于人心"为欲所迷且蔽
焉"，这些欲望，是"感于物而动"的，属于气质之性，并非人心先天原本
的内涵。如果要问及人心先天原本的内涵是什么，很简单，孝、弟、慈
"三原德"而已，因此，罗汝芳的基本思路是：克服气质之性的局限，消
弭欲望对人心的误导，恢复人类先天至善的本性。对此问题，李贽的观
点是完全不同的，他认为："富贵利达所以厚吾天生之五官，其势然也。"
这样的人性，即使是圣人也必须顺之，"顺之则安矣"。他并不认为贪恋
富贵利达的诸种欲望有何不当之处。因此，追求富贵的欲望本身也属于
"最初一念之本心"，是"绝假存真"的"童心"的表现。那么，这种童心是
如何丧失的呢，李贽认为是缘于"道理闻见"，而且"皆自多读书识义理而
来"，这种后天学习而得的"道理闻见"，使得人们学会了掩饰自己对于名
利的追求，"知美名之可好也而务欲扬之"，"知不美之名之可丑也而务欲
掩之"，从此学会文过饰非，矫揉造作，成为一个常说假话、表里不一的
伪君子。因此，李贽非常反感统治阶级用理学和礼教来教化百姓，认为
这些道理闻见是束缚人性、戕害童心的，起到的社会效用不过是：

> 夫既以闻见道理为心矣，则所言者皆闻见道理之言，非童
> 心自出之言也。言虽工，于我何与？岂非以假人言假言，而事
> 假事文假文乎？盖其人既假，则无所不假矣。②

可见，在李贽看来，理学和礼教对于人性而言，是专门造就假人、
假言、假文和假事的，根本没有什么正面效用可言。无疑，这和罗汝芳
重视德教、以求仁学圣为目标的教育思想是完全对立的，罗汝芳认为，

---

① 《李贽文集》第一卷，《焚书》卷3《童心说》，第92页。
② 《李贽文集》第一卷，《焚书》卷3《童心说》，第92页。

"圣王之治，专以德教为主，明刑饬法，不过辅弼德教之所不及而已。"①因此，他一生孜孜不倦地宣扬道德教化，目的就是让人们恢复"赤子之心"的纯真和善良，以达到"天下太平者非他，即人心和平之极"的治世局面。过去，由于受政治权威话语的左右，学术界一直称赞李贽思想的反封建、反礼教意义，认为他的思想具有破旧启蒙之功，其实，今天看来，李贽的思想是十分偏颇的，他把中国古代的道德教化一概否定，同时又找不出取代它的新思想和新理论，只能以所谓"童心"为幻想中的理想人格，提出"各从所好，各骋所长"的口号来自我安慰，实质上，起到的作用只是破旧而不立新，加剧了社会思潮和道德生活的更加混乱。

当然，李贽晚年皈依佛门，接受了佛教的"真空"本体论和"妙明真心"说，认为"吾之色身洎外而山河，遍而大地，并所见之太虚空等，皆是吾妙明真心中一点物相耳"②。这一思想，和罗汝芳所持的心学理念更加接近了。但是，在多年游历生涯中养成的张狂和叛逆的性格，使得李贽并没有真正放弃他长期所持的价值观念，因此，无论他是否出家，许多封建士大夫对他的态度一直是"不以为狂，则以为可杀也。"③最后，李贽以七十六岁的高龄而惨死于诏狱之中，留下的是令人感慨不已的人生悲剧。其实，今天不必过分夸大李贽思想的反封建意义，他和颜山农、何心隐一样，都是自己的性格定式和价值观念的牺牲品，用罗汝芳的一句话来总结，那就是："人患无实心讲学耳，人肯实心讲学，必无祸也。党人者，好名之士也，非实心讲学者也。"④耐人寻味的是，同样是不畏权贵，同样是坚持独立人格，同样是讲学传道，为什么罗汝芳能够保全终身，而李贽等人却不能呢？历史上，一些只有批判性思维而缺乏建设性思维的思想家，一些骨子里以出人头地为目标、以哗众取宠为手段的学者，其个人命运往往多舛，甚至惨遭横祸，其内在原因确实是值得后人反思的。

通过第一节至第三节的叙述和比较，我们可以发现，罗汝芳和王龙溪，属于大同而小异，二人都是以明道淑人为己任的心学大家，都信奉王阳明所传下的良知之学，只不过讲学的侧重点上，龙溪重觉悟和超脱，近溪重伦理和教化，这是他们的主要差异。作为有着直接师承关系的颜山农和罗汝芳，在思想上有着许多共同或契合之处，如：怀有道德化的

---

① 《腾越州乡约训语》，见《罗汝芳集》，第 762 页。
② 《李贽文集》第一卷，《焚书》卷 4《解经文》，第 127 页。
③ 《李贽文集》第一卷，《焚书》卷 5《蜻蛉谣》，第 195 页。
④ 《罗汝芳集》，第 384 页。

社会理想，坚持在民间传播儒学，讲学方式简易活泼，等等。但是，二人也有着明显的不同之处，如：罗汝芳摒弃了颜山农的率性任情的行为方式，疏离了他所崇尚的神秘主义修道方式，同时，颜山农强调"御天造命"的生活哲学，而罗汝芳则禀持"顺天休命"的观念。至于罗汝芳和李贽之间，除了同出泰州学派一门外，其思想观念几乎都是分道扬镳甚至大相径庭的，即使偶然有些思想命题有相近之处，也是形同而实异。不过，由于李贽对于罗汝芳在修道工夫和生命哲学上的推崇，因此，两人的观念分歧并没有演化成为直接的思想冲突，倒是保持了终身的友谊，这一点，显示出李贽的真性情和罗汝芳为人的宽宏大量。上述四人，都是明代中晚期思想界的翘楚，他们的修道实践和讲学活动，促成了晚明思想界活跃与繁荣的局面，罗汝芳能够在这么多出色的思想家和教育家中脱颖而出，乃是因为他的思想体系独立自成、博大精深，他的教学方式"随人启发，直指性体"①。众多的士大夫和普通百姓在听过许多名儒的讲学之后，有了广泛比较，才会有众口一词的结论，因此，当罗汝芳逝世之后，弟子们私谥他为"明德夫子"②。平心而论，这个谥号很贴切，是罗汝芳一生学行的如实写照，因而是他当之无愧的称号。

第四节　罗汝芳哲学的历史意义与时代价值

由于中国历史文化的悠久漫长，当我们来考察一位古代思想家的历史意义时，可以分几个层次来看：第一，他的思想体系在所处的那个时代的地位与价值；第二，他的思想体系对于整个中国文化发展而言所具有的意义；第三，对于现当代社会而言，其思想的时代意义和启发性，这样，我们对于某一位古代思想家的历史影响就能够理解得更加清晰。据此，本节也从以下三个方面来分层论述罗汝芳哲学的历史意义与时代价值。

一、罗汝芳思想在明代中后期哲学思潮中的地位

黄宗羲在《明儒学案》中指出："有明之学，至白沙始入精微……至阳明而后大。"③诚然，在整个明代的思想发展历程中，王阳明其人具有中枢性的地位，阳明心学的发展和流衍也构成了思想学术发展演变的主线。

---

① 杨起元：《明德夫子罗近溪先生墓志铭》，见《罗汝芳集》，第924页。
② 见曹胤儒：《罗近溪师行实》，《罗汝芳集》，第851页。
③ 《明儒学案》卷5《白沙学案上》，第78页。

众所周知，王阳明的学术宗旨是致良知，但是，当王阳明提出"致良知"宗旨时，已经年届五十，[①]此后仅仅过了八年，他就与世长辞了。因此，黄宗羲认为："然'致良知'一语，发自晚年，未及与学者深究其旨，后来门下各以意见掺和，说玄说妙，几同射覆，非复立言之本意。"[②]王阳明身前门徒众多，遍布天下，在其身后，王学的分化和门派林立，也是顺理成章的事情。仅按最粗疏的地域划分方式，就有浙中王门、江右王门、南中王门、楚中王门、闽粤王门、北方王门和泰州学派七大门派。不同的学派根据自己对于阳明心学的理解，各自立说，分庭抗礼，虽然繁荣了明代中晚期的思想学术，但是也加剧了人心的混乱，因此，人们迫切希望有人能够出来整理一下儒家圣人之学的理论体系，使世人能够更加清晰地认识圣人之学的脉络和精髓。还须注意的是，阳明心学自从诞生之时起，便是以一种和程朱理学相对立的理论形态出现的，因此，它的很多命题和论述，都具有破除程朱理学之旧论的意蕴，这种以"破"为主的理论形态，在当时无疑具有解放思想的积极作用。不过，过了数十年，当阳明心学已经风行大江南北，即使是朝廷最高统治者也承认了阳明心学的合法地位之后，思想界此时更需要的，不再是破旧的解构性理论，而是立新的建构性理论，在这种情况下，罗汝芳的哲学思想无形中起到了这样一种转"破"为"立"或者说改"放"为"收"的历史作用，使真心求道的士子学人们看到了圣人之学的全貌。

从师承渊源上讲，罗汝芳算是出于泰州学派门下，与浙中、江右等王门一样，他继承并自觉弘扬的是阳明心学的致良知宗旨。不过，值得注意的是，在王阳明身后，"吾党诸友各以性之所近为学，虽于师门大旨不敢有违，未免倡为己见，以为发师门之所未发，听者眩然，未能会归于一"[③]，虽然尚有邹守益等个别人谨守师说而不妄作阐发，但是，并不能改变明代中后期思想界对于良知学理解的混乱状况。在这种情况下，罗汝芳按照自己的理解，特别强调致良知之教的道德修养和伦理建设的内在要求，因此，他的致良知之说，更符合中国古代农耕自然经济和宗法制度下的社会生活的实际需要，在一定程度上复归了先秦孔孟高度重视宗法伦理的基本理念。如前所述，罗汝芳说过：

---

① 这里采用的是钱德洪在《王阳明年谱》中的说法，见《王阳明全集》卷34《年谱二》，第1279页。

② 《明儒学案》卷10《姚江学案》，第179页。

③ 《王畿集》卷16《书东廓达师门手书》，第470页。

> 明德只是个良知，良知只是个爱亲敬长，爱亲敬长而达之
> 天下，即是兴仁兴义，而修、齐、治、平之事毕矣。①

不仅如此，罗汝芳还通过澄清"格物"内涵的方式，把儒家思想中固有的德教理论进一步简洁化，令人一目了然。如前所述，他从《大学》的经典原文中提炼出了三个字："孝、弟、慈"，既把它们视为良知之体的具体内涵，又将它们作为先圣传下来的简洁"法程"，凡与人讲学处，必以孝、弟、慈为宗旨，因为它既是明德之体，又是亲民之用，既是修身立本的内圣之学，又是治国平天下的外王之道的出发点。孝、弟、慈的思想有根有据，出自先圣经典，并且高度符合儒家重视伦理道德建设的一贯主张，因此，对孝、弟、慈"三原德"的大力弘扬也成为"近溪良知说"的核心内容。在这一简洁"法程"之中，寄托了罗汝芳真诚的道德理想，即"究其明明德于天下，原非他物，只是孝、弟、慈三者，感孚联属，浑融乎千万人为一人，贯通乎千万世为一世已尔。"②

虽然学有师承，罗汝芳是一个独立思考，绝不盲从的思想家，对于在他之前闻名遐迩的某些儒家权威，他一方面承认他们的历史功绩；另一方面也能够看到他们思想中的某些不足，并积极地予以纠正。例如：

> 宋有晦庵先生见得当求诸六经，而未专以孝、弟、慈为本，
> 明有阳明先生见得当求诸良心，亦未先以古圣贤为法。③

如前所述，罗汝芳以孝、弟、慈为教化之本，弥补了朱学之不足；对于阳明学派的致良知之说，罗汝芳同样看到了在传播过程中的某些流弊，即"见得当求诸良心，亦未先以古圣贤为法。"在阳明后学中，师心自用、恣意纵情者有之，束书不观，游谈无根者有之，许多人还认为这是依从良知的指点而行事。对于这种曲解良知的做法，罗汝芳明确指出："不明性善，则无根源；不法先圣，则无规矩。"④他认为先圣留传下来的经典中，内含很多教人安身立命的宝贵经验，因此，必须认真研读先圣的经典（尤其是四书），领会其精神实质，不要因为自己背得滚瓜烂熟就忽视了它们的重要性，他说：

---

① 《罗汝芳集》，第158页。
② 《罗汝芳集》，第216页。
③ 《罗汝芳集》，第5页。
④ 《罗汝芳集》，第246页。

　　　　天下之人，只为无圣贤经传唤醒，便各各昏睡，虽在大道
　　之中，而忘其为道，所以谓："百姓日用而不知。"①

　　罗汝芳是这么说的，也是一贯这么做的。1573 年，当他结束丁忧，回到北京时，张居正问他"山中功课"，他的回答竟然是："读《论语》，《孟子》，视昔稍有味耳。"一番话说得张居正无言以对，只好默然。

　　罗汝芳能够继承先秦孔孟思想精髓的表现，还在于他的人性论思想。他坚定地认为："夫性善者，作圣之张本，能知性善而圣贤，乃始谓人人可以为之也。"②有什么样的人性论思想，就会有着相应的伦理观念和治世之术。正因为对于人性的深层内涵有着深刻的体认，对于人性为善的可能性有着充分的信任和期待，因此，罗汝芳才能孜孜不倦地弘扬儒家圣人之学，期待着通过教化的手段达到正人心、化风俗的社会理想。如果单从政治事功的角度来看，罗汝芳顶多只能列入古代的循吏或清官的范畴，给明朝历史做注脚的资格都未必有。但是，他一生能够积极从事明道淑人的事业，确实继承了先秦孔孟"觉民行道、化民成俗"的崇高精神，因此，他超越了同时期绝大多数比他权位高的封建官僚，成为一个任何正史和思想史都不能不正面记述的人物。

　　罗汝芳的哲学思想是博大而宏富的，而且体用一致，本末一贯，因此，从"盈天地间只一个大生"的生命观出发，一直衍义到以孝、弟、慈为法程来治理天下，层层递进，环环紧扣，寄托了他的一腔真诚的社会理想。因此，当时许多学问已颇有造诣的儒者在听了他的讲学之后，从牛毛茧丝般的思想混乱中解脱出来，一下子觉得豁然开朗，抓住圣人之学的要害，从此衷心服膺，自觉地成为他的门徒。仅举二例便可窥其一斑，据《明儒学案》介绍，杨起元在皈依罗汝芳之后，"先生之事近溪，出入必以其像供养，有事必告而后行"③。无独有偶，另一位名儒周汝登，先从王龙溪问学，再从罗汝芳求教，"从此便有悟入"④。此后，他对于罗汝芳像圣人一样尊崇，"先生供近溪像，节日必祭，事之终身"⑤。杨起元和周汝登都是当时闻名的儒者，后来都做了高官，他们对于罗汝芳

---

　　① 《罗汝芳集》，第 143 页。
　　② 《罗汝芳集》，第 239 页。
　　③ 《明儒学案》卷 34，第 806 页。
　　④ 《明儒学案》卷 36，第 854 页。
　　⑤ 《明儒学案》卷 36，第 854 页。

的态度，反映出罗汝芳的讲学传道给当时的儒林带来一股清新和暖的惠风，对于晚明活跃而混乱的思想界起到了拨云见日的作用，对于日渐迷离、散乱的阳明后学也起到了补偏救弊的功效。此外，像名儒王时槐、邹元标、耿定向等人对于罗汝芳的高度评价，都反映出罗汝芳的讲学活动在当时产生了重大而积极的社会影响。但是，罗汝芳一生始终处于王学的门庭之内，他的哲学思想是对阳明心学的继承和完善，也是对阳明后学思想流弊的积极救正，因此，有的学者将罗汝芳的哲学思想称为"王学的圆熟之境"①，这是不无道理的。

二、罗汝芳思想对于民族精神与文化血脉的传承

中国的历史文化源远流长，渐渐形成了中国文化的基本精神。所谓中国文化的基本精神，换句话说，也就是中华民族的民族精神，即指引本民族生存和发展的民族文化的主导思想。近年来，有的学者对于中国文化的基本精神进行了一些概括总结，归纳出中国文化的基本精神(亦即民族精神)有：天人合一、以人为本、刚健有为、贵和尚中②、辩证思维、宏阔包容，等等，这些概括都是有道理的。值得注意的是，从先秦百家争鸣时期开始，中国文化的基本精神已经基本形成，其中，儒家的孔孟之道已然是中国文化基本精神的重要组成部分，经过汉代"罢黜百家、独尊儒术"的政策调整，儒家思想在吸收了诸子思想的许多营养成分之后，成为了民族精神和文化血脉的主要承载者。在此之后，经过一代又一代儒者的不懈努力，儒家思想虽然在形式上有所变化，但是本质内涵却一直延续，传递着中华民族的民族精神和文化血脉。这"一代又一代的儒者"中，就包括了罗汝芳这样自觉弘扬圣人之学的明代大儒。他毕生不辍的讲学传道活动，传承的就是中华民族的民族精神和文化血脉。需要指出，罗汝芳一生讲学，对于中国文化基本精神的传承是近乎全面的，只是由于篇幅所限，笔者在此仅举一二典型之例加以阐明，就足以使人明白其中的蕴奥。

首先，众所周知，仁爱精神是中华民族道德精神的象征，这是起源于先秦儒家的一个重要理念，罗汝芳的讲学活动，综述了这一基本精神并将其发扬光大。从历史渊源上讲，"仁"字在先秦早期已经出现，但是，将其上升为一个至关重要的哲学范畴的，首推孔子。虽然《论语》一书中

---

① 蔡仁厚：《王学流衍》，北京，人民出版社，2006，第88页。
② 见张岱年等主编：《中国文化概论》，第十六章，北京，北京大学出版社，2004，第286页。

关于"仁"字的叙述五花八门，没有成型的形式逻辑系统可言，但是，如果我们认真阅读，自然会从中找出相应的实质性思想系统来。虽然孔子将"仁"字视为本心之全德、道德之总纲，但是，其最基本的含义就是爱人，即关心、爱护同类。"人"的概念不仅是指一个个体，同时也是一个相互依赖的群体，因此，只有关心、爱护同类，才能使人类社会正常发展，使社会生活和谐有序。实践这个"仁"字，必然先从家庭内部做起，因为家庭是最基本的社会单元，是人们接触社会生活的开始，因此，孔子的弟子有若说："孝悌也者，其为仁之本与！"①当一个人从自己的家庭中走出，来到社会上，与没有血缘关系的人们相处时，同样可以实践仁德，只是方法、手段发生了变化。简而言之，在社会上与无血缘关系的人群相处，实践仁德的手段就是忠恕之道。所谓忠，尽己之谓，即尽到自己的职责和本分，这是无条件的；所谓恕，推己及人的意思，即能够将心比心为他人着想，然后再决定自己的行为。恕道包括两个方面：第一，从消极层面讲，己所不欲，勿施于人，意即自己所不愿意接受的事情，也不强加给别人；第二，从积极层面讲，己欲立而立人，己欲达而达人，是指设身处地为他人着想，以此关心、帮助他人的意思。由是可见，孝悌之道与忠恕之道，是儒家践行仁德的基本方法。即使是儒家推崇的圣君尧舜等人"博施于民而能济众"的政治事功和博爱精神，也不过是从爱人、孝悌和忠恕之道这些最基本的内涵推广出去的。

除了仁者爱人之外，"仁"在先秦时期一直还有另外一个含义，即实体的果仁。一颗种子虽然很小，但是它蕴含了长成参天大树的内在生命力，因此，生机与生意也是"仁"范畴的题中应有之义。不过，直到北宋周敦颐出世，才将"仁"的这一层含义点明，他说："生，仁也；成，义也。故圣人在上，以仁育万物，以义正万民。"②从此，以生意释仁和以博爱释仁的做法并行而不悖，成为宋明理学对于仁德内涵的基本诠释。作为圣人之学的忠实信徒，罗汝芳对于儒家仁德思想有着精深的研究和体认，因此，他能够站在先哲已有的理论成就之上，对于仁德思想进行全面而深刻的阐发，他说：

> 孔门宗旨，浑然只是一个仁字。此仁字，溯其根源，则是乾体纯阳，生化万类，无一毫之间，无一息之停，无一些子昏

---

①　《论语·学而》。按：由于《四书》广为人知，以下凡引述《四书》言语者，只在文中注明篇目。

②　《周子通书·顺化第十一》，第 36 页。

昧，贯彻民物，而名之曰：天命之性也。①

又说：

> 孔门宗旨，在于求仁。仁者人也，天地万物为一体者也，人以天地万物为一体，则大矣。②

又说：

> 天地之大德曰生。夫盈天地间只一个大生，则浑然亦只是一个仁矣。中间又何有纤毫间隔，又何从而以得天地、以得万物也哉？故孔门宗旨，惟是一个"仁"字，孔门为仁，惟是一个"恕"字。③

类似的论述还有很多，兹不赘述。概括而言，罗汝芳是以《周易》中的本体论思想为根据，认定"盈天地间只一个大生"和"夫仁，天地之生德也"的基本道理，充分表明他所秉持的是天人合一的生命本体观和以人为本的生命价值观，超越了狭隘的个体生命观和以人性自私的世俗价值观。正因为如此，罗汝芳才有博大的胸襟和慈爱的心地，积极入世，济世救民，力所能及地去治理好一县、一府乃至一省之地，成为一个当时难得的清官和循吏；也正因为如此，罗汝芳才能摒弃当时普遍存在的"阳儒阴法"的"假道学"作风，推行"以教化代刑辟"④的施政措施，创造一系列儒家治世的成功范例。

罗汝芳对于儒家仁德思想的阐发，还具有十分鲜明的个人思想特色，那就是把孝、弟、慈"三原德"放在首位，以此为教化之本。他充分汲取了先圣在《大学》中所提出的思想："故君子不出家而成教于国：孝者，所以事君也；弟者，所以事长也；慈者，所以使众也"，以此为出发点，将孝、弟、慈推而广之，从家庭伦理生活应用到社会政治和伦理建设中来，实质上就是依照孟子"老吾老以及人之老，幼吾幼以及人之幼"的思想逻辑，以期重新塑造社会生活和谐有序的新面貌。罗汝芳认为，只要以先

---

① 《罗汝芳集》，第 157 页。
② 《罗汝芳集》，第 387 页。
③ 《罗汝芳集》，第 92 页。
④ 《罗汝芳集》，第 856 页。

圣所传的孝、弟、慈等成训为法程，在日用常行中实地践履与涵养，通过爱亲敬长、兴仁兴义的生活锻炼，便可"发明"自己的良知本心，然后依此本心来修、齐、治、平，最终可以达到"明明德于天下"的目的。这种道德修养工夫，可以叫"求仁"，从另一个角度讲，可以叫"致良知"，再换一个角度讲，还可以叫"格物"，用罗汝芳自己的话说："言虽殊而旨则一，倘得一路而进，即可入道。"①

虽然仁爱理念源于孔孟，但是，如果没有历代儒者对它进行诠释和宣讲，那么，这一堪称中华民族道德精神象征的核心理念，也就不可能代代传承下来。在明代诸多讲学大老中，标新立异、哗众取宠者不乏其人，像罗汝芳这样诚心实意地宣讲仁德者，确实比较少见。而且，罗汝芳并不是照本宣科、老生常谈地宣讲仁德，而是以孝、弟、慈"三原德"为契机，来廓清人们对于仁德的认识，使得人们不再将仁德视为高高在上的"神性"，而是人人可为的实实在在的东西，无疑，这是一种聪明的诠释方法。正是通过这种朴实无华而又生动活泼的讲学活动，中国文化的基本精神无形中就被代代传承，始终发挥着指导炎黄子孙建设一个仁爱孝悌、诚信知礼的文明社会的思想指南作用。

其次，勇毅力行是中国传统文化中另一项重要的基本精神，到了明代，更被王阳明以"知行合一"的命题加以提炼，由此衍生出来的，便是刚健有为、自强不息等支撑民族生存和发展的生活信念。早在先秦时期，孔子就提出了相当于倡导勇毅力行精神的各种观点，例如：他说：

> 好学近乎智，力行近乎仁，知耻近乎勇。②
> 君子无终食之间违仁，造次必于是，颠沛必于是。③
> 志士仁人，无求生以害仁，有杀身以成仁。④
> 刚、毅、木、讷，近仁。⑤

类似的言语还有很多，都不外乎是鼓励人们以身体力行、知行合一的精神去坚持独立人格，追求心目中的理想境界。这种倡导勇毅力行的价值观，在后来的儒家思想发展过程中一直具有很重要的地位，因为儒

---

① 《罗汝芳集》，第304页。
② 《礼记·中庸》
③ 《论语·里仁》
④ 《论语·卫灵公》
⑤ 《论语·子路》

学不是一般意义上的知识论，而是一种有着明确价值目标和道德理想的政治哲学和生命哲学，因此，离开了知行合一、勇毅力行的思想指针，儒学的生命力也就完结了。幸好，历代或多或少都有一批深谙"知行合一"重要性的儒者，不畏艰难、身体力行地去践履儒家的修身之道、治世之道，罗汝芳就是其中之一，因为他的身体力行、以身为范，为儒家所宣传的圣人之学提供了活生生的人格榜样。

如前所述，罗汝芳一直保有独立的人格，绝不向奸臣权相趋炎附势。当严嵩掌权时，他以同乡的身份，不需送什么厚礼，只要主动前往拜谒一下严嵩，便可以得到台省的要职，但是他拒绝前往，因此被晾在候职的位置上很久，最后只得了一个刑部主事的职位。当几位忠良之臣因为上书弹劾严党而被下狱之后，他竟然利用身在刑部的职权，到狱中和这几位忠臣"同寝处者四五日"，引得朝中一片哗然，"众皆以昏蒙弗识忌讳为诮，而不知师德义之勇类如此也。"①除了不肯与严嵩一党同流合污外，罗汝芳的独立人格还表现在不肯对张居正集团屈膝卑躬上。张居正是一位干练而又圆滑的政治家，他希望一批有能力的贤才来辅佐自己，可是，因为不满于张的人格污点，加之政见不同，罗汝芳并不因为他的拉拢而变得奴颜媚骨，始终不肯融入张居正一党。于是，张居正忌恨交加，将他远调至云南这个边陲之省，对此，罗汝芳以顺天休命的态度坦然应对，不远千里前往云南就任，结果是：无论是在水利工程还是在教育事业等诸多方面，罗汝芳都做出了一番不俗的事功。万历五年，当罗汝芳前往北京祝贺万寿节时，张居正唆使部下找茬，勒令罗汝芳致仕还乡。面对这一不公平的遭遇，罗汝芳泰然自若，以一首《致仕偶兴》表明了他无所牵挂的襟怀：

> 乾坤到处有行窝，解组飘然发浩歌。传世幸有清白吏，居官已入孝廉科。隐心秋水眠凫鸭，诗兴春风长薜萝。俯仰自知无愧怍，渔樵伴里听那何。②

罗汝芳回乡之后，专心以讲学传道为务。这时，另一位致仕乡官、原任吏部尚书朱大器来访，说了一句话："出处士人大节，我兄难进易退，讲学以身而非以口矣。"③这句评语，对罗汝芳的人品做了一个充分

---

① ［明］曹胤儒：《罗近溪师行实》，引自：《罗汝芳集》，第 838 页。
② 《罗汝芳集》，第 796 页。薜萝，代指隐士的服装或住处。
③ 《罗汝芳集》，第 422 页。

的肯定，那就是他知行合一，以身示范，因此称得上是"讲学以身而非以口"的真道学。

除了坚持独立人格之外，罗汝芳的勇毅力行还体现在他担任地方官期间，积极为当地百姓兴利除弊，奠定以"教化代刑政"的德政前提。重视德教，历来是儒家政治哲学的思想传统，但是，要想以德教居于刑政之上，就必须在百姓中间树立崇高的威望，否则，任何道德说教都会成为空谈，遭到民众乃至士绅们的唾弃，因此，为百姓办实事，这是以德化民的必要前提。罗汝芳不仅是一位清官，而且是一位能力出众的循吏，他总是能够完成一般人不敢想象的艰巨任务，这种治事能力和实干作风，就是放在任何时代，都是极其难能可贵的精神财富。如前所述，罗汝芳在担任安庆府太湖知县时，以隐蔽而巧妙的方式，一举扫平了为害多年的湖盗，"积年之寇，俄顷平焉，人以为神"。① 之后，他又简化了百姓交纳湖赋的手续，使流民复归旧里，安居乐业，因此，在百姓中间积累了巨大的威望。在这种情形下，罗汝芳再进行"立乡约，饬讲规，敷演《圣谕》六言"的教化，其成效之显著，也就是顺理成章的事情了。同样，当他来到云南担任屯田副使时，面对云南水利设施几近荒废的现实，他没有怨天尤人，而是以顽强的毅力进行整治和修复，不过一两年时间，便治理好了滇池，修复了废弃多年的金汁、银汁二沟，"乘暇遍历郡县，凡水之利害无不平治"。② 在此期间，罗汝芳不辞辛劳，跋山涉水，深入一线实地考察自然形势，确定简便易行的水利工程兴修方案。这种实干精神和卓越贡献，感动了当地的父老百姓，因此，他借巡察之便在云南各地讲学，士子百姓纷纷赶来听讲，有时人数多达数万人，蔚为一时之盛景。试想，如果罗汝芳没有为云南百姓出力造福，究竟会有几人到场？几人虚心听讲呢？罗汝芳在云南的政治作为，是他一生仕宦生涯的顶峰，因此，当他离开云南时，"士民遮道呼号，依依不能舍去"。③

勇毅力行是中华民族优秀的道德传统，经过明代阳明心学"知行合一"说的提炼，更成为中国文化基本精神的一个重要符号。作为阳明后学和泰州学派的传人，罗汝芳的一生，"讲学以身而非以口"，成为勇毅力行精神的活注释，加上他在讲学活动中的自觉阐发，使这一民族精神得以延续和发扬，成为指导中华民族克服艰难困苦、实现社会幸福的重要内在动力。

---

① 《罗汝芳集》，第 837 页。
② 《罗汝芳集》，第 844 页。
③ 《罗汝芳集》，第 847 页。

三、罗汝芳哲学思想的现代意义与人文反思

改革开放三十余年来，中国的社会生产力有了长足的发展，现代化建设的成果也有目共睹，但是，在经济和科技飞速进步的同时，另一些衡量社会文明发展水平的新概念（如幸福指数）逐渐跳入了人们的视野，人们普遍感觉到，经济发展了，生活富裕了，但是我们对于生活现状的心理感受却不见得好了许多，有的方面甚至还不如改革开放前的时代，这是为什么？有学者指出，在追求现代化的前期过程中，人们往往只是注意到科技、经济等物质方面的进步，却忽视了市场经济模式同时存在的某些弊端，因此，误入了"现代化的陷阱"之中，于是，虽然物质财富有了成倍数的增加，但是生活幸福感却没有明显的增强。除此之外，由于现行体制中各种有悖公平、正义的因素的存在，很多人并不能享受到经济发展带来的实惠，他们的怨气就更深了。在这种社会背景之下，如果人们能够更多地汲取一些传统文化中的思想因素，或许能够有助于使我们从"现代化的陷阱"中解脱出来，从这个意义上讲，包括罗汝芳哲学思想在内的整个儒家思想和传统文化都具有积极的补偏救弊的现实功能，至少它能给我们一个参照系，使我们反思一下现代化进程中的正确与失误。

第一，从道德哲学和政治哲学的角度讲，罗汝芳的哲学思想是古代儒家"内圣外王"理念的典型体现，其目的就是要使社会达到一种和谐有序的状态。和谐思想是中国古代哲学的一项重要理念，可以肯定，"贵和"乃是中国文化的基本精神之一。早在先秦时期，《尚书·尧典》中就记载了帝尧的政治功绩："（尧）克明俊德，以亲九族。九族既睦，平章百姓。百姓昭明，协和万邦。"[①]在中国文化的元典《周易·乾卦》中，也表达了这样的理念："乾道变化，各正性命，保合太和，乃利贞。首出庶物，万国咸宁。"[②]所谓太和，即和之至也，乃是最高的和谐状态，它是历代王朝和君主希望达到的最理想的社会状态。儒家先圣历来高度重视和谐思想，在这方面有过很多精辟的论述，如：有子说："礼之用，和为贵。先王之道，斯为美。"（《论语·学而》）孟子说："天时不如地利，地利不如人和。"（《孟子·公孙丑下》）西汉董仲舒说："和者，天（地）之正也，阴阳之平也。"[③]既然明白了社会和谐是如此的重要，那么，如何达到社

---

①　《尚书全译》，《尧典》，第 14 页。

②　《周易译注》，《乾卦》，第 6 页。

③　《春秋繁露·循天之道》，见《董仲舒集》，第 357 页。

会和谐，则是需要历代儒者在政治实践中去实践摸索的问题了。对此，儒家先圣提倡以道德教化为本，认为依此可以实现令天下百姓"有耻且格"的目标。作为儒学后裔，罗汝芳既禀承了儒家先圣的贵和思想，同时以自己独特的教化论为解决这一问题提供了鲜活的范例。

如前所述，罗汝芳的贵和思想可以用几句话来概括：

> 天下太平者非他，即人心和平之极也；人心之和平者非他，即《中庸》之各率其性，而为孝为弟为慈，平平而遍满寰穹，常常而具在目前也。①

又如：

> 予叨仕进，自极北边陲，率海而南……未有一方一人而非孝、弟、慈、和以行乎其间者，则其习俗虽殊，而其性固不甚相远也。②

在多年的政治实践中，罗汝芳以孝、弟、慈"三原德"和"圣谕六言"等价值纲领为基本工具，面对士子百姓不遗余力地宣传儒家的安身立命之道，目的就是为了唤醒人们的内在良知，使之自觉地为善去恶，提升其道德水准，促进整个社会的伦理秩序建设，以达到"人心和平之极"的境界。无疑，在他的职权和管辖范围内，这种"以教化代刑辟"的施政模式取得了显著的成功，罗汝芳的政治哲学，由此可以用一句话来概括：重德教而慎刑罚，这体现了典型的儒家政治哲学的思想特色，继承了几千年来儒家政治哲学的基本精神。从现代政治文明的高度来看，罗汝芳的政治哲学从整体上讲已经过时，因为它本质上仍是以服从君主专制的政治制度为前提而设计的一套政治理论，不过，他所追求的"人心和平之极"的社会理想，却是每个有抱负的政治家所认同和期望的治世境界，也是衡量一个社会的政治生活是否正常的重要标准。

第二，在罗汝芳的思想体系中，政治哲学、道德哲学和教育哲学往往交融在一起，难分彼此。其中，他高度重视教育、对人性充满信任和期待的理念，体现了一个醇儒必有的思想特色。1565年（嘉靖四十五

---

① 《罗汝芳集》，第234页。
② 《罗汝芳集》，第316页。

年），当他进京入觐面见首辅徐阶时，曾说："此时人材为急，欲成就人材，其必由讲学乎！"①徐阶十分赞赏，于是在灵济宫大开讲会，令天下入觐官员三百余人听讲，成为一时盛况。罗汝芳的一生，无论是仕宦还是在野，都悉心讲学，诲人不倦，根本原因就在于他相信人性先天原本为善，可以通过后天教育和学习，达到圣人应有的品德和智慧，因此，他禀持孔子"有教无类"的古训，一生"惟道是学，而得失不入于心；逢人必诲，而贤愚不分其类"，②　成为海内闻名的教育家。就政治事功而言，罗汝芳算不上什么重要的历史人物，但是，由于他的思想创造和教育活动，延续了中华民族的民族精神和文化慧命，因此使得他成为一个任何思想史都不得不正面记载的历史人物。虽然罗汝芳所讲述的一些儒学思想已经过时，但是，其中所包含的丰厚的人文精神，却是任何时代的教育都不可或缺的内容。对于现代社会而言，罗汝芳的教育活动和思想起码有两点重要启示：

1. 办好教育是富民强国的必由之路，这是一个任何时代的执政党和政治家都不能忽略的问题。人才的竞争是现代世界综合国力竞争的核心要素，不重视人才的教育培养，就意味着富民强国成为一句空话。

2. 人文精神的教育是现代教育内容中不可或缺的一环。教育不只是单纯的知识技能的传授，同时必须对受教育者进行相应的人文素质培养。人文素质是一个外延很广的范畴，可以包括：爱国主义精神、公民道德教育、家庭伦理教育、环境保护意识等许多方面，综合而言，它培养的是一种符合现代社会需要的优良的公民素质，本质上是一种促进国家和社会健康发展的"软实力"。如果没有人文精神的培养，再先进的教育设备和方式，也只能造就"单向度"的偏才，对于民族和国家的未来，都将是一种潜在的危害。即使是在民主法治十分完善的社会环境中，也必须有成熟的人文教育内容的存在。因为政治制度的优势并不能保证民众素质的同步跟进，没有整体优良的公民素质，民主和法治的制度优势反而经常会被宵小之辈所利用，走向它的反面，历史上这样的例子已经屡见不鲜。因此，重视人文素质的教育是现代文明社会的必然要求，而要搞好人文素质的教育，就离不开对优秀传统文化的汲取和借鉴。在这种"古为今用"的现代视野中，罗汝芳的哲学思想，以及儒家文化中的许多思想元素，都可以成为我们批判地继承优秀传统文化的重要"源头活水"。

①　《罗汝芳集》，第 839 页。
②　《罗汝芳集》，第 849 页。

第三，罗汝芳的哲学思想还有一个重要的个人特色，那就是重在建设性而非批判性的价值观念与思维方式，或许，这是对于当代许多学者非常重要的思想启示。改革开放以来，有些学者从西方学来这样一种观念：衡量一个人成为知识分子的标准就是看他是否对社会现实持有强烈的批判意识。于是，有些人对于社会现实，无论是从制度层面，还是从生活内容上，一律地持有批判态度，仿佛改革开放以来的数十年中国没有一件事情办好了，自己身边的人和事更是如此。无疑，如果宏观地回顾一下中国社会三十年来的变化，我们会发现这种全面的否定态度是明显不符合事实的，而且，这种完全以批判的眼光去看待现实生活的人生态度，实质上于事无补，往往只会增长某些人的牢骚满腹和孤芳自赏的性格。有些人以为持有批判性思维就是独立人格的表现，其实不然，只有批判性思维，没有建设性思维，会使得自己成为"一滴油"，在"水的世界"里无处容身，因为水和油是不相容的。与之相比，罗汝芳的哲学思维方式是：既有批判性思维，更看重建设性的思维，于是，他在保持了独立人格的同时，能够积极进取，努力创造，发掘生命的最大潜能，做出时代所允许的最大限度的功绩来。在他长达二十余年的仕宦生涯中，他拒绝了严嵩、张居正等奸臣权相对他的拉拢，宁可长久处在卑微、偏远的职位上，也绝不与之同流合污，但是，当他一旦权柄在手，哪怕只是当一个小小的县令，也要尽心竭力，造福一方。即使是致仕还乡之后，他一样不顾身份地位的差别，在民间讲学传道，化民成俗，直至生命的最后一刻，这种"蜡炬成灰泪始干"的传道精神，从另一个角度看，恰恰是一种建设性思维方式的体现，因为空发牢骚无补于世，不如诚心实意地去干一点自己能够干好的事情。正因为如此，他晚年在家讲学时，根本不在乎可能到来的人身迫害，他说："人患无实心讲学耳，人肯实心讲学，必无祸也。党人者，好名之士也，非实心讲学者也。"①果然，罗汝芳一生善始善终，没有受到类似于文字狱式的政治迫害，他的哲学思想，也通过讲学活动传遍了大江南北。

任何一个时代，都会存在着这样或那样的社会弊端，如果现代人能够学一学罗汝芳这种既有批判性、又更重建设性的思维方式，或许，我们会看到社会生活光明的一面，会有更开阔的心胸和更长远的眼界，这样一来，我们去从事改革社会的步履，将走得更加踏实，方向也会更加正确。自古以来，圣人与凡夫之间的差距有时并不遥远，往往就差在这

---

① 《罗汝芳集》，第384页。

一点、两点之上。

第四，虽然罗汝芳的思想体系博大而渊深，但是，对于现代人而言，最不可思议的，莫过于他会通三教的道行工夫和生命智慧了。一般人由于不务深思的缘故，对于生命本质的理解往往就是根据生物学课本上的那些内容而得出的结论，其实，生命的本质和内涵何止这些？阶段性的生物学研究成果何曾充分揭示了生命的奥秘？因此，当我们回过头来，虚心地看一看东方的生命哲学时，会意外地发现，原来儒、释、道三教，在揭示生命奥秘和人生意义的道路上，已经走出了如此之远！罗汝芳具有深厚、扎实的修道实践，因此，他对于生命本质和价值的理解，绝不是那种一般意义上的思辨哲学理论可以比拟的。尤其是他的临终表现，"刻期观化①"，准确无误，竟还可以自主微调，推后一天，自古以来，任何高僧大德的修行也不过如此，由此，我们不难发现真修实践的道行和纸上得来的学问之间的本质差别。正因为对于罗汝芳道行工夫的惊叹，我们才会以一种谨慎而非草率的态度来看待他的生命哲学，包括"精气为物，游魂为变"的生命本质观；"生则入圣，死则还虚"的生命价值观、"死生昼夜常事"的生死观；以及"理会性命"的生命教育思想等。在罗汝芳的生命哲学中，有一点思想特质使得他和佛道等宗教理论划清了界限，那就是：注重现实人生，强调在现实生活中提升人格境界、实现灵魂的内在超越，于是，孝、弟、慈"三原德"又成为"理会性命"的工夫所在。尽人道以达天道，既是儒家生命教育思想的一贯宗旨，也是罗汝芳生命哲学所内含的突出的人文特色，这样一来，现代人不必通过皈依宗教的途径，便能够达到超凡入圣的生命境界，实现对于生命自由的渴望，这是一项"发泄天机"②而造福后人的重大发现。正因为如此，罗汝芳的生命哲学中的深邃智慧，才值得渴望"寻找自我"的现代人去潜心学习，直至觉悟"真我"之所在，达到"形神俱妙，与道合真"③的化境。

---

① 《明儒学案》卷 34，第 760 页。
② 王阳明语：见《王畿集》卷 1，《天泉证道纪》，第 2 页；又见附录四：《龙溪王先生传》，第 825 页。
③ 《罗汝芳集》，第 69 页。

参 考 文 献

一、主要古典文献、诸子文集

[清]纪昀等编纂：《四库全书》，上海，上海古籍出版社，1989

季羡林等编纂：《四库全书存目丛书》，济南，齐鲁书社，1997

[明]罗汝芳：《罗汝芳集》方祖猷等编校，南京，凤凰出版社，2007

[清]黄宗羲：《明儒学案》沈芝盈点校，北京，中华书局，1985

[清]黄宗羲原著　全祖望补修：《宋元学案》，北京，中华书局，1986

[明]王守仁：《王阳明全集》吴光等编校，上海，上海古籍出版社，1992

[宋]周敦颐：《周子通书》徐洪兴导读，上海，上海古籍出版社，2000

[宋]周敦颐：《周敦颐集》陈克明点校，北京，中华书局，2009

[宋]张载：《张子正蒙》汤勤福导读，上海，上海古籍出版社，2000

[宋]张载：《张载集》，北京，中华书局，1978

[宋]程颢、程颐：《二程遗书》潘富恩导读，上海，上海古籍出版社，2000

[宋]程颢、程颐：《二程集》王孝鱼点校，北京，中华书局，2004

[宋]朱熹：《朱子语类》，长沙，岳麓书社，1997

[宋]朱熹：《朱子全书》，上海，上海古籍出版社，2002

[宋]陆九渊：《陆九渊集》钟哲点校，北京，中华书局，1980

[明]王畿：《龙溪王先生全集》，京都，中文出版社，1972

[明]王畿：《王畿集》，吴震编校，南京，凤凰出版社，2007

[日]冈田武彦、荒木见悟主编：《王心斋全集》和刻近世汉籍影印丛刊，京都，中文出版社，1972

陈祝生主编：《王心斋全集》，南京，江苏教育出版社，2001（内附：《明儒王一庵先生遗集》、《明儒王东厓先生遗集》）

[明]王襞：《新镌王东厓先生遗集二卷》、《四库全书存目丛书》　济南，齐鲁书社，1997

[明]颜钧：《颜钧集》，北京，中国社会科学出版社，1996

[明]陈献章：《陈献章集》，北京，中华书局，1987

张建业主编：《李贽文集》，北京，社会科学文献出版社，2000

[宋]朱熹校注：《四书集注》，长沙，岳麓书社，1987

[汉]董仲舒：《董仲舒集》，北京，学苑出版社，2003

黄寿祺、张善文译注：《周易译注》，上海，上海古籍出版社，1989

章行标校：《老子 庄子》，上海，上海古籍出版社，1995

[战国]庄周：《庄子浅注》曹础基校注，北京，中华书局，1982

裴泽仁注译：《五经全译·礼记》，郑州，中州古籍出版社，1993

江颢、钱宗武译注：《尚书全译》，贵阳，贵州人民出版社，1990

[唐]慧能：《〈坛经〉校释》郭朋校注，北京，中华书局，1983

陈秋平、尚荣译注：《金刚经 心经 坛经》，北京，中华书局，2007

傅凤英注译：《性命圭旨》，台北，三民书局，2005

[宋]张伯端：《悟真篇浅解》王沐校释，北京，中华书局，1990

[汉]司马迁：《史记》，北京，中华书局，1959

[清]张廷玉等编撰：《明史》，北京，中华书局，1974

北京大学哲学系中国哲学史教研室选注：《中国哲学史教学资料选辑》，北京，中华书局，1981

王宗煜等编著：《中国宗教名著导读》（佛道教卷），北京，北京大学出版社，2004

“中央研究院”历史语言研究所校印：《明实录》，台北，1962

二、主要近人研究著作

吴震：《罗汝芳评传》，南京，南京大学出版社，2005

罗伽禄：《一代思想大师罗汝芳》，南昌，江西高校出版社，2009

张学智：《明代哲学史》，北京，北京大学出版社，2000

蔡仁厚：《王学流衍》，北京，人民出版社，2006

〔日〕冈田武彦：《王阳明与明末儒学》，上海，上海古籍出版社，2000

钱明：《阳明学的形成与发展》，南京，江苏古籍出版社，2002

吴震：《阳明后学研究》，上海，上海人民出版社，2003

张立文：《宋明理学研究》，北京，中国人民大学出版社，1985

陈来：《宋明理学》（第二版），上海，华东师范大学出版社，2004

刘宗贤：《陆王心学研究》，济南，山东人民出版社，1997

邓志峰：《王学与晚明师道复兴运动》，北京，社会科学出版社，2004

潘富恩、徐洪兴主编：《中国理学》（一册至四册），上海，东方出版

中心，2002

蒙培元：《心灵超越与境界》，北京，人民出版社，1998

杨天石：《泰州学派》，北京，中华书局，1980

南炳文、汤纲：《中国断代史系列·明史》，上海，上海人民出版社，2003

冯天瑜等著：《中华文化史》，上海，上海人民出版社，1990

索　引

后　记

至少在十年以前，笔者在随意翻看一些研究宋明理学的著作时，罗汝芳这个名字进入了我的视野。根据史籍记载，罗汝芳晚年患病，对门人说："我将在九月初一日离开人世"，并开始料理生前诸事。到了那一天，由于门人和孙辈们哀哭挽留，罗汝芳欣然说："那么我再多待一天好了。"于是，到了九月初二日午刻，罗汝芳端坐而化。当我第一次看到这种"刻期而化"的记载时，惊讶得说不出话来，心想：古之高僧、名道，其临终表现也不过如此，难道儒家学者也可以达到这一境界吗？于是，我萌生了在适当时候深入研究罗汝芳思想之蕴奥的念头。后来，我为所在单位的政策所"逼使"，我"被迫"考博，竟也一次考中。在人民大学读博期间，以专攻阳明心学，三年时间心无旁骛，撰成了二十二万字的博士论文《王阳明修道哲学概论》。适巧在读博期间，又听到一些同行友人说到："在明代哲学史中，除了王阳明，'二溪'（王龙溪和罗近溪）之学最有价值，应该加以研究。"于是，在博士毕业后，我顺理成章地开始了对罗近溪思想的研究工作。之所以选择罗近溪，还有一个客观原因，我是江西人，对于罗汝芳的研究有一种地域性的偏爱和便利条件，而且，作为一个年轻学者，对于传承和弘扬优秀的江右传统文化，也有一种义不容辞的责任感。

随后，我开始了断断续续的长达三年的研究工作，一边从事教学，一边认真阅读包括《罗汝芳集》在内的诸多典籍文献，另一方面潜心思索，并结合自己的修道实践加以印证，最后，我得出了结论：罗汝芳是一位以儒家思想为本位，兼容释、道精华在内的博大精深的儒者，他的毕生所为，既是"内圣外王"之道的实践，又是一种"寻不叹气事为之"的生命哲学的终极关怀。由于历史的原因，在外王之道上，罗汝芳并没有充分实现治国平天下的理想抱负，但是，在"内圣"之道上，说他是一位醇儒、大儒，乃至圣人，都是当之无愧的。从官位来讲，罗汝芳最高职位仅是云南省的参知政事，并摄理两司（布政司和按察司）的职权，在现在看来，不过是个常务副省长罢了，与同时代的严嵩、高拱、徐阶、张居正等人相比，地位相差甚远。但是，在当时的儒林之中，罗汝芳的名字始终是响当当的，因其人格高洁、学问醇厚、能力出众，士大夫阶层一度把他当成了"清流"领袖，以至张居正这样的权相都要忌惮他几分，收买不成，就干脆把他赶到最偏僻的云南去做官，省得在身边多事。可是，即使被排挤至云南这样的化外之地，罗汝芳照样把本职工作做得极其出色，兵、农、钱、粮、水利、文教，凡是他经手的政务，其成效没有一样不是超出上峰和同僚的预期。这种作为，真正体现出儒家先圣所说的"君子素其位而行，不愿乎其外"和"君子无入而不自得焉"的人生境界。如果说今人对于儒家的政治哲学还可以说三道四、品评优劣的话，那么，对于罗汝芳这种醇儒式的人生哲学和生命境界，今人只有仰为观止的份儿，至少在我看来是这样。

在研究罗汝芳哲学思想的过程中，笔者同时也深深感到做学问的艰辛和正路。现在的学术界，弥漫着一些浮躁不实的风气，倘若按这种方式去研究罗汝芳哲学，顶多随便翻一翻其原著，甚至是一些二手材料，就可以武断地说：罗汝芳哲学别无他奇，只是成天宣讲孝、弟、慈等道德规范而已。而事实上，罗汝芳哲学的精深，是超出了一般人的想象力的。例如：在他临终前的一段时间里，对他的孙子罗怀智讲了许多东西，罗怀智感到昔所未闻，于是问祖父以原因，罗汝芳说："未至今日，汝我不得而速之；既至今日，汝我不得而迟之。"这种不到火候不揭锅盖的气度，真正体现了一种大匠宗风。为了揭示罗汝芳哲学的思想真谛，笔者不得不采取一种"笨办法"，除了反躬实践外，那就是把他的集子从头到尾读个三四遍，没有遗漏之处，这样一来，笔者就有了比较充分的发言权，在任何学术权威面前说话都有了底气，再以此为起点，进而去阅读、参考各种研究罗汝芳哲学思想的文献资料。这样一来，笔者用于研究罗汝芳思想的时间就显得很长，可是想一想也是必需的，因为只有这样，才能够真正揭示罗汝芳哲学思想的内蕴和风采，才是出学术精品的必由之路。

有一位前辈讲过："人顺道行，道随人意"，或许正是因为如此，笔者关于罗汝芳哲学思想的研究工作得以修成"正果"，经由那些我至今不知姓名的专家学者的盲审，《罗汝芳哲学思想研究》一收的初稿得以立项，成为2011年国家社科基金后期项目中的一项课题。专家们提出了中肯而具有可操作性的意见，笔者都一一吸取，经过两年多的修改和完善，今天此书终于得以付梓，在此，我要对那些慧眼识人的专家前辈表示一声真诚的谢意！你们的鼓励和鞭策将激励我继续勇攀学术高峰，为传承和弘扬优秀的中国传统文化而多尽一份心力。首先，我要感谢北师大出版社的编辑刘松弢先生，他的工作使得本书得以及时出版，我将始终铭记于心。当然，更要感谢生活中的种种磨炼和考验，它们让我修习了因事明理、历事炼心的功夫，从实践中体悟到了什么是道、什么是德。记得《士兵突击》里有一句话："好好活就是做有意义的事情，做有意义的事情就是好好活"，对照这句话，这几年来笔者为研究罗汝芳哲学思想而付出的心血和努力，倒真的不失为做了一件有意义的事情。